ArchiSkulptur
Dialoge zwischen Architektur und Plastik vom 18. Jahrhundert bis heute

Ausstellung
3. Oktober 2004 bis 30. Januar 2005

ArchiS

Dialoge zwischen Architektur und Plastik
vom 18. Jahrhundert bis heute

Herausgegeben
von Markus Brüderlin, Fondation Beyeler

Mit Beiträgen
von Friedrich Teja Bach, Ernst Beyeler,
Markus Brüderlin, Werner Hofmann,
Walter Kugler, Marie Theres Stauffer,
Philip Ursprung und Viola Weigel

Fondation Beyeler

Dank

Das Beschreiten von interdisziplinärem Neuland, wie es die Fondation Beyeler nach der Ausstellung *Ornament und Abstraktion* (2001) erneut hinsichtlich des Grenzgebietes zwischen Architektur und Skulptur unternimmt, ist eine aussergewöhnliche Herausforderung und bedarf komplexer und vielfältiger Vorbereitungen. Eine intensive Konzeptarbeit, enthusiastische Gespräche mit Kolleginnen und Kollegen und die tatkräftige Unterstützung der Mitarbeiterinnen und Mitarbeiter des Museums haben das Projekt sukzessive wachsen und reifen lassen, sodass wir heute vor einem Resultat stehen, das nicht nur den Beteiligten, sondern auch den Besuchern der Ausstellung und den Lesern des Kataloges reichen Erkenntniszuwachs und Freude bereiten soll. Ich danke zunächst allen, die mir bei diesem intellektuellen Abenteuer in Gesprächen und mit Rat und Tat zur Seite standen: Friedrich Teja Bach, Werner Blaser, Gottfried Boehm, Christoph Brockhaus, Santiago Calatrava, Jean-Louis Cohen, Georg Frank, Gerd Hatje, Werner Hofmann, Ulrike Jehle-Schulte Strathaus, Walter Kugler, Frédéric Migayrou, Stanislaus von Moos, Wolfgang Pehnt, Mark Rosenthal, Ilka und Andreas Ruby, U. Jaïna und C. Raman Schlemmer, Dietmar Steiner, Andreas Tönnesmann, Oswald Mathias Ungers, Philip Ursprung und Alexander von Vegesack.
Wichtige Anregungen und wertvolle Hinweise erhielten wir von Fachleuten aus allen Sparten. Herzlich danken möchte ich Urs Albrecht, Neal Benezra, Jakob Bill, Rolf Brüderlin, Annemarie Burckhardt, Gabriele Detterer und Maurizio Nannucci, Karl Gerstner, Matthias Haldemann, Reinhold Hohl, Gudrun Inboden, Christian Klemm, Edelbert Köb, Bruno Maurer, Günther Lipkowsky, Katherine Schendl, Angela Thomas Schmid, Klaus Schrenk, Jeannot Simmen, Fritz und Yalu Schumacher, Ralph Ubl, Heidi Weber, Margit Weinberg, Herbert Wentscher und Andres Giedion, dem Sohn von Sigfried Giedion und Carola Giedion-Welcker. *ArchiSkulptur* steht gleichsam unter der geistigen Schirmherrschaft der grundlegenden Publikationen *Raum, Zeit, Architektur* (engl. Erstausgabe 1941; dt. 1965) von Sigfried Giedion und *Plastik des XX. Jahrhunderts* (1955) von Carola Giedion-Welcker.
Besonders erwähnen möchte ich auch Bazon Brock und Hans Hollein, weil sie damals während meiner Wiener Zeit durch ihr Wirken als Lehrende an der Hochschule für angewandte Kunst meine Begeisterung für die Architektur gefördert haben. Gleiches gilt für das Wirken von Jacques Herzog und Peter Zumthor.
Vor zwei Jahren konnten wir mit den beiden Letztgenannten in der Fondation zwei besondere Abende im Rahmen der Reihe »Prominente Kompetente« veranstalten. Eine entscheidende Begegnung mit Skulptur war für mich die von Ernst Beyeler angeregte Ausstellung *Skulptur im 20. Jahrhundert* im Wenkenpark in Riehen 1980, die Martin Schwander und Reinhold Hohl betreuten und an der ich als junger Student mitwirken konnte. Jean Nouvel hat schon bei seinem ersten Besuch der Fondation vor vier Jahren viel Respekt gegenüber dem Museumsbau seines Kollegen Renzo Piano gezeigt. Umso mehr haben wir uns über seine Idee gefreut, eine Reinterpretation seines stählernen Ausstellungswürfels, des Monolithen im Murtensee, sensibel in das lichthafte Gebäude von Piano zu zaubern. Unvergesslich sind die Abende bei Katharina und Gerhard Merz in der Villa Chiari bei Florenz, nach denen man wieder wusste, wo die Kunst wohnt. Eine wichtige Erfahrung waren die Besuche der Henry Moore Foundation in Perry Green bei Anita Feldman Bennet und David Mitchinson und im Museum Insel Hombroich bei Neuss, die der engagierte Initiator Karl-Heinrich Müller mir und Linda Ludwig persönlich zeigte. Das Treffen mit MaryAnne Stevens von der Royal Academy of Arts in London vermittelte wesentliche Impulse für das Projekt.
Ein ausserordentlicher Gewinn für mich und für dieses interdisziplinäre Projekt war die Zusammenarbeit mit diversen Architekturmuseen und Archiven sowie Architekturfakultäten und -büros. Ich danke Inge Wolf und der Direktorin Ingeborg Flagge vom Deutschen Architektur Museum, Frankfurt am Main, die uns wichtige Kontakte vermittelt haben. Ein grosser Dank geht auch an Winfried Nerdinger vom Architekturmuseum der Technischen Universität in München und an Egon Schirmbeck von der Bauhaus Universität Weimar für ihre Beratung und die grosszügigen Leihgaben und ebenso an Marie-Ange Brayer vom frAC-Fonds Régional d'Art Contemporain du Centre, Orléans, an Renate Flagmeier vom Werkbundarchiv, Berlin, an Annemarie Jaeggi und Christian Wolsdorff vom Bauhaus-Archiv Berlin sowie an Christian Wassmann von Steven Holl Architects, New York. Tiefere Einsichten in die anthroposophische Architektur verdanke ich Walter Kugler und Vera Koppehel vom Rudolf Steiner Archiv in Dornach. Sophie Ungers danke ich für ihre Unterstützung und Geduld bei der Auswahl der Leihgaben aus dem Archiv ihres Vaters, die eine Grundlage für das Projekt darstellten. Helena Koenigsmarkova vom Kunstgewerbemuseum in Prag danken wir für ihre Bemühungen und ebenso Terence Riley, dem Leiter der Architekturabteilung des Museum of Modern Art, New York, für seine Tipps und seine Kooperation im Zusammenhang mit der epochalen *Tall Buildings*-Ausstellung, an die *ArchiSkulptur* im Herbst nahtlos anschliesst. Für ihre Unterstützung danken wir Tomas Lochman von der Skulpturenhalle des Antikenmuseums Basel und Ulrike Gauss, die den Finsterlin-Nachlass der Staatsgalerie Stuttgart betreut, sowie dem Kunsthistoriker Richard Bösel in Rom und Christian Benedik von der Wiener Albertina, die uns im Zusammenhang mit der Leihgabe des grossartigen Borromini-Modells wertvolle Dienste erwiesen. Erika Patka von der Universität für angewandte Kunst, Harald Krejci und Dieter Bogner vom Kiesler-Zentrum und Sabine Breitwieser von der Generali Foundation, alle in Wien, machten die Beschaffung zentraler Objekte möglich. Dankbar sind wir auch Rolf Fehlbaum, Alexander von Vegesack und Mathias Schwartz-Clauss vom Vitra Design Museum, Weil am Rhein, für den Zugang, den sie uns zum Frank O. Gehry Büro in Los Angeles verschafften, und den Kontakt, den sie zu Margo Stipe von den Frank Lloyd Wright Archives, Scottsdale, herstellten. Ebenfalls wertvolle Hilfe erhielten wir von Dieter Lange und Walburga Krupp von der Arp Stiftung sowie von Astrid von Asten und Raimund Stecker vom Arp Museum – Bahnhof Rolandseck.
Bei den Recherchen und beim Akquirieren der rund 120 Kunstwerke (Skulpturen, Gemälde, Fotografien und Objekte) war uns eine Vielzahl von Personen behilflich, unter anderem Anita Balogh von der Sammlung Froehlich, Stuttgart, Anne Blümel von der Galerie Lelong, Zürich, Ina Conzen von der Staatsgalerie Stuttgart, Valerie Cook, Paris, Ulla Dreyfus, Basel, Dorothee Fischer von der Galerie Konrad Fischer, Düsseldorf, Hartwig Fischer und Bernd W. Lindemann vom Kunstmuseum Basel, Valerie J. Fletcher vom Hirshhorn Museum, Washington, D.C., Max Hollein von der Schirn Kunsthalle Frankfurt, Franz Kaiser vom Gemeentemuseum Den Haag, Isabelle Monod-Fontaine vom Centre Georges Pompidou, Paris, Pia Müller-Tamm von K20, Düsseldorf, Marc Payot von Hauser & Wirth, Zürich, Rosemarie Schwarzwälder, Wien, Daniel Blaise Thorens aus Basel, Annemarie und Gianfranco Verna, Zürich, und Oliver Wick, Basel. Ihnen allen danke ich für ihre Bemühungen und ihre Geduld.
Grossen Dank möchte ich Viola Weigel aussprechen, die – weit über das normale Engagement für Koordination und wissenschaftliche Betreuung hinaus – das Projekt *ArchiSkulptur* von

Anfang an entscheidend mitgetragen hat. Von ihr kamen auch Katalogbeiträge, wertvolle kritische Einwände und unter anderem die Anregung zum imaginären »Roundtable«. Danken möchte ich auch Verena Formanek für die Begleitung des Projektes in der Anfangsphase, für ihre Recherchen und wertvollen Hinweise. Die Begeisterung und der unermüdliche Einsatz des ganzen Teams waren entscheidend für das Zustandekommen der Ausstellung. *ArchiSkulptur* ist nicht nur inhaltlich, sondern auch organisatorisch eines der komplexesten Projekte der Fondation Beyeler, das deshalb ganz besondere Anforderungen an das Team stellte. Dazu gehörten die Koordination des Leihverkehrs durch Nicole Rüegsegger und Tanja Narr in Zusammenarbeit mit Viola Weigel und die Organisation des Aufbaus, den Ben Ludwig zusammen mit Markus Gross und Friederike Steckling (Restauratoren) und Ahmed Habbech mit viel Einsatz und lobenswerter Geduld bewältigten. Der junge Architekt Jann Kern betreute die Sonderprojekte von Jean Nouvel, Herzog & de Meuron und Greg Lynn mit kreativer Begeisterung und leistete effiziente Hilfe bei der Bildredaktion. Alex C. Pfenniger kümmerte sich um die Versicherungen. Fausto De Lorenzo wachte über das Kaufmännische und die operativen Bedürfnisse im Museum, und Bianca Lauscher sorgte für die personellen Ressourcen. Dafür, dass das Projekt sein Publikum findet, engagieren sich an vorderster Front Catherine Schott (Öffentlichkeitsarbeit), Claudia Carrara und Andrea Schaller (Werbung, Internet) und Jeannette Stöcklin (Veranstaltungsorganisation). Eine grosse Aufgabe wartet auf unsere FührerInnen vom Guide-Line-Team unter der Leitung von Philippe Büttner und Michèle Klöckler, die das Thema in circa 400 Führungen sowie bei Spezialanlässen mit interessierten BesucherInnen vertiefen werden. Ihnen allen möchte ich für ihre ausserordentlichen Bemühungen danken. Schliesslich danke ich Direktor Christoph Vitali für die Unterstützung und die nützlichen Hinweise zum Projekt.

Die Ausstellungsgestaltung stellte eine besondere, für die Fondation neue Herausforderung dar, weshalb externe Spezialisten herangezogen wurden. Ich möchte mich an dieser Stelle bei Michael Simolka und Thierry Hodel vom Vitra Design Museum, Weil am Rhein, für die Realisierung der Ausstellungsarchitektur bedanken. Wie schon bei *Ornament und Abstraktion* konnte ich auf den erfahrenen Ausstellungsgestalter Dieter Thiel zurückgreifen, dessen Einfallsreichtum und Flexibilität eine wichtige, auch mentale Stütze waren und dem ich ganz besonders danke. Tatkräftige Unterstützung bei der Realisierung erhielten wir auch von Patrick Peternader von der Friedrich Christian Flick Collection bei der Installation des kolossalen Pavillons von Dan Graham. Dass die ehrgeizigen Sonderprojekte zustande kommen konnten, ist dem grossartigen Engagement der Mitglieder der beiden internationalen Architekturbüros zu verdanken. Das Team mit Ascan Mergenthaler, Mario Meier, Philip Fung, Simon Chessex und Esther Zumsteg war bei Herzog & de Meuron für die Realisierung der Baumplastik *Jinhua Structure II – Vertical* zuständig, und in Paris kümmerte sich Sébastien Abribat um die Wiedergeburt des Monolithen von Jean Nouvel. Ein entscheidender Bestandteil des Projektes ist der Katalog, für dessen Zustandekommen allen voran Delia Ciuha mit vorbildlichem Engagement verantwortlich war. Unterstützt wurde sie von Rainer Baum und Renate Heidt Heller, während Bettina Back, Olivia Strasser und Nicolas Vionnet die Bildredaktion betreuten. Ein lieber Dank geht an Linda Ludwig für ihre aufmerksame Durchsicht meiner Manuskripte. Den ÜbersetzerInnen Stefan Barmann, Hubertus von Gemmingen, Caroline Gutberlet und Hans-Joachim Neumann danke ich für ihre feinfühligen Übertragungen der unterschiedlichen Texte ins Deutsche. Beim Hatje Cantz Verlag möchte ich Annette Kulenkampff, Anja Breloh und Christine Müller für ihr aussergewöhnliches, unter den Zwängen des Zeitdrucks stehendes Engagement einen ganz herzlichen Dank aussprechen. Heinz Hiltbrunner, der Grafiker, goss die formulierten Gedanken und Informationen und die zahlreichen Abbildungen in eine attraktive publizistische Form. Für das geistige Rohmaterial dazu möchte ich den folgenden externen Autoren danken: Werner Hofmann, Friedrich Teja Bach, Philip Ursprung, Marie Theres Stauffer und Walter Kugler sowie den TeilnehmerInnen unserer imaginären Gesprächsrunde »Roundtable«. Wertvolle Anregungen kamen von den MitarbeiterInnen der Galerie Beyeler an der Bäumleingasse. Bernd Dütting, Claudia Neugebauer und Francesca Volpe möchten wir nachdrücklich für ihre Unterstützung danken. Die Fondation Beyeler dankt der Gemeinde Riehen, Kultur Basel-Stadt, der Basler Kantonalbank, der Basler Zeitung, Endress+Hauser, MANOR, Novartis, der Sarasin & Cie AG und der UBS für ihre stete Unterstützung. Herbert Resch von der Zumtobel Staff GmbH in Dornbirn danke ich für die Unterstützung der Installation von Gerhard Merz und Gerfried Stocker vom Ars Electronica Center Linz für die Installation *Cave* von Peter Kogler sowie der Firma construktivo KG für die Herstellung der kleinen Modellskulpturen von *Jinhua Structure II – Vertical* von Herzog & de Meuron.

Bei der Realisierung des grossen Sonderprojektes von Herzog & de Meuron waren wir von Anfang an auf die finanzielle Kooperation mit verständnisvollen Geldgebern angewiesen. Michael Hilti von der Hilti AG in Schaan und Hans Peter Ming, VR-Präsident der Sika AG, machten mit ihrer frühen Zusage eines namhaften Betrages die Inangriffnahme dieses Vorhabens erst möglich. Die HIAG Handel Schweiz AG zusammen mit Finnforest KERTO und die Glanzmann AG Basel rundeten das vollständig aus Sponsorengeldern gespeiste Sonderbudget durch wertvolle Sachbeiträge ab. Ihnen allen möchte ich meinen persönlichen Dank aussprechen.

Ein letzter und wichtiger Dank gilt den Architekten, Künstlerinnen und Künstlern für die intensiven Gespräche und für die Werke, die sie uns freundlicherweise zur Verfügung stellten: Carl Andre, Mario Botta, Tony Cragg, Thomas Demand, Dan Graham, Yona Friedman, Frank O. Gehry, Zaha Hadid, Hans Hollein, Peter Kogler, Bernhard Leitner, Greg Lynn, Gerhard Merz, Thomas Schütte, Thomas Struth, Simon und Oswald Mathias Ungers, Jeff Wall und Peter Zumthor. Eine ausserordentlich grosse Bereicherung für *ArchiSkulptur* sind die Installationen, die direkt vor Ort entstanden sind. Ich danke dafür ganz herzlich Gerhard Merz, Jacques Herzog und Jean Nouvel.

Markus Brüderlin
Leitender Kurator Fondation Beyeler

Ein besonderer Dank gilt den folgenden privaten Leihgebern und Museen für ihre kostbaren Leihgaben:

Netherlands Institute for Cultural Heritage (ICN), Rijswijk/Amsterdam
Ars Electronica Center Linz
Fundació Caixa Catalunya, La Pedrera, Barcelona
Emanuel Hoffmann-Stiftung, Basel
Öffentliche Kunstsammlung Basel, Kunstmuseum
Bellevue Art Museum, Bellevue, Washington
Bauhaus-Archiv Berlin
Stiftung Topographie des Terrors, Berlin
Werkbundarchiv – Museum der Dinge, Berlin
Jakob Bill
Mario Botta
Thomas Demand
Gemeentemuseum Den Haag
Stiftung Wilhelm Lehmbruck Museum – Zentrum Internationaler Skulptur, Duisburg
Kunstsammlung Nordrhein-Westfalen, Düsseldorf
Konrad Fischer Galerie, Düsseldorf
Friedrich Christian Flick Collection
Foster and Partners
Deutsches Architektur Museum, Frankfurt am Main
Museum für Moderne Kunst, Frankfurt am Main
Yona Friedman
Gehry Partners, LLP
Gwathmey Siegel & Associates Architects, New York
Zaha Hadid Architects
Hamburger Kunsthalle
Sprengel Museum Hannover
Chillida-Leku Museum, Hernani
Hans Hollein
The Menil Collection, Houston
Louisiana Museum of Modern Art, Humlebæk
Badisches Landesmuseum Karlsruhe
Staatliche Kunsthalle Karlsruhe
Museum Ludwig, Köln
Statens Museum for Kunst, Kopenhagen
Alex Lachmann Gallery, Köln
Kragstuhlmuseum/TECTA-Archiv Lauenförde
Erbengemeinschaft Wilhelm Lehmbrucks
Ville de Levallois (Paris)
Muzeum Sztuki, Lodz
Arts Council Collection, Hayward Gallery, London
Royal Academy of Arts, London
Wilhelm-Hack-Museum, Ludwigshafen am Rhein
Greg Lynn
Jason McCoy, Inc., New York
Gerhard Merz
Victoria Miro Gallery, London
Collection Centre Canadien d'Architecture/ Canadian Centre for Architecture, Montreal
The Henry Moore Foundation
Architekturmuseum der Technischen Universität München und Sammlung Lehrstuhl Kurrent
Lehrstuhl für Raumkunst und Lichtgestaltung der TU München
Museo Alessi, Omegna
Collection du Fonds Régional d'Art Contemporain du Centre, Orléans
Universität Oslo
Kröller-Müller Museum, Otterlo
Centre Georges Pompidou, Paris Musée national d'art moderne/Centre de création industrielle
Musée Rodin, Paris/Meudon
The Louis I. Kahn Collection, The Architectural Archives, University of Pennsylvania
Renzo Piano Building Workshop
Universität Potsdam
Société des Amis du Vieux Reims Musée Hôtel Le Vergeur, Reims
Museum Boijmans Van Beuningen, Rotterdam
Saarlandmuseum, Saarbrücken, Stiftung Saarländischer Kulturbesitz
Staatliches Russisches Museum, Sankt Petersburg
Angela Thomas Schmid
Thomas Schütte
Rudolf Steiner Archiv, Dornach
Thomas Struth
Sammlung Froehlich, Stuttgart
Staatsgalerie Stuttgart und Graphische Sammlung
Simon Ungers
Musée d'Art Moderne, Villeneuve-d'Ascq
Jeff Wall
Heidi Weber Sammlung
Bauhaus Universität Weimar – Lehrstuhl Entwerfen und Innenraumgestaltung
Galerie Michael Werner, Köln und New York
Albertina, Wien
Kupferstichkabinett der Akademie der bildenden Künste, Wien
Museum moderner Kunst Stiftung Ludwig Wien
Sammlung Hummel, Wien
Sammlungen der Universität für angewandte Kunst Wien
Kunstmuseum Winterthur
Kunsthaus Zug und Stiftung Sammlung Kamm
Kunsthaus Zürich und Alberto Giacometti-Stiftung
Museum Bellerive, Zürich

sowie jenen Leihgebern, die nicht genannt werden möchten.

Inhalt

9	**Vorwort** Markus Brüderlin
13	**Zum Geleit** Ernst Beyeler
15	**Einführung: ArchiSkulptur** Markus Brüderlin
26	**Kubus und Uterus** Werner Hofmann
35	**Skulptur als »Shifter«: Zum Verhältnis von Skulptur und Architektur** Friedrich Teja Bach
42	**Blur, Monolith, Blob, Box: Atmosphären der ArchiSkulptur** Philip Ursprung
48	**Will Architektur Skulptur werden?**
	Eine virtuelle Gesprächsrunde mit Praktikern und Theoretikern beider Disziplinen
	Jean-Louis Cohen, Mario Botta, Vittorio Magnago Lampugnani, Bazon Brock, Stanislaus von Moos, Hans Hollein, Dirk Baecker, Aaron Betsky, Adolf Max Vogt, Andreas Tönnesmann, Raimund Stecker, Andreas Ruby
	Die Ausstellung in 10 Kapiteln
56	**1. Die Vorgeschichte**
85	**2. Der Sieg über den Massstab: »Architektur ist Skulptur« (Brancusi)**
96	**3. Die Eroberung des Raumes 1910–1930: Kubismus – De Stijl – Bauhaus**
114	**4. Die Entdeckung des Plastischen 1910–1930: Expressionismus in der Architektur**
126	**5. Sprache – Seele – Raum: Rudolf Steiner und Ludwig Wittgenstein**
136	**6. Architektur will Skulptur werden – Skulptur will Architektur werden 1950–1960**
156	**7. Die Skulptur als Weg und Platz: Vom Denkmal zur Installation**
166	**8. Minimal Architecture und die Liebe zur Box 1970–2000**
178	**9. Die Stadt will Skulptur werden 1960–1970: Urbane Utopien und informelle Megaplastik**
192	**10. Blob und Box und der programmierte Raum: Das 21. Jahrhundert**
212	**Verzeichnis der ausgestellten Werke**
219	**Empfohlene und zitierte Literatur**
223	**Fotonachweis**

Vorwort Markus Brüderlin

Das Wechselspiel zwischen Skulptur und Architektur gehört zu den aufregendsten Phänomenen der Kunst des 20. Jahrhunderts. Bei ihrer Geburt im 19. Jahrhundert bezog die moderne Plastik wesentliche Impulse aus der Architekturgeschichte: Aristide Maillol für seine tektonisch gebauten Figuren aus der Klassik, Constantin Brancusi für seine blockhaften Elementarformen aus der Romanik und der russische Konstruktivismus für seine raumdurchlässigen Stabwerke aus der Gotik. In der Installationskunst der siebziger Jahre verwandelte sich die Skulptur sogar in begehbare Architektur (Dan Graham), die die Körperwahrnehmung des Betrachters völlig veränderte. Umgekehrt begannen Architekten in den zwanziger Jahren ihre Bauten plastisch zu modellieren (Goetheanum). Von 1956 bis 1959 wuchs am Central Park in New York das Solomon R. Guggenheim Museum empor, das in seiner Anmutung einem Werk von Hans Arp vergleichbar ist.

Die Baukunst der Gegenwart entfaltet sich mit der gestalterischen Kraft des Plastischen, als würde sie die Erbschaft der Skulptur antreten (Frank O. Gehry).

Die Ausstellung *ArchiSkulptur* stellt sich der Herausforderung, diesem besonderen Thema der Kunst- wie auch der Architekturgeschichte in einem neuen historischen und inhaltlichen Rahmen nachzugehen. Neuartig ist auch die Präsentationsform. Originalskulpturen herausragender Bildhauer werden Modellen von Bauwerken der Weltarchitektur gegenübergestellt. Das eindrücklich körperhafte Modell des in London soeben eingeweihten Wolkenkratzers der Swiss Re von Norman Foster gesellt sich zur Marmorskulptur *L'oiseau* von Brancusi. Skulpturen von Henry Moore nehmen Aufstellung neben dem Holzmodell von Le Corbusiers Wallfahrtskirche in Ronchamp. Ausgesuchte Gemälde und Grossfotografien ergänzen den Dialog. Gezeigt werden rund 190 Objekte von über hundert Architekten, Bildhauern, Malern und Fotografen, unter anderem von Gustave Eiffel, Ludwig Mies van der Rohe, Louis I. Kahn, Pablo Picasso, Eduardo Chillida, Jeff Wall und Thomas Schütte. Anhand der Gegenüberstellungen kann der Besucher den Verwandtschaften, aber auch Unterschieden zwischen den plastischen und räumlichen Konzepten nachspüren. Gleichzeitig folgt er einer Geschichte in zehn Kapiteln, die ihn vom 18. Jahrhundert mit Etienne-Louis Boullées Vision eines kugelförmigen Grabmals für Isaac Newton bis zur Gegenwart und der multivisionären Nachempfindung des stählernen 34 Meter hohen Monolithen führt, den der französische Architekt Jean Nouvel für die Expo.02 entwarf.

Nach dem Kapitel »Die Vorgeschichte« trifft der Besucher auf die zentrale Auseinandersetzung zwischen dem Bauhaus und der expressionistischen Architektur in den zehner bis dreissiger Jahren, in der sich die Polarität »Abstraktion versus Figuration« verschärft. Im folgenden Saal kann er an Baumodellen und Werken von Frank Lloyd Wright, Fritz Wotruba, Eduardo Chillida und Le Corbusier die versuchte Synthese von Architektur und Skulptur, Geometrie und Organik in den fünfziger Jahren nachvollziehen, um die sich daran anschliessenden Anfänge der architektonischen Installationskunst im nächsten Kapitel besser zu verstehen. Eine Überraschung birgt der Raum mit den urbanen Utopien aus den sechziger Jahren, in denen Künstlerarchitekten versuchen, den wuchernden Städten eine skulpturale Struktur zu geben (Hans Hollein, Yona Friedman, Constant). Der Rundgang schliesst mit dem aktuellen Richtungsstreit zwischen »Box und Blob«, der durch die Konfrontation mit Plastiken von Hans Arp, Henry Moore und Alberto Giacometti eine eigene Dimension erhält.

Den Höhepunkt bilden die speziell für die Ausstellung konzipierten Installationen zu Greg Lynn, dem führenden Vertreter der jungen, computeranimierten Blobmeister-Architektur, von Gerhard Merz und, wie schon erwähnt, von Jean Nouvel. Herzog & de Meuron haben für den Museumspark eine betretbare und so von innen und aussen erlebbare ArchiSkulptur geplant. Das vollständig am Computer generierte neun Meter hohe Holzobjekt vermittelt zwischen der Entwicklungsgeschichte der ArchiSkulptur, die innerhalb des Museumsbaus ausgebreitet wird, und einem bereits bestehenden 37 Quadratkilometer grossen urbanen Ausstellungsareal: der Region Basel, die mit ihrer hervorragenden internationalen Baukultur in den letzten zwanzig Jahren zur Architekturhauptstadt der Schweiz avanciert ist. Die erste Betonkirche der Schweiz, die Antoniuskirche (1925–1927) im Kannenfeld-Quartier, Bruce Naumans *Truncated Pyramid Room* (1982/1998) gleich an der Grenze in Lörrach und der Architekturpark von Vitra in Weil am Rhein, in dem Weltarchitekten wie Frank O. Gehry und Zaha Hadid ihre ersten Gebäude realisierten, sind ebenso Anschauungsobjekte für dieses umfangreiche Thema wie auch Renzo Pianos Museumsbau im Berower-Park, der die Ausstellung beherbergt.

Die viel beachtete Schau *Renzo Piano Building Workshop* zur Eröffnung des Hauses im Jahr 1997 gab darüber hinaus ebenfalls einen Anstoss, erneut eine Ausstellung mit Architektur in der Fondation Beyeler zu organisieren – ein Unternehmen, das in der Schweizer Kunstmuseumslandschaft nicht selbstverständlich ist. *ArchiSkulptur* nimmt auch den Faden der von Ernst Beyeler angeregten grossen Basler Skulpturausstellungen in Riehen (1980) und in Brüglingen bei Basel (1984) wieder auf. Noch heute können im nahe gelegenen Wenkenpark die zehn Stahlkuben von Richard Serra besichtigt werden, die dem berühmten Gemälde *Der Turmbau zu Babel* (1563) von Pieter Breughel d. Ä. entsprungen zu sein scheinen. Die Hamburger Kunsthalle hat uns dankenswerterweise mit dem *plastisch/thermischen Urmeter* ein Relikt zur Verfügung gestellt, das Joseph Beuys damals im Merian-Park in Brüglingen installierte und das für grosse Aufregung sorgte.

In der Geschichte der Fondation Beyeler schliesst *ArchiSkulptur* an grosse thematische Ausstellungen wie *Farbe > Licht* (2000), *Ornament und Abstraktion* (2001) oder *Claude Monet ... bis zum digitalen Impressionismus* (2002) an. Wie die genannten Projekte lebt die aktuelle Ausstellung vom lebendigen Dialog zwischen Alt und Neu, klassischer Moderne und Gegenwart und versucht, komplexe Zusammenhänge durch die Präsentation eindrucksvoller Werke aufzuzeigen. *ArchiSkulptur* verbindet mit *Ornament und Abstraktion* die gemeinsame Herausforderung, das autonome Gebiet der Kunst mit einem angewandten Bereich zu koppeln und so das reiche ästhetische Wissen von Malerei und Skulptur über die Zäune der Gattungen hinweg für die Gestaltung unserer Lebenswelt zu erschliessen. Die erwähnten Gegenüberstellungen von Architekturmodellen und Skulpturen unterstützen diese Öffnung der Grenzen und liefern Impulse für das »Laboratorium Architektur«, das, so meinen manche, zur Zeit die neuen politischen, sozialen und kulturellen Phänomene, die sich aus der Globalisierung ergeben, am aktivsten verarbeitet. So stellt die Ausstellung letztlich die Frage: Sind bestimmte Formen der Gegenwartsarchitektur heute als eine Art Fortsetzung der Skulpturgeschichte mit anderen Mitteln zu sehen? Der »Bilbao-Effekt« scheint das auf kritische Weise zu bestätigen. Der Architekt Frank O. Gehry konstruierte mithilfe der fortschrittlichsten Technologien in einer industriell vernachlässigten Region einen spektakulären Museumsbau. Die Super-Skulptur, die die eigentliche Kunst im Innern zu verschlingen scheint, ist eine gewaltige Aufmerksamkeitsmaschine und unterstützt so die baskische Hauptstadt in ihrem globalen Wettstreit mit anderen Tourismuszielen. Neben dem öffentlichen Interesse registrieren wir heute ein betont individuelles Interesse am Skulpturalen, das offensichtlich mit einem haptischen Bedürfnis nach greif- und umschreitbaren materiellen Körpern zu tun hat. Und das in einer Zeit, in der alles immer immaterieller und flüchtiger wird. Der Nachfrage nach Hightech, so die Trendforschung, steht ein ebenso grosser Hang zum Hightouch gegenüber. Die Welt der Bildschirme und der digitalen Simulationen fördert offensichtlich das Begehren nach Körperhaftem und Nähe. Natürlich darf man Kunst nicht auf marktgerechte »Bedürfnisdeckung« reduzieren. *ArchiSkulptur* will zeigen, dass die Geschichte der Skulptur aus sich heraus ein reiches Feld an Erfahrungen von »Körper und Raum« entwickelt und sich im 20. Jahrhundert dem Architektonischen geöffnet hat. Durch sorgfältige Inszenierung versuchen wir, den Betrachter in eine sinnliche Dreiecksbeziehung zu verwickeln. Es ist eine Beziehung zwischen dem Körper der Skulptur, in den man sich einfühlen kann, und dem Raum der Architektur, den man betritt, sowie dem Leib des Betrachters, dem eigenen Körpergehäuse, das man selbst bewohnt. Gleichwohl wird auch das Vorstellungsvermögen aktiviert, wenn wir die Modelle sehen und den Dimensionssprung zur realen Architektur vollziehen. Die Zusammenstellung der Exponante soll ein vielfältiges Spiel des Intellekts und der Sinne hervorrufen, das man in Abwandlung zu Heidegger, dem grossen Philosophen des Raumes, mit den Worten »Wahrnehmen, Wohnen, Denken« zusammenfassen kann.

Ohne die Grosszügigkeit vieler Sammler, Museen und Architekturarchive, die das Projekt mit wertvollen Leihgaben unterstützen, hätten die Voraussetzungen für diese Präsentation nicht geschaffen werden können. Ich danke den Künstlern und Architekten, die für dieses Projekt zum Teil spezielle Werke und Installationen realisiert haben und den Personen und Firmen, die das ehrgeizige Vorhaben von Herzog & de Meuron durch ihre grosszügige Finanzierung erst möglich machten.

Viola Weigel und den Mitarbeitern, die die intensive Vorbereitung und den Aufbau mitgetragen haben, aber auch allen, die mit grossem Engagement an dem Projekt mitgewirkt haben, sei ein herzlicher Dank ausgesprochen! Ein ganz besonderer Dank geht an Ernst Beyeler, der das Projekt grosszügig unterstützte und mit hilfreichen Hinweisen bereicherte. Die über den Zeitraum der Ausstellung hinaus existierende Publikation bietet neben der ausführlichen, durch kurze Texte kommentierten Dokumentation auch vertiefendes Material in Form von Autorenbeiträgen. An dieser Stelle möchte ich ebenfalls den Autoren ganz herzlich für ihre Originalbeiträge danken.

Während der Vorbereitungen gewannen wir den Eindruck, dass wir nicht nur an einer Kunstausstellung arbeiteten, sondern auf ein Phänomen gestossen sind, das viele Gebiete berührt und in universeller Weise mit der Situation unserer Gegenwart zu tun hat. Für alle Beteiligten barg diese Arbeit Erfahrungen, die weit über das Projekt hinaus wirken. Wir wünschen, dass sich vieles von diesem Erkenntnisreichtum und der sinnlichen und intellektuellen Freude auf das Publikum überträgt.

Zum Geleit Ernst Beyeler

Die Ausstellung *ArchiSkulptur* setzt unsere in den achtziger Jahren begonnene Tradition verschiedener Skulpturenausstellungen in Parks und auf Landsitzen in und um Basel fort. Diese auch im Ausland viel beachteten Ausstellungen ermöglichten es, in grosser Vielfalt fast alle wichtigen Bildhauer nach 1880 vorzustellen, von denen bedeutende Werke in Basel ihren definitiven Standort gefunden haben. Vor allem wurde gezeigt, wie stark die Malerei die Skulptur im 20. Jahrhundert beeinflusst und in neue Dimensionen geführt hat. Die Skulptur ergriff förmlich Besitz von der Erde, um mit ihr und auf ihr neue Monumente zu errichten oder ins Unendliche zu projizieren.

Das hat 1998 auch zu den »monumentalen Skulpturen« geführt, die, um das Museum gruppiert, je nach den klimatischen Bedingungen im Wechsel mit Licht und Sonne fantastische skulpturale Effekte von unendlicher Vielfalt produzierten. Dieses Prinzip hatten Christo und Jeanne-Claude schon früher an und mit der Architektur realisiert. Mit den beinahe 200 verhüllten Bäumen auf dem Museumsgelände setzten sie einen Meilenstein innerhalb unserer dauerhaften Präsentation der modernen Skulptur und lieferten schon damals einen erstaunlichen Beitrag zum Thema »ArchiSkulptur«.

Es war deshalb eine besondere Herausforderung für die Fondation Beyeler, Skulptur und Architektur in einer Ausstellung zusammen zu präsentieren und in Dialog miteinander zu bringen. Eine solche erste Skulpturenausstellung ist nur dank der grosszügigen Leihgaben möglich, für die wir uns gegenüber den privaten Leihgebern wie auch den Museen, den Architekten und Architekturbüros zu grossem Dank verpflichtet fühlen. Ein besonderer Dank geht auch an Herzog & de Meuron, die mit einer speziell für den Ort entwickelten ArchiSkulptur, *Jinhua Structure II – Vertical,* den Berower-Park bereichern, und an Jean Nouvel, der für das Innere des Museums eine aufregende Installation konzipiert hat. Das Sonderprojekt konnte nur dank grosszügiger finanzieller Unterstützung durch Michael Hilti von der Hilti AG Schaan und durch die Sika AG mit Hans Peter Ming, VR-Präsident, in Angriff genommen werden, wofür ich mich persönlich bedanken möchte. Ebenso danken möchte ich der HIAG Handel Schweiz AG zusammen mit Finnforest KERTO und der Glanzmann AG Basel, die alle mit einem wertvollen Sachsponsoring zum Gelingen der eindrücklichen Bauskulptur beitrugen. Grosser Dank gebührt ferner Markus Brüderlin, der als Kurator dieses Projekt durch beharrliche Recherchen und intensive und weit reichende Kontakte zu einem anregenden Meilenstein in unserem vielfältigen Ausstellungsprogramm zu gestalten vermochte. Anregungen boten nicht nur der von Renzo Piano realisierte inspirierende Museumsbau, sondern auch die zu dessen Eröffnung 1997 konzipierte Ausstellung *Renzo Piano Building Workshop.*

Einführung: ArchiSkulptur Markus Brüderlin

Als der rumänische Bildhauer Constantin Brancusi 1926 nach seiner langen Ozeanfahrt in die Hudson Bay einfuhr und erstmals die Skyline Manhattans sah, soll er überrascht festgestellt haben: »Das ist ja mein Atelier!«[1] Die aufeinander getürmten kubischen Einheiten der Wolkenkratzer und die Aufbauten der Penthäuser, all das erinnerte ihn an die geometrischen Sockelelemente mit den darauf stehenden hochglänzenden Bronzefiguren in seinem vollgestellten Atelier in der Impasse Ronsin in Paris. Für Brancusi galt das Fazit: »Wirkliche Architektur ist Skulptur.«[2] Wer sich in der Bushaltestelle des dänischen Künstlers Per Kirkeby auf der Museumsinsel Hombroich in der Nähe von Düsseldorf unterstellt, wird kaum gewahr, dass er sich in einer betretbaren Skulptur befindet – wirkliche Skulptur ist Architektur! – ausser es regnet gerade, denn »diese ›Architektur‹ hat an den entscheidenden Stellen kein Dach«[3]. Als 1955 in Ronchamp die Wallfahrtskirche Notre-Dame-du-Haut eingeweiht wurde, beschimpften die Hüter des rationalen Funktionalismus ihren Schöpfer Le Corbusier als Verräter der Moderne. Vor dem Weltkrieg war er mit seiner Maschinenfaszination und seiner Klassizismusverehrung noch einer der Väter des strengen Internationalen Stils gewesen. Die Kirche mit dem pilzhutartigen Dach und dem expressiv gebogenen Glockenturm wurde nach dem Krieg als »subjektivistische« Skulptur abgetan. Doch Le Corbusier, der, wie Wolfgang Pehnt meint, »der Kashbah nicht weniger seine Reverenz [erwies] als dem Parthenon«[4], hatte die Baukunst auf die ästhetische Erfahrung der Plastik fokussiert: Architektur sei Ordnung, Mass und Zahl und das Spiel des Lichtes auf geometrischen Körpern.

Architektur will Skulptur und Skulptur will Architektur werden

Schon immer hat die Plastik Elemente aus der Architektur übernommen, und umgekehrt brachte die Baukunst Formen und Strukturen der Skulptur zur Anwendung, denken wir nur an die Figurensäulen, die Karyatiden am Erechtheion auf der Athener Akropolis. Doch seit der Moderne werden die Grenzen zwischen den beiden Gattungen in besonderer Weise verwischt. »Es entstanden Grenzfälle«, hält Dietrich Clarenbach fest, »bei denen sich die Erscheinungsformen ähneln, [...] so daß bei Gebäuden von modellierten, bei Plastiken von konstruierten Gebilden gesprochen werden kann.«[5] Carola Giedion-Welcker bemerkte 1954, dass »ein ›plastisches Zeitalter‹ im Anzuge« sei,[6] und ihr Mann Sigfried Giedion, der als Sekretär des Congrès Internationaux d'Architecture Moderne (CIAM) anfangs einer der vehementesten Verfechter der geometrischen Moderne war, konstatierte schon vor dem Zweiten Weltkrieg: »Die Architektur nähert sich der Plastik, und die Plastik nähert sich der Architektur.«[7] Heute ist man versucht zu behaupten, dass die Skulptur mit Künstlern wie Per Kirkeby gar zur Architektur und Bauwerke wie die von Frank O. Gehry zur Skulptur geworden sind.

Es mag nicht verwundern, dass die vielfältigen Grenzübergriffe bald die Kritiker auf den Plan riefen, die auf Abgrenzung und klare Unterscheidung pochten. Der Bildhauer und Konstruktivist Naum Gabo, der selbst auch Versammlungshäuser entwarf, ermahnte Anfang der zwanziger Jahre seinen Kollegen Wladimir Tatlin, der soeben sein berühmtes *Denkmal der III. Internationale* vorgestellt hatte: »Bauen Sie entweder funktionelle Häuser und Brücken oder schaffen Sie reine Kunst, aber nicht beides. Verwechseln Sie nicht das eine mit dem anderen.«[8] Kunsthistoriker, die versuchten, des komplexen Themas Herr zu werden, haben sich oft mit gattungsspezifischen Abgrenzungsproblemen und Begriffsdefinitionen aufgehalten[9]: Was ist skulpturale Architektur, was architektonische Skulptur? Immer landete man beim offensichtlichsten Kriterium der Grenzziehung, bei der Funktion. Der Purist Adolf Loos hat schon kurz nach der letzten Jahrhundertwende sein rhetorisches Fallbeil zwischen die zweckgebundene Architektur und die autonome, individualistische Kunst fallen lassen: »Das kunstwerk wird in die welt gesetzt, ohne dass ein bedürfnis dafür vorhanden wäre. Das haus deckt ein bedürfnis. [...]

1 Etienne-Louis Boullée, *Kenotaph Isaac Newtons*, 1784
2 Jean Nouvel, Monolith, Murten, Expo.02, 2002

So hätte also das haus nichts mit der kunst zu tun und wäre die architektur nicht unter die künste einzureihen? Es ist so.«[10] Es ist auch heute noch sinnvoll, zwischen der Rolle des Architekten und der des Künstlers zu unterscheiden, obwohl der postmoderne Ausstellungsbetrieb versuchte, den Architekten wieder Zugang zum Olymp der Kunst zu verschaffen. Doch das Zweckargument ist das simpelste Unterscheidungskriterium. Für Dagobert Frey galt es schon 1925 als überwunden.[11] Damals hatten auch expressionistische Architekten wie Erich Mendelsohn gegen die Funktionalismusdoktrin opponiert, nach der sich die Ästhetik aus der Zweckfunktion ergebe. Mit den Anforderungen der Informations- und Freizeitgesellschaft und vor dem Hintergrund der geschwungenen »Freiformen« der digitalen Blobmeister-Architektur sind manche Leute heute sogar versucht, die Umkehrung ins Auge zu fassen: »Function follows form.« Das ist nicht als einseitige Verselbstständigung des Ästhetischen gegenüber den funktionalen, sozialen, politischen und ökonomischen Faktoren zu verstehen, sondern darf als fruchtbare dialektische Perspektive gewertet werden, die aus dem Dialog von Architektur und Skulptur entsteht.

Die Ausstellung

Wer sich von den Theoretikern nicht auf analytische Gattungsunterscheidung und Begriffsdefinition zurückzieht, um der dynamischen Vermischung zu entgehen, der schlägt sich auf die Seite der Architektur. Neuere Publikationen konzentrieren sich auf die Baukunst und deren Ausprägung skulpturaler Formen, allerdings um den Preis, dass »dabei doch der wichtige Austausch zwischen den Gattungen Architektur und Skulptur verloren geht«.[12] Genau um diesen Austausch soll es in *ArchiSkulptur*[13] gehen. Daher werden die beiden Gebiete gleichberechtigt behandelt, was die Werkliste, in der Künstler und Architekten gleichermassen vorkommen, demonstriert. Wollte man eine gattungsspezifische Matrix über die Ausstellung legen, so würde man sich auf einer breiten Strasse bewegen, deren eine Seite die »reinen« Architekturen und deren andere die »reinen« Skulpturen bilden würden. Auf der »Fahrbahn« selbst befänden sich dann die Mischformen. Die Mittellinie würde idealerweise durch die eigentlichen ArchiSkulpturen gebildet: durch die Architektona (1920–1926) von Kasimir Malewitsch, das *Eck-Konterrelief* (1915) von Wladimir Tatlin, den Pavillon (1996/97) von Dan Graham und durch die grosse Baumplastik (2004; Abb. 15) von Herzog & de Meuron. Der Aufbau der Ausstellung folgt einer Chronologie, und der Besucher wird durch ein Feld von Objekten und Bildern geleitet, die entweder der Skulptur oder der Architektur näher stehen, was immer wieder zum Wechsel der Perspektive auffordert, einerseits die Architektur als Skulptur, andererseits die Skulptur im Lichte der Baukunst zu sehen. Immer wieder kommt es in der Ausstellung zu konkreten Begegnungen von Skulpturen wichtiger Plastiker mit Modellen von dazu korrespondierenden Bauwerken. Zur Orientierung werden Zeitabschnitte in Kapiteln zusammengefasst.

Entstanden ist eine Geschichte mit zehn Stationen: Sie beginnt mit der Vorgeschichte der Moderne, die den Einfluss des Gotischen und Klassizistischen auf die Geburt der modernen Skulptur zeigt. Von der Auseinandersetzung zwischen Geometrie und Organik in den zehner bis dreissiger Jahren führt sie über das grosse Zeitalter der versuchten Synthese von Architektur und Skulptur in den fünfziger Jahren und den Beginn der architektonischen Installationskunst bis zu den urbanen Utopien, in denen die Stadt Skulptur wird (sechziger Jahre), und bis zur aktuellen Debatte zwischen »Box und Blob«. Der historische Parcours, der das Einfinden in Zeitstimmungen erleichtern soll, wird immer wieder mit Rückblenden und Vorgriffen durchsetzt; zum Beispiel trifft das Arbeitsmodell von Frank O. Gehrys Museum in Bilbao auf das konstruktivistische *Eck-Konterrelief* von Wladimir Tatlin. Diese »Gleichzeitigkeit des Ungleichzeitigen« ruft punktuell die Konstanz gewisser Themen ins Bewusstsein. Wie bei jeder Geschichte sind Anfang und Ende entscheidend. Es wurden zwei markante Daten gewählt: Den

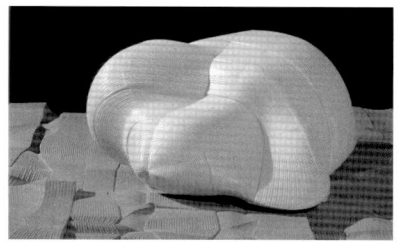

3 Greg Lynn FORM, Embryological House, 1999–2001, Modell und Form

4 Hans Arp, *Stein von Menschenhand geformt*, 1938

Auftakt macht das strahlend weisse Gipsmodell nach Etienne-Louis Boullées Kenotaph für Isaac Newton von 1784 (Abb. 1) aus der Werkstatt von Oswald Mathias Ungers, und den Abschluss bilden die Sonderprojekte, die für diese Ausstellung von namhaften Architekten wie Herzog & de Meuron *(Jinhua Structure II – Vertical)* und Jean Nouvel (Monolith; Abb. 2) entwickelt wurden. Anfang und Ende – Vorgeschichte und Gegenwart – sind in beide Richtungen offen und wurden mit zwei Grundthesen ausgestattet.

Die Vorgeschichte

Eine dieser Thesen betrifft die Geburt der modernen Plastik. Sie wird gemäss der gängigen Geschichtsschreibung mit Aristide Maillol (1861–1944) und Auguste Rodin (1840–1917) eingeleitet und vollzieht sich mit der Verräumlichung des malerischen Kubismus. Das scheint plausibel, wenn wir den Weg von Paul Cézannes (1839–1906) Bildarchitekturen über den Ausstieg aus dem kubistischen Bild mit Picassos aufgefalteten Konstruktionen (*Guitare* von 1912) aufnehmen und ihn dann einerseits über das Auskragen der planaren Elemente (Naum Gabo, 1890–1977), andererseits über die kubisch zergliederten Volumen bei Jacques Lipchitz (1891–1973) weiterverfolgen (siehe im Katalogteil Kapitel 3). Doch wenn wir die Revolution der modernen Plastik unter architektonischen Gesichtspunkten betrachten, und dazu fordern die abstrakten, tektonischen oder konstruktiven Objekte von Wladimir Tatlin, Kasimir Malewitsch oder Rudolf Belling geradezu auf, offenbaren sich für die Skulptur auch ganz andere Wurzeln. Sie führen uns zu stilgeschichtlichen Typologien der Architekturhistorie. So verändert sich der Blick auf den russischen Konstruktivismus, wenn wir ihn als moderne Ausdeutung der Gotikrezeption des 19. Jahrhunderts beschreiben. Das konstruktive Stabwerk, mit dem Tatlin in seinem Entwurf zum *Denkmal der III. Internationale* 1919/20 einem revolutionären, kosmischen Weltbild Ewigkeit verleihen wollte (Abb. S. 74 u. r.), gleicht dem Masswerk einer gotischen Kathedrale, das

im 19. Jahrhundert durch die bautechnische Revolution der Eisenkonstruktion für die Moderne zwecktüchtig gemacht wurde (Eisengotik). Nach einer persönlichen Auskunft von Boris Groys sollen sich die russischen Konstruktivisten Tatlin, Malewitsch und El Lissitzky, die die Rationalität der Technik mit der Utopie einer neuen Gesellschaftsordnung identifizierten, verschiedentlich auf das Mittelalter, seine Idee der kollektiven Produktionsgemeinschaft und die Effizienz der Skelettbauweise bezogen haben. In der Ausstellung stehen das Modell der Kathedrale von Reims (Kat. 156, S. 72 u.) mit einem späten Werk von Antoine Pevsner von 1946 (Kat. 151, S. 71) und einem Modell der *Lenintribüne* (1924) von El Lissitzky (Kat. 117, S. 76 u.) in einer Blickperspektive. Diese Platzierung soll eine Anregung dazu sein, dieses noch offene Kapitel der modernen Skulpturgeschichte zu erforschen.

Innerhalb der »Vorgeschichte« führt ein zweiter, ein klassizistischer Hauptstrang von der geometrisch-kubischen Skulptur, zu der Malewitsch mit seinen suprematistischen Architektona Anfang der zwanziger Jahre einen Hauptbeitrag lieferte, rückwärts über den protokubistischen »Quadratlstil« der Wiener Secession um die vorletzte Jahrhundertwende bis zu den utopischen Entwürfen der französischen Revolutionsarchitektur.

Etienne-Louis Boullée (Abb. 1) entwarf ab 1780 Gebäude, die sich der antiken Säulenordnung von Vitruv entledigten und den Baukörper auf stereometrische Grundformen reduzierten. Die Geburt der autonomen Baukunst, die von der Wiedergewinnung der Einheit der Künste träumte, ist gleichzeitig die Geburtsstunde der modernen ArchiSkulptur. Sigfried Giedion hat diese allerdings in einem noch früheren Bauwerk ausgemacht: in Francesco Borrominis spiralförmigem Kuppelabschluss der Kirche Sant' Ivo della Sapienza in Rom (1642–1660; Abb. 5). Tatsächlich lässt sich von diesem skulpturalen Architekturelement eine »barocke Linie« über den Jugendstil von Antoni Gaudí (1852–1926) und Hermann Obrist (1863–1927) bis zu *La serpentine* (1909)

17

5 Francesco Borromini, Sant' Ivo della Sapienza, Rom, 1642–1660, Modell der Kuppellaterne

von Henri Matisse (1869–1954) verfolgen. Schliesslich war Constantin Brancusi (1876–1957) nicht nur von der Skyline New Yorks fasziniert. Die Reduktion seiner Skulpturen auf archaische Formen und einfache Volumen übersetzt auch das Romanische, denken wir an das Castel del Monte (1240–1250) in Apulien, in die Moderne und deutet es archiskulptural aus. Die vier »idealtypischen Metaphern« (Werner Hofmann) bilden rückwärts in die Geschichte verfolgbare Verbindungsstränge der modernen Skulptur mit der Tradition der Baukunst (siehe Kapitel 1).

Geometrie und Organik, Box und Blob

Gemäss der Grundkonstellation von *Abstraktion und Einfühlung,* mit der Wilhelm Worringer 1907[14] die Kunsttheorie des 20. Jahrhunderts einleitete, lassen sich die Traditionslinien aber auch auf den Grundakkord von Geometrie und Organik, Rationalität und Expressivität reduzieren oder, wie Werner Hofmann in seinem Text in dieser Publikation ausführt, auf »Kubus und Uterus«. Dieser Dualismus bestimmt neben der Chronologie die grundsätzliche Gliederungsstruktur dieses Projektes. Nach der »Vorgeschichte« ist er auch im Kern der Ausstellung zu verfolgen, dort, wo das Rational-Geometrische der Bauhaus- und De-Stijl-Bewegung in den zwanziger und dreissiger Jahren (Georges Vantongerloo, Gerrit Thomas Rietveld, Ludwig Mies van der Rohe) dem Organisch-Plastischen der expressiven Tendenzen (Alexander Archipenko, Erich Mendelsohn, die Gläserne Kette mit Bruno Taut und Hermann Finsterlin) aus derselben Zeit gegenübersteht (siehe Kapitel 3 und 4). Er wiederholt sich in der Gegenwart zwischen dem geometrischen Purismus der Box-Architektur und dem biomorphen Expressionismus der vollständig am Computer programmierten wandelbaren Formen der Blobmeister-Architektur (siehe Kapitel 10). Gerade die Gestaltungsfreiheit der digitalen Entwurfsprogramme (CAD; Abb. 6) in Verbindung mit den neuen Produktionsverfahren, dem »file to factory-process«, macht die alte Orientierung von Clarenbach obsolet. Er wies noch in den sechziger Jahren das Stereometrische aufgrund seiner technischen und funktionalen Beschränkung vorwiegend den Bauwerken zu, während das Biomorphe vor allem der Plastik angehöre, weil diese weitgehend den Vorbildern der lebenden Umwelt entnommen sei.[15]

Grund für die Auflösung der Polaritäten von Abstraktion und Mimesis, Geist und Materie, Geometrie und Organik, die in den dreissiger Jahren Hugo Häring (1882–1958) wertend gegeneinander stellte und die zu Clarenbachs Zeiten noch zu einem erbitterten Richtungsstreit führten, ist der Umstand, dass »aus der Sicht des Computers« hinter den gekurvten »freien Formen« ein ebenso rationales, mathematisches System steht wie hinter dem rechten Winkel. Das eine ist genauso weit entfernt von der Natur wie das andere. Heute sind es vielmehr zwei »mathematische Familien«, die Box und Blob erzeugen und die die Struktur der technologisierten Welt beherrschen: Auf der einen Seite beschreibt die fraktale Geometrie nach Benoît Mandelbrot die Welt in selbstähnlichen Formen, die in allen Dimensionen vom Mikro- bis zum Makrokosmos vorkommen. Das architektonische Prinzip der Verschachtelung, der Box in der Box, korrespondiert mit diesem Gesetz, das das Kleinste mit dem Grössten verbindet und die Massstäblichkeit potenziell ausser Kraft setzt. Auf der anderen Seite arbeiten junge Gestalter wie Greg Lynn (geb. 1964) oder Lars Spuybroek von NOX mit den so genannten »topologischen Kurven«, die die Welt als ein organisch fliessendes Kontinuum generieren. Die Verschachtelung verbindet in der Vertikalen den Mikro- mit dem Makrokosmos, die Kurven in der Horizontalen das Innen mit dem Aussen. Der circa 34 Meter hohe Stahlwürfel von Jean Nouvel (geb. 1945), der 2002 während der Expo.02 im westschweizerischen Murtensee schwamm und der in der Ausstellung als 17 Zentimeter hoher Block wiederkehrt, steht für das kosmische Weltmodell, Greg Lynns Embryological House (Abb. 3) für dasjenige, das in der Horizontalen ähnlich einem Möbiusband Körper und

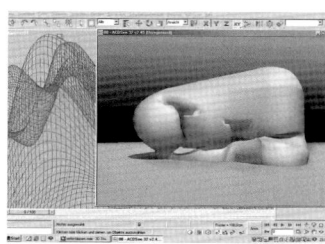

6 3D-Modellierung mit 3D Studio MAX, Entwurf Jann Kern

7 René Magritte, *L'importance des merveilles*, 1927

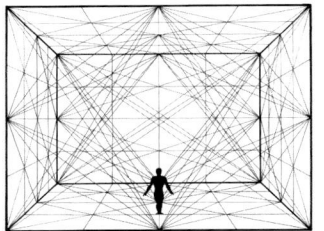

8 Oskar Schlemmer, *Figur und Raumlineatur*, 1924

Räume fliessend miteinander verbindet (Kat. 120, S. 196 u.; Abb. S. 198 u. l.).

Körper im Raum – Raum im Körper

Der Leser merkt schon, dass es nicht einfach ist, das Verhältnis von Architektur und Skulptur und den Wandel dieses Verhältnisses theoretisch zu fassen. Ein erster Ansatz geht von der elementaren Formel »Körper und Raum« und den komplexen Durchdringungen dieser beiden Kategorien aus. August Schmarsow unterscheidet die Skulptur als »Körperbildnerin« von der Baukunst als Gestalterin von Raum (»Raumbildnerin«).[16] Skulptur ist raumabweisendes, Architektur raumintegrierendes Volumen, indem sie Struktur stiftet, Teile tektonisch im Raum zusammensetzt, Trennungen und Verbindungen von innen und aussen schafft (Abb. 7, 8). Widmen wir uns nun der Frage, wie sich der Körper zum Raum verhält, und umgekehrt, wie Architektur mit dem Körper umgeht. Wie wird Körper Raum, und wie verkörpert sich umgekehrt Raum?

Zuvor muss man sich vergegenwärtigen, dass es schon seit dem 15. Jahrhundert so etwas wie eine »Baukörpertheorie« gibt. Für Leon Battista Alberti (1404–1472) ist das »ornamentum« die notwendige Verzierung, die sich wie ein Kleid um das Gebäude legt und aus der rohen architektonischen Struktur einen »schönen Baukörper« macht. Während der Aufklärung im 18. Jahrhundert verlangte man vom Bauwerk, dass es mit dem gleichen sinnlichen Ausdruck zum Betrachter spreche wie der menschliche Körper in seiner Gestik und Mimik. Die Erfindung der »architecture parlante«, für die die französischen Architekten Etienne-Louis Boullée, Claude-Nicolas Ledoux und Jean-Jacques Lequeu die eindrücklichsten Beispiele lieferten, ereignete sich parallel zur Entdeckung der Physiognomik durch Johann Caspar Lavater 1772 bis 1778.

Gegen Ende des 18. Jahrhunderts, als die Wahrnehmung zum Kerngeschäft der Ästhetik wurde, kam der Leib des Betrachters immer stärker ins Spiel. Ebenso wie man die Architektur als Körper verstand, konnte man umgekehrt den eigenen Leib als Körpergehäuse, das ein Innen und Aussen kennt, wahrnehmen. Heinrich Wölfflin, Theodor Lipps und auch Friedrich Nietzsche bemerkten, dass man beim Wahrnehmen von Architektur gleichzeitig immer seinen eigenen Körper spüre (Empathie). Die Zusammenschau hatte Konsequenzen auch für die Plastik, die bis zu Beginn des 20. Jahrhunderts einseitig als raumverdrängendes Vollvolumen aufgefasst wurde. Henry Moore (1898–1986) dagegen meinte, dass man als Bildhauer auch das Innen eines skulpturalen Körpers kennen müsse, gleich wie ein Bauwerk ein Innen und Aussen hat. Dass die Idee des Körpers heute wieder wichtig wird, scheint zunächst überraschend, glaubten wir doch, dass dieser soeben mit Alberto Giacometti und der Installationskunst entschwunden und mit der Medialisierung der Welt gänzlich obsolet geworden sei. Mit dem Boom der skulpturalen Architektur, die doch auf die Verführungskraft der sinnlichen, greifbaren Oberflächen und signalartiger Körperzeichen setzt, wird das Verhältnis »Körper und Raum« wieder zu einem zentralen Thema. Auch hinsichtlich der Ursprünge der Installationskunst scheint man sich auf dieses Ineinander zu besinnen. Philip Ursprung spricht von Installationen als Plastik und meint, dass »die erfolgreichsten Skulpturen seit den neunziger Jahren« jene seien, »die die Betrachter oder besser Besucher atmosphärisch umfangen, sie emotional und physisch involvieren«.[17] Wenn man den Körperbegriff der Raumkunst auf die Geschichte der Skulptur überträgt, dann stellt sich die fundamentale Frage: An welchem Punkt der Entwicklung »stülpt« sich der Körper in Raum um? Wir werden uns in dieser Hinsicht zentral mit Eduardo Chillida zu beschäftigen haben. Doch wie kam es so weit?

Seit dem Beginn der Moderne drängt das plastische Körpervolumen danach, sich dem Raum zu öffnen: Alexander Archipenko sparte 1912 in seiner schreitenden Figur ein Loch aus und versuchte Massenvolumen und Leerform miteinander zu verschmelzen (Kat. 3, S. 99 u. l.).

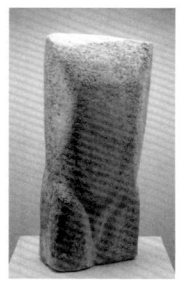  

9 Eduardo Chillida, *Torso*, 1948
10 Eduardo Chillida, *Oxido 42*, 1979
11 Eduardo Chillida, *Elogio del horizonte*, 1990

1919 gelang es Rudolf Belling in seiner abstrakten Figurenkomposition *Der Dreiklang,* die er als Modell für einen sechs Meter hohen Musikpavillon konzipierte, ein Gleichgewicht zwischen dem plastischen Volumen der drei ragenden Raumkörper und dem umfassten Leervolumen herzustellen (Kat. 7, S. 119). In dieser Zeit entstand auch die Idee, Hohlräume auszugiessen, um das Verhältnis von Masse und Raum zu kontrollieren, ein Verfahren, dass der Jugendstil schon in der Fläche getestet hatte.[18] Die Verschränkung von Einbuchtung und Auswölbung, konkav und konvex benutzte der Philosoph und Architekt Rudolf Steiner, um evolutionsgeschichtliche Naturprozesse zu versinnbildlichen. Am Goetheanum in Dornach spielt die auffällige Form des Heizhauses (1914) mit der Anmutungsqualität einer züngelnden Flamme. Die Ursprungsform entwickelte Steiner aber aus einem abstrakten, architektonischen Detail des Haupthauses, das er gewissermassen umstülpte (Abb. 12). Das Prinzip der Umstülpung – Steiner greift selbst auf die Metapher des Handschuhs zurück – ist für den Anthroposophen Formwandlung bei gleichzeitigem Erhalt des Wesens und eine Möglichkeit, Weltaussenraum und Seeleninnenraum in einem architektonischen Körper miteinander zu verschmelzen. Henry Moore beobachtete in der Natur das Geheimnis der Höhlen und wölbte in seine Plastiken Hohlräume ein, die die eigentlich »beabsichtigte Form« sind.[19] Sein Pendant unter den Architekten wurde nach dem Zweiten Weltkrieg Le Corbusier (Abb. S. 197; Kat. 104, S. 137). Beide gelangten in den fünfziger Jahren zu einer Synthese von Raum und Plastik, die man mit dem Begriff des »Raumplastischen« fassen kann (siehe Kapitel 6). Die raumplastische Kunst in den fünfziger Jahren – dazu gehört auch das Spätwerk Frank Lloyd Wrights mit dem Solomon R. Guggenheim Museum in New York (1956–1959) – stellt einen Höhepunkt im Wechselspiel von Architektur und Skulptur dar und bereitet den nächsten Schritt vor: das »Umgebung Werden des Körpers« oder die »Umstülpung von Körper in Raum«.

Eduardo Chillida – Die Verwandlung von Körper in Raum

Der Bildhauer Eduardo Chillida (1924–2002), der in Madrid fünf Jahre Architektur studierte, beschreibt die Entstehung einer Form folgendermassen: »Sie ergibt sich von selbst aus den Bedürfnissen des Raumes, der sich sein Gehäuse baut, wie das Tier, das seine Schale aussondert. Und wie das Tier bin auch ich der Architekt der Leere.«[20] Der Weg dorthin beginnt überraschenderweise bei der blockhaften Plastik, die der Spanier bei Brancusi, der »Löcher« in Skulpturen hasste, kennen gelernt hatte. In seinen frühen Gipstorsi kerbt er in das flächenhaft sich ausbreitende Volumen die Schemen einer Figur (Abb. 9). Bald ist nicht mehr eine ganze Figur der Ausgangspunkt, sondern verschränkte Hände, die ein komplexes Muster aus Positiv und Negativ bilden, das zusehends abstrahiert und auf die Oberfläche des Blocks gezeichnet, später gemalt wird (Abb. 10).[21] Von dieser Positiv-Negativ-Zeichnung aus werden die räumlich-plastischen Wertigkeiten in das eigentliche plastische Volumen hineingearbeitet. Umgekehrt ragen sie als lineare Strukturen in den Raum hinein. In den fertigen Raumplastiken ist oftmals nicht mehr erkennbar, ob das Leervolumen durch Aussparung aus der blockhaften Masse entstanden ist oder durch das Umschliessen mittels balkenartiger Arme (Abb. 11). Leere und Vollplastisches wechseln ständig miteinander. Damit hat Chillida aus der Oberfläche heraus eine überzeugende gestalterische Konzeption entwickelt, die es erlaubt, den Körper in den Umraum auszudehnen, ohne das Plastische völlig aufzulösen. Im Unterschied zur »Verkörperung von Umraum« bei Moore und Le Corbusier »stülpt« sich der Körper potenziell in Umraum um, ergreift die Plastik den Raum, trennt ein Innen von einem Aussen.[22] Die Kunst des Spaniers ist zum grossen Vorbild für neuere architektonische Raumkonzepte geworden, beispielsweise für Diener & Diener, Herzog & de Meuron oder Steven Holl[23] (Kat. 80, S. 145 o.). Zum einen schätzen sie die expressiven Qualitäten, vor allem dort, wo sie ein Gebäude jenseits der rationalen, funktionalen Raumbildung auch als ein Aggregat verstehen, das At-

12 Rudolf Steiner, Heizhaus, Dornach, 1914

13 Christo und Jeanne-Claude, *Wrapped Trees*, Fondation Beyeler, Berower-Park, 1998

mosphären schafft und Emotionen weckt. Zum anderen erkennen diese Gestalter zunehmend, dass die Morphologiegeschichte der modernen Plastik hinsichtlich der Neuentdeckung des Raumes mithilfe von »artificial intelligence« (künstlicher Intelligenz) und computergestützter Entwurfspraxis von grosser Bedeutung ist. Man könnte das für einen Widerspruch halten, denn die Virtualität des Cyberspace und das Realplastische der Skulptur scheinen sich auszuschliessen. Doch gerade die CAD-Software und Morphing-Programme vermögen etwas von den sinnlich-räumlichen Qualitäten zu vermitteln, die das plastische Denken von Chillida beflügelten. Es wäre für einen Programmierer eine reizvolle Aufgabe, eine Computeranimation zu entwickeln, mit der man sich gleichsam durch die Skulpturgeschichte »durchmorphen« könnte, angefangen bei Rodin, dem Plastiker der »Buckel und Löcher«, über Henri Laurens, Archipenko, Belling, Hans Arp und Moore bis zu Chillida. Architekten würden dabei viele wertvolle Erkenntnisse über die Wandlung der Beziehung von Körper und Raum gewinnen können. Ein Strukturelement würde sich bei einer solchen Morphing-Animation besonders herausformen: die Oberfläche, die durch Aufwölbung und Einstülpung, durch Faltung und Verdrehung die Beziehung von Körper und Raum reguliert.

Oberfläche, Raum und Körper

Tatsächlich lässt sich die Evolution der modernen Plastik anhand der Entwicklung des Spannungsverhältnisses von Körper und Oberfläche beschreiben. Seit Rodin tendierte die Oberfläche dazu, sich immer mehr zu vergrössern, sich aufzuwölben und einzustülpen, um die anthropomorphe Gestalt des Körpers zu überwinden und den Raum plastisch in innen und aussen, Geborgenes und Umfangendes zu differenzieren. Das Phänomen der »Oberfläche« scheint heute aber nicht nur das plastische und architektonische Geschehen zu bestimmen, sondern ist zu einer universalen Metapher für die Struktur der Welt überhaupt geworden. Wir kommunizieren hauptsächlich über (Benutzer-)Oberflächen, die Sprache besteht zunehmend aus Zeichen ohne (Bedeutungs-)Tiefe, wir konsumieren Bilder ohne Raum, Körper werden über optisches und haptisches Ertasten von Oberflächen wahrgenommen, und Raum selbst entsteht nurmehr an der Oberfläche durch Faltung, Wölbung oder Verräumlichung von flächigen Mustern. In keiner Architektur versinnlicht sich dieses topologische Weltbild so eindrücklich wie bei Herzog & de Meuron (gegr. 1978). Ihre intensive Auseinandersetzung mit der Kunst hat ihnen dabei entscheidende Impulse vermittelt. Nachdem sie sich mit dem Gegenmodell, mit der minimalistischen Kiste, einen internationalen Ruf geschaffen haben (siehe Kapitel 8), gewann für sie in den neunziger Jahren die nicht-geometrische und biomorphe Gestaltung an Bedeutung. Dahinter steht ihr verstärktes Interesse an der *Naturgeschichte* – so lautete der Titel ihrer Retrospektive im Canadian Centre for Architecture in Montreal. Die gefaltete, gewölbte, haptisch hochaktive Oberfläche wurde zur Bildungszone, an der Körper und Raum, ähnlich wie bei Chillida, strukturiert werden und zu wachsen beginnen. Das ist besonders an ihrer ArchiSkulptur *(Jinhua Structure II – Vertical),* die sie anlässlich unserer Ausstellung für den Museumspark entworfen haben, gut nachvollziehbar (Abb. 15; Kat. 77, S. 207 und 209). Um einen aufrechten, neun Meter hohen Kubus wird das Oberflächenmuster einer chinesischen Rosette gewickelt, das dann von jeder Fläche aus rechtwinklig in das Innere des Körpers verräumlicht wird. Der Computer errechnet die Schnittflächen, die eine komplexe, in zahlreiche Hohlkammern und Auskragungen gegliederte plastisch-kristalline Struktur ergeben.

Alberto Giacometti – Die Skulptur wird Platz

Eduardo Chillida hat schon Ende der fünfziger Jahre mit seiner »Architektur der Leere« den Weg für die »Raumwerdung des Körpers« und damit für die Installationskunst geebnet. Die Funktion der Plastik ist es, »Raum zu ergreifen und zu halten«[24]; so lautet die Definition, mit

14 Fünfstöckige Bronzepagode, Korea,
Koryö-Periode, 10.–11. Jh.

15 Herzog & de Meuron, *Jinhua Structure II – Vertical,*
Auftragswerk für den Berower-Park, Riehen/Basel, 2004,
computergeneriertes Bild

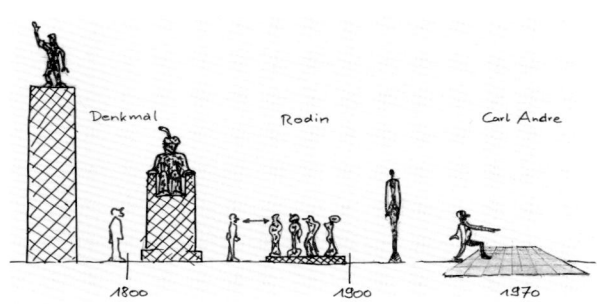

16 Die Entwicklung der Skulptur vom 18. Jahrhundert bis heute, Skizze des Autors

der Carl Andre (geb. 1935) den Plastikbegriff erweiterte. Ein anderer Bildhauer, der zur Verwandlung von Körper in Raum Entscheidendes beigetragen hat, ist Alberto Giacometti (1901–1966). Vereinfacht geschildert, geschah dies durch die Auflösung der glatten Oberfläche und durch das Ausdünnen des Körpervolumens. Er radikalisierte die Leere des Raumes und provozierte damit auch die philosophische Frage nach dem Verbleib der menschlichen Gestalt in einer Zeit, in der die Bevölkerung explodierte, die Städte immer dichter und die Menschen immer einsamer wurden. Doch Giacomettis Figuren bleiben stets auf seltsame Weise anwesend. Sie erscheinen immer gleichzeitig nahe und fern, als gehörten sie zwei Räumen an, die wie in der Architektur durch ein Innen und Aussen getrennt und gleichzeitig verbunden sind. Die Spaltung führt zu einer Wahrnehmung, die derjenigen verwandt ist, mit der wir heute die Ambivalenz zwischen physischem und virtuellem Raum erleben. Alberto Giacometti ist der Erfinder des virtuellen Raumes durch die Skulptur. Er entdeckte ihn aus der Krise des Körpers heraus, nicht aus der Krise des euklidischen Raumes selbst, aus der der Philosoph Paul Virilio die Entstehung des virtuellen Raumes erklärt.[25]

Die Skulptur will Sockel werden

Wenn Betrachter und Skulptur zwei verschiedenen Räumen angehören, so wird die Frage nach der Stelle, an der sie sich berühren, und damit die Frage nach der Basis virulent, die gemäss Martin Heidegger und Jacques Derrida eine eminent architektonische ist.[26] Giacometti ging ihr durch die gestalterische, aber auch historische Verarbeitung des »Sockelproblems« nach. Die Funktion des Sockels wurde in der Geschichte brisant, als die (Bau-)Plastik sich im Mittelalter aus dem Verband der Architektur löste und in der Renaissance versuchte, eine selbstständige Existenz zu führen. Weil die Skulptur im öffentlichen Raum damals gleichzeitig immer auch Denkmal war, hatte der Sockel die Aufgabe, sie nicht nur räumlich einzubinden, sondern sie auch gemäss dem Darstellungsbedürfnis des Auftraggebers oder der Geschichte der jeweiligen Gesellschaft oder Gruppe zu erhöhen. Giacometti suchte nach einer von all diesen Repräsentationsfunktionen befreiten Basis, um den Raum und Ort des spätmodernen Menschen auszuloten. Sein Werk markiert den Endpunkt einer langen Geschichte des Denkmals, dessen Entwicklung sich in Abhängigkeit von der Sockelhöhe darstellen lässt (Abb. 16). Bis zum 18. Jahrhundert thronten die Herrscher und Feldherren noch hoch auf Sockel und Ross über der Geschichte. Im 19. Jahrhundert holte das bürgerliche Bewusstsein seine Kulturheroen (Goethe und Schiller) näher zu sich herab. Mit seinen sechs *Bourgeois de Calais* wagte Auguste Rodin dann 1895 die Revolution und stellte die demütigen Helden der Vergangenheit auf Du und Du auf den Boden der durch die Industrialisierung expandierenden Stadt – ein Versuch, der am reaktionären Geist des Historismus scheiterte. Doch die Falllinie des Sockels hatte sich dem Parterre des urbanen Raumes schon derart angenähert, dass mit Giacometti die Skulptur auf den Platz hinaustreten und bei Carl Andre und seinen flachen Bodenskulpturen der Betrachter selbst deren Stelle einnehmen konnte.

Die Skulptur wird »Weg und Platz« und hat die Funktion, die Aufmerksamkeit des Betrachters auf die Umgebung zu lenken. Das ist aus der optimistischen Perspektive der Avantgarde der Beginn einer grossen Expansionsbewegung, bei der die Kunst in den urbanen Raum vordringt, die autonome Kunst sich als »useful sculpture« eine neue Funktionalität zumutet (Dan Graham, Siah Armajani, Maria Nordman, Scott Burden), ja versucht, den gesellschaftlichen Körper in eine Soziale Plastik umzuwandeln (Joseph Beuys, 1921–1986). Der Künstlerarchitekt und Mitbegründer der Situationistischen Internationale[27], Constant (Nieuwenhuys; geb. 1920), entwirft als Alternative zum sturen Funktionalismus neue utopische Städte (New Babylon), in denen Roboter die Arbeit verrichten und die Menschen Zeit haben, ihren Wünschen urbane Realität zu geben (siehe Kapitel 9).

17 Claes Oldenburg, Coosje van Bruggen, *Knife/Ship II*, 1986

18 Frank O. Gehry, Guggenheim Museum, Bilbao, 1997

19 Hans Scharoun, Philharmonie, Berlin, 1956–1963, Vordergrund: Richard Serra, *Berlin Junction*, 1987

»Architektur frisst Skulptur«!

Aus einer skeptischen Perspektive heraus betrachtet, beginnt die Kunst, indem sie den Sockel verlässt, im öffentlichen Raum zu versickern. Diverse Sockel-Renaissancen wie beispielsweise bei den *Skulptur-Projekten in Münster* 1987 und 1997 markieren den Versuch, der Kunst durch die subversive Thematisierung des Denkmals ihre kritische Präsenz und Aufmerksamkeit im öffentlichen Raum zurückzugeben. Für hartnäckige Zweifler bedeutet die Erweiterung des Skulpturbegriffs sogar den Beginn der Vereinnahmung der Kunst durch die Architektur. Die hoch geschätzte Kunsttheoretikerin Rosalind Krauss entschuldigte ihre Absage eines Beitrags zu unserem imaginären »Roundtable« mit ihrem Misstrauen gegenüber dem erwähnten Phänomen und mit der Befürchtung, die Freundschaft mit Richard Serra aufs Spiel zu setzen: »I must tell you, in addition, that my current book project is a diatribe against installation art, which is, I think, an outcome of the absorption of sculpture by architecture.«[28] Wir sind gespannt auf das Buch, dürfte es doch die problematische Seite der Liaison von Skulptur und Architektur ansprechen, die sich mit dem »Bilbao-Effekt« offenbart hat. Der Architekt Frank O. Gehry (geb. 1929) schuf mit dem neuen Guggenheim Museum in der baskischen Hauptstadt eine Super-Skulptur, die alle anderen Skulpturen zu verschlingen scheint (Abb. 18). Auch Richard Serras (geb. 1939) gigantische, gekurvte Stahlplatten, die eben noch im öffentlichen Raum einen kritischen Dialog mit urban prekären Situationen oder mit formverwandten Gebäuden wie beispielsweise mit Hans Scharouns Philharmonie in Berlin (1956–1963) anstimmten (Abb. 19), verschwanden in der grossen Halle von Bilbao wie im Bauch eines Walfisches.

Rosalind Krauss' Kannibalismusthese erinnert daran, dass die Verbindung von Skulptur und Architektur immer auch ein Ausbeutungsverhältnis war. Besonders Frank O. Gehry hat sich unter anderem bei den Abfallstrategien des früh verstorbenen Konzeptkünstlers Gordon Matta-Clark (1943–1978) bedient. Krauss' Auffassung kann uns aber im Positiven zur vorhin angedeuteten zweiten These des Projektes anregen, nämlich ob es angesichts ihrer ungeheuren Kreativität heute nicht die Architektur ist, die in Gebäudeform die Geschichte der Skulptur fortschreibt?

Architektur als Fortsetzung der Skulptur mit anderen Mitteln?

Natürlich ist diese Frage auch eine rhetorische. Letztlich haben die pragmatischen angewandten Künste (Design, Werbung) immer von der autonomen avantgardistischen Kunst profitiert. Angesichts der skulpturalen Tendenzen in der Architektur, die sich vom postmodernen Eklektizismus und der Fassadenkostümierung des »decorated shed« (Venturi/Brown) unterscheiden, ist der Architekturbereich aber aufgefordert, sich seine Theorie und Praxis nochmals anhand der Skulpturgeschichte »vorzunehmen« und daraus Kriterien der Selbstkritik abzuleiten.[29] Folgende Fragen mögen dazu eine Anregung sein: Architektur absorbiert Skulptur! Ist das der Grund, warum die Skyscraper und die Corporate Architecture wie vergrösserte Kleinskulpturen aussehen – Norman Fosters Swiss Re Building in London wie Brancusis bauchiger Vogel? Zur Zeit entsteht in Malmö ein circa 120 Meter hoher Wohn- und Büroturm aus übereinander getürmten Würfeln. Die verantwortlichen Bauherren hatten die fragile Struktur im Atelier von Santiago Calatrava entdeckt, der sie dort als autonome Skulptur entwickelt hatte (Abb. S. 77 u. r.). War das Bauwerk denn nicht einst Ausdruck von Proportionsgesetzen, und hat es sich nicht mit der humanen Funktion der Massstäblichkeit auseinander gesetzt? Die Problematik der »Einmassstäblichkeit«, wie es Bazon Brock nennt, haben die modernen Baumeister allerdings auch von der Kunst gelernt. Brancusi erkannte in der Skyline von Manhattan sein Atelier wieder und schlug für Chicago vor, eine auf 122 Meter vergrösserte Version seiner *Colonne sans fin* als Wolkenkratzer zu errichten. Den Minimal-Art-Künstler Donald Judd haben Proportionen zunächst nicht interessiert. Michael

20 Robert Venturi, *I am a Monument*, aus: *Learning from Las Vegas*, 1972

Heizer ignorierte den Massstab und suchte in seinen Land-Art-Skulpturen die »absolute Grösse« – allerdings in der Wüste und nicht in der City.

Können Gestalter von Gebäuden – ebenso wie Bildhauer – den Massstab ignorieren, ohne dass Monumentalität in reinen Gigantismus umschlägt (Abb. 17)? Etienne-Louis Boullées gigantisches Leergrab für Newton war als Plan epochal, wenn man ihn aber ausführen würde, wäre das fatal. Rem Koolhaas meinte in seinem Aufsatz »Bigness, or the Problem of the Large«, die Grösse sei »der Gipfel der Architektur«. Die Komplexität der urbanen Bauaufgaben habe eine kritische Masse erreicht, sodass Individualität, Dimensionierung und Proportionen überflüssig geworden seien und nur noch die grosse äussere Form, eine »Hyperarchitektur«, eine letzte Bastion für die Entwerfer darstelle.[30]

Kann die skulpturale Hülle, mit der man den Berg von Komplexität verpackt, die Lösung für die künftige Global-Architektur sein? In seiner früheren Schrift *Delirious New York* (1978) bildete Rem Koolhaas eine Comiczeichnung von 1972 ab, die Manhattan als eine Ansammlung von monumentalen Sockeln mit bekannten Wolkenkratzern neben verschiedenen, riesenhaft vergrösserten Skulpturen, unter anderem Malewitschs Architektona, zeigte (Abb. S. 92). Der Titel lautete *The City of the Captive Globe*. In der Mitte sieht man zwischen diesen aufgesockelten Objekten die Weltkugel. Heisst Globalisierung neben Vernetzung nun auch Vergrösserung der Baukörper, die ihre Grenzen theoretisch in der Grösse und Gestalt der Erde finden würde? Mit der Hauswerdung des Himmels[31], mit dem Pantheon hat es in Rom begonnen. Boullées Kenotaph im 18. Jahrhundert und die Fussballstadien heute setzen die Idee fort.

Sind die Fussballstadien, diese »multifunktionalen Entertainment Centers« (Dietmar Steiner), die den kollektiven Rausch wie Riesenteleskope in den Weltraum strahlen und gleichzeitig die Welt nach innen stülpen, die Bauaufgabe der Zukunft? Die Einmassstäblichkeit hat noch eine andere Herkunft, die mit der Entwicklung des Denkmals und der Transformation des Sockels zusammenhängt. Seit dem 18. Jahrhundert schmolz der Sockel nicht nur, sondern es gab auch eine gegenläufige Bewegung: Er wuchs in seinem körperhaften Volumen an. Gleichzeitig wurden die Figuren immer kleiner, bis schliesslich der Sockel als architektonische Skulptur übrig blieb. Das kann man schon bei Boullées Newton-Kenotaph, dann aber bei dem alles überragenden Monument, dem Eiffelturm, nachvollziehen. Er war das erste öffentliche Wahrzeichen der bürgerlichen und industrialisierten Stadt. Im 20. Jahrhundert wurde er durch die Wolkenkratzer des privatwirtschaftlichen Kapitalismus abgelöst. Sie sind ausgewachsene Firmenlogos. Diese Wahrzeichen sind in Wirklichkeit »Falschzeichen« (Bazon Brock), denn sie können sich nicht auf die Verbindlichkeit von historisch gewachsenen Symbolen berufen und gehorchen nur der Beliebigkeit des Marktes (Abb. 20).

Lassen sich die Konzerne im Konkurrenzkampf um die Darstellung von Macht und Prestige nur deswegen immer extravagantere Bauwerke designen, um diesen flüchtigen Zeichen, diesen »Worldbrands« (Markenzeichen) gleichsam im chaotischen Gewühl der Generic City[32] die Gravität und Wucht des Skulpturalen zu geben?

Neigt die Architektur immer auch dann zum Skulpturalen, wenn es darum geht, starke Zeichen in die urbane Skyline zu »droppen«? (»Drop-Sculpture« ist die Bezeichnung für eine Plastik, die ohne wesentlichen Bezug zum Ort aufgestellt wird). Die »Liaison dangereuse« von Zeichen und Körper, Hightech und Hightouch, Strukturalismus und Körpertheorie gehört zu den grossen Eigentümlichkeiten der ArchiSkulptur der Gegenwart (Abb. 21).

Und wo bleibt der Raum? Zahlreiche Gespräche, die ich im Zusammenhang mit dem Projekt mit Fachleuten führen konnte, haben gezeigt, dass das Interesse am »Raum«, erlauben wir uns diese allgemeine Bezeichnung, in allen Gebieten der Gestaltung und des Denkens stark präsent ist. Architektur ist die »Integration von

21 Minoru Yamasaki, World Trade Center, New York, 1962–1976

Körper und Raum« – heute, im Zeitalter der Virtualisierung, mehr denn je. Die Allgegenwart der Bildschirme hat diese Tatsache vielleicht etwas verdeckt, und manche haben vergessen, dass diese Integration seit langem in einem kreativen Bereich vorbereitet wurde, der dafür wertvolles Wissen und reiche sinnliche Erfahrungen entwickelt und gesammelt hat, wie es Friedrich Teja Bach in seinem Beitrag eindringlich darstellt. »Learning from Brancusi, Moore, Chillida, Giacometti und Co.«! wäre ein Motto, das zu vergegenwärtigen sich lohnt.

Die Ausstellung *ArchiSkulptur* macht mit ihrem historischen Material und mit den spannenden Gegenüberstellungen den Vorschlag, die Geschichte der Architektur unter dem Vorzeichen der Skulptur und umgekehrt die Entwicklung der Plastik unter dem Blickwinkel des Architektonischen neu zu betrachten. Denn dieser Dialog hat gerade heute an Brisanz gewonnen, nicht nur im Bereich der Gestaltung, sondern auch der Kommunikation und unserer sozialen und kulturellen Umwelt.

[1] Dorothy Dudley, »Brancusi«, in: *The Dial*, LXXXII, 1927, S. 123–130, zit. nach Friedrich Teja Bach, *Constantin Brancusi. Metamorphosen plastischer Form*, 3. Aufl., Köln 2004, S. 328.
[2] Zit. nach Klaus Jan Philipp, *ArchitekturSkulptur. Die Geschichte einer fruchtbaren Beziehung*, Stuttgart und München 2002, S. 12.
[3] Ebd., S. 13.
[4] Wolfgang Pehnt, »Architektur«, in: Giulio Carlo Argan, *Die Kunst des 20. Jahrhunderts 1880–1940*, Propyläen Kunstgeschichte, hrsg. von Kurt Bittel u. a., Bd. 12, Berlin 1984, S. 337.
[5] Dietrich Clarenbach, *Grenzfälle zwischen Architektur und Plastik im 20. Jahrhundert*, Diss. München 1969, S. 3.
[6] Carola Giedion-Welcker, »Vorwort« (1954), in: dies., *Plastik des XX. Jahrhunderts. Volumen- und Raumgestaltung*, Stuttgart 1955, S. XXV.
[7] Sigfried Giedion, *Raum, Zeit, Architektur. Die Entstehung einer neuen Tradition*, Zürich 1976, S. 29.
[8] Zit. nach *Lexikon der Architektur des 20. Jahrhunderts*, hrsg. von Vittorio Magnago Lampugnani, Ostfildern-Ruit 1998, S. 207.
[9] Vgl. Clarenbach 1969 (wie Anm. 5); Markus Stegmann, *Architektonische Skulptur im 20. Jahrhundert. Historische Aspekte und Werkstrukturen*, Diss. Basel 1993, Tübingen und Berlin 1995.
[10] Adolf Loos, zit. nach ders., *Sämtliche Schriften in 2 Bänden*, hrsg. von Franz Glück, Wien und München 1962, Bd. 1, S. 314.
[11] Dagobert Frey meinte: »Wie man die Bildkünste *aus der Nachahmung,* wie man ihre ästhetische Wertung daraus ableiten wollte, so versuchte man, die technischen Künste *aus der Zweckbestimmung* zu erklären und danach zu bewerten. Beide Anschauungen können heute als überwunden gelten.« Dagobert Frey, »Wesensbestimmung der Architektur« (1925), in: Fritz Neumeyer (Hrsg.), *Quellentexte zur Architekturtheorie*, München u. a. 2002, S. 424.
[12] Jürgen Tietz, Rezension der Bücher von Klaus Jan Philipp (wie Anm. 2) und Werner Sewing, *Architecture. Sculpture*, München 2004, in: *Neue Zürcher Zeitung*, 13. Mai 2004, S. 45.
[13] Die Begriffskombination »Archiskulptur« wurde meines Wissens nach erstmals 1966 von Eva Kraus in ihrem Artikel »Plaidoyer pour une archisculpture« in der französischen Zeitschrift *Aujourd'hui*, Nr. 53, verwendet. Im Kunstverein Hannover fand im Herbst 2001 die Ausstellung *Archisculptures* mit Objekten unter anderem von Achim Bitter, Rita McBride und Manfred Pernice statt. Vgl. *Archisculptures. Über die Beziehungen zwischen Architektur, Skulptur und Modell*, hrsg. von Stephan Berg, Ausst.-Kat. Kunstverein Hannover 2001.
[14] Wilhelm Worringer, *Abstraktion und Einfühlung. Ein Beitrag zur Stilspsychologie*, Diss. Bern, 1907, 2. Aufl., München 1981.
[15] Clarenbach 1969 (wie Anm. 5), S. 38.
[16] Vgl. August Schmarsow, »Das Wesen der architektonischen Schöpfung« (1894), in: Neumeyer (Hrsg.) 2002 (wie Anm. 11), S. 319 ff.
[17] Vgl. Philip Ursprungs Essay »Blur, Monolith, Blob, Box: Atmosphären der ArchiSkulptur« in dieser Publikation, S. 42–47.
[18] Vgl. Clarenbach 1969 (wie Anm. 5), S. 33.
[19] Das Zitat von Moore lautet: »Ein Loch kann an sich ebenso viel Formbedeutung haben wie eine feste Masse. Plastik in Luft ist möglich: der Stein umfaßt bloß den Hohlraum, welcher die eigentlich beabsichtigte, ›gemeinte‹ Form ist.« (1967); zit. nach Eduard Trier, *Bildhauertheorien im 20. Jahrhundert*, 2. Aufl., Berlin 1980, S. 56.
[20] Eduardo Chillida, »Lieber eine Wolke von Vögeln am Himmel als einen einzigen in der Hand«, in: Pierre Volboult, *Chillida*, Stuttgart 1967, S. VII–XII; zit. nach Ulrike Schuck, »Dialoge zwischen Raum und Skulptur«, in: *Künstler. Kritisches Lexikon der Gegenwartskunst*, Ausgabe 26, München 1994, S. 3.
[21] Vgl. den Text von Viola Weigel (Kapitel 6).
[22] Martin Heidegger hat sich anlässlich einer Ausstellung des Künstlers in der Galerie Erker in St. Gallen zu einem der nach wie vor gültigen Grundsatztexte über Körper und Raum anregen lassen. Vgl. Martin Heidegger, *Die Kunst und der Raum*, St. Gallen 1969.
[23] Chillidas Werk steht im Fokus vieler Konzeptionen der modernen Architektur. So lassen sich strukturell Beziehungen zu Louis I. Kahns »neuhumanistischem Brutalismus« oder zu Mario Bottas plastischem Geometrismus herstellen.
[24] Carl Andre (1965), zit. nach Christoph Schreier, »Plastik als Raumkunst – Zum Verhältnis von Architektur und Plastik als raumgestaltenden Künsten«, in: *Skulptur-Projekte in Münster 1987*, hrsg. von Klaus Bußmann und Kasper König, Ausst.-Kat. Westfälisches Landesmuseum für Kunst und Kulturgeschichte, Münster, Köln 1987, S. 318.
[25] Virilio meint: »Der virtuelle Raum ist aus der Krise des realen Raumes [der Kubikmeter, der Oberflächen, der Volumina] entstanden – wegen der fraktalen Geometrie und natürlich auch wegen der Telekommunikation.« Paul Virilio, »Auf dem Weg zu einem Transeuklidischen Raum.«, in: *Arch+. Zeitschrift für Architektur und Städtebau*, 148, Oktober 1999, S. 62.
[26] Vgl. Mark Wigley, *Architektur und Dekonstruktion. Derridas Phantom*, Basel u. a. 1994.
[27] Eine 1957 von dem Maler Asger Jorn gegründete Gemeinschaft aus Künstlern, Literaten und Intellektuellen, die die Revolutionierung der entfremdeten sozialen, politischen und kulturellen Lebensbedingungen zum Ziel hatte.
[28] »Ich muss Ihnen aber auch sagen, dass mein aktuelles Buchprojekt eine Schmähschrift gegen die Installationskunst ist, die meiner Meinung nach aus der Absorption der Skulptur durch die Architektur resultiert.«
[29] Nachdem sich umgekehrt die Skulptur von der Architektur den Aspekt der Funktionalität (»usefull scupture«) und postmoderne Themen wie die Rhetorik (Thomas Schütte) ausgeborgt hatte, liegt ihr Zukunftspotenzial eher im Spannungsgebiet zwischen Virtualisierung und Plastizität, Hightech und Hightouch (Tony Cragg).
[30] Rem Koolhaas, »Bigness, or the Problem of Large« (1994), in: Rem Koolhaas und Bruce Mau, *S,M,L,XL*, Rotterdam 1995, S. 495–516; dt. in: *Arch+. Zeitschrift für Architektur und Städtebau*, 132, Juni 1996, S. 42–44, hier zit. nach Neumeyer (Hrsg.) 2002 (wie Anm. 11), S. 575 und 581.
[31] Vgl. Peter Sloterdijk, *Sphären II – Globen*, Frankfurt am Main 1999.
[32] Rem Koolhaas bezeichnet mit Generic City jenes neuartige urbane Territorium, das verschiedenste Kulturen und soziale Gruppen bevölkern und in dem im Unterschied zur historischen Stadt als Ort des kollektiven Gedächtnisses alles zerfliesst und auseinander driftet.

Kubus und Uterus Werner Hofmann

1 Frank O. Gehry, DZ Bank, Berlin, 2001

Seit Karl Friedrich Schinkel (1781–1841) für die Friedrichwerdersche Kirche in Berlin einen antikisierenden und einen Entwurf »im mittelalterlichen Stil« zur Wahl stellte, begannen die Architekten gleichzeitig in mehreren Sprachen zu sprechen. Die Kirche wurde in gotischen Formen gebaut, doch ist sie kein zum Himmel strebendes Bauwerk geworden, sondern ein Gefüge aus kubischen Volumina, in die gotische Elemente eingelagert sind. Schinkel sieht die Gotik so wie Henri Matisse (1869–1954), der Notre-Dame 1914 als eine Abfolge glattwandiger Würfel malte (Museum of Modern Art, New York).
Schinkels Zeitgenosse William Blake (1757–1827), ein kühner Kopf, für manche ein Narr, verachtete Kompromisse, die auf ein Sowohl-als-auch hinauslaufen. Er formulierte eine Maxime, die zum Entweder-oder auffordert: »Griechentum ist Mathematische Form: Gotik ist Lebendige Form. Mathematische Form ist Ewig in der Logisch Denkenden Erinnerung: Lebendige Form ist Ewige Existenz.«[1] Zieht man von diesen Sätzen das eschatologische Verkündungspathos ab, das die Gotik zu einer Heilsbotschaft verklärt, so ergeben sie eine Grundsatzerklärung, in der sich die formale Bandbreite dieser Ausstellung abzeichnet. Antike und Gotik stehen – nicht als Stile, sondern als idealtypische Metaphern aufgefasst – für die Eckpositionen, zwischen denen sich die Transitorien der ArchiSkulptur ereignen. Um die Äquivalenz dieser Positionen zu erkennen, nehmen wir den Worten Blakes den Akzent der Parteinahme und widerlegen ihren Autor mit einem anderen seiner Aphorismen: »Without contraries is no progression.« – »Ohne Gegensätze gibt es keinen Fortschritt.«[2] Die Formenlandschaft, die vor uns liegt, verläuft in komplementären Gegensätzen zwischen Würfel und Uterus. Der polyglotte Frank O. Gehry (geb. 1929) hat sie in der DZ Bank am Pariser Platz in Berlin zu einem emblematischen Capriccio verdichtet. Im Innern des kubischen Baukörpers sitzt eine Megaskulptur, eine Art Uterus aus lappigen, bauchigen Formen, die einen Vortragssaal umschliessen (Abb. 1). (Was wie der organische Gegenpol zur »mathematischen Form« aussieht, wäre ohne die kalkulierende Intelligenz des Computers nie Wirklichkeit geworden.)

Mathematische Form – das ist, wenn es um anschaubare Fakten (Kunstwerke) geht, die geometrisch-abstrakte Form von Körpern und Räumen. In ihren Elementen steckt das Baukastenprinzip. Dem an antiken Vorbildern orientierten geometrischen Denken der italienischen Renaissance lieferten die axiomatischen Figuren der euklidischen Geometrie und die fünf platonischen Körper (= regelmässige Polyeder) die theoretischen und praktischen Grundlagen. Auf dem berühmten Bildnis des Fra Luca Pacioli fungieren zwei Polyeder, abgehoben von jeder Nutzanwendung, als autonome, an keinen Ort gebundene Spielfiguren der exakten Fantasie (Abb. 2).[3] Die Praxis bedient sich anderer, handfester Vorbilder: Ihre Leitfigur ist der Tempel, ihre bevorzugten Buchstaben sind die auf fünf Ordnungen festgelegten Säulen. Sie bilden den Generalbass der Fassadengliederung.
In Theorie und Praxis kommt der Idee des dreidimensionalen, im Raum stehenden Baukörpers der Primat zu, sodass er gegenüber dem Innenraum eine eigenständige Formqualität aufweist. Die beiden Polyeder in der Studierstube des Fra Luca sind ebenso für Aussenansichten gedacht wie die Gebäude, die auf den drei berühmten Ansichten von Idealstädten zu einer Art Musterschau zusammentreten (Abb. 3).[4] Diese »Veduten« beschäftigen die Forschung, seit Wilhelm von Bode 1896 die Berliner Tafel erwarb. Hier interessieren sie uns unter dem Gesichtspunkt der strengen, geometrisch durchdachten Plastizität ihrer Objekte, die keine Aufschlüsse über die Innenräume gibt. Die Bauwerke sind in lockerer Symmetrie über ein blank gefegtes, gerastertes Spielbrett verteilt. Die meisten stehen isoliert und können von mehreren Seiten betrachtet werden. Der Akzent liegt auf ihrem Ausstellungs- beziehungsweise Schauwert. Den Gebrauchswert ignorierend, richtet sich dieses Ensemble an uns, die Bildbetrachter. Die »Bühne« dieser Kunstgebilde ist nahezu menschenleer.[5] Das gibt der makel-

2 Jacopo de' Barbari, *Porträt des Fra Luca Pacioli mit einem Schüler*, 1495
3 *Città ideale*, um 1480

losen, scharfkantigen Baukastenglätte einen irrealen Zug, etwas von einem Giorgio de Chirico (1888–1978) avant la lettre.

Bauwerke, deren maximal formalisierter Grundriss sich der Rundumansicht anbietet, sind Musterbeispiele der uneingeschränkten Dreidimensionalität. Sie veranschaulichen das Prinzip, dem sich zeitweilig auch die Bildhauer verschrieben und das vor einigen Jahren die Ausstellung *Von allen Seiten schön* untersuchte.[6] Doch wie in der Skulptur ist auch in der Architektur die Allansichtigkeit die Ausnahme, nicht die Regel. Von den vielen Zentralbauprojekten wurden nur wenige ausgeführt, so der Tempietto von Donato Bramante (1444–1514) und der »Vierkonchenkubus«[7] von Santa Maria della Consolazione in Todi.

Der Hauptweg der Entwicklung führt zu einem Kompromiss, zur eingeschränkten Dreidimensionalität. Das sind Bauten – vornehmlich Kirchen, aber auch Paläste –, in denen Fassade und Baukörper getrennte Eigenleben führen. Ein frühes Beispiel ist Leon Battista Albertis (1404–1472) Fassade von Sant' Andrea in Mantua. Die dem Langbau vorgeblendete Schauseite verstellt den Baukörper und enthält bereits die Elemente der künftigen Entwicklung. Diese wird sich als Mischung aus Triumphbogen und nach aussen gewendeter Ikonostasis (Bilderwand) vollziehen. Da die autonome Schauseite als verfügbar aufgefasst wird, ist sie Gegenstand von Wettbewerben (San Petronio in Bologna) und Diskussionen, die sich über Jahrhunderte hinziehen (Florentiner Dom). Hierher gehört auch der von Carlo Madernos (1556–1629) Langhaus entstellte Zentralbau von Sankt Peter in Rom. Wir stehen vor einer Dichotomie. Das Bauwerk zerfällt in zwei Wahrnehmungsinhalte, in die Fassade und in den Baukörper, die verschiedene Sprachen sprechen. Diese Realitätsspaltung kann faszinierende Erfindungen erbringen, zum Beispiel die Wiener Karlskirche, deren plastisch artikulierte Aussenansicht mehr als eine blosse Schauseite ist. Im Nonplusultra der Formen- und Bedeutungsverschränkung wird der barocke Verband zu einer von religiös-politischer Symbolik durchgegliederten Raumbühne.[8]

Das Baukastenprinzip arbeitet mit axiomatischen Körpern, die sich auf eine Grundform (Würfel, Kugel) reduzieren oder verschieden kombinieren lassen. Was hat Andrea Palladio (1508–1580) zu diesem Verfahren beigetragen? Ich sehe von seinen Kirchenbauten und Stadtpalästen ab, in denen er die Innenräume dem majestätischen Duktus der Fassade unterwirft, und beschränke mich auf die Sprachmittel seiner Villen. Die Schauseite ist hier sowohl Teil einer Anlage, des barocken »Verbandes«, als auch ein autonomes kubisches Gebilde. Palladios spielende Fantasie erfindet für die Grundfigur, den Würfel, stets neue Kombinationen. Nur einmal, in der Villa Rotonda, errichtet er über einem quadratischen Grundriss (Abb. 4) vier vollkommen gleichrangige Fassaden mit Säulenportiken, die vier Eingänge anbieten – der antiklassische Modus der polyfokalen Wahlfreiheit! Abgeschwächt verwendet er die Allansichtigkeit in einem privaten Sakralbau, dem Rundtempel für die Familie Barbaro, der im Unterschied zur Villa Rotonda allerdings nur einen – frontalen – Eingang hat.[9]

Entschieden neue Akzente setzt Palladio im Detail, wo ja bekanntlich nach Aby Warburg der liebe Gott steckt. Da gestattet er sich einen manieristischen Zungenschlag. Das betrifft seine Mischkoppelungen, die voraussetzen, dass er die einzelnen Elemente als verfügbar ansieht – das Baukastenprinzip!

Als »befremdlich« kann man empfinden, wie er ein dreigliedriges Thermenfenster in den Giebel eingreifen lässt (Abb. 5),[10] wobei er diesen nicht energisch aufsprengt – das wäre ein barocker Eingriff! –, sondern einen kühlen, planimetrischen Einschnitt vornimmt. Also Mischung mittels Konfrontation: Dieses Verfahren erprobt er versteckt an einigen Fenstern des Palazzo Thiene (Abb. 6). Wahrscheinlich angeregt von den Verfremdungen, die Giulio Romano (1499–1546) an den Triglyphen des Palazzo del Tè in Mantua vornahm (Abb. 7) – der junge

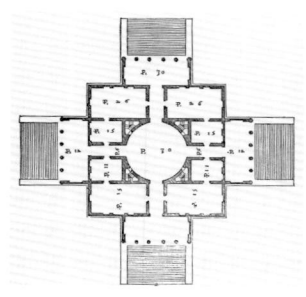  

4 Andrea Palladio, Villa Rotonda, Grundriss aus: *I quattro libri dell'architettura*, 1570

5 Andrea Palladio, Villa Foscari, Brentakanal, 1559–1560, Ansicht des rundbogigen Thermenfensters

6 Andrea Palladio, Palazzo Thiene, Vicenza, nach 1542, Fenster im Piano nobile

Ernst H. Gombrich gab ihnen das Signalwort »gestörte Form«[11] –, erfand er die ambivalente Säule als Fensterrahmung. Ionische Säulen sind durch zweimal fünf Kragsteine, die sie in regelmässigen Abständen durchschneiden und zugleich umfangen, nahezu unkenntlich gemacht, verrätselt. So entsteht ein klassischer manieristischer Zwitter. Wir sehen ein zweistimmiges Gebilde: Den Ton geben die bossierten Kragsteine – Erinnerungen an den »style rustique«[12] –, indes die Säule die zweite, verfeinerte Stimme beiträgt.

Diese Zweistimmigkeit, ein gezielter Pleonasmus, verwendet dann Claude-Nicolas Ledoux (1736–1806) ausgiebig in seinen Pariser Zollhäusern und im Portikus der Saline von Chaux in Arc-et-Senans (1775–1779) als Konfliktmotiv, sodass die Säulenglätte fortwährend von der Gegenstimme der Quader unterbrochen und um ihre Autorität gebracht wird (Abb. 8). Zugleich unterstreicht diese Motivkoppelung das Gewicht der Baublöcke. Wir erleben ArchiSkulptur in einem der Augenblicke ihrer Erprobung.

So wie Palladio fliessend mit mehreren Zungen sprach, so sollte auch seine europäische Ausstrahlung unterschiedliche Konsequenzen zeitigen. Robert Morris, der englische Theoretiker aus der ersten Hälfte des 18. Jahrhunderts, ist dafür ein Beispiel. Nachsichtig räumte Emil Kaufmann, sein Wiederentdecker, ein: »In seinen Worten lassen sich so viele Widersprüche finden wie in den Schriften der meisten Architekten.«[13] Morris ist konservativer Palladianer, wenn er den symmetrischen Verband auf einen einzigen Betrachterstandpunkt ausrichtet und den Funktionsbezug hervorhebt. Zugleich aber denkt er die palladianische Kombinatorik weiter, indem er die Baublöcke auf das Axiom des Würfels zurückführt und daraus Variationen entwickelt (Abb. 9).

Ähnliche Widersprüche polarisieren das gebaute und gedachte Werk von Ledoux. Er verkündet eine Elementarsprache, deren Formen sich auf das Prinzipielle, Unverzichtbare beschränken: »Der Kreis und das Quadrat, das sind die alphabetischen Schriftzeichen, welche die Schöpfer in der Textur der besten Bauwerke verwenden!«[14] Doch seine Fantasie osziliert zwischen zwei Extremen, dem Mal und der weitläufigen, urbanen Anlage. Dabei bedient er sich stereometrischer Grundsatzerklärungen, die er serialisiert, folglich in ihrer Aussage relativiert. Jedes der wohl vierzig für Paris geplanten Zollhäuser (nur vier sind erhalten) ist auf seine Art exemplarisch: Das Thema geht in seinen Variationen auf.[15]

Ledoux' geometrischer Purismus enthält eine spielerische Komponente, deren Verfremdungen denen des Capriccios nahe kommen. In seinem Kugelhaus (Abb. 10) entdecken wir wieder die Realitätsspaltung von aussen und innen in Gestalt eines maskierten, doppelbödigen Funktionalismus. Für einen Feldhüter bestimmt, verbirgt es hinter der glatten Oberfläche von vier Seiten zugängliche Nutzräume, die auf den Grundriss des griechischen Kreuzes bezogen sind (Abb. 11). »Form follows function« – Ledoux widerlegt die Maxime Louis H. Sullivans (1856–1924), die den Fassadenmasken des 19. Jahrhunderts galt, ehe sie formuliert wurde. Für ihn folgt die Funktion dem Primat der Form. Dieser Grundsatz legitimiert viele Erfindungen der ArchiSkulptur, denken wir an die betretbaren Skulpturen etwa von Erwin Heerich (geb. 1922) in den achtziger Jahren (Abb. 12).

Ledoux' Zeitgenosse Etienne-Louis Boullée (1728–1799) benutzte keine Baukastenelemente, er setzte nicht auf überraschende Kontiguität, sondern auf die Kontinuität formaler Abläufe bis hin zu Wiederholung und Redundanz. Er dachte nicht in Prosa, sondern in den einschüchternden Würdeformen der Säulenordnung. In dem Masse, in dem er sich auf das Mal konzentriert, formuliert er ArchiSkulpturen. Seine Pyramiden könnten Kultstätten eines verborgenen Gottes sein.[16] Im Newton-Kenotaph schlägt die Kugel in die Schale des Universums und damit in immaterielle Grenzenlosigkeit um (Abb. S. 56/57). Es entsteht ein Kontemplationsraum kosmischer Fantasie. Einraum-Hallen, wie sie Boullée für ein Museum und eine Bibliothek konzipierte, waren mit den damaligen

7 Giulio Romano, Hof des Palazzo del Tè, Mantua, 1925–1935

8 Claude-Nicolas Ledoux, Saline von Chaux, Arc-et-Senans, 1775–1779, Säulenportikus des Direktorenhauses

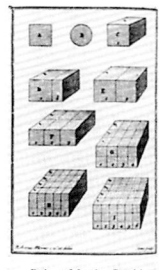  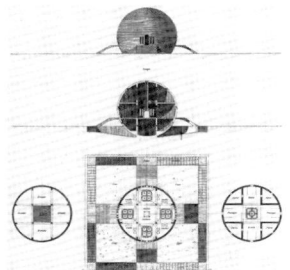

9 Robert Morris, System für Raumproportionen, aus: *Lectures on Architecture*, 1734–1736

10 Claude-Nicolas Ledoux, Haus eines Feldhüters, aus: *L'architecture considérée sous le rapport de l'art, des mœurs et de la législation*, 1804

11 Claude-Nicolas Ledoux, Haus eines Feldhüters, aus: *L'architecture considérée sous le rapport de l'art, des mœurs et de la législation*, 1804, Aufriss und Grundriss

Konstruktionsverfahren nicht zu verwirklichen, doch verweisen sie vorwegnehmend auf Sir Joseph Paxtons (1801–1865) Kristallpalast (1851) und die Maschinenhalle (1889) von Charles L. F. Dutert (1845–1906) und Victor Contamin (1840–1895).

Ledoux und Boullée unterwarfen ihre Einfälle ausnahmslos der spiegelbildlichen Symmetrie. Darin folgten sie dem klassischen Harmoniegebot und der Palladio-Schule. Jean-Jacques Lequeu (1757– um 1825), der immer in einem Atemzug mit den beiden genannt wird, widersetzte sich geradezu programmatisch dieser Einengung, weshalb von ihm erst später die Rede sein wird.

Das nüchterne, ikonoklastische Baukastenprinzip konnte sich im 19. Jahrhundert nicht behaupten. Sein prosaischer Doppelakkord – kompakte Kuben gepaart mit deren Öffnung hin zu kombinatorischen »Launen« (Capricci) – war machtlos angesichts des »Maskenballs« (Nietzsche) der Stilarchitektur, der die Schaufassaden mit rhetorischer Eloquenz ausstattete. In seinen *Seven Lamps of Architecture* (1849) traf John Ruskin (1819–1900) eine kategorische Unterscheidung: »Was wir Architektur nennen, ist allein deren [das heisst Malerei und Plastik] Verbindung in edlen Volumen oder ihre Anordnung an würdigen Orten. Alles Sonstige ist im Grunde blosses Bauen.«[17] Zum blossen Bauen rechnete Ruskin die schmucklosen Konstruktionen der Bahnhofshallen.

Unterdessen nahm das Baukastenprinzip einen anspruchslosen unterschwelligen Weg in das Formdenken der Moderne, nämlich als Instrument der spielerischen Selbsterfahrung, aus der Friedrich Fröbel seine Pädagogik entwickelte. Kugel, Würfel, Würfelteilungen, Fläche, Linie und Punkt bildeten die geometrischen Buchstaben seines »Spielgabensystems«[18]. Dieses System entdeckte die Mutter von Frank Lloyd Wright (1867–1959) in Fröbels Kindergarten-Pavillon auf der Jahrhundertausstellung in Philadelphia 1876. Sie gab es an ihr Kind weiter, das darin die Ursprünge seiner Formensprache entdeckte: »… mehrere Jahre saß ich an dem kleinen Kindergartentisch, über den sich im Abstand von zehn Zentimetern Längs- und Querlinien zogen, so daß lauter Zehn-Zentimeter-Quadrate entstanden; dort spielte ich unter anderem auf diesen ›Einheitslinien‹ mit dem Quadrat (Würfel), dem Kreis (Kugel) und dem Dreieck (Tetraeder oder Dreifuß) – es waren glatte Ahornklötze.«[19] Auf dieses Spielmaterial gestützt, konnte Wright sich des verhassten klassischen Repertoires entledigen und den Bruch mit der »mathematischen Form« der Renaissance vollziehen.[20]

Wright öffnet der »mathematischen Form«, die ohne Pfeiler, Säulen und Giebel auskommt, einen Königsweg ins 20. Jahrhundert. Er nimmt mehrere Schritte gleichzeitig vor: Er öffnet den Grundriss, indem er die Raumzellen locker aneinander fügt (den ersten Schritt in diese Richtung ging Philip Webb 1859 mit seinem Red House, Abb.13), ohne sie axial auf eine geschlossene Grossform (Rechteck, Kreis) zu beziehen; er verselbstständigt die lastenden und stützenden Elemente (Decken und Wände), macht sie autonom und lässt sie versetzbar wirken; schliesslich verzichtet er folgerichtig auf das Ordnungskorsett der Symmetrie. Solcherart wird aus dem statisch-additiven Baukastenprinzip ein integrierendes Gestaltungsverfahren. Dessen dynamische Syntax verschränkt die stereometrischen Axiome zu komplexen Gebilden, die letztlich fliessende, räumlich-körperhafte Prozesse, also Ereignisse darstellen. Auf diesem offenen Formnenner können fortan Architekturen und Skulpturen zu ArchiSkulpturen verwittern. Das bezeugen – ich greife nur wenige Beispiele heraus – die locker gestaffelten Volumina von Josef Hoffmanns (1870–1956) Palais Stoclet (Abb. S. 64 u.), die asymmetrische Fassade der Whitechapel Art Gallery von C. Harrison Townsend (1851–1928), der »Raumplan« von Adolf Loos (1870–1933); die offenen Grundrisse von Walter Gropius (1883–1969), Le Corbusier (1887–1965; Abb. S. 140 o.), Gerrit Thomas Rietveld (1888–1964; Abb. S. 103 o.) und Ludwig Mies van der Rohe (1886–1969; Abb. S. 104 m.), die Raum-Körper-Dialoge von Le Corbusier (Kat. 104, S. 137), die Wolken-

12 Erwin Heerich, Turm, Museum Insel Hombroich, 1989

13 Philip Webb, Red House, Bexley Heath, 1859, Grundriss

14 Jean-Jacques Lequeu, *Le rendez-vous de Bellevue,* um 1790–1800

bügel von El Lissitzky (1890–1941) und die Architektona von Kasimir Malewitsch (1878–1935; Abb. S. 65 u.; Kat. 129, S. 67). Neben diesen differenzierenden und expandierenden Verfahren steht die minimalistische Beschränkung auf den Würfel und seine Derivate. Damit beschäftigen sich Donald Judd (1928–1994), Sol LeWitt (geb. 1928), Carl Andre (geb. 1935; Kat. 86, S. 166 und 177 m. r.; Kat. 112, S. 130 o.; Kat. 2, S. 165 o.), Larry Bell (geb. 1939), Daniel Buren (geb. 1938), Erwin Heerich (Abb. 12) und andere.[21] Den vorläufig letzten Extrempunkt der additiven Reihung identischer, homogener Elemente verkörpert das Raster der Holocaust-»Slabs« von Peter Eisenman (geb. 1932). Angesichts der seriellen Reihung und des Dimensionstransfers zwischen Gross und Klein fällt einem das Wort von Palladio ein, das die »mathematische Form« in die Wechselbezüge von Konzentration und Expansion, Systole und Diastole stellt: »La città una casa grande, la casa una città picciola?« – »[...] denn wenn der Staat, nach einem Grundsatze der Philosophen, ein grosses Haus ist, und ein Haus hinwiederum ein kleiner Staat ist [...].« Diese Metapher geht auf Alberti zurück.[22]

Bei Alberti findet sich auch die von Vitruv (Vitruvius Pollio, um 84 – um 20 v. Chr.) abgeleitete Definition der Schönheit. Sie sei »eine bestimmte gesetzmässige Übereinstimmung aller Teile [...], die darin besteht, dass man weder etwas hinzufügen noch wegnehmen oder verändern könnte, ohne sie weniger gefällig zu machen«.[23] Dieser absolut gesetzten Finalität von Teil und Ganzem erteilen Wright und Loos, Le Corbusier und Mies van der Rohe zwar eine Absage, indes bewahren sie ihren Baugedanken das Merkmal der Homogenität, der Stimmigkeit. Geschlossen und ausgewogen in ihrer Wirkung sind Kuben und Kugeln, Tetraeder und Zylinder die bevorzugten Symbole der »mathematischen Form« (Abb. S. 68 o. r.). Deshalb sind sie auch die Entsprechungen der Ganzheitlichkeit, die zur selben Zeit – im ersten Jahrhundertdrittel – von der Gestaltpsychologie untersucht wurde. Darin kommt Albertis und Giorgio Vasaris (1511–1574) »perfetta regola dell'arte« wieder zum Vorschein.

Wir wechseln nun vom Kubus zum Uterus. Jedes kanonisierte Formmuster provoziert Widersprüche, jede Norm trägt die Aufforderung zum Normverstoss in sich: also Eingriffe, die das Regelmass und dessen »Gesetzmässigkeiten« irritieren und sich solcherart über die Dogmen der »mathematischen Form« hinwegsetzen, mithin auch die Autorität der »perfetta regola« zurückweisen. Diese subversiven Energien handeln im Namen der »living form«, die William Blake mit der Gotik identifizierte, deren Sprachmittel sich jedoch nur sporadisch auf den um 1750 einsetzenden »Gothic Revival« beziehen. Primär geht es dabei nicht um einen Stilkonflikt – Gotik gegen Antike –, sondern um Störimpulse, die sich des klassischen Repertoires bedienen. Was Jean-Jacques Lequeu als »unregelmässige Architektur« vorschwebte, nimmt in seinem Entwurf für ein *Rendez-vous de Bellevue* (Abb. 14) exemplarische Form an: Ein Konglomerat von Einzelheiten, denen im Unterschied zu Boullée und Ledoux der übergreifende Gestaltnenner abgeht, autonome Volumina, die Abbrüche und Fragmente suggerieren. Die berühmte Initialgeste solcher Verwirrungsstrategien setzte Giulio Romano, als er im Hof des Palazzo del Tè in Mantua die Triglyphen aus der horizontalen Ordnung herausfallen liess, als hätten sie ihren Halt verloren (Abb. 7). Die darin von Gombrich erkannte »gestörte Form« ist eine gestörte Norm, setzt also die »regola« voraus. Bald darauf misst Sebastiano Serlio (1475–1554) der auf Giulio Romano zurückgehenden Kategorie der »mistura« (Mischung) zentrale Bedeutung zu. In seiner Architekturtheorie empfiehlt er heterogene Vermischungen und Vermengungen. Säulen und Pilaster werden durch horizontale Rustikablöcke unterbrochen und »[ge]fesselt«.[24] Solche Kontrastkoppelungen überträgt Serlio auf die Rangskala der drei Modi, die er – Vitruv folgend – für die Bühnenarchitektur festlegt. Obenan steht die »scena tragica« (die »tragische Szene«): Sie setzt sich aus zentral-

15 Sebastiano Serlio, Satyrische Szene, aus: *L'architettura*, 1537–1551

perspektivisch angeordneten Säulenarchitekturen, also Tempeln und Palästen, zusammen. Von dieser Homogenität unterscheidet sich die »komische Szene«, auf der ein Konglomerat aus klassischen, gotischen und profanen Formen herrscht. Die dritte, niedrigste Ebene nimmt die »satyrische Szene«, das Schäferspiel, ein. Hier waltet die Regellosigkeit natürlichen Wachstums: Bäume und Sträucher, dazwischen halb verborgene »Urhütten«, bilden ein undurchdringliches Dickicht (Abb. 15).
Serlios Kompositionsprinzip der »mistura« wird im 18. Jahrhundert – es ist das Jahrhundert des Capriccios – in bizarren »mixtures« wieder aufgegriffen. Eine Einführung in Edmund Spensers *The Faerie Queene* stellt die Dichtung mit ihren »great mixtures of Beauty and Barbarism« (grossartigen Mischungen von Schönheit und Barbarismus) der Gotik zur Seite und in Gegensatz zur »Grandeur and simplicity« (Grandezza und Schlichtheit) der römischen Architektur. 1725 befindet Alexander Pope, Shakespeare (»with all his faults« – mit all seinen Fehlern) sei stärker als die vollendeten und regelmässigen (!) Werke.[25] Mit dieser Wahrnehmung treffen sich die Capricci, die von den Fürsprechern der Gotik ins Feld geführt werden.
In Paul Deckers *Gothic Architecture* (1759) gibt ein gotisches Fantasieportal den Blick auf einen Wassergraben frei, an dessen jenseitigem Ufer eine aus Baumstämmen gebildete Öffnung ein höhlenhaftes Dunkel ankündigt. Diesen Naturwuchs kennen wir aus Serlios satyrischer Szene und der *Allegorie der Baukunst* in Marc-Antoine Laugiers *Essai sur l'architecture* (2. Auflage 1755). Die Allegorie der Architektur, mit Zirkel und Richtmass versehen, sitzt auf den Trümmern eines antiken Tempels und weist auf den Ursprung des Bauens, eine auf vier Stämmen ruhende, allseits offene Hütte – die »Urhütte«. Richard Bentley zeichnete 1753 für Thomas Grays *Poems* ein Portal als Mischung (mixture) aus zwei Hälften. Die eine ist ein Spitzbogen, die andere ein pittoreskes Stillleben aus übereinander getürmten Früchten, Pflanzen und Gartenwerkzeugen. Wieder also die Spannung aus Konstrukt und organischem Leben, wie sie Gehry in seiner Berliner Bank, gemeinsam mit Nicolas Weinstein, zu einer riesigen Raum-Körper-Collage aus Kubus und Uterus zusammenfügte (Abb. 1). Zwischen Gehry und Bentley vermittelt Paxtons Kristallpalast (1851). Die Eisen-Glas-Konstruktion zelebriert in ihrer Mitte ein exemplarisches Stück Natur, einen riesigen Laubbaum. Heute würde so ein Einsprengsel wie ein Memento oder wie die Reliquie einer Naturreligion wirken.

Serlios »satyrische Szene«, Gegenbild jeglicher Stilkonvention, fand ihre Verwirklichung in barocken Felsenbühnen, von denen eine sogar zur Protoarchitektur aufgewertet wurde. In seinem *Entwurff Einer Historischen Architectur* (1721) bildete Johann Bernhard Fischer von Erlach (1656–1723) die »surprennante structure« des Steinkreises von Stonehenge – Fritz Wotrubas (1907–1975) Kirche Zur Heiligsten Dreifaltigkeit in Mauer bei Wien (Kat. 184, S. 151 m. l.) greift dieses »volgare« wieder auf – und das Felsentheater von Hellbrunn ab, »an welchem die Natur selber den Bau geführet«.[26] Die »Bühne« ist eine Folge von »Felsen-Bögen«, die den Eingang in eine Grotte vortäuschen – ein regressus ad uterum.
Gegen Ende des 18. Jahrhunderts entstand im Park von Wörlitz der so genannte »Stein«, ein von einem See umflossenes Grottengewölbe, in dem nächtliche Vesuvausbrüche inszeniert wurden. Den in die Grotte einfahrenden Besucher lockten »dunkle, gleichsam in den Felsen eingehauene Irrgänge«. »Die Täuschung der Kunst ist zur Natur geworden«, befand Carl August Bötticher in seiner *Reise nach Wörlitz* 1797. Goethe, der Wörlitz mehrmals besuchte, nahm dort offenbar nicht das chthonische Dunkel, sondern eine Ahnung der elysäischen Gefilde wahr. Jedenfalls war ihm weder der »Stein« noch ein anderes Grottenlabyrinth präsent, als er später den Drang, in den Mutterleib zurückzukehren, zwei Malern zuschrieb, die sich bloss um eine fleissig schlichte Formensprache bemühten: Johann Friedrich Overbeck (1789–1869) und Peter von Cornelius (1783–1867).[27]

16 Antoni Gaudí, El Capricho, Comillas, 1883–1885

Vor dem Hintergrund der »mixtures« und Aberrationen, die sich das 18. Jahrhundert für seine Launen erfand und in denen wir heute eine Inkubationsphase der Archi-Skulptur erkennen – denken wir an die grottenartigen Plastiken von André Bloc (1896–1966; Abb. S. 146 u.) –, trat ein neues Idiom auf: das Eisen, dessen Stunde dann im 19. Jahrhundert schlug. 1779 wurde die eiserne Brücke über den Severn bei Coalbrookdale errichtet.[28] Es folgten Hängebrücken, Schwimm- und Markthallen, Bibliothekssäle und Bahnhöfe – Nutzbauten, die John Ruskin dem »mere building« (blossen Bauen) zuschlug und deren Prosa in der Tat die ausufernde Poesie der Capricci ablöste. Im Abseits der Utopie bemächtigte sich indes die Einbildungskraft eines Saint-Simonisten der neuen Materialsprache und entwarf riesige Eisenkonstruktionen für musikalisch-luministische Gesamtkunstwerke. Eine solche 1832 von Barthélémy Prosper Enfantin[29] (1796–1864) niedergeschriebene Vision wurde ein halbes Jahrhundert später im Eiffelturm gebaute Realität – eine Synthese aus Poesie und Prosa, aus thematischer und lebender Form, in der der wieder erweckte gotische Skelettbau mit dem Vorgriff auf die linear-konstruktive Plastik des 20. Jahrhunderts zusammentrifft. Gustave Eiffel (1832–1923) schuf die erste ArchiSkulptur der Moderne, zugleich aber ein »Mal« – Joris-Karl Huysmans sprach spöttisch von einer Notre-Dame des kalten Herzens[30] –, dessen offenkundige Zwecklosigkeit mit jener des Capriccios zusammenhängt. Als die Verfechter des »guten französischen Geschmacks« gegen dieses »unnötige und monströse« Gebilde Sturm liefen,[31] versetzten sie Eiffel in die Nachbarschaft der Folies und Pagoden, des Gotischen Hauses von Lequeu und der geborstenen Säule von Racine Demonville.

»Without contraries is no progression.« In dem Jahrzehnt, in dem Eiffel mit der Mega-Laune seines Turms die Öffentlichkeit verwirrte, schuf der Katalane Antoni Gaudí (1852–1926) eine seiner ersten Villen, deren Name ein Programm enthält: El Capricho (Abb. 16). Das Haus ist ein Konzentrat aus Ungewissheiten und Überraschungseffekten, das sich der Formhöhe der »Bricolage« nähert. Gaudí verfügte über einen vielschichtigen Bildungs- und Erlebnishorizont: Er umfasst die Neugotik (Viollet-le Duc, Abb. S. 72 m.), die katalanische Gotik, arabische Elemente, den Jugendstil und vegetabile Naturformen. Er erkannte: »[...] die Gotik ist erhaben, aber unvollkommen, ein Beginn, dem die beklagenswerte Renaissance zu früh in den Weg trat. Wir dürfen heute die Gotik nicht nachahmen oder wiederholen, wir müssen sie fortsetzen, indem wir auf die Zeit vor der Spätgotik zurückgreifen [...].«[32] Diese Einsicht liess ihn nach neuen Konstruktionsformen suchen. Er fand sie – im Verzicht auf den rechten Winkel – in der schrägen Stütze und der gekrümmten Fläche. Das erlaubte ihm, die Wand- und Wölbungszonen zu verschleifen. Mit diesen Sprachmitteln bestritt er seinen zentralen Baugedanken: die Höhle – entweder als sakralen Meditationsraum (Sagrada Familia, Kapelle in der Siedlung Güell) oder als Wohnmulde (Casa Milà, Kat. 55, S. 82 o. r.; Casa Batlló).

Eiffel und Gaudí steckten neben dem geometrischen Baukastenprinzip das Terrain ab, auf dem sich die ARCHIskulptur und die ArchiSKULPTUR des 20. Jahrhunderts bewegen werden. Ihre Formensprache verteilt sich auf verschiedene syntaktische Ebenen, sie umfasst sowohl hochsprachliche Strenge wie anspruchsloses »volgare« (»vernacular«[33] in der amerikanischen Terminologie). Hier finden wir die Antworten auf die Frage, die in der Prämisse dieser Ausstellung steckt: Ab wann verfügen die drei klassischen Gattungen Baukunst, Plastik und Malerei über einen gemeinsamen Sprachschatz, der die Öffnung und die Beseitigung der Gattungsgrenzen ermöglicht? Dieser Paradigmenwechsel trat ein, als die anthropomorphen Bezugsgrössen ihre kanonische Autorität einbüssten. In der Baukunst verschwindet die Säule und mit ihr die menschliche Gestalt, die sie enthält,[34] in der Plastik wird der wohlproportionierten Nacktheit der Richtwert aberkannt, den sie seit der Wiederentdeckung der Antike verkörperte, in der Malerei endet die Herr-

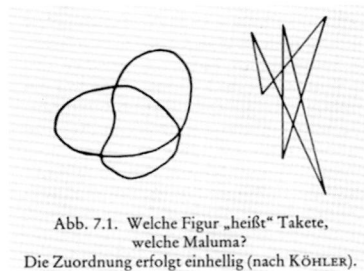
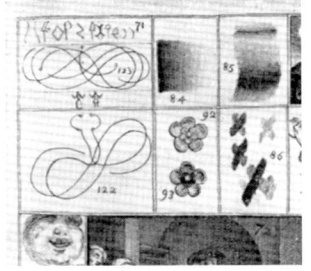

17 Wolfgang Köhler,
Diagramme von Takete- und Maluma-Figuren,
aus: *Gestalt Psychology* (1929), 1969

18 William Hogarth, Tafel II, Detail,
aus: *The Analysis of Beauty*, 1753

schaft der Zentralperspektive. Die Anfänge dieser Befreiungsakte erstrecken sich über lange Zeiträume und verdichten sich am Ende des 19. Jahrhunderts zum radikalen Bruch. Als Anti-Norm verstanden, geht jedoch die Vorgeschichte dieser Subversion recht eigentlich auf den Augenblick zurück, da die Normen der Renaissanceästhetik verkündet wurden. Deshalb spielt in meinen Überlegungen die gestörte Form eine wichtige Rolle. Zugleich gehören diese Abweichungen dem Prozess an, den ich als die Kunst, die Kunst zu verlernen, bezeichne. Sie rufen das Nachdenken über die Anfänge der Baukunst hervor. Diese Blickrichtung kündigt sich schon in der Raffael (1483–1520) zugeschriebenen Denkschrift an Leo X. an, die sich mit der Erforschung der römischen Baudenkmäler befasst.³⁵ Darin wird die »maniera tedesca«, die Gotik, auf die Zweig- und Baumhütten Germaniens zurückgeführt. Diesem Prototyp des Skelettbaus steht das antike Verfahren gegenüber, das mit dem »urtümlichen Blockbau« beginnt.³⁶ Das anthropozentrische Weltbild der Neuzeit wies den Künsten einen Königsweg zu: die Nachahmung der Wahrnehmungswelt. Im Dienste dieser Aufgabe entwickelten die zeichnende und malende Hand eine Zeichensprache, die sich der Vielfalt der empirischen Fakten anpasste beziehungsweise unterwarf. Abweichungen in Richtung gegenstandsfreier Einfälle waren nur als Capricci gestattet. Liniengebilde wie die hier abgebildeten (Abb. 17, 18), denen die Deckung durch gegenständliche Sachinhalte abgeht, fanden in dieser Faktenwelt keinen Platz.³⁷ Heute ist unsere visuelle Rezeptivität so offen, dass sie solchen Einfällen bestimmte, von Sachinhalten freie Aussagen zubilligt. Demnach steht das bauchige Geschlinge für uterine oder embryonale Formideen, wie sie von Gaudí über Friedrich Kiesler (1890–1965; Kat. 93, S. 148) und Hermann Finsterlin (1887–1973; Kat. 51, S. 123) bis Gehry die Fantasie beschäftigen, indes das gezackte Diagramm ein Projekt von Zaha Hadid (geb. 1950), der Gruppe Coop Himmelb(l)au (gegr. 1968; Kat. 36, S. 189) oder Daniel Libeskind (geb. 1946) ankündigen könnte.

Als Metaphern gelesen, entspringen diese linearen Kürzel dem mobilen Formdenken, das in der ArchiSkulptur ein Ventil erfunden hat. Zugleich nehmen sie Bezug auf die Primärimpulse, von denen sich heute die Hand des Entwerfers auf dem Skizzenpapier beziehungsweise am Computerbildschirm lenken lassen darf. So entsteht eine offene, transitorische Morphologie, in der die inspirierte und inspirierende Definition des Bauens mitschwingt, die Schinkel vor zweihundert Jahren gab. Sie umfasst den Radius der heutigen Möglichkeiten: »Ein Streben, ein Sprossen, ein Crystallisieren, ein Aufschliessen, ein Drängen, ein Spalten, ein Fügen, ein Treiben, ein Schweben, ein Ziehen, ein Drücken, Biegen, Tragen, Setzen, Schwingen, Verbinden, Halten, ein Liegen und Ruhen, welches letztere aber hier im Gegensatz mit den bewegenden Eigenschaften auch absichtlich sichtbarlich lagern und insofern auch als lebendiges Handeln gedacht werden muss: dies sind die Leben andeutenden Erfordernisse der Architektur.«³⁸

1 »Grecian is Mathematic Form: Gothic is Living Form. Mathematic Form is Eternal in the Reasoning Memory: Living Form is Eternal Existence.« William Blake, »On Virgil«, in: William Blake, *Poetry and Prose,* hrsg. von Geoffrey Keynes, London 1956, S. 583.
2 William Blake, »The Marriage of Heaven and Hell«, in: Blake 1956 (wie Anm. 1), S. 181.
3 Vgl. *Architekturmodelle der Renaissance. Die Harmonie des Bauens von Alberti bis Michelangelo*, hrsg. von Bernd Evers, Ausst.-Kat. Altes Museum, Berlin, München 1995, Kat. 27.
4 Zu den drei Ansichten vgl. Michaela Herrmann, »Die Utopie als Modell. Zu den Idealstadt-Bildern in Urbino, Baltimore und Berlin«, in: Architekturmodelle 1995 (wie Anm. 3), S. 56–73.
5 Den Bezug zu Serlios Bühnenarchitekturen (vgl. Architekturmodelle 1995, wie Anm. 3, Nr. 35, S. 183) untersucht Richard Krautheimer, »The Tragic and the Comic Scene of the Renaissance: the Baltimore and Urbino Panel«, in: *Gazette des Beaux-Arts,* 1, 1948, S. 327 ff.
6 *Von allen Seiten schön. Bronzen der Renaissance und des Barock,* hrsg. von Volker Krahn, Ausst.-Kat. Altes Museum, Berlin, Heidelberg 1995.
7 Architekturmodelle 1995 (wie Anm. 3), Nr. 65 (Jürgen Zänker, S. 239–242).
8 Hans Sedlmayr, »Die Schauseite der Karlskirche in Wien«, in: ders., *Gesammelte Schriften zur Kunstgeschichte,* Bd. 2: *Epochen und Werke,* Wien 1969, S. 174 ff.
9 Etienne-Louis Boullée wird für seine riesige, auf einem griechischen Kreuz ruhende Eglise métropolitaine vier gleichrangige Zugänge planen. Abb. bei Emil Kaufmann, »Three Revolutionary Architects«, in: *Transactions of the American Philosophical Society. New Series,* 42, 1952, S. 466 (Abb. 35).
10 Das geschieht am Gartenfront der Villa Thiene und noch provozierender an der Villa Foscari; Abb. bei Manfred Wundram u. a., *Andrea Palladio,* Köln 1992, S. 53, 138.
11 Kaufmann sieht Serlios Rustikasäule als Vorbild von Ledoux; vgl. Kaufmann 1952 (wie Anm. 9), S. 500. Zum Palazzo del Tè vgl. Ernst H. Gombrich, »Zum Werke Giulio Romanos«, in: *Jahrbuch der kunsthistorischen Sammlungen in Wien,* N. F. 8 und 9, 1934, S. 79 ff., und 1935, S. 121. ff. Ernst H. Gombrichs »Rückblick auf Giulio Romano« erschien in *Zauber der Medusa. Europäische Manierismen,* Ausst.-Kat. Wiener Festwochen, Wien 1987, S. 22 ff. Vgl. auch Susanne H. Kolter, Die gestörte Form. *Zur Tradition und Bedeutung eines architektonischen Topos,* Weimar 2002.
12 Ernst Kris, »Der Stil ›rustique‹«, in: *Jahrbuch der kunsthistorischen Sammlungen in Wien,* N. F. 1, 1926, S. 137–208.
13 »You can find as many contradictions in his words as in the writings of most architects.« Zu Morris vgl. Emil Kaufmann, *Architecture in the Age of Reason,* New York 1968, S. 23 f.
14 »Le cercle et le carré, voilà les lettres alphabetiques que les auteurs emploient dans la

[14] texture des meilleurs ouvrages!« Claude-Nicolas Ledoux, *L'architecture considérée sous le rapport de l'art, de mœurs et de la législation,* Paris 1804 (2. Auflage 1847), S. 135.
[15] Zugleich aber wird, wie in der Zwölftonmusik, die Variation »in einer letzten Bewegung des Begriffs abgeschafft«. Theodor W. Adorno, *Philosophie der neuen Musik,* Frankfurt am Main 1966, S. 99.
[16] Die Ähnlichkeit mit dem Roden Crater von James Turrell ist verblüffend. Vgl. James Turrell, *The Other Horizon,* hrsg. von Peter Noever, Ausst.-Kat. MAK, Wien, Ostfildern-Ruit 1999, S. 156 ff.
[17] »What we call architecture is only the association of these [das heisst Malerei und Plastik] in noble masses, or the placing [of] them in fit places. All other than this is, in fact, mere building.« John Ruskin, *The Seven Lamps of Architecture,* Vorwort zur 2. Auflage 1855, London 1956, S. XXII.
[18] Wilma Klein Jäger, *Fröbel Material (Arbeitshefte zur heilpädagogischen Übungsbehandlung,* Bd. 4), Heidelberg 1987, S. 17.
[19] Frank Lloyd Wright, *Ein Testament. Zur neuen Architektur,* Reinbek bei Hamburg 1966, S. 15.
[20] Auf S. 14 (ebd.) spricht Wright von seinem »[...] Haß gegen den Pfeiler, gegen die Säule als Selbstzweck, gegen den Giebel und den Erker [...], kurzum gegen alle architektonischen Paraphernalia der Renaissance«.
[21] Der Kubus und seine Variationen bieten sich für eine enzyklopädische Erfassung an. Das besorgen beispielhaft das »cubic constructions compendium« von Jan Slothouber und William Graatsma (1970) und *Aus dem Würfelmuseum. Zur Kritik der konstruktiven Kunst* (Schriftenreihe des Karl-Ernst-Osthaus-Museums, Bd. 2), hrsg. von Michael Fehr und Clemens Krümmel, Köln 1970.
[22] Leon Battista Alberti, *Zehn Bücher über die Baukunst,* hrsg. von Max Theuer, Wien 1912, S. 47.
[23] Ebd., S. 293.
[24] Hans Aurenhammer in: Zauber der Medusa 1987 (wie Anm. 11), S. 222.
[25] Zit. nach Kenneth Clark, *The Gothic Revival* (1928), London 1964, S. 31.
[26] Johann Bernhard Fischer von Erlach, *Entwurff Einer Historischen Architectur* (1721), mit einem Nachwort von Harald Keller, 2. Aufl., Dortmund 1978. Fischer verdankte seine Kenntnis des Steinkreises dem Werk von Inigo Jones (London 1665). James Barry brachte Stonehenge im Hintergrund seines *König Lear beweint die tote Cordelia* (1786/87) unter (Tate Gallery). Burke bewundert an Stonehenge bloss die enorme Kraftleistung; die »idea of art« trete dahinter zurück. Edmund Burke, *A Philosophical Enquiry into the Origin of our Ideas of the Sublime and Beautiful,* hrsg. von James T. Boulton, London 1958, S. 77.
[27] Am 26. September 1813 schreibt Goethe an Christian Heinrich Schlosser über Cornelius und Overbeck: »Jene Künstler sind wirklich anzusehen als die, in Mutterleib zurückgekehrt, noch einmal geboren zu werden hoffen.« Er erhofft sich davon einen »neuen Kunstfrühling.« Johann Wolfgang von Goethe, *Gedenkausgabe der Werke. Briefe und Gespräche,* hrsg. von Ernst Beutler, Bd. 19: Briefe der Jahre 1786–1814, Zürich 1949, S. 714.
[28] Der Name des Konstrukteurs Thomas F. Pritchard wird immer unterschlagen. Vgl. Stuart Smith, *A View from the Iron Bridge,* London 1979, S. 4.
[29] Dieser visionäre, an entlegener Stelle veröffentlichte Text verdient in Erinnerung gebracht zu werden: »Le fer joue un rôle de plus en plus grand dans l'architecture moderne. Les pièces y sont assemblées à jeu, la longueur et la grosseur des pièces, leurs points d'appui pourraient être distribués en vue d'un effet musical. Les tuyaux de fonte, dont l'emploi comme soutien est précieux, pourraient faire l'office de tuyaux d'orgue. Le temple entier pourra être un orchestre mugissant, un thermomètre gigantesque. Par l'assemblage des métaux divers, par l'action de quelque feu central servant aux cérémonies, qui peut dire les effets immenses, galvaniques, chimiques et mécaniques qu'on obtiendrait dans un sanctuaire mis en communication par un clocher paratonnerre avec l'orage fougueux.« Enfantin im Gespräch mit Michel Chevalier, 1832, in: Henry-René d'Allemagne, *Les Saint-Simoniens, 1827–1837,* Paris 1930, S. 307 f.
[30] Zit. nach Werner Hofmann und Udo Kultermann, *Baukunst unserer Zeit. Die Entwicklung seit 1850,* Essen 1969, bei Tafel 16.
[31] Sigfried Giedion, *Raum, Zeit, Architektur. Die Entstehung einer neuen Tradition,* Ravensburg 1965, S. 197 (engl. Erstausgabe 1941).
[32] James Johnson Sweeney und Josep Lluis Sert, *Antoni Gaudí,* Stuttgart 1960, S. 46.
[33] Zu dieser hier nicht berücksichtigten Tradition vgl. Bernard Rudofsky, *Architecture without Architects. A Short Introduction to Non-Pedigreed Architecture,* New York 1964.
[34] Zu den anthropometrischen Proportionen und ihrer Differenzierung nach den beiden Geschlechtern vgl. Christof Thoenes, »Anmerkungen zur Architekturtheorie«, in: Architekturmodelle 1995 (wie Anm. 3), S. 34 ff.
[35] Peter Tigler, *Die Architekturtheorie des Filarete,* Berlin 1963, S. 44.
[36] Julius von Schlosser, »Zur Geschichte der Kunsthistoriographie« (1910), in: *Präludien,* Berlin 1927, S. 278.
[37] Der Duktus der beiden Diagramme aus Wolfgang Köhlers *Gestalt Psychology* ähnelt den »Stenogrammen«, mit denen William Hogarth in der Tafel II der *Analysis of Beauty* (Nr. 71, 122, 123, Abb. 18) die Bewegungen und Charaktere von Tänzern erläutert. Dieser anthropomorphe Bezug fällt bei Wolfgang Köhler weg. Er fragt den Leser, welches der beiden Gebilde er »Takete« oder »Maluma« nennen möchte (Abb. 17). Der Gestaltpsychologe erlaubt sich keinen Seitenblick auf die Formtheorien der gegenstandslosen Malerei, etwa Wassily Kandinskys *Punkt und Linie zu Fläche. Beitrag zur Analyse der malerischen Elemente,* München 1926.
[38] Karl Friedrich Schinkel, *Briefe, Tagebücher, Gedanken,* hrsg. von Hans Mackowsky, Berlin 1922, S. 192 f.

Skulptur als »Shifter«: Zum Verhältnis von Skulptur und Architektur Friedrich Teja Bach

In Kleinem Grosses zu sehen und sich Grosses auch klein vorstellen zu können, ist ein Vermögen menschlicher Wahrnehmung und Vorstellungskraft. Aktiviert wird dieses Vermögen, wenn im Sehen die automatische Taxierung der Distanz irritiert ist, oder wenn eine solche Irritation in der Zuordnung von Gesehenem und realer (oder ideeller) Entfernung künstlich erzeugt wird, etwa durch die Verweigerung eines Massstabs der Darstellung, durch perspektivische Vexierbilder oder durch Skulpturen, die zugleich als Architekturmodelle gemeint oder zumindest als solche vorstellbar sind. So gesehen wirkt Skulptur als »shifter« des Räumlichen, als Anschauungsform, deren Bedeutung sich je nach dem Kontext ändert.[1] Nachdem mit der Krise der abbildenden Funktion der Kunst um 1900 auch die Möglichkeit der Überschreitung der Gattungsgrenzen in der Skulptur zunehmend an Bedeutung gewann, interessierten sich bildende Künstler verstärkt für die Herstellung von Architekturmodellen und Architekten für die Präsentation »skulpturaler« Modelle.[2] Diese Tendenz ist vor allem in den letzten zwanzig Jahren zu beobachten. Man wird hier sicher zunächst an eine Skulptur denken, die auf Tektonik als »plastischer Qualität des Anorganischen«[3] zielt. Wie der Topos vom Körperbau des Menschen nahe legt und nicht zuletzt die zeitgenössische Architektur nachdrücklich demonstriert, eignet aber auch einer organischen beziehungsweise figürlichen Skulptur und Plastik das Potenzial eines »shifters« zwischen Skulptur und Architektur.

Figürlich-Organisches

Unter diesem Blickwinkel betrachtet, haben selbst Werke von Alberto Giacometti (1901–1966) direkt oder indirekt architektonische Implikationen. Zunächst ist hier an die Schaumodelle seines surrealistischen Frühwerkes zu denken, die mehr oder weniger ausdrücklich auf Architektur verweisen. So erinnert das Liniengefüge des *Palais à quatre heures du matin* von 1932 (Abb. 1) mit seinen in den Raum gespannten Rahmengerüsten, in die Figuren des Emotionalen eingehängt sind, auch an gebaute Träume zukünftiger Architektur: etwa an die Kombination der Kulissenarchitektur des 1972 fertig gestellten Hauses Snyderman (Abb. 2) von Michael Graves (geb. 1934) mit dem wenig später in seinen Bauten eingesetzten narrativen Figurenvokabular. Giacomettis *Cube* von 1933/34 (Kat. 58, S. 174) wird im Begleittitel als *Pavillon nocturne* ausgewiesen; seine *Paysage – tête couchée* (1932) ist nicht nur »anamorphotische Landschaft«, sondern auch architektonisch konnotiert;[4] das *Projet pour une place* (1930/31) lässt sich als Tafel eines Grundrisses verstehen, dessen tektonische Zeichen sich aus der Horizontalen aufgerichtet haben. Auch das *Projet pour un passage* (1930) führt eine Architekturassoziation im Titel. Es lediglich als liegende weibliche Figur zu verstehen,[5] greift zu kurz, denn es lässt sich zeigen, dass Giacometti hier eine Anregung aus der Architektur aufgreift und sein Projekt durchaus auch einen »couloir«, ein gangartiges Ensemble von Räumen, mitmeint. Aber nicht nur die surrealistischen Schaumodelle, sondern auch späte Werke Giacomettis lassen immer wieder an Architektur denken. Etwa die kleinen, monumentalen Büsten und Figuren der frühen vierziger Jahre auf ihren Sockelblöcken (Abb. 3), die *Quatre figurines sur base* von 1950 (Kat. 62, S. 159 m. r.) und *La cage* von 1950 (Kat. 61, S. 169 o. r.). Werke wie diese besitzen nicht nur, wie Modelle, ihre reale Grösse und Distanz zum Betrachter und implizieren gleichzeitig einen anderen Massstab und eine andere Distanz, sondern sie lassen diesen Sprung in Massstab und Distanz in der Wahrnehmung erfahrbar werden, gleichsam in Erscheinung treten. Ein Werk wie *Place* von 1948/49 (Abb. S. 159 m. l.) auf Architektur hin zu lesen, heisst nicht nur, diese Plastik als Modell eines Ortes der Begegnung (und Nicht-Begegnung) ernst zu nehmen, sondern auch als Hinweis darauf, dass ein Platz wesentlich von den Beziehungen zwischen Akteuren – Menschen wie Gebäuden – lebt. Noch direkter als Giacometti lassen viele Werke von Henry Moore (1898–1986) wenn nicht an Architektur im landläufigen Sinne, so doch an Modelle von bewohn-

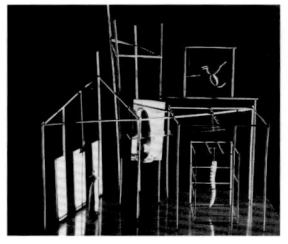  

1 Alberto Giacometti, *Palais à quatre heures du matin*, 1932
2 Michael Graves, Haus Snyderman, Fort Wayne, Indiana, 1972
3 Alberto Giacometti, Skulpturen im Atelier, 1945–1947

barem Raum denken. Zum einen, weil sie häufig selbst Übersetzungen kleiner Dinge (Steine, Knochen und so weiter) in ein anderes Medium und einen grösseren Massstab sind, sodass ihre Interpretation als Modelle die ursprüngliche Bewegung künstlerischer Imagination nur weiterführt. Und zum andern, weil mehrere plastische Leitmotive von Moore konstituierende Dimensionen des Architektonischen thematisieren. Solche Leitmotive und Strukturdeterminanten, die die Übersetzbarkeit in den Bereich der Architektur suggerieren, sind etwa die Respektierung des materialen Blocks, das Spannungsverhältnis von innen und aussen (vgl. *Large Upright Internal-External Form,* 1953/54, Abb. S. 197), die Bedeutung von Syntax und Relation in mehrteiligen Werken, die erstrebte Identität von Figur und Raum, die Variationen des Motivs der *Reclining Figure* (Abb. 4; Kat. 146, S. 136) und nicht zuletzt die organische Form selbst.

Dass auch organische Formen zum Vokabular neuerer Architektur gehören, haben Architekten wie Hugo Häring (1882–1958), Hans Scharoun (geb. 1893–1972), Alvar Aalto (1898–1976) und auch Le Corbusier (1887–1965) mit seiner Wallfahrtskirche in Ronchamp (1950–1954, Kat. 104, S. 137) gezeigt. In jüngster Zeit brachten dann neu entwickelte Materialien, Entwurfs- und Fertigungstechnologien einen Schub organisch anmutender Baukörper hervor: die am Computer generierten Blobs. So hat etwa der Hauptkörper des Kunsthauses Graz (2003, Abb. 5) von Peter Cook (geb. 1936) und Colin Fournier (geb. 1944) mit Moores *Reclining Figure* von 1953/54 (Abb. 6) durchaus eine gewisse Verwandtschaft. Bezeichnend freilich ist, dass die zeitgenössischen »organischen« Formen Organisches meist nicht mehr im Sinne von Natur, sondern – wie das als »Friendly Alien« apostrophierte Kunsthaus Graz – als Futuristisch-Technologisches konnotieren.[6]

Tektonisches

Am Beginn der künstlerischen Arbeit Naum Gabos (1890–1977) – der ab 1910 in München vor allem Mathematik, Physik und Ingenieurswissenschaften studierte – stehen Werke wie der *Konstruktive Torso* und *Konstruktiver Kopf* (Kat. 54, S. 101 o.), bei denen die organische Form aus rhythmisch segmentierten Hohlräumen gebildet beziehungsweise durch ineinander gefügte Flächen als »stereometrische« Konstruktion suggeriert wird. In seinem im August 1920 veröffentlichten *Realistischen Manifest* hat Gabo zusammen mit seinem Bruder Antoine Pevsner (1886–1962) seine Position in fünf Grundprinzipien der konstruktiven Gestaltung dargelegt: Ablehnung der Farbe; Verständnis der Linie nicht als beschreibend, sondern als Kräfte und Rhythmen andeutend; Verzicht auf Volumen; Ablehnung der Masse; Betonung des kinetischen Rhythmus als Wahrnehmungsform realer Zeit. Auf der Grundlage einer ins Technologische gewendeten neuplatonischen Position formuliert Gabo in seinem Manifest eine Art skulpturalen Idealismus, in dem der Begriff »real« eher auf eine transzendente Realität als auf die Manifestation einer faktischen Wirklichkeit verweist. Die in Berlin geknüpften Beziehungen zu Architekten wie Walter Gropius (1883–1969), Bruno Taut (1880–1938), Erich Mendelsohn (1887–1953) und Ludwig Mies van der Rohe (1886–1969) schlagen sich in Gabos gesteigertem Interesse an Problemen der Architektur und in zahlreichen Entwürfen wie denen von »Säulen« nieder, die auch eine architektonische Ausführung implizieren (Abb. S. 106 u. l.). Die hier im wörtlichen Sinne gegebene Durchsichtigkeit der Elemente ist die materiale Entsprechung der zugrunde liegenden Idee konstruktiver Klarheit und der geforderten Einsicht in das konstruktive Kerngerüst des Objekts.

Die aus Plexiglas gefertigte *Raumkonstruktion mit Balance auf zwei Punkten* (1924/25) ist durch eine innere Architektur geradliniger schwarzer, weisser oder farbloser Flächen bestimmt, an denen grosse externe Glasflächen verankert sind. Die innere Struktur schwebt also inmitten transparenter Flügel. Die winkligen Nahtstellen und das Spiel der Transparenz erzeugen einen schnellen Rhythmus, der durch die scharfen Kontraste von schwarzen und weissen Flächen intensiviert wird. Den von ei-

 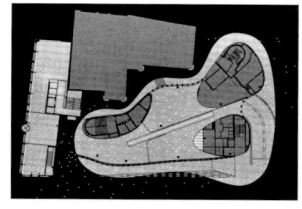 

4 Henry Moore, *Square Form Reclining Figures*, 1936
5 Peter Cook, Colin Fournier, Kunsthaus Graz, 2003, Lichtkonzept im Erdgeschoss
6 Henry Moore, *Reclining Figure*, 1953/54

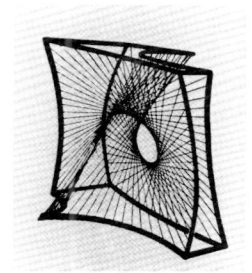

7 Naum Gabo, *Raumkonstruktion: Kristall*, 1937/1939

8 Mathematisches Modell (oszillierend abwickelbares Modell einer kubischen Ellipse)

nem solchen Objekt suggerierten Qualitäten von Fliegen und Schwebezustand ist Gabo dann in Modellen wie dem eines *Monuments für einen Flughafen* (1924–1926) in Glas, bemaltem Messing und Holz weiter nachgegangen. Die *Raumkonstruktion: Kristall* von 1937/1939 (Abb. 7) soll die energetische Durchdringung des Raumes anschaulich machen. Anregungen und teilweise direkte konstruktive Vorbilder solcher Skulpturen sind zum einen mathematische Schaumodelle (Abb. 8)[7] und zum anderen wohl auch das Verständnis der Razdelka als einem Feld von Kraftlinien in der Ikonenmalerei[8]. In den vierziger Jahren ging Gabo dann von den eingeritzten Linien zur Verwendung von wirklichen Fäden oder Stabdraht über. Die verschiedenen Fadenstrukturen und das Spiel von negativem und positivem Raum, realen und implizierten Flächen bewirken eine grosse Vielfalt räumlicher Effekte. Dabei spielt das Licht eine Schlüsselrolle, um den Eindruck immaterieller Strukturen zu erzielen, mit denen Gabo – der in den Materialien zunehmend prächtig und in seinen Konstruktionen zunehmend ornamental wurde – versucht, den Raum und seine Energien anschaulich zu machen.

Von Kasimir Malewitsch (1878–1935) sind in unserem Zusammenhang die Architektona interessant, die eine Radikalisierung des Tektonischen mit sich bringen. Wie die Zeichnung *Suprematistische Elemente im Raum* (1915) zeigt, hatte die zunächst in der Malerei vorgetragene Recherche suprematistischer Gegenstandslosigkeit schon früh eine volumenhaft-konstruktive Dimension, deren generative Matrix der Kubus und die aus dessen Teilung entstehenden Elemente sind. Im Herbst 1919 begann Malewitsch dreidimensionale Objekte herzustellen; ab etwa 1922/23 entstanden als Produkt seiner räumlichen, architektonischen Auffassung des Suprematismus die aus einzelnen Gipselementen zusammengesetzten Architektona.
Die beiden horizontalen Modelle, die 1978 teilweise mit den originalen Teilen rekonstruiert werden konnten,[9] sind *Alpha* und *Beta* (Abb. 9). Ihre Kreuzform evoziert die Vorstellung eines Objekts mit Flügeln und verweist auf die Verwandtschaft mit den gleichzeitig entstandenen zeichnerischen Entwürfen für die »Häuser der Zukunft«, die *Planiten*. Das grösste der drei rekonstruierten vertikalen Architektona ist *Gota* (um 1923, Kat. 129, S. 63 o. und 67), das zum ersten Mal auch ein grafisches, nicht orthogonales Element aufweist: eine schwarze, auf Glas gemalte und dann dezentral einem Kubus eingesetzte Kreisform. Der pyramidale Aufbau der Gesamtstruktur ist mit einer spiralförmigen Aufwärtsbewegung verbunden, die dadurch zustande kommt, dass die Höhenabmessungen einiger Elemente, die den Seiten des Zentralkörpers angefügt sind, progressiv zunehmen. Der Status der Architektona ist offen. Sie lassen sich als Skulpturen begreifen, als reine Reflexionsform des Tektonischen, wie auch als solche des Archi-Tektonischen, als Modelle, die mehr oder weniger direkt auf Architektur verweisen.[10] Sie sind Modelle einer künftigen Architektur, die Raumfantasien stimulieren, wie jene Collage, die die Zeichnung eines Architektons unter amerikanische Wolkenkratzer versetzt (Abb. 10), und die *Suprematistischen Ornamente* (1927), in denen Malewitsch die Möglichkeit von Gruppierungen zu einer Zeit durchspielte, als er an Plänen für Satellitenstädte bei Moskau arbeitete.

Malewitschs skulpturaler Suprematismus ist ein Elementarismus des Architektonischen, ein Versuch, die Buchstaben des architektonischen Textes freizulegen. Tektonik ist ein Mittel der Architektur, den Bann des Funktionalen zu brechen, eine Leitplanke, die aus der Vereinzelung eines immer schon vergegenständlichenden Denkens in einen universalen Raum gegenstandsloser Erregung und dynamischer Bewegung führt. Das Leben des Menschen, so Malewitsch, ist eingespannt zwischen Arbeit und Erholung. Ruhe ist etwas anderes: »Ein architektonisches Gebäude ist kein Betrieb und keine Fabrik, es ist ein Weltgebäude der Kunst für andere, ungegenständliche

9 Kasimir Malewitsch, Architekton *Beta*, 1922/23, Version 1926

10 Kasimir Malewitsch, *Suprematistisches Gebäude inmitten amerikanischer Wolkenkratzer*, 1926

11 Constantin Brancusi, *Tabouret*, 1928, Fotografie des Künstlers

Zwecke, in denen das [...] Nervensystem zur Ruhe in Ungegenständlichkeit geführt wird.«[11]

Im Anschluss an das ganz an der menschlichen Figur orientierte Frühwerk begegnen einem im Œuvre von Constantin Brancusi (1876–1957) mit Werken wie der *Porte*, der *Banc* (beide um 1915) und der *Colonne du baiser* (1916) zunehmend auch Skulpturen, die mehr oder weniger explizit auf Architektur verweisen.[12] Vor allem mit seinen Sockelformen und -aufbauten (Abb.11; Abb. S. 84)[13] entwickelt Brancusi ab etwa 1914 eine Sprache des Tektonischen, die neben seinem figürlichen Werk eine wesentliche Dimension seines Schaffens bildet. Von den Architekturprojekten, die ihn über mehrere Jahrzehnte hinweg immer wieder beschäftigten, ist als Erstes sein Projekt eines Tempels (ab etwa 1913) zu nennen, dessen Wände ursprünglich – wohl unter dem Eindruck der von Le Corbusier publizierten Getreidesilos (Abb.12)[14] – eine Reihe von *Colonnes du baiser* bilden sollte (Abb.13). Zwischen 1936 und 1938 kam Brancusi der Verwirklichung zumindest so nahe, dass er zum Maharadscha von Indore reiste, um Details des Tempelbaus zu besprechen, der schliesslich als halb unterirdisch und halb oberirdisch angelegter Steinbau von 12 x 12 Metern in Form eines Doppelkapitels geplant war (vgl. Abb.13).[15] Um 1920 war ein »Turm in Form einer Spirale [im Gespräch], die sich derart in den Himmel erhöbe, daß der Blick derer, die sie anschauten, sich in der Luft, im Licht verlieren [...] würde«[16]. Die bekanntesten seiner Skulpturen, die auch als Architekturmodelle fungierten, sind sicher die *Colonne sans fin* von 1918 (Abb. S. 90 r.) – die, verwandt mit Adolf Loos' (1870–1933) Entwurf für den Chicago Tribune Tower von 1922 (Abb.14), als Apartmentgebäude realisiert werden sollte[17] – und das *Projet d'architecture* von 1918 (Abb. S. 88 o. l.). Keine seiner Vorstellungen von Architektur und auch nicht die für 1927 in New York geplante Ausstellung von Architekturmodellen[18] konnte Brancusi verwirklichen, obwohl er zu verschiedenen Zeiten auch zu führenden Architekten persönlichen Kontakt pflegte: etwa zu Alvar Aalto und Friedrich Kiesler (1890–1965), dessen Endless Theatre eine grosse Nähe zu Brancusis *Commencement du monde* zeigt (Abb.15,16)[19], zu Robert Mallet-Stevens (1886–1945) und Jean Prouvé (1901–1984), zu Eckart Muthesius (1904–1989) und Le Corbusier, zu Marcel Janco (1895–1984) und William Lescaze (1896–1969), der Brancusi 1926 durch New York geführt hatte.[20]

Das einzige realisierte Projekt, das hier zu nennen ist, obwohl es sich dabei nicht um Architektur, sondern um eine monumentale Grossplastik handelt, ist das Ensemble von Tîrgu Jiu. In dieser Stadt südlich der Karpaten wurden 1937/38 die *Table du silence*, das 6,5 Meter breite Tor der *Porte du baiser* und eine annähernd dreissig Meter hohe *Colonne sans fin* auf einer knapp 1,5 Kilometer langen, durch die Stadt führenden Achse angeordnet.[21] Und natürlich gab es das Atelier, in dem Werke und Materialblöcke in immer wieder neuen Anordnungen gruppiert wurden, deren architektonische Qualität die Fotografien des Künstlers zeigen (Abb. S. 84). Es ist diese Praxis des mobilen Gruppierens, des Kombinatorischen, die Brancusis Werke in ihrer Zusammenstellung wie auch als je einzelne mit Architektur verbindet. Im Hinblick auf die zeitliche Dimension und die Unterschiede in Herkunft und Status der jeweiligen Formen ist diese Kombinatorik mit jenem Verfahren verwandt, anhand dessen Claude Lévi-Strauss in *Das wilde Denken* die Gemeinsamkeit von künstlerischem und mythologischem Denken erläutert: dem der »Bricolage«. Das Mythische ist nicht im einen oder anderen Sinne ein attributives Formzitat, sondern der Resonanzraum für eine künstlerische Verfahrensweise.

Skulptur als Modell

Wie die genannten Beispiele zeigen, reicht das Spektrum skulpturaler Architekturmodelle von Gebilden, die für grundlegende architektonische Sachverhalte sensibilisieren, bis zu architektonischen Arbeitsmodellen, von Entwürfen, die, gleichsam mit geschlossenen Augen festge-

12 Getreidesilo Bunge y Born, Buenos Aires

13 Constantin Brancusi, Teil eines Tempelprojekts, 1928/29, Fotografie des Künstlers

14 Adolf Loos, Wettbewerbsentwurf für den Chicago Tribune Tower, 1922, retuschierte Nachzeichnung des Autors

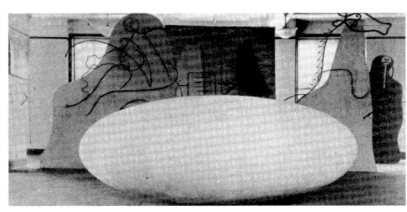

15 Constantin Brancusi, *Le commencement du monde,* um 1920, Fotografie des Künstlers

16 Friedrich Kiesler, Endless Theatre, 1926, Modell

halten, das Gefühl einer architektonischen Geste notieren (Coop Himmelb[l]au)²² und utopischen Visionen bis zu Konstruktionen, die als »blue-prints« dienen. Diese Bandbreite gilt es in Erinnerung zu behalten, will man nicht unbedacht ein immer schon zu direktes Verhältnis von Skulptur als Modell und Architektur voraussetzen. Denn die Skulptur ist eben vor allem insofern Architekturmodell, als sie dazu beiträgt, einen Riss in den Konventionen des Metiers der Architektur zu manifestieren und offen zu halten, ohne diesen unbedingt gleich wieder zu füllen. Skulptur als »shifter« des Raumes ist ein Treibsatz der Suche, des architektonischen Experiments, den als solchen direkt in die Erscheinung gebauter Realität treten zu lassen, jene Haltung verrät, die Lévi-Strauss in anderem Zusammenhang als »naiven Empirismus« bezeichnete: »Weil die Wissenschaften vom Menschen hinter den Kunstwerken formale Strukturen bloßgelegt haben, beeilt man sich, Kunstwerke anhand formaler Strukturen zu schaffen.«[23]

Die im engeren Sinne ästhetischen Folgeprobleme dieses Empirismus zeigen sich dort, wo die Übersetzbarkeit des Skulpturenmodells zur Diskussion steht. Rudolf Arnheim hat in diesem Zusammenhang auf das Phänomen der Allometrie hingewiesen, auf die »Abhängigkeit der Form von der Größe.«[24] Rein geometrisch hat »ein grosser Gegenstand im Verhältnis zu seiner Oberfläche mehr Volumen […] als ein kleiner Gegenstand, oder präziser ausgedrückt: die Fläche wächst in der zweiten Potenz der linearen Dimension, das Volumen aber in der dritten. […] Da eine Zunahme des Volumens auch eine Zunahme des Gewichts bedeutet, ändert sich mit der Größe auch das Verhältnis zwischen Gewicht und Form. […] Säulen oder Piloten, die ein massiges Bauwerk tragen, sehen in Wirklichkeit dünner aus als an einem kleinen Modell, obwohl die Proportionen die gleichen sind.«

Neben diesen Fragen der Wahrnehmung wirft die architektonische Umsetzung einer Skulptur als Modell auch spezifisch künstlerische Probleme auf. Ein Beispiel sind skulpturale Formen, die nur scheinbar einem streng geometrischen Reglement folgen. So weichen etwa die Seiten des unteren, bogenförmig durchbrochenen Elements von Brancusis *Projet d'architecture* deutlich voneinander ab. Auch die Grundkanten seiner *Colonne sans fin* sind nicht genau gleich lang, und die stereometrischen Elemente seiner Sockelaufbauten zeigen meist einen Toleranzspielraum, der die Exaktheit einer strengen Masslinearität durchbricht. In ähnlicher Weise erscheint Malewitschs *Beta* (Abb. 9) nur auf den ersten Blick als eine symmetrische Formation; bei genauerem Hinsehen entdeckt man eine Reihe von Irregularitäten. Die fünf die Komposition bestimmenden identisch erscheinenden Kuben weisen beträchtliche Unregelmässigkeiten auf, die darauf schliessen lassen, dass *Beta* nicht nach einem genauen Masssystem, sondern eher nach Augenmass hergestellt wurde.[25] Das tektonische Gefüge ist durch axiale Verschiebungen und kleine Zusatzelemente unsymmetrisch gewichtet, sodass im Ganzen eine Spannung zwischen Symmetrie und Abweichung bestimmend wird. Besser als auf neuen Aufnahmen ist die Erscheinungsqualität, die Malewitsch mit seinen Architektona verband, auf zeitgenössischen Fotografien erkennbar, die verdeutlichen, dass auch die Wirkung der tektonischen Gefüge im Licht ausdrücklich in die künstlerischen Überlegungen einbezogen war. So zeigen etwa Fotografien von *Zeta* entgegengesetzte Lichtführungen: eine horizontale, scharfe Schlagschatten setzende, und eine vertikale, die die abgeschatteten Seiten durch den Hof des Reflexlichtes benachbarter Flächen belebt (Abb. 17). Diese Architektona sind ebenso wenig geometrisch präzise Gebilde wie etwa das *Rote Quadrat* (1915), bei dem, wie ein genauer Blick zeigt, der Künstler grosse Mühe darauf verwandte, von einer genauen Quadratform abzuweichen. Malewitschs Architektona fügen Teile zum System, das bei aller Strenge jedoch nicht der Präzision des Numerischen huldigt, sondern die Freiheit der Abweichung zulässt. Die Architektin Zaha Hadid (geb. 1950) hat sich in Projekten wie Malewitschs Tektonik von 1976/77 (Abb. 18), The Peak (1982/83) und The Great Uto-

17 Kasimir Malewitsch, Architekton *Zeta*, 1923–1927, zeitgenössische Fotografie

18 Zaha Hadid, *Malewitschs Tektonik*, 1976/77, Diplomentwurf

pia (1992) grundlegend mit Malewitschs Architektona auseinander gesetzt.²⁶ Ihre Akzentuierung ist zum Teil gegenläufig zu der in diesem Text betonten körperlichen »délicatesse«, Erscheinungsqualität und »Ruhe« dieser Entwürfe. Aber zusammen präsentieren diese unterschiedlichen Akzentuierungen den Reichtum von Malewitschs revolutionärem architektonischen Denken. Gerade die Sperrigkeit des Materials, die Körperlichkeit der Skulptur in ihrer Abweichung vom bloss Geometrischen, ist eine zentrale Qualität der Skulptur als Architekturmodell. Sie ist weniger etwas, das eins zu eins übersetzt werden will, als dass sie die Frage, wie diese Körperlichkeit zu transponieren ist, grundsätzlich offen hält. Skulptur als Architekturmodell ist eine nachdrückliche Erinnerung an die Realität von Architektur als Baukörper, ein schon im Modell angelegter Stachel des Widerstandes gegen eine Architektur als Bild, wie sie am Computer generierte Modelle disponieren – »the medium is the message« gilt auch hier. Nicht zuletzt ist bei der Frage der Übersetzung eines skulpturalen Modells festzuhalten, dass die Revolution der Modell-, Material- und Fertigungstechniken in der Architektur der letzten Jahrzehnte die Möglichkeiten eines Modells nicht nur fast unvorstellbar erweitert, sondern auch den Spielraum des Utopisch-Spekulativen wesentlich eingeschränkt hat, indem sie die Spanne zwischen modellhafter Vision und praktischer Ausführung in künstlerischer und zeitlicher Hinsicht wesentlich verringerte.

Mit Blick auf die Ufer des Hudson und in Gedanken an New York, sass ich einmal am offenen Fenster, als ich plötzlich, mit Schaudern, am kahlen Hang eines entfernten Hügels ein riesiges Monster erblickte. Von seinem keilförmigen, mit der Spitze zum Boden weisenden Körper standen terrassenförmig zwei Paare übereinander liegender und mit glänzenden Metallplatten bedeckter Flügel ab… Gewiss, in der hier paraphrasierten Erzählung *The Sphinx* von Edgar Allan Poe klärt sich am Ende, dass es sich doch nicht um ein Monster am entfernten Hügel, sondern um einen harmlosen, zur Familie der Schwärmer (Sphingidae) gehörenden Falter handelt, der an einem Spinnenfaden im Fensterrahmen herabgleitet. Beim Anblick von Gebilden wie Ron Herrons (1930–1995) Treffen der *Walking Cities* in der Wüste von 1964 (Abb. S. 188) lässt sich heute freilich die Ahnung nicht von der Hand weisen, dass diese doch nicht nur an seidenen Fäden aufgehängte fantasmagorische Modelle sind, sondern sich als Wirklichkeit gewordene Freizeitarchitektur des Spektakels an den Küsten des Roten Meeres und anderswo entlangschieben.

¹ Zur Bedeutung des Begriffs »shifter« vgl. Roman Jakobson und Krystyna Pomorska, *Poesie und Grammatik. Dialoge,* Frankfurt am Main 1982, S. 70.
² Vgl. Kenneth Frampton und Silvia Kolbowski (Hrsg.), Idea as Mode, New York 1981; Walter Grasskamp, »Kleinmut – Hinweise zum Modell«, in: *Daidalos, XXVI,* Dezember 1987, S. 62–71; Hannelore Kersting, »Kunst-Modelle«, in: *Skulptur-Projekte in Münster 1987,* hrsg. von Klaus Bußmann und Kasper König, Ausst.-Kat. Westfälisches Landesmuseum für Kunst und Kulturgeschichte, Münster, Köln 1987, S. 379–387; Oscar Riera Ojeda und Lucas H. Guerra, *Virtuelle Architekturmodelle,* Köln 1999.
³ »Es gibt […] so etwas wie Plastik des Anorganischen. Schmarsow hat für diese den Namen Tektonik vorgeschlagen – einleuchtend.« Wilhelm Pinder, *Von den Künsten und der Kunst,* Berlin 1948, S. 26. Vgl. zum Folgenden auch Friedrich Teja Bach, »Tektonik in der Skulptur und Plastik der Moderne«, in: Hans Kollhoff (Hrsg.), *Über Tektonik in der Baukunst,* Braunschweig und Wiesbaden 1993, S. 98–125.
⁴ Zu Giacomettis *Paysage – tête couchée* als »anamorphotischer Landschaft«, vgl. Friedrich Teja Bach, »Giacometti und das gefallene Auge Gottes. Ein Revisionsverfahren«, in: *Neue Zürcher Zeitung,* 16./17. Februar 2002, S. 84.
⁵ Vgl. Friedrich Teja Bach, »Giacomettis *Grande Figure Abstraite* und seine Platz-Projekte«, in: *Pantheon,* XXXVIII, 3, Juli–September 1980, S. 269–280.
⁶ Vgl. Dieter Bogner (Hrsg.), *A Friendly Alien. Ein Kunsthaus für Graz,* Ostfildern-Ruit 2004. Im Innern des Architektur des Kunsthauses ist im Wesentlichen gescheitert und manifestiert die Schwierigkeit radikal »organischer« Architektur, adäquate Lösungen für einen funktionalen Innenraum zu finden.
⁷ Etwa die durch Fotografien von Man Ray 1936 in den *Cahiers d'Art* publizierten Modelle des Pariser Instituts Henri Poincaré, darunter dieses Modell (Abb. 8). Die schon im *Realistischen Manifest* betonte Nähe des Künstlers zum Ingenieur und Mathematiker wird hier ganz direkt greifbar, das künstlerische Objekt wird fast zur Illustration eines naturwissenschaftlichen Sachverhaltes.
⁸ Im Hinblick auf die Bedeutung der Ikonenmalerei für Gabo ist für seine »Energien des Raumes« veranschaulichenden Linienscharen ein Gedanke Florenskijs von Interesse, der bisher noch nicht berücksichtigt wurde: Über die Striche in den Goldflächen der Ikone heisst es bei Pavel Florenskij, *Die Ikonostase. Urbild und Grenzerlebnis im revolutionären Russland,* Stuttgart 1988, S. 139 f: »Ich verstehe dich so, daß du in den Linien der Razdelka unsichtbare, aber irgendwie durch uns erkennbare und dann zu einem sinnlichen Bild sich entfaltende Urkräfte siehst, die durch ihre Wechselwirkung das ontologische Skelett des Dings bilden. Dann könnte man tatsächlich von der Razdelka als von den Kraftlinien des Feldes sprechen, die das Ding formt. Insofern könnten dies mit dem Geist erfaßbare, aber sinnlich dem Sehvermögen nicht zugängliche Druck- und Zuglinien sein.«
⁹ Vgl. *Malévitch. Œuvres de Casimir Severinovitch Malévitch (1878–1935),* Ausst.-Kat. Centre Georges Pompidou, Musée national d'art moderne, Paris 1980, S. 27.
¹⁰ Vgl. hierzu auch die Formulierung aus Kasimir Malewitsch, *Architektur, Ateliermalerei und Plastik* (1930): »Ich möchte festhalten, daß man den Architekten keinesfalls eine Malerausbildung geben, sondern sich um eine architekturspezifische Ausbildung bemühen sollte. Es gibt jedoch an unseren Architekturfakultäten keine Laboratorien, in denen man Spezifika studieren kann. Daher habe ich die Ausarbeitung dieser Aufgabe selbst übernommen. Ich habe einige Architektone angefertigt, die einmal schwer und einmal leicht wirken sollten; dabei habe ich mich um Spezifika der Architektur, keinesfalls der Plastik oder Malerei bemüht.« Zit. nach *Kasimir Malewitsch zum 100. Geburtstag,* Ausst.-Kat. Galerie Gmurzynska, Köln 1978, S. 56, 58.
¹¹ Kasimir Malewitsch, zit. nach Aage Hansen-Löve (Hrsg.), *Kazimir Malevič, Gott ist nicht gestürzt! Schriften zu Kunst, Kirche, Fabrik,* München und Wien 2004, S. 120.
¹² Zu den Grossskulpturen und architektonischen Projekten Brancusis sowie seinem Verhältnis zur Architektur allgemein vgl. Friedrich Teja Bach, *Constantin Brancusi. Metamorphosen plastischer Form,* 3. Aufl., Köln 2004, S. 68–140, und Friedrich Teja Bach,

»Brancusis Atelier. Drei Mahnungen an die Herren Architekten«, in: *Daidalos,* 26, 12, 1987, S. 18–29.
[13] Abb. 11 zeigt einen *Hocker,* der, von Brancusi signiert und datiert, 1933/34 in der Brummer Gallery in New York ausgestellt war.
[14] Le Corbusier, »Trois rappels à MM. les architectes«, in: *L'Esprit nouveau,* 1, 1920/21, S. 91 ff; dt. in: Le Corbusier, *Ausblick auf eine Architektur,* Berlin u. a. 1963, S. 35–40. Die Nummern 1–5 und 7–10 von *L'esprit nouveau* befanden sich in Brancusis Bibliothek.
[15] Zu Brancusis Tempelprojekt vgl. Bach 2004 (wie Anm. 12), S. 91–96 und 173–180.
[16] Ebd., S. 86.
[17] Vgl. S. 86 in dieser Publikation und Bach 2004 (wie Anm. 12), S. 89–91.
[18] »Brancusi plans an exhibition of architectural models next year«, *New York World* (1926), zit. nach Anna C. Chave, *Constantin Brancusi. Shifting the Bases of Art,* New Haven und London 1993, S. 260. In Brancusis Ausstellung im Arts Club of Chicago (Januar 1927) waren neben der *Colonne sans fin* auch sechs Sockelformen zu sehen.
[19] Zum Vergleich von Kieslers Endless Theatre und *Schrein des Buches* mit Werken von Brancusi siehe Bach 2004 (wie Anm. 12), S. 175 und Anm. 272, 368.
[20] Vgl. ebd., S. 99–105, und Welling Lanmon, *William Lescaze. Architect,* Cranbury 1987, S. 30.
[21] Vgl. Bach 2004 (wie Anm. 12), S. 78–85.
[22] Vgl. Wolf D. Prix, »On the Edge«, in: Peter Noever (Hrsg.), *Architektur im AufBruch. Neun Positionen zum Dekonstruktivismus,* München 1991, S. 22 f.
[23] Claude Lévi-Strauss: *Mythologica IV. Der nackte Mensch,* Bd. 2, Frankfurt am Main 1990, S. 751.
[24] Dieses und die folgenden Zitate stammen aus Rudolf Arnheim, *Die Dynamik der architektonischen Form,* Köln 1980, S. 130 ff.
[25] »Les maquettes étaient infiniment plus délicates et raffinées dans leurs détails que nous ne l'avions pensé. Et ceci [...] éliminait la possibilité qu'une échelle numérique de proportions ait été utilisée.« Troels Andersen, in: Malévitch 1980 (wie Anm. 9), S. 13. Vgl. auch ebd., S. 16: »Les mesures prouvent que les éléments ont été conçus selon des appréciations visuelles et non selon des mensurations précises.«
[26] Vgl. Yukio Futagawa (Hrsg.), *Zaha M. Hadid,* Tokio 1986; *Zaha Hadid. Das Gesamtwerk,* Stuttgart 1998.

Blur, Monolith, Blob, Box
Atmosphären der ArchiSkulptur Philip Ursprung

Am 17. Mai 2004 verschwand die letzte Spur der Expo.02, der schweizerischen Landesausstellung 2002. Das Stahlgerüst von Diller + Scofidios Blur Building in Yverdon, im Volksmund auch »Die Wolke« genannt, wurde gesprengt und versank im Neuenburger See. Einen Sommer lang war sie ein Wahrzeichen der Expo gewesen und hatte den Namen des verschlafenen Städtchens Yverdon-les-Bains in die Landkarten der Kunst- und Architekturwelt eingeschrieben. 700 Tonnen Schrott auf dem Grund des Neuenburger Sees sind alles, was davon übrig bleibt (Abb.1). Auch das andere Wahrzeichen der Expo.02, der vor Murten gelegene Monolith von Jean Nouvel (geb. 1945), wurde verschrottet – bis auf einige Liebhaberstücke, die für je 2500 Franken abgegeben wurden und jetzt in Villengärten und Sammlerstuben an das Ereignis erinnern (Abb. 2).

Blur und der Monolith funktionieren wie alle Ausstellungsarchitekturen an der schwer zu definierenden Schnittstelle zwischen Architektur und Skulptur, zwischen Event und Monument. Sie sind Projektionsflächen für utopische Hoffnungen einerseits, nostalgische Erinnerungen andererseits. Ich gehe davon aus, dass Jean Nouvels mit angerosteten Corten-Stahlplatten verkleideter Monolith eher die mittlere und ältere Generation der Besucher faszinierte. Der Architekt verwendete eine Formensprache, die auf die minimalistische Skulptur der sechziger Jahre und den International Style anspielt und die den meisten Besuchern vertraut war. Der rohe, industrielle »Look«, der an die Hafenarchitektur von Le Havre, an Containerschiffe und an technische Infrastrukturen erinnerte, stand in effektvollem Kontrast zu Murten, dem malerisch herausgeputzten Zähringer-Städtchen, in seiner idyllischen, scheinbar unberührten vorindustriellen Umgebung. Umgekehrt gehe ich davon aus, dass die Wolke vorwiegend jüngere Besucher faszinierte. In ihr verschmolzen das Reale und das Virtuelle. Der Moment, in dem die Besucher in ihren Regenpelerinen die Oberfläche aus Wasserdampf durchdrangen und in den Nebel traten, war jedes Mal ein kleines Abenteuer. Man durchschritt die Grenze zwischen Bild und Raum und erfuhr dies synästhetisch über alle Sinne – vor allem den Tast- und Geruchssinn.

Mit Blur und Monolith verschwinden zwei der spektakulärsten Verschmelzungen von Skulptur und Architektur. Und mit ihnen verschwinden auch zwei spektakuläre Verkörperungen von Blob und Box. Unter »Blob« versteht man umgangssprachlich eine unförmige Masse. So handelt beispielsweise der amerikanische Science-Fiction-Film *The Blob* (1958) mit Steve McQueen von einer ausserirdischen, amorphen Lebensform, die Menschen gleichsam in sich absorbiert. Eingang in die architektonische Diskussion fand der in der Computersprache als Abkürzung für »Binary Large Object« gebräuchliche Begriff (in der Architektur eine beliebig verformbare Gestalt mit isomorphen Vielfachoberflächen) dann durch Pioniere wie Frank O. Gehry (geb.1929) und Greg Lynn (geb. 1964), die die Software, die für die Flugzeug-, Trickfilm- und Special-effects-Industrie verwendet wurde, in den architektonischen Entwurfsprozess übernahmen (Abb. S. 192).[1] In der Architektur ist die Idee des Blob somit untrennbar mit der technischen Entwicklung der Entwurfsinstrumente verbunden. Es handelt sich also um ein sehr junges Phänomen. Denn obwohl das Computer Aided Design and Drafting (CADD) beziehungsweise Computer Aided Architectural Design (CAAD) oder Computer Aided Design (CAD) bereits seit Mitte der sechziger Jahre existiert, wurde es erst nach Einführung der Personal Computers (des PCs) 1982 für Architekturbüros erschwinglich. Und erst seit Mitte der neunziger Jahre ist Software wie AutoCAD verfügbar, die die Anwendung von den Konstruktionszeichnungen hin zum Entwurf verlagert. Software für Computer Aided Manufacturing (CAM) ermöglicht seit Ende der neunziger Jahre ausserdem die kostengünstige Umsetzung des Entwurfs für Schneidemaschinen, die praktisch jedes Material bearbeiten können.[2]

Als erste digital entwickelte Struktur eines nichtkartesianischen Raums gilt der 1997 eröffnete Wasserpavillon

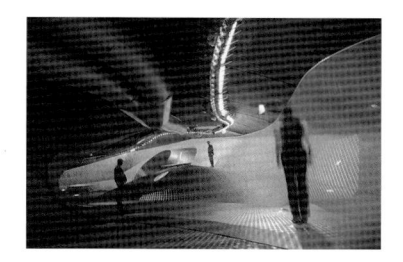

1 Diller + Scofidio, Blur Building, Yverdon-les-Bains, Expo.02, 2002
2 Jean Nouvel, Monolith, Murten, Expo.02, 2002
3 NOX, Wasserpavillon (FreshH2O eXPO) für Waterland, Neeltje Jans, Zeeland, 1997

(H2O eXPO), eine für Waterland Neeltje Jans im niederländischen Zeeland von NOX (Lars Spuybroek, geb. 1959) und Kas Oosterhuis (geb. 1951) entworfene interaktive Installation (Abb. 3).[3] Als bisher »reinster« architektonischer Blob, der mit CATIA, einem für die Luft- und Raumfahrtindustrie entwickelten dreidimensionalen Computermodelliersystem, realisiert wurde, ist Frank O. Gehrys Experience Music Project in Seattle (2000) entstanden.[4]

Ende der neunziger Jahre galt die Box, also die »Kiste«, als das schiere Gegenteil des Blob, nämlich als Ausdruck einer konventionellen Auffassung von Räumlichkeit und einer konventionellen Art der Darstellung. Der Begriff war einerseits negativ konnotiert, als Indiz für die nivellierende Ästhetik der industriell produzierten, spekulativen Vorortsbauten – man denke an Malvina Reynolds Song *Little Boxes* (1963), den Pete Seeger berühmt gemacht hatte. Andererseits wurde er für die minimalistische Ästhetik der europäischen, vor allem schweizerischen Architektur in den achtziger Jahren benutzt – zum Beispiel die Kunstkiste in Bonn von Herzog & de Meuron (beide 1950 geb.), ein als Betonkubus geplantes, aber nie ausgeführtes Museum für die Sammlung Grothe. Der Blob war ein Synonym für avancierteste Technologie, während man mit Box die Rechtwinkligkeit des Zeichentisches verband. Blob stand für Fortschritt, für maschinellen, rationalisierten Entwurf, für das Experiment, Box für Reaktion, für die unter Berücksichtigung geschmacklicher Kriterien unternommene Komposition, für das Konservative. Blob symbolisierte eine nichteuklidische dynamische, gefaltete Räumlichkeit, die die Zeit als vierte Dimension thematisiert, Box eine statische, konventionelle Räumlichkeit und die herkömmliche Trennung zwischen zweidimensionaler Oberfläche und dreidimensionalem Innenraum. *From Blob to Box, and Back Again* lautete der Untertitel einer Zeichnung, die die niederländischen Architekten Ben van Berkel (geb. 1957) und Caroline Bos (geb. 1959) in ihrem Buch *Move* (1999) publizierten.[5] Sie suggerierten damit, dass Blob und Box nicht zwei einander entgegengesetzte Pole der architektonischen Welt seien, sondern vielmehr Phänomene, die nahtlos ineinander übergingen und zwischen denen eine räumliche und bedeutungsmässige Kontinuität bestehe. Ihr 1998 fertig gestelltes Möbius Haus in Het Gooi markiert die »Lösung« des Konflikts auf emblematische Weise (Kat. 174, S. 198 o.). Indem sie eine plane Fläche falteten und bogen, bis sich der Unterschied zwischen Innen- und Aussenseite auflöste, zeigten sie, wie mittels Faltungen aus einer Kiste ein Blob werden kann – und umgekehrt.

Die Redakteure der Architekturzeitschrift *Arch+* griffen den Satz auf und machten für die Herbstnummer 1999 daraus den Titel *Von der Box zum Blob und wieder zurück.* Sie erinnerten daran, dass Formfragen nicht a priori ideologisch konnotiert seien, und fragten zugleich, ob mit der Etablierung von CAD-Programmen in den Architekturbüros »fast unbemerkt« ein neuer formaler Richtungsstreit in der Architektur heraufziehe.[6] Sie warfen die Frage auf, ob es sich bei dieser Polarität zwischen Blob und Box um den Anfang oder das Ende dieses architektonischen Richtungsstreits handele.[7]

Tatsächlich gab es damals Projekte wie Toyo Itos (geb. 1941) Mediathek in Sendai, Kazuyo Sejimas (geb. 1956) M-House und Rem Koolhaas' (geb. 1944) Konzerthalle in Porto, die als typische Boxes den zeitgleich gebauten Blobs gegenüberstanden. Zu diesen Blobs gehörten Richard Rogers (geb. 1933) Rest Zone – Millenium Dome, UN Studios (gegr. 1998; Ben van Berkel und Caroline Bos) Musikfakultät Graz und Shigeru Bans (geb. 1957) japanischer Pavillon für die Expo 2000 in Hannover. Prototypisch für die Box wurde in der Zeitschrift ein Ausschnitt der Fassade der damals eben eröffneten Bibliothek der Fachhochschule Eberswalde von Herzog & de Meuron abgebildet (Abb. 4). Abgesehen von einer speziell für die Übertragung der gerasterten Bilder auf das Betonpaneel entwickelten Technik, handelte es sich um einen Low-Tech-Bau. Hinzu kommt, dass das Äussere der Bibliothek Eberswalde mit dem Inneren strukturell wenig zu tun hat.

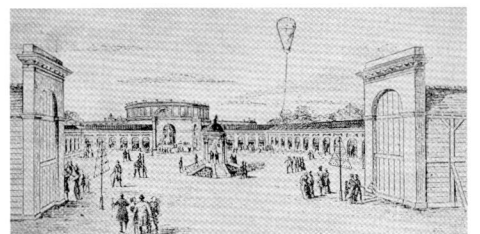

4 Herzog & de Meuron, Bibliothek der Fachhochschule Eberswalde, 1997–1999
5 *Première exposition des produits de l'industrie française*, Paris, 1798

Wegen des niedrigen Budgets wurde der Entwurf des Inneren einem lokalen Architekturbüro übertragen. Die Kritik machte den Architekten denn auch immer wieder den Vorwurf, dass es sich um eine blosse Fassadenarchitektur handle, um eine hohle Kiste.

Als Gegenpol hätte man damals Frank O. Gehrys fast gleichzeitig eröffnetes Guggenheim Museum in Bilbao zeigen können (Kat. 57, S. 79 u.). Der Bau ist eine Art Feuerwerk aus Blobs. Entworfen mithilfe der neuesten, aus der Flugzeugindustrie stammenden Software, verkleidet mit hauchdünnen Titanmembranen, deren Materialwert alleine wahrscheinlich das gesamte Budget für die Bibliothek Eberswalde überstieg, wollten die Initiatoren mit dem 120-Millionen-Dollar-Projekt einerseits dem Guggenheim ein zweites europäisches Standbein verschaffen, andererseits das ökonomisch und politisch gebeutelte Baskenland wieder in die kulturelle Landkarte der Welt einschreiben.

Es liegt somit auf der Hand, den Monolithen der Kategorie der Box und Blur der Kategorie des Blob zuzuordnen. Die dynamische, expandierende, zerstiebende Gestalt von Blur kontrastiert mit der statischen, komprimierten, auf eine geometrische Grundform reduzierten Gestalt des Monolithen. Blur, ein flüchtiges Gebilde aus feinsten Wassertröpfchen, die über zehntausende von Düsen über dem See versprüht wurden, war, was ja für Blobs gilt, durch eine sich ständig ändernde Gestalt und das Spiel zwischen Materialität und Immaterialität charakterisiert. Die Grenzen zwischen Innen- und Aussenraum, zwischen Fiktion und Fakten waren nicht immer sichtbar. Die räumliche Organisation veränderte sich fortwährend. Blur umfing die Besucher atmosphärisch und absorbierte – so zumindest die Intention der Architekten – deren Sinne in einem weissen Rauschen, in einem »White Noise«. Der Monolith andererseits steht exemplarisch für die Kategorie der Box. Die Würfelform ist allen vertraut. Das Äussere und das Innere, in dem man ein elektronisches, ein gemaltes und – wenn man durch die Lochpaneele im Obergeschoss nach aussen blickte – ein »echtes« Panorama sehen konnte, waren klar voneinander getrennt. Obwohl sie formal unterschiedliche Pole markieren, sind die typologischen Wurzeln von Blur und Monolith fast identisch. Beide schreiben sich ganz explizit der 200-jährigen Tradition der Industrie- und Weltausstellungen ein, die 1798 mit der *Première exposition des produits de l'industrie française* auf dem Champ-de-Mars in Paris begann (Abb. 5). Blur setzt die Typologie der Fesselballons fort, die über dem Ausstellungsgelände schwebten und die von den am Boden stehenden Besuchern als Wahrzeichen gesehen wurden.

Die Körbe dieser Fesselballons dienten als wackelige Aussichtsplattform in Schwindel erregender Höhe. Der Monolith erinnert an die Tradition von rasch montier- und demontierbaren Ausstellungshallen aus Metall, an jene »Black Boxes«, wenn man so will, die im Innern die verschiedensten Funktionen aufnehmen können. Und wie der Monolith Gehäuse panoramischer Darstellungen ist, lässt sich auch Blur ganz konkret auf das »Cineorama« zurückführen, eine der Attraktionen der Pariser Weltausstellung von 1900, in deren Innerem kinetisch projizierte Panoramen zu sehen waren. Ursprünglich hatten Diller + Scofidio (gegr. 1979) sogar vorgesehen, das »erste Massenmedien-Panorama« zu produzieren. In einem dunklen Zylinder sollten 250 Zuschauer auf Videoprojektionen von Webcams blicken, die Aufnahmen aus einer Stadt übermittelten. Der Unterschied zu den traditionellen Panoramen lag für Elizabeth Diller lediglich darin, dass die Illusion der Kohärenz durch die fragmentierten Bilder aufgelöst wurde.[8]

Der Unterschied zwischen Blur und Monolith ist also in erster Linie ein formaler, nicht ein funktionaler oder typologischer oder gar technischer. Nouvels scheinbar einfacher Kubus enthält mehr Hightech als Diller + Scofidios scheinbar komplexe Wolke, die im Prinzip ein grosser Rasensprenger ist. Und seit sich die CAD-Programme in der Ausbildung und in der architektonischen Praxis so weit durchgesetzt haben, dass die Entwürfe sowohl von äusserst komplexen räumlichen Oberflächen als auch von »Kisten« mittels Computer gemacht werden, hat der Blob ebenso viel von seiner technoiden Aura verloren, wie die Box von ihrem Ruch des Traditionellen. Blob und Box stehen heute also nicht mehr, wie noch vor vier, fünf Jahren, für unterschiedliche technische Bedingungen, sondern sind zu schieren Stilelementen geworden. Es war konsequent, dass Joseph Rosa seiner Ausstellung im Heinz Architectural Center im Pittsburgher Carnegie Museum of Art 2001 den Titel *Folds, Blobs, and Boxes. Architecture in the Digital Era* gab.[9] Vor dem Hintergrund der Digitalisierung der Architektur verschwimmen die Unterschiede zwischen Blob und Box.

So sind beispielsweise Herzog & de Meuron keineswegs ihren Anfängen untreu geworden, wenn sie von ihrem einstigen Markenzeichen, den minimalistischen Kisten der achtziger Jahre, ab Mitte der neunziger Jahre zu blob-ähnlichen Projekten mit amöbenhafter Struktur und scheinbar pulsierenden Oberflächen wie der Bibliothek in Cottbus, dem Prada-Store in Tokio oder den Fussballstadien für München oder Peking mit ihren dynamisch gebogenen Oberflächen wechseln. Natürlich kann man eine Geschichte der Alternativen zur »orthodoxen Kiste der modernen Architektur im Sinne des International Style« aufzeichnen, wie sie Joseph Rosa im Katalog der Ausstellung *Folds, Blobs, and Boxes* anbietet.[10] Er stellt darin »prädigitale« Blobs von Friedrich Kieslers (1890–1965) Endless House (1959), Richard Buckminster Fullers (1895–1983) Dymaxion Car (1933) oder Claude Parents (geb. 1923) Skizze zu La Ville enroulée (1967) vor, die er als Vorläufer der Praxis der späten neunziger Jahre darstellt. Letztlich handelt es sich dabei aber um eine Rückprojektion aus unserer Gegenwart.

Atmosphärische Skulptur
Ergiebiger, als eine Formgeschichte der Blobs zu rekonstruieren, scheint es mir, noch einmal zur Frage der Ausstellungsarchitektur zurückzukehren. Denn nirgends kommen sich Architektur und Skulptur so nahe wie bei der Ausstellungsarchitektur. Vom Eiffelturm der Pariser Weltausstellung von 1889 über Auguste Rodins (1840–1917) geplanten *La tour du travail* für die Ausstellung 1900 und das Atomium in Brüssel (1958) bis zu Blur und Monolith liesse sich eine Fülle von Hybriden zwischen Architektur und Skulptur beschreiben. Eine Schlüsselfunktion übernimmt dabei das Monument, von dem bereits Adolf Loos (1870–1933) gesagt hatte: »Nur ein ganz kleiner teil der architektur gehört der kunst an: das grabmal und das denkmal.«[11] Und Greg Lynn schreibt dazu: »Die Architektur behält sich ihre stärksten Aussagen für das Monument vor. Das Monument erinnert an ein Ereignis, das durch gemeinsame Geschichte – vor allem städtische Geschichte – erfahren wird, und bietet dadurch einen einheitlichen und respektablen Raum.«[12] Lynns Aussage erinnert in mancherlei Hinsicht an die Forderung nach einem »monumentalen Raum«, die Henri Lefebvre 1974 in seinem Buch *La production de l'espace* stellte. Und gerade in der jüngsten Ausstellungsarchitektur finden sich Antworten auf Lefebvres Frage: »Wie könnte der Widerspruch zwischen dem Gebäude und dem Monument überwunden werden? Wie könnte jene Tendenz beschleunigt werden, welche die Monumentalität zerstört hat, die diese aber durchaus auch wieder einführen könnte, und zwar innerhalb des Gebäudes selbst, indem sie die frühere Einheit auf einer höheren Ebene wieder herstellt?«[13] Seit der Begriff der Skulptur in den sechziger und siebziger Jahren von statischen Objekten auf Environments und Installationen erweitert worden ist, haben die Berührungspunkte mit der Architektur ohnehin stetig zugenommen. Begriffe wie »Atmosphäre« und »Ambiente«, »Performance« und »Installation« stehen derzeit im Zentrum und lassen sich reibungslos von der Skulptur auf die Architektur übertragen. Gerade die ursprünglich von der Künstlerin Pipilotti Rist (geb. 1962) konzipierte Expo.01 kann als monumentale Vergrösserung ihrer eigenen Videoinstallationen – und damit als eine architektonische Skulptur von riesigen Dimensionen – aufgefasst werden. Obwohl Rist ihr Amt als künstlerische Direktorin bekanntlich schon 1998, also lange vor Eröffnung der

6 Pipilotti Rist, Masterplan Expo.01, 1998

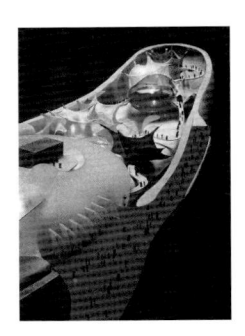

Ausstellung, niedergelegt hatte, hatte sie die Weichen gestellt. Die von ihr vorgeschlagenen Masterpläne für die vier Arteplages sind Beispiele dafür, wie Installation, Architektur, Event und Atmosphäre so ineinander übergehen, dass sie nicht mehr eindeutig voneinander getrennt werden können (Abb. 6). In der realisierten Ausstellung fiel dann auf, dass die Skulpturen, die im Ausstellungsgelände platziert waren – beispielsweise die Installation des Ateliers van Lieshout (gegr. 1995) – gegenüber den Ausstellungspavillons merkwürdig redundant wirkten, wie eine Ausstellung in der Ausstellung oder eine Skulptur in einer Skulptur.

Keinem Kunstwerk gelang es im Rahmen der Expo.02, so komplexe und einprägsame Effekte zu erzielen, wie dies dem Blur, dem Monolith sowie einigen weiteren Ausstellungsarchitekturen gelang. Kann daraus geschlossen werden, dass das Kräfteverhältnis zwischen Skulptur und Architektur sich derzeit zugunsten der Architektur verschiebt? Die Tatsache, dass beispielsweise das Holocaust-Denkmal in Berlin nicht von einem Bildhauer – anfänglich war Richard Serra (geb. 1939) dafür vorgesehen gewesen –, sondern von einem Architekten, Peter Eisenman (geb. 1932), gestaltet wird, deutet darauf hin, dass die Skulptur ihrem einstigen raison d'être, der Visualisierung des Monumentalen, nicht mehr nachkommen kann.

In der Tat können es derzeit nur wenige Skulpturen mit der Architektur aufnehmen. Ein Beispiel dafür, wie die Skulptur sich architektonische Verfahren aneignet, ist Olafur Eliassons (geb. 1967) Arbeit *The Weather Project*, die im Herbst 2003 in der von Herzog & de Meuron umgestalteten Turbinenhalle der Tate Modern installiert worden war (Abb. 7).[14] Für *The Weather Project* verdunkelte Eliasson die gesamte Halle, hängte die Decke um etwa ein Viertel ab und verspiegelte sie. Nebelmaschinen füllten den grossen Raum mit einer diesigen Atmosphäre, und eine riesige Sonnenscheibe schien durch den Dunst. Den meisten Besuchern verschlug der unerwartete Anblick den Atem. Im Gegensatz zum üblichen lebhaften Durcheinander war es in der Halle still. Die einen legten sich auf den Rücken, um das Spiegelbild an der Decke zu betrachten. Die anderen näherten sich staunend der Sonnenscheibe. Eliasson setzte ganz explizit auf das Spiel von Illusion und Desillusion und machte die Täuschung offensichtlich. Düsen, aus denen Nebel strömte, wurden sichtbar, die Sonne entpuppte sich als halbkreisförmige, von hinten beleuchtete Kulisse, und von der obersten Etage aus war die abgehängte, mit spiegelnder Folie überzogene Decke von oben zu sehen.

Die leere Turbinenhalle der Tate Modern ist von einer Aura des, wenn man so will, industriellen Erhabenen durchdrungen. Die Besucher können den Schwindel erregenden Blick in die Tiefe wagen, sich das frühere Rumoren der Maschinen vorstellen oder einfach die Tatsache geniessen, dass sie sich mitten in London in einem leeren Raum befinden, in dem nichts geschieht. Herzog & de Meuron hatten die Halle bewusst entleert und ihre Höhe sogar noch dadurch gesteigert, dass sie den Boden absenkten und über eine Rampe mit der Umgebung verbanden. Eliasson griff das Thema des Erhabenen auf, steigerte es und entlarvte es dann sogleich wieder als virtuose Kombination aus spektakulären Effekten. Im Ausstellungskatalog spricht er darüber, wie er durch diese Methode die Institution des Museums »kritisch« beleuchten und die Ideologie des Ausstellens »transparent« machen will. Das Wetter dient ihm dabei, wie er betont, einerseits als Metapher für den Ort, an dem sich Natur und Kultur treffen, andererseits als Bild dafür, dass sich das Museum und die Gesellschaft ebenso wenig voneinander trennen lassen wie das Wetter und die Stadt. Die Installation soll die dem Gebäude inhärenten, aber durch die Architektur, wie er annimmt, verbrämten ideologischen Zwänge artikulieren. Allerdings musste für diesen Akt der Entlarvung die Architektur vorübergehend verschwinden. Sie war gefüllt, verdunkelt, vernebelt und verspiegelt. Weil sie aber so offensichtlich als Träger von Kulissen und als Hintergrund des Vexierspiels fungierte, ging sie ebenso wie die Institution Museum unversehrt, ja gestärkt aus dem Experiment hervor.

7 Olafur Eliasson, *The Weather Project*, Tate Modern, London, 2003

Trotz oder wegen der Tatsache, dass wir heute die Welt vornehmlich in Form von Bildern mediatisiert wahrnehmen, besteht ein grosses Bedürfnis, Räumlichkeit unmittelbar, mit allen Sinnen, zu erfahren. Die erfolgreichsten Skulpturen seit den neunziger Jahren sind denn auch solche, die die Betrachter oder besser Besucher atmosphärisch umfangen, sie emotional und physisch involvieren. Sie bedienen sich dabei vieler Elemente, die für die Architektur selbstverständlich sind. Auf der anderen Seite steigt die Nachfrage nach einer Architektur, die Räumlichkeit nicht nur produziert, sondern auch reflektiert, darstellt, »verkörpert«. Die erfolgreichste Architektur der letzten Jahre ist diejenige, die Funktionen des Monumentalen aufnimmt und somit ein genuin skulpturales Feld betritt. Die Praktiken, die institutionellen Bedingungen und die Mechanismen von Skulptur und Architektur sind nach wie vor strikt voneinander getrennt. Aber die Momente, in denen sie miteinander kollidieren, sich verschränken und gegenseitig kommentieren, gehören zu den schönsten Erfahrungen von Räumlichkeit und sind derzeit durch nichts zu ersetzen.

[1] Vgl. Aaron Betsky, »Mashine Dreams«, in: *Architecture,* 6, 1997, S. 86–91; Alicia Imperiale, *New Flatness. Surface Tension in Digital Architecture,* Basel 2000.
[2] Vgl. Betsky 1997 (wie Anm. 1); Imperiale 2000 (wie Anm. 1).
[3] Joseph Rosa, *Folds, Blobs, and Boxes. Architecture in the Digital Era,* Ausst.-Kat. Heinz Architectural Center, Carnegie Museum of Art, Pittsburgh 2001, S. 14.
[4] Ebd., S. 15.
[5] UN Studio (Ben van Berkel und Caroline Bos), *Move,* 3 Bde., Amsterdam 1999.
[6] Nikolaus Kuhnert und Angelika Schnell, »Von der Box zum Blob und wieder zurück«, in: *Arch+. Zeitschrift für Architektur und Städtebau,* 148, Oktober 1999, S. 20 ff., hier S. 20.
[7] Ebd.
[8] Dies machte auch Elizabeth Diller in einer Vorlesung im Mai 1999 deutlich, die Blur in die Tradition der Weltausstellungspavillons einordnete. Vgl. »Location: Princeton University, Liz Diller Lecturing a Seminar Class«, in: Diller + Scofidio, *Blur. The Making of Nothing,* New York 2002, S. 92–99.
[9] Rosa 2001 (wie Anm. 3).
[10] Ebd., S. 5.
[11] Adolf Loos, »Architektur« (1909), in: ders., *Trotzdem, 1900–1930,* unveränderter Neudruck der Erstausgabe von 1931, hrsg. von Adolf Opel, Wien 1982, S. 90–104, hier S. 101.
[12] »Architecture reserves its strongest statements for the monument. The monument commemorates an event that is experienced through shared (particularly urban) histories, and thus it offers a unitary and respectable space.« Greg Lynn, »Multiplicitous and Inorganic Bodies«, in: *Assemblage,* 19, Dezember 1992, wiederabgedruckt in: Greg Lynn, *Folds, Bodies and Blobs. Collected Essays,* Brüssel 1998, S. 33–61, hier S. 43.
[13] »How could the contradiction between building and monument be overcome and surpassed? How might that tendency be accelerated which has destroyed monumentality but which could well reinstitute it, within the sphere of the building itself, by restoring the old unity at a higher level?« Henri Lefebvre, *The Production of Space,* Oxford 1991, S. 223.
[14] Vgl. *Olafur Eliasson. The Weather Project,* hrsg. von Susan May, Ausst.-Kat. Tate Modern, London 2003.

Will Architektur Skulptur werden?
Eine virtuelle Gesprächsrunde mit Praktikern und Theoretikern beider Disziplinen

Die aktuelle Debatte um Architektur und Stadtentwicklung scheint sich zu polarisieren. Auf der einen Seite fordern die traditionellen Modernisten eine Rückkehr zu den Tugenden des rational und human organisierten Urbanismus. Auf der anderen Seite glauben die neuen Globalisten wie Rem Koolhaas aufgrund der zunehmenden Komplexität und Fragmentierung nicht mehr an die Gestalt- und Regierbarkeit der Städte. Die Affirmation des Unkontrollierbaren paart sich hier mit einem kreativen Hang zum Skulpturalen, als ginge es darum, das Chaos mit prägnanten Grosszeichen (Logos der Macht und des Prestiges) punktuell aufzuheben oder den Dialog von Körper und Raum im grossen Massstab wieder in Gang zu setzen.
Wir haben prominente und kompetente Theoretiker und Praktiker, Architektur- und Kunstkritiker, Architekten und Künstler eingeladen, ihre Gedanken und Meinungen dazu speziell vor dem Hintergrund des historischen Spannungsverhältnisses zwischen Architektur und Skulptur zu formulieren. Vier Fragen wurden als mögliche, aber nicht zwingende Richtlinien für die Argumentation vorgeschlagen.

1. Inwiefern macht es angesichts der Tradition von Erich Mendelsohn über Le Corbusier und Frank O. Gehry bis zur biomorphen »Blobmeister-Architektur« Sinn, die Architekturgeschichte der Moderne auch skulptural zu lesen – und angesichts der Kreativität der Gegenwart sogar als die in Gebäudeform fortgeschriebene Geschichte der Skulptur, zumal sich die Architektur immer mehr der Kunst zu nähern scheint?

2. Müsste umgekehrt nicht die Geschichte der autonomen Plastik des 20. Jahrhunderts unter dem Vorzeichen des Architektonischen neu gelesen werden, wenn man berücksichtigt, dass sie bei ihrer Entstehung im 19. Jahrhundert (Auguste Rodin) wesentliche Impulse aus der Stilgeschichte der Architektur (Klassik, Gotik) empfing?

3. Warum haben so wenige Bildhauer trotz ihrer Auseinandersetzung mit der Architektur (besonders in den fünfziger und achtziger Jahren) reale Gebäude realisiert?

4. Was hat es mit der von Terence Riley ausgemachten Polarität von »Box und Blob« auf sich, in der sich die relevanten Beiträge der Architektur der Gegenwart zu positionieren hätten? Ist das nur eine neue Mode, nachdem postmoderne und dekonstruktive Praxis abgedankt haben und die Komplexität, die eigentlich die Planung beherrscht, jede ästhetische Kategorie infrage stellt? Ist eine Architektur, die sich hauptsächlich skulptural ausformuliert, ein Placebo zur Komplexitätsreduktion?

Einige Teilnehmer haben direkt auf die Fragen Bezug genommen, andere ihre Argumentation frei entwickelt. Wir haben uns erlaubt, die Beiträge, für die wir uns bei den Autoren ganz herzlich bedanken wollen, thematisch zu ordnen.
Markus Brüderlin und Viola Weigel

Jean-Louis Cohen

Jean-Louis Cohen, geb. 1949, ist Professor an der Université de Paris VIII und an der New York University.

Seit Beginn des 20. Jahrhunderts sind die Beziehungen zwischen Architektur und Skulptur äusserst fruchtbar gewesen. Sowohl der Kubismus als auch der Konstruktivismus oder Expressionismus fanden ihren Niederschlag in Bauentwürfen und Gebäuden, bei denen die instrumentelle Vorstellung von Skulptur zugunsten räumlicher, bisweilen konvergierender Bestrebungen aufgegeben wurde. Aber das ist nur eine Komponente der Architekturproblematik, die das skulpturale Element integriert, sich jedoch nicht allein darauf beschränkt; gleichwohl dienen bestimmte Figuren der minimalistischen Skulptur als Bezugspunkte für Gebäude. Die Parallelepipeden von Dominique Perrault fallen mir in diesem Zusammenhang ein.

Kaum dass die Skulptur die Museen verlassen hatte und ihrer dekorativen Rolle entschlüpft war, gelangte sie auf direktem Wege in den städtischen Raum. Sie experimentierte mit nie dagewesenen Ausdrucksformen, wie die Architektona von Kasimir Malewitsch, sicherte sich aber auch einen Platz im konkreten städtischen Raum und definierte diesen neu. Man denke bloss an die Werke von Constantin Brancusi, die er in Tîrgu Jiu errichtete. Nolens volens findet man auch in zahlreichen Arbeiten der Minimalisten den Widerhall des städtischen Gefüges und der Turmarchitektur wieder. Und schliesslich erfährt diese Begegnung mit einigen Skulpturen von Claes Oldenburg – ich denke da an das überdimensionale Fernglas für das Chiat/Day-Bürogebäude von Frank O. Gehry in Venice, Kalifornien – ihre Vollendung.

Was das Desinteresse betrifft, gibt es einige einschlägige Ausnahmen: beispielsweise die grossen Werke von Jean Dubuffet, die bewohnbaren Skulpturen von André Bloc oder die Installationen von Jean-Pierre Raynaud, die alle in den Bereich der Konstruktion gehören. Aber die Produktionsformen der Bildhauerei und der Architektur weisen kaum Gemeinsamkeiten auf, insbesondere weil das Engagement des Architekten hinsichtlich der Nutzung und der Stabilitätsgarantie seiner Gebäude einer gesellschaftlichen und technischen Begutachtung bedarf, die dem Bildhauer nur schwer zugänglich ist.

Um es ganz offen zu sagen: Architektur ist keine konkave Skulptur. Ganz gleich, ob die gegenwärtigen projektbezogenen Vorgehensweisen dem Diktat der Faszination für die Maschine oder den biologischen Organismus unterworfen sind oder ob sie die Absicht verfolgen, der architektonischen Kultur innewohnenden Verfahren kritisch fortzusetzen, gründen sie dennoch auf der – bisweilen unbewussten – Be(ob)achtung der Skulptur. »Box« und »Blob« sind nur zwei der zahlreichen Polaritäten eines Feldes, auf dem noch weit mehr Vorgehensweisen zusammenkommen. Man denke bloss an all jene Architekturen, in deren Horizont das Land oder die Landschaft liegen und die sich weder auf den einen noch den anderen Begriff reduzieren lassen.

Mario Botta

Mario Botta, geb. 1943, ist Architekt und lehrt an der von ihm gegründeten Accademia di Architettura in Mendrisio.

1. Die Architektur unterscheidet sich von der Skulptur, da sie immer zu einem Ort gehört, der einmalig ist. Dies bedeutet zudem, dass der Kontext des Territoriums Teil der Architektur ist. Es ist folglich der Ort, der die Architektur kennzeichnet und sie von der Skulptur unterscheidet. Von diesem Grundsatz ausgehend sind alle plastischen Formen möglich (Rudolf Steiner, Antoni Gaudí, Le Corbusier und so weiter). Der oben erwähnte Unterschied trennt somit eindeutig die Architektur von der Skulptur. Die Wechselseitigkeit der Einflüsse ist legitim, aber verwechseln wir nicht, was ortsungebunden ist, mit dem, was tief im Boden verwurzelt und somit auch an die Geografie, an den Ort und an seine Geschichte gebunden ist.

2. Ich denke, dass Künstler wie Wladimir Tatlin oder die russischen Konstruktivisten die Architekten der Avantgarden nachhaltig beeinflusst haben.

3. Architektur ist eine hoch komplexe Sache, die einen sehr differenzierten Realisierungsprozess umfasst, in den technische, funktionale, wirtschaftliche und soziale Elemente eingreifen, die nicht immer mit dem skulpturalen Schaffen vergleichbar sind. Das formale Element ist allein die Synthese aus einem langen Prozess. Im Falle der Skulptur bestehen keine technischen oder funktionalen Verbindlichkeiten, die der Architektur hingegen zugrunde liegen.

4. Die Fluidität der plastischen Formen (Blob) steht nur scheinbar im Widerspruch zu den Gesetzen des architektonischen Volumens (Box). Das wahre Ziel der Architektur ist nicht der geschlossene Körper. Die architektonische Qualität liegt in den räumlichen Bezügen zwischen dem Bau und seiner Umgebung. »Box und Blob« sind zwei Aspekte, zwei Metaphern, die Qualität für den menschlichen Lebensraum anstreben.

Vittorio Magnago Lampugnani

Vittorio Magnago Lampugnani, geb. 1951, ist Architekt und lehrt Geschichte des Städtebaus an der ETH Zürich.

1. Das an sich anregende Spiel, die Architekturgeschichte der Moderne skulptural zu lesen, ist nicht ohne Gefahr: Es führt dazu, die funktionale und die konstruktive Dimension zu vernachlässigen und auch die ästhetische unter einem ausgesprochen limitierten Blickwinkel zu würdigen. Für bestimmte Werke, etwa Erich Mendelsohns Einsteinturm oder Frank O. Gehrys Guggenheim Museum in Bilbao, mag das noch angehen; vielen anderen wird es in keiner Weise gerecht. Sie dürfen mich altmodisch schelten, aber ich glaube immer noch daran, dass die drei vitruvianischen Kategorien der Firmitas, Utilitas und Venustas, also der Festigkeit, der Brauchbarkeit und der Schönheit, die Messlatten für architektonische Qualität sind, und zwar alle drei zusammen. So sind die Architekturen, die ich schätze, nicht nur schön, und schon gar nicht lediglich im skulpturalen Sinn: Sie sind auch gut benutzbar und gut gebaut.
Ich glaube nicht, dass die Architektur heute die Geschichte der Skulptur fortschreibt; allenfalls verläuft sie dazu tangential und weist eine Reihe von Berührungspunkten mit einer Disziplin auf, die ihr zwar verwandt ist, aber über eine eigene Geschichte und eine ausgeprägte Autonomie verfügt.

2. Die Geschichte der Plastik des 20. Jahrhunderts ist stellenweise ebenso von jener der entsprechenden Architektur beeinflusst wie umgekehrt, aber stellenweise auch ebenso unabhängig.

3. Bildhauer treten kaum als Architekten in Erscheinung, weil man für das Bauen realer Gebäude eine architektonische Kompetenz braucht: Diese ist nicht mit der bildhauerischen identisch. Die Zurückhaltung spricht für die Künstler. Ich wünschte, es würden sich genauso wenig Architekten als Künstler versuchen, wie sich Künstler als Architekten betätigen.

4. Terence Rileys Polarisierung schafft ein Koordinatensystem, das sich durchaus aufschlussreich auf die zeitgenössische architektonische Kultur anwenden lässt. Das heisst nicht, dass es alles erfasst, was heute im Bauen erfassenswert wäre, und noch weniger, dass es objektiv ist. So ignoriert Riley vieles, was gegenwärtig zur Lebendigkeit der Architektur und ihrer Diskussion beiträgt, und erklärt Postmoderne und Dekonstruktivismus zur Vergangenheit. Das ist nicht bloss sein gutes Recht als engagierter (und damit subjektiver) Kritiker, es ist auch emblematisch für die Flüchtigkeit der Moden, denen Architektur heute unterworfen ist. Henry Moore soll über Alexander Calders Werk gesagt haben, das mindeste, was man von einer Plastik erwarten dürfe, sei, dass sie still stehe. Ihn paraphrasierend erwarte ich von einer Architektur, dass sie zumindest auf brauchbare Art und Weise Menschen behause. Aber wer weiss: Vielleicht gefällt mir einmal ein Blob genauso wie ein Mobile.

Bazon Brock

Bazon Brock, geb. 1936, ist Professor emeritus für Ästhetik der Universität Wuppertal.

1. Schöpferpsychologie
Der Modellbaumeister Adolf Skubian aus Hamburg berichtete in stets neuer Fassungslosigkeit über den Attitüdenzirkus von Wiederaufbauarchitekten im Grossraum Hamburg zwischen 1948 und 1963.
Immer wieder schilderte er, wie die Herren von der Schöpferpsychologie ergriffen wurden, wenn sie ein paar roh zugeschnittene Bauklötzchen in Gestaltanalogie zu ihren Entwürfen auf einem Geländegrundriss hin- und herschoben; sie stellten die Klötzchen auf, als übten sie im Grundlagenkurs »Gestaltung«, bis sie vom Gefühl der Gestalterhabenheit überwältigt wurden und vor dem Resultat ihres gottgleichen Weltgeschiebes in Selbstergriffenheit erstarrten.
Wenn dann die gebauten Resultate dementsprechend ausfielen, wenn das blosse Gestalterkalkül sich völlig jenseits dem Menschen angemessener Massstäbe bewegte, redeten sich die Politiker damit heraus, dass das Ganze im Modell völlig anders gewirkt habe. Ei freilich, genau in einem derart unangemessenen Verständnis vom Entwurfsmodell entlarvt sich der Attitüdenzirkus, der Architekten dazu verleitet, sich als bildende Künstler zu gerieren – wie beispielsweise Rem Koolhaas, der sich als Totalisator des Urbanismus aufspielt.

2. Einmassstäblichkeiten
Der Irrtum von Architekten, sich ohne weiteres auch als bildende Künstler (etwa als Skulpteure oder Plastiker) betätigen zu können, hat eine theologische Fundierung und eine standespolitische. Die theologische lässt sich etwa anhand des Grundkonzepts der Gestaltung in der Gotik oder Postmoderne verdeutlichen.
In beiden Epochen wurde vom Kleinsten bis zum Grössten, vom Reliquiar bis zur Kathedrale und vom Löffel bis zur Stadt alles Gestaltete als blosses Markieren auf einer einzigen Skala aufgefasst. In der Gotik entsprang die Einmassstäblichkeit der Theologie der Weltenschöpfung durch den jüdisch-christlichen Schöpfergott: ein Kreator, der seine Allmacht gerade in der Einheit alles Geschaffenen beweist.
Wenn ein Teeservice wie ein verkleinerter Flugzeugträger gestaltet wird und anspruchsvolle öffentliche Bauten wie vergrösserte Stücke aus einer Buttercremetorte präsentiert werden, dann ergibt sich diese Einmassstäblichkeit aus den vermeintlich grundlegenden Gedanken, dass die Welt wie ein Text zu lesen sei, dass aller Weltbestand nur als Zeichen betrachtet werden solle.
In dieser postmodernen Haltung geht es nicht mehr um Architektur als Raumgestaltung, sondern sie wird zum sprechenden Objekt – sie wird in der Sprache des Marketing zum reinen aufgeblasenen Logo.
Die unter Rechtfertigungsdruck stehenden Architekten wollen mit der Einmassstäblichkeit um Verständnis werben, indem sie diese auch als moderne Theologie der naturwissenschaftlichen Modellbildung für sich in Anspruch nehmen. Das ist im Gestalterischen aber der wahre Unsinn, der nur Laien und Sonntagskünstlern verführerisch erscheint, die auf dem Wiener Heldenplatz nie mit auch nur touristischem Interesse wahrgenommen haben, zu welcher Groteske ein Reitermonument gerät, das man als bloss quantitative Vergrösserung eines Tischdekors realisierte.
Was die standespolitische Fundierung betrifft, so beschert die naturwissenschaftliche Naivität den Architekten gegenwärtig elektronische Entwurfs- und Realisationstechniken, die ihrem Kreatorpathos überhaupt keine Schranken mehr bieten. Das Resultat sind die als Skulpturen nicht erfassbaren und als Architekturen lächerlichen Kitschkaskaden von Frank O. Gehry. Das benötigt natürlich standespolitische Selbsterhöhung: Wer so gravierende Eingriffe in menschliche Lebensumgebungen verursachen kann und sich zudem noch mit Verweis auf naturwissenschaftliche Modellvorstellungen, Gestaltkonzepte und Realisationsverfahren rechtfertigen kann, gilt als historische Grösse. Die Einmassstäblichkeit verhilft zu einer Geschichtsmächtigkeit, die simpel lautet: Je mehr irreversible Handlungsfolgen sich ein historischer Täter gleich einem Feldherrn, Religionsstifter, Künstler, Unternehmer zuschreiben lassen kann, desto grösser seine Bedeutung für die Geschichtsschreibung.
Gegen diese Manipulationswollust von künstlerisch naiven, aber machtpolitisch raffinierten Architekten gilt es schon deshalb anzutreten, weil aufgrund der technologischen Möglichkeiten inzwischen so gut wie jedermann den Gehry oder den Koolhaas spielen kann. Raffiniert ist die Abwehr von Kritik; wessen Architekturen Widerspruch herausfordern, der gibt sich als eigentlicher Skulpteur oder Designer oder Spielball des Eventmarketing aus, auf den besagte Kritiken nicht zuträfen.
Wer umgekehrt als Skulpteur Widerspruch erfährt, entzieht sich durch den Hinweis darauf, dass er Architekt sei. Alle glauben, sich auf die Normativität des Kontrafaktischen verlassen zu können: Ist es auch Irrsinn oder künstlerisch-gestalterischer Unsinn, so hat es doch Methode. Hilfsweise wird argumentiert, schon die bautechnische und materielle Realisierung der ArchiSkulptu-

ren habe viel Geld verschlungen; da fehle für die Beseitigung durch Abriss das Geld; ausserdem gelte ja immer noch der Schutz geistiger Leistungen und schöpferischer Hervorbringungen, unabhängig vom Sinn und Nutzen des Getues. Das ist immerhin das einzige brauchbare Argument für die Rechtfertigung des Architekten als bildender Künstler.

Stanislaus von Moos

Stanislaus von Moos, geb. 1940, ist Professor für Kunstgeschichte an der Universität Zürich.

In der Tat: Was soll angesichts der erdrückenden oder, je nachdem, berauschenden oder lähmenden Evidenz des Phänomens ArchiSkulptur zu diesem Thema jetzt noch bewiesen beziehungsweise zusätzlich recherchiert werden? Liegen die interessanten Fragen nicht jenseits (oder etwa diesseits?) der formalen Affinitäten und Korrespondenzen innerhalb der in der Ausstellung dokumentierten, transdisziplinären »Wahlverwandtschaften«? – Ganz abgesehen davon, dass die Chemie dieser Affinitäten im Einzelfall wohl noch genauer zu bestimmen wäre. Die Faszination der Architektur für die Skulptur und vice versa ist nicht nur eine Frage der »Kunst«. Sie hat mit Produktionsprozessen im Bauwesen zu tun und mit multimedial aufgeputschten gesellschaftlichen Erwartungen. Diese wiederum hängen mit gewissen Umpolungen im Gesamthaushalt von Kultur, Wirtschaft und Politik zusammen. So betrachtet ist ArchiSkulptur lediglich eine Randerscheinung im breiteren Kontext der schleichenden Assimilation und Neutralisierung der Kunst durch Design, Architektur und Lifestyle, das heisst durch die Welt des Konsums. Hal Foster etwa meint daher in seinem Buch *Design and Crime: and Other Diatribes* (2002) völlig zu Recht, es sei an der Zeit, Adolf Loos' Devise *Ornament und Verbrechen* von 1908 auf die Gegenwart zu beziehen und den Begriff »Ornament« durch »Design« zu ersetzen; zumal der Traum von der Einheit der Künste seit den Weltbeglückungsfeldzügen des Jugendstils und des Bauhauses weitgehend erfüllt oder aber, je nach Betrachterstandpunkt, gerade deshalb zum Albtraum geworden sei.

Das ist einer der Gründe, warum es heute wohl eminent produktiv wäre, sich die Geschichte der Opposition gegen ArchiSkulptur durch einige einflussreiche Ideologen der Moderne zu vergegenwärtigen, unter Berücksichtigung auch der Widersprüche, denen solche kritischen Positionen unterliegen: von Adolf Loos (»Nur ein ganz kleiner teil der architektur gehört der kunst an: das grabmal und das denkmal. Alles andere, alles, was einem zweck dient, ist aus dem reich der kunst auszuschliessen.«) über Hannes Meyer (»architektur = funktion x oekonomie«) bis hin zur Krise der künstlerischen Abstraktion als architektonischem Generalbass in der Postmoderne und dem Neohistorismus der achtziger Jahre. Schon die Behauptung einer konzeptuellen Nicht-Identität von Architektur und Skulptur kann in der heutigen Situation Sprengstoff verkörpern, genauso wie der Kanon der klassischen Kunsttradition selbst, auf den sich eine solche Behauptung stützt. Überhaupt, die Aktualität von Adolf Loos beziehungsweise von Karl Kraus (der hier zitiert sei): »Adolf Loos und ich, er wörtlich, ich sprachlich, haben nichts weiter getan als gezeigt, dass zwischen einer Urne und einem Nachttopf ein Unterschied ist und dass in diesem Unterschied erst die Kultur Spielraum hat. Die anderen aber, die Positiven, teilen sich in solche, die die Urne als Nachttopf und den Nachttopf als Urne gebrauchen.«

Zu zeigen wäre, inwiefern in der Arbeit gerade der interessantesten unter den Grenzgängern (von Le Corbusier bis Frank O. Gehry, von Max Bill bis Donald Judd, von Louis I. Kahn bis Gordon Matta-Clark oder Herzog & de Meuron) das Wissen um solche Unterschiede lebendig ist und inwiefern gerade die promiskuitiven Räusche der Belle Époque von heute den Blick darauf sowohl versperren als auch zwingend herausfordern.

Hans Hollein

Hans Hollein, geb. 1934, ist Architekt und Professor emeritus der Universität für angewandte Kunst in Wien.

Seit Mitte der fünfziger Jahre beschäftige ich mich schreibend, zeichnend, projektierend, dreidimensional gestaltend und bauend mit dem, was vielleicht mit dem Begriff »ArchiSkulptur« (den ich selbst nie gebraucht habe) gemeint ist.*

Es gibt keine Trennungslinie zwischen Skulptur (Plastik) und Architektur. Es gibt zweckfreie Architektur – absolute Architektur.

Rektangularität ist nicht gleichzusetzen mit Architektur, frei geformte, dreidimensionale Plastizität nicht mit Skulptur.
Architektur »nähert sich immer mehr der Kunst« (heisst es in der ersten Frage): Architektur ist Kunst! Rechteckig – nicht Kunst? Organisch, noneuklidisch, biomorph – Kunst?
Die Kivas (Sakralräume) der Puebloindianer sind kreisförmig, ihre Wohnbereiche rektangulär.

Architektur ist rituell, sakral, kultisch. Architektur ist ein Mittel zur Erhaltung der Körperwärme. Zwischen diesen beiden Polen positioniert sich Architektur.

ArchiSkulptur ist ein räumliches Phänomen. Architektur/Skulptur strahlt Raum aus. Der Space radiator – ein raumstrahlendes Gebilde.

Der Mensch macht Gebilde. Für das Überleben – »Survival during life and survival after life«.
Sind die Pyramiden Architektur oder Skulptur, zweckfreie Zeichen oder Container?
Ist ein Steinhaufen oder eine Grube Architektur oder Skulptur?

Der Mensch schafft Raum – tektonischen und nichttektonischen.
Der Mensch steht im Dialog mit der Natur. ArchiSkulptur kann gebaute, nutzbare »Landschaft« sein.
»Alles ist Architektur.«

*Vgl. auch meine Schriften *Plastic Space* (1960), *Zurück zur Architektur* (1962), *Architektur* (1963), *Zukunft der Architektur* (1965), *Alles ist Architektur* (1967) und *Neue Medien der Architektur* (1967) sowie die Abb.

Hans Hollein, *Architektur*, 1962

Hans Hollein, Grosse Struktur »Stadt«, 1960

Dirk Baecker

Dirk Baecker, geb. 1955, ist Professor für Soziologie an der Universität Witten/Herdecke und befasst sich mit Systemtheorie.

»Was ist ein Unterschied?«, lautet eine berühmt gewordene Frage von Gregory Bateson, dessen einhundertsten Geburtstag wir in diesem Jahr feiern. Ganz sicher sei ein Unterschied, so beantwortet er die Frage in seiner *Ökologie des Geistes* (1981) kein Ding und kein Ereignis. Unterschiede, so stellt Bateson schliesslich fest, gibt es nur in der Welt der Kommunikation, nicht in der Welt der Dinge. Wir finden sie auf der Karte, die wir von einem Territorium anfertigen, aber nicht in diesem Territorium selbst. Wir sind es, die eine Unterscheidung treffen. Und wir sind es, jetzt ganz anthropologisch gedacht, die dadurch einen Unterschied in der Welt machen, dass wir Unterschiede in ihr treffen.
Worin also besteht der Unterschied zwischen Architektur und Skulptur? Weder die Architektur noch die Skulptur sagen uns, worin sie sich voneinander unterscheiden. Im Gegenteil, sie unternehmen alles, wie dieser Katalog dokumentiert, um so

zu tun, als seien sie längst auf der anderen Seite der Unterscheidung. Die Architektur wird zur körperhaften Skulptur, die Skulptur zur begehbaren Architektur.

Was also verwirrt uns? Niemand von uns wird sich letztlich im Unklaren darüber sein, ob das, was er vor sich hat, Skulptur oder Architektur ist. Jeder von uns wird angesichts eines konkreten Beispiels immer genau wissen, welches intellektuelle und emotionale Vergnügen daraus zu gewinnen ist, eine Architektur als Skulptur zu betrachten und es sich in einer Skulptur bequem zu machen. Wir scheinen kategoriale Reserven zu haben, die uns keinen Moment darüber im Zweifel lassen, was wir vor uns haben, während wir es gleichzeitig geniessen, durch das Angebot einer Unentscheidbarkeit (Architektur oder Skulptur?) verwirrt zu werden? Die Verwirrung ist eine Verwirrung der Karte, nicht des Territoriums. Die Welt ist, was sie ist, aber die Unterschiede, die wir in ihr treffen, verlieren ihre Trennschärfe. Die Karte funktioniert nicht mehr. Die Gebäude und die Plastiken machen sich einen Spass daraus, uns vorzuführen, wie wenig wir uns noch auf unsere Karte verlassen können. Geradezu diebisch wird ihr Vergnügen, wenn sie merken, dass wir nicht auf die Idee kommen, unserer Karte zu misstrauen, sondern stattdessen lieber die wildesten Spekulationen darüber entwickeln, was sich im Territorium der Welt getan haben mag, seit die Architektur zur Skulptur und die Skulptur zur Architektur wird. Wir benehmen uns wie jener Tourist in Notre-Dame in Paris, der seiner Frau aus dem Baedeker vorliest und zwischendurch schnelle und misstrauische Blicke in die Kirche wirft, um festzustellen, ob dort auch zu finden ist, wovon er gerade liest.

Die Architektur und die Skulptur entziehen sich diesem schnellen und misstrauischen Blick. Sie bewaffnen sich mit Signalen, die den Kriterien der Karten, auf denen wir sie verzeichnet glauben, widersprechen. Sie zwingen uns, unsere Lektüre zu unterbrechen und hinzuschauen, umherzugehen und auszuprobieren, welche Karte geeignet sein könnte, um sich zurechtzufinden. Sie zwingen uns dafür, dem Territorium mit jenem Vertrauen zu begegnen, das zum Anlass neuer Karten werden kann.

Mit Bateson müsste man fordern, dass die neuen Karten auch verzeichnen, wer die Unterscheidungen trifft, die auf ihnen eingetragen sind. Jede Karte sollte ihren Kartografen verzeichnen, so wie die alten Landkarten den Weg markieren, auf dem die Abenteurer das auf ihnen verzeichnete Territorium erobert haben. Und darüber hinaus sollte man sich Gedanken darüber machen, wie man auf den Karten festhalten kann, dass es von demselben Territorium (das dann freilich nicht mehr dasselbe ist) auch andere Karten gibt.

Wenn wir auf diese Art und Weise festgehalten haben, dass unsere Irritation den Karten gilt und nicht dem Territorium, können wir uns mit den Ressourcen beschäftigen, dank derer wir trotz unserer Verwirrung im konkreten Fall jeweils wissen, ob wir es mit einer Architektur oder mit einer Skulptur zu tun haben.

Diese Ressourcen sind weder ontologischer noch kategorialer, sondern operativer Art. Bevor wir auch nur auf die Idee kommen zu fragen, womit wir es zu tun haben, bevor wir also auch nur einen Blick auf unsere Karten werfen, haben uns Architektur und Skulptur bereits zu bestimmten Bewegungen, Aktionen, Operationen eingeladen – oder auch gezwungen, je nach Temperament der Beurteilung. Diese Operationen spezifizieren jeweils, womit wir es zu tun haben. Sie »definieren« eine Praxis und ihre Pragmatik. Sie geben vor, was wir tun müssen, um in dem Territorium, in dem wir uns bewegen, eine Skulptur oder eine Architektur als das Ergebnis unseres Vollzugs der Operationen, zu denen sie uns einladen (oder zwingen), hervorzubringen. Architektur und Skulptur sind die Praxis, auf die wir uns mit ihnen einlassen. Und niemand bezweifelt, dass sich diese Praktiken unterscheiden, selbst wenn auch hier das raffinierte Spiel der Verwirrung längst eingesetzt hat. Aber hier wird die Verwirrung fruchtbar. Hier stelle ich fest, dass meine Praxis des Betrachtens Architektur als körperhafte Form zur Skulptur macht. Und hier stelle ich fest, dass mein wohnliches Einrichten in einer Skulptur diese zur Architektur macht. Dann jedoch lässt sich die Verwirrung leicht auflösen: Was ich betrachte, ist eine Skulptur; was ich bewohne, ist eine Architektur. Wir sollten über den Unterschied von Betrachten und Bewohnen streiten, nicht über den Unterschied von Skulptur und Architektur. Immerhin würden wir dann feststellen, dass wir kaum damit begonnen haben, Karten anzufertigen, auf denen das Territorium unserer Operationen zu studieren wäre. Wir leben in einer Welt der Substantive, mit denen wir uns die Dinge vom Leib halten, aber nicht in einer Welt der Verben, dank derer wir diese Welt erst zu der Welt machen, in der wir leben.

Aaron Betsky

Aaron Betsky, geb. 1958, ist Designer, Architekt und Direktor des Niederländischen Architektur-Instituts in Rotterdam.

1. Kunst & Architektur
Architektur ist nicht Kunst und Kunst nicht Architektur, auch wenn sich beide immer weiter anzunähern scheinen. Ich glaube, dies hat nichts mit dem aktuellen Zeitgeist oder einer gegenseitigen, unwiderstehlichen Anziehungskraft zu tun, sondern stellt eine Reaktion auf die traditionellen Aufgabenstellungen beider Sphären dar. Es ist durchaus vorstellbar, dass eine dritte, beide Bereiche zusammenführende Entwicklung in Gang kommt, für die uns noch der geeignete Begriff fehlt – eine Entwicklung, die den Anstoss dazu geben könnte, unsere Wirklichkeit neu zu gestalten.

2. Codes
Die Technologie, mit der wir die Welt in einen künstlichen Raum verwandeln, der uns als Kulisse für unsere menschliche Selbstverwirklichung dient, ist derart komplex geworden, dass die Unterscheidung zwischen »Realität« und »Nicht-Realität« zunehmend schwerer fällt. Zudem übersteigen die subtilen und der konkreten Wahrnehmung entzogenen Mittel der Manipulation unser Begriffsvermögen. Mehr und mehr wird unsere Welt von Codes strukturiert: von Computerprogrammen, gesetzlichen Bestimmungen, dem Baurecht, Sicherheitsvorschriften und Normen aller Art, die dazu dienen, mittels hoch abstrakter Beziehungskonstrukte die Wirklichkeit zu formen. Die Folge ist eine Entkopplung unserer alltäglichen Realitätserfahrung von den sie gestaltenden Mitteln, Materialien und Zielvorstellungen – ein Effekt, der von Anfang an in der Moderne angelegt war. Bauen aber bedeutet, Codes zu verändern, und ist somit mit dem Gestalten von Bildern, Formen und Räumen vergleichbar.

3. Gelungene Beispiele
Der kreative Prozess sowohl in der Architektur als auch in der Kunst zielt darauf ab, uns genau diesen Zusammenhang klar zu machen. Die gelungensten Beispiele aus beiden Bereichen operieren denn auch an der Schnittstelle zwischen einer überhöhten, nicht auf Fetischisierung, sondern auf Selbstbefragung ausgerichteten Abbildung des Realen einerseits und einem vollkommen abstrakten Zeichen für unsere durch Codes bestimmte artifizielle Wirklichkeit andererseits. Ein solches Werk vermittelt eine bleibende, wenn auch nichtaffirmative Vorstellung von Material, Ort und Raum. Zugleich eröffnet es den Zugang zum grenzenlos irrealen und leeren Reich der Codes.

4. Das Moment des Verschwindens
Architektur lenkt unsere Aufmerksamkeit auf den Prozess des Bauens, sie symbolisiert und organisiert diesen Prozess und bestimmt nicht zuletzt unsere Reaktionen darauf; Kunst ist jene kulturelle Aktivität, die durch den kreativen Umgang mit Form, Material, Symbolen und Raum unsere Wahrnehmung für die Welt schärft (um nur zwei willkürliche, in diesem Fall allerdings weniger willkürliche Definitionen zu benutzen). Wenn dem so ist, dann müssen sich Architektur und Kunst und ihr Umgang mit Codes aller Art zunehmend der Tatsache stellen, dass heutiges Bauen weniger mit dem Erstellen von einzelnen Gebäuden oder Artefakten zu tun hat als vielmehr mit der Manipulation von Ressourcen zur Transformierung unklar definierter Räume. Die Kunst wiederum wird, will sie auch weiterhin wahrgenommen werden, nicht umhin können, sich zunehmend mit den komplexen sozialen, ökonomischen und politischen Strukturen zu beschäftigen, die sich fortschreitend der Sichtbarkeit entziehen. Wo sich das Moment des Verschwindens bei der Errichtung von Gebäuden mit der zunehmenden Erosion von Machtstrukturen berührt, tut sich somit ein neues Betätigungsfeld auf: uns in unserer Welt durch Sinn stiftendes Handeln heimisch zu machen.

5. Der menschliche Bereich
Zweck der Sinnstiftung kann dabei nicht sein, längst Bekanntes noch einmal zu präsentieren oder ein leicht konsumierbares Spektakel in Szene zu setzen. Vielmehr wird dies durch Bauten, Bilder, Skulpturen oder andere künstlerische Aktivitäten ermöglicht, die immer dann am meisten beeindrucken, wenn sie in das unmittelbare Lebensumfeld der Menschen integriert sind. Gelingt dies, und sei es nur für einen Augenblick, wird die Wirklichkeit analytisch/symbolisch solcherart durchdrungen, dass eine andere Realität entsteht, eine Sphäre, in der sich unsere wahre Natur als menschliche Wesen offenbart.

Adolf Max Vogt

Adolf Max Vogt, geb. 1920, ist Professor emeritus für Geschichte und Architekturtheorie der ETH Zürich.

Architektur und Skulptur sind nicht einfach »Geschwister«, sondern auch Gegenpole mit markanter Differenz: Architektur ist zwar, ob sie es will oder nicht, Grossskulptur – aber eben ausgehöhlte Grossskulptur; ausgehöhlt, um Schutz vor Regen, Schnee oder Hitze zu bieten und damit Wohnen möglich zu machen.

Der junge Le Corbusier ertrug indessen gerade das Höhlenhafte überhaupt nicht. Ein feuchter Keller war für ihn ein Schrecknis und ein Gräuel. Also weg von der Bodenverankerung, hinauf ins Leichte, Durchsichtige, Klare, Trockene. Früh schon wollte er nicht nur das einzelne Haus, sondern ganze Quartiere auf Stelzen, auf Pfähle stellen. Tatsächlich beharrte Le Corbusier selbst darauf, schon 1915 – also mit 28 Jahren – jene Skizzen gezeichnet zu haben, die eine Stadt konsequent auf Pfähle stellen – die er »Ville-Pilotis« nannte.

Dieses Basis-Pfahlwerk unter den Wohnblöcken gibt dem Bahn- und Autoverkehr freien Raum. Wenn man weiss, dass der Schüler Le Corbusier die Entdeckung von urgeschichtlichen Pfahlbauten miterlebt hatte (der benachbarte Neuenburger See ist noch heute der See mit den häufigsten Pfahlbau-Stationen), dann kann man den Gedanken nicht ausschliessen, dass das »Pfahlbaufieber« an den Schweizer Seen während seiner Knabenzeit beträchtliche Auswirkungen auf seinen späteren schöpferischen Entwurf hatte. Definiert man die Künstlerexistenz als lebenslange Nähe zur eigenen Kindheit, dann erweist sich Le Corbusier als Musterbeispiel. Denn es gibt eine zweite Frühepisode, die ebenfalls lebenslange Folgen hatte: der Besuch des Fröbel-Kindergartens in La Chaux-de-Fonds. Der Deutsche Friedrich Fröbel hatte selbst Jahre in Yverdon (bei dem Pädagogen Johann Heinrich Pestalozzi) und später in Burgdorf in der Schweiz verbracht.

Man kann sich nicht genug über Fröbels pädagogische Elementarthese wundern, die besagt, dass das Kind im Vorschulalter mit nichts Geringerem als elementarer Geometrie, genauer Stereometrie, geschult werden müsse.

In seiner berühmten Zeichnung *La leçon de Rome* will Le Corbusier demonstrieren, dass jedes prominente Gebäude im alten Rom eindeutig Anteil an den fünf regulären Elementarkörpern von der Kugel bis zur Pyramide hat – anders gesagt, dass alle diese prominenten Gebäude ArchiSkulptur verkörpern, oder nochmals anders, dass ihre Geometrie jenen Elementarkörpern entspricht, die er im Fröbel-Kindergarten spielerisch handhaben lernte. Sollte man sich darauf einigen können, dass Le Corbusier und der etwas ältere Frank Lloyd Wright zu den bedeutendsten Architekten ihrer Epoche gehören, so wird man sich doch etwas Gedanken über die Tatsache machen mögen, dass beide einen Fröbel-Kindergarten besuchten, der eine in La Chaux-de-Fonds, der andere in Chicago. Offensichtlich verwirrte der sehr frühe Umgang mit Stereometrie die beiden Köpfe keineswegs, sondern klärte und stärkte sie in ihrem Anschauungsvermögen.

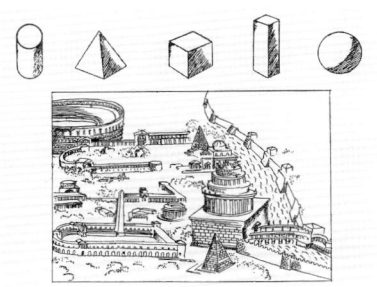

Le Corbusier, *La leçon de Rome*, aus: *L'Esprit nouveau*, 1921

Andreas Tönnesmann

Andreas Tönnesmann, geb. 1953, ist ordentlicher Professor für Kunst- und Architekturgeschichte an der ETH Zürich.

Skulptur und Architektur sind wie Nachbarn, die sich über den Gartenzaun hinweg mit Interesse beäugen. Was sie trennt, sind alte Gattungsdistanzen und -konkurrenzen, Erben des »paragone«, der die Kunstschriftsteller der Renaissance so ausgiebig beschäftigt hat. Aber immer wieder werden die Zäune auch eingerissen. Architekten versuchen sich im Entwurf von Skulpturen – Le Corbusier, Walter Gropius und Ludwig Mies van der Rohe gehören dazu. Häufiger sind Grenzüberschreitungen in umgekehrter Richtung. Fritz Wotruba etwa hat sich mit exemplarischem Anspruch als Architekt betätigt. Seine Dreifaltigkeitskirche in Mauer bei Wien, deren Vollendung er nicht mehr erlebt hat, ist Bildhauerarchitektur, wie man sie sich vorstellt: Das blockhafte Formprinzip und der expressive Gestus von Wotrubas Skulpturen kommen ungeschmälert auch im Bau zur Wirkung; mächtig getürmte Blöcke formen sich zu einem Körper, der bei aller Schwere beweglich und veränderbar erscheint. Auch wenn man es nicht wüsste: Man sieht, dass Wotruba den Bau wie seine kubischen Figuren im dreidimensionalen Modell entworfen hat, nicht in den abstrakten Medien von Grundriss und Schnitt.

Wohl nie gab es eine so enge Nachbarschaft, ja produktive Durchdringung von Skulptur und Architektur wie zu Beginn der Neuzeit. In Italien prägten Bildhauerarchitekten geradezu eine professionelle Spezies aus; Filippo Brunelleschi, Michelangelo Buonarroti und Gianlorenzo Bernini sind berühmte Beispiele. Einer architektonischen Kultur, die das plastische Ornament als tragendes Prinzip des Bauentwurfs so emphatisch wertete wie später nie mehr, galt die Hinwendung der Architektur zum Bildhauerischen als Garant für die Gewinnung höchster Qualitätsstandards am Bau. Aber gerade Brunelleschi und Michelangelo sind Beispiele dafür, dass Bildhauerarchitekten im Architekturentwurf keineswegs zwangsläufig »skulpturale« Ziele verfolgen müssen. Statt auf Analogie und Konvergenz der Gattungen hinzuarbeiten, konnten sie gerade aufgrund der kritischen Distanz zum Baumetier immer wieder auch neue Einsichten in genuin architektonische Probleme gewinnen. Welcher Zunftarchitekt hätte so grundsätzlich über die Angemessenheit von Funktion und Form nachgedacht wie Brunelleschi beim Entwurf des Findelhauses, welcher Baufachmann die Widersprüche zwischen Statik und tektonischem Schein, die sich aus der Formpraxis der Renaissance scheinbar unausweichlich ergeben hatten, so schonungslos offen gelegt wie Michelangelo im Vestibül der Biblioteca Laurenziana?

Ein Künstler, der sich als moderner Bildhauer (ohne ihn mit diesem Etikett erschöpfend charakterisieren zu wollen) diesen Aussenstandpunkt, diesen distanzierten Blick auf die Architektur wieder zu Eigen gemacht hat, war Max Bill. Dem Credo des »art concret« verschrieben, sah er die Lösung gestalterischer Aufgaben nur aus deren eigenen Mitteln gerechtfertigt. Architektur konnte für ihn somit nie Skulptur werden. Das Ergebnis seiner Reflexion über den Raumbegriff, über die Methodik des materialgebundenen Entwurfs waren Bauten von einer Klarheit und Spezifik der Form – man denke an die Ulmer Hochschule für Gestaltung –, die jedem Klischee von »Bildhauerarchitektur« radikal widersprechen. Im Gegenteil: Kaum ein Architekt der fünfziger Jahre hat nüchterner gebaut als Max Bill, kaum einer war imstande, das unverlierbar Authentische der Architektur deutlicher zu formulieren, die Grenzen zwischen den ureigenen Terrains der Künste energischer zu ziehen als gerade dieser bauende Bildhauer. Max Bill als Sachwalter eines Erfahrungshaushalts wieder zu entdecken, der seine Ursprünge in der Bildhauerarchitektur der Renaissance hat, wäre auch im Hinblick auf die Zukunft eine lohnende Herausforderung.

Raimund Stecker

Raimund Stecker, geb. 1957, ist Direktor des Arp Museums im Bahnhof Rolandseck in Remagen.

Die Freiheitsstatue – aussen skulptural, innen ArchiSkulptur pur. Das Besondere an ihr: Sie ist aussen zu sehen und innen zu besteigen. Deutlich wird an und in der Liberty, dass innen und aussen in einem Nichtverhältnis zueinander stehen. Das Innere scheint »nur« Konstruktion zu sein für das Aussen. Der äusseren Bildhaut galt offensichtlich das vornehmliche bildhauerische Interesse.

Der durch El Lissitzkys *Prounenraum* (1923), Theo van Doesburgs, Hans Arps und Sophie Taeuber-Arps

Aubette (1928) und Kurt Schwitters' *Merz-Bau* (1943 zerstört) prominent am Konstruktiven sensibilisierte Betrachter erkennt dann aber schnell den eigentlichen ästhetischen Wert der Freiheitsstatue: das architektonische Innen.

Es erweist sich zwar in erster Linie als konstruktive Bedingung für das skulpturale Aussen, es hält aber vor allem ein viel komplexer Wahrzunehmendes vor als das Äussere – eben das ArchiSkulpturale. Gleich einer konstruktivistischen Skulptur zeigt sich das Innere, gleichsam Eiffels Pariser Turmrealität und Tatlins Utopien vereinend.

Mir fällt unter konstruktivistischen Aspekten in der Architektur vor allem Fritz Wotrubas 1976 geweihte Kirche Zur Heiligsten Dreifaltigkeit bei Wien ein, wo aussen und innen nicht so auseinander fallen. Denn hier gibt es ein korrespondierendes skulpturales Denken sowohl für das Innen wie für das Aussen. Und mir fällt in der Kunst vor allem Bruce Naumans *Floating Room: Lit from Inside* (1972) ein, wo beide Komponenten ähnlich in eins fallen – wenn auch in reinerer Form.

Nicht aber sollen dadurch die möglichen konstruktivistischen Folgen als abgeschlossen gelten, die El Lissitzky, van Doesburg, Arp, Taeuber-Arp, Schwitters und andere initiierten. Seien es Maria Nordmans Lichträume, Joseph Beuys' *hinter dem Knochen wird gezählt – Schmerzraum* (1983), Imi Knoebels *Heerstraße 16* (1984), Wolfgang Robbes Beitrag zu der Ausstellung *Chambres d'ami* (1986), Bethan Huws' Raumdoppelung (1988), Sery C.s Projekt *Ein Kongress der Räume* (seit 1989), Hans-Dirk Hotzels minimale Raumveränderungen, der Palermo-Richter-Raum, Reinhard Muchas *Deutschlandgerät* (1990), das nun in K21 in Düsseldorf zu sehen ist, oder Gregor Schneiders schaudern lassende Räume... Alle suchen sie den Betrachter zu umfangen, ihn in eine Situation, in ein Um zu ziehen.

So bleibt es zwei dekonstruktivistisch agierenden Künstlern überlassen, innen und aussen skulptural (architektonisch unternimmt dies durchaus Gerhard Merz) gleich zu werten: Gordon Matta-Clark und Serge Spitzer. Mit Eingriffen in Architekturen schuf Matta-Clark vierdimensional (die Betrachterzeit ist hinzuzurechnen) ganzheitliche Archi-Skulpturen (vor allem das Antwerpener *Office Baroque*) genauso wie Spitzer, dessen innen bisweilen statisch irritierende Installationen von aussen betrachtet, gleichsam hinter die Kulissen gestellt, zwar gegengewichtet scheinen, sich aber dann nach einer Vergewisserung statischer Bedingungen doch nicht konstruktiv outen. In vielen Werken von Matta-Clark und Spitzer sind innen und aussen, Architektonisches und Skulpturales so gleichwertig, dass sie die gegebenen Innen-Aussen-Differenzen von Skulptur und Architektur aufheben, dass angesichts ihrer begrifflich nur noch – und, wie ich meine, so signifikant wie nur möglich – von ArchiSkulpturen zu sprechen ist.

Andreas Ruby

Andreas Ruby, geb. 1966, arbeitet in Köln als Architekturkritiker und -theoretiker.

Die Architektur ist die zeitgenössische Form der »Drop-Sculpture«. Mit diesem Begriff bezeichnete man in den siebziger Jahren eine Form der Freiraumskulptur, die von Stadtverwaltungen auf Plätzen und in Fussgängerzonen auf- oder vielmehr abgestellt wurde, um dem öffentlichen Raum eine stärkere Identität zu verleihen. Wichtige Kriterien für die Auswahl dieser urbanen Totems waren eine gewisse Grösse, um im Freiraum nicht unterzugehen, eine leichte Lesbarkeit, um die allgemeine Öffentlichkeit nicht zu sehr zu verschrecken, sowie eine möglichst hohe ikonische Wirkung, um auch als Postkartenmotiv gut zu wirken. Mit dem konkreten räumlichen Kontext, in dem sie aufgestellt wurden, hatten die Werke dagegen oft nur wenig zu tun. Vielmehr wirkten sie häufig, als seien sie direkt von der Stange des Kunstbetriebs. Das tut dem Funktionieren des Deals jedoch keinen Abbruch: Die Stadt bietet das Schaufenster, die Kunst ist die Auslage.

Die »Signature Buildings« der zeitgenössischen Architektur übertragen dieses Modell vom öffentlichen Raum auf die Stadt als Ganzes. Um sich im globalen Städtewettbewerb behaupten zu können, müssen sich Städte heute global positionieren und ein Image aufbauen, das weltweit wieder erkennbar ist. Die Architektur ist dafür zu einem entscheidenden Vehikel geworden. Rissen sich städtische Kulturdezernenten früher darum, einen Alexander Calder, Pablo Picasso oder Eduardo Chillida zu akquirieren, arbeiten Stadtmarketingmanager heute eher daran, einen Frank O. Gehry, Herzog & de Meuron oder Rem Koolhaas unter Vertrag zu nehmen. Wo das »Drop-Building« in der Stadt letzlich abgeworfen wird, entscheidet sich ähnlich wie bei seinem skulpturalen Vorläufer nach dem Kriterium der maximalen Sichtbarkeit. Die mangelnde »Site-Specificity« (Ortsbezogenheit), die Kritiker der »Drop-Sculpture« in den siebziger Jahren vorwarfen, ist auch in der Architektur die Bedingung für ihre Wirksamkeit. Je mehr sich das Objekt von seinem Kontext absetzt, umso stärker kann es dessen Identität kannibalisieren. So war die Entscheidung der Guggenheim Foundation, ausgerechnet die vom Strukturabbau geschüttelte Industriestadt Bilbao mit einem Museum zu bestücken, alles andere als von Altruismus bestimmt. Vielmehr bot die relative »Profillosigkeit« der Stadt die Möglichkeit, ihren Namen mit Guggenheims Markenidentität zu füllen. Und wieder handelt es sich um eine »win-win-situation«: Die Stadt stärkt ihre Tourismusbranche, die Architekur ihre Massenwirkung. Was ihr dabei möglicherweise abhanden kommt, ist ihre Fähigkeit, kulturelle Mehrwerte zu schaffen, die nicht direkt wieder vom Markt absorbiert werden, sondern stattdessen gesellschaftliche Beziehungen initiieren. Falls die Architektur eines fernen Tages ihrer Götzen überdrüssig werden und ihre momentan fast verschwundene Dimension als gesellschaftlicher Generator wieder entdecken sollte, könnte sie sich durchaus wieder von der Skulptur inspirieren lassen – und zwar von der Sozialen Plastik von Joseph Beuys.

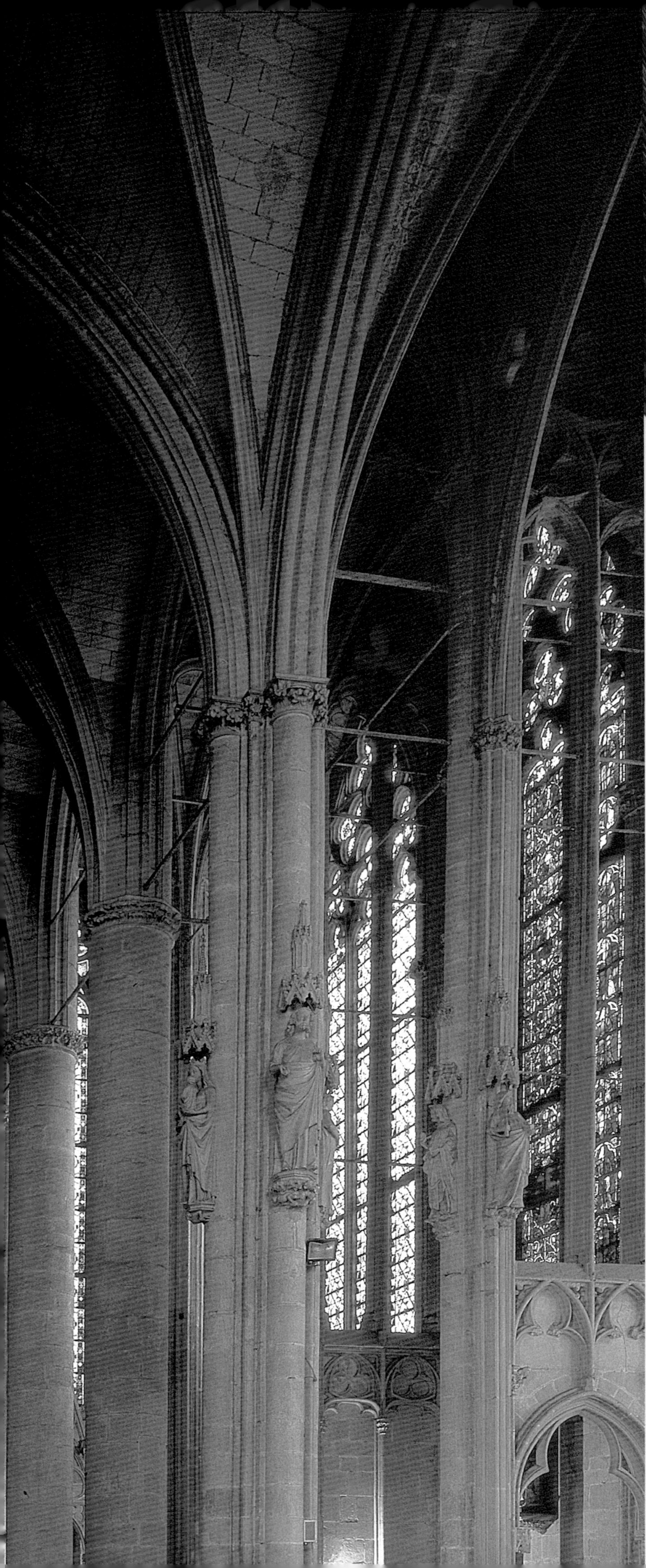
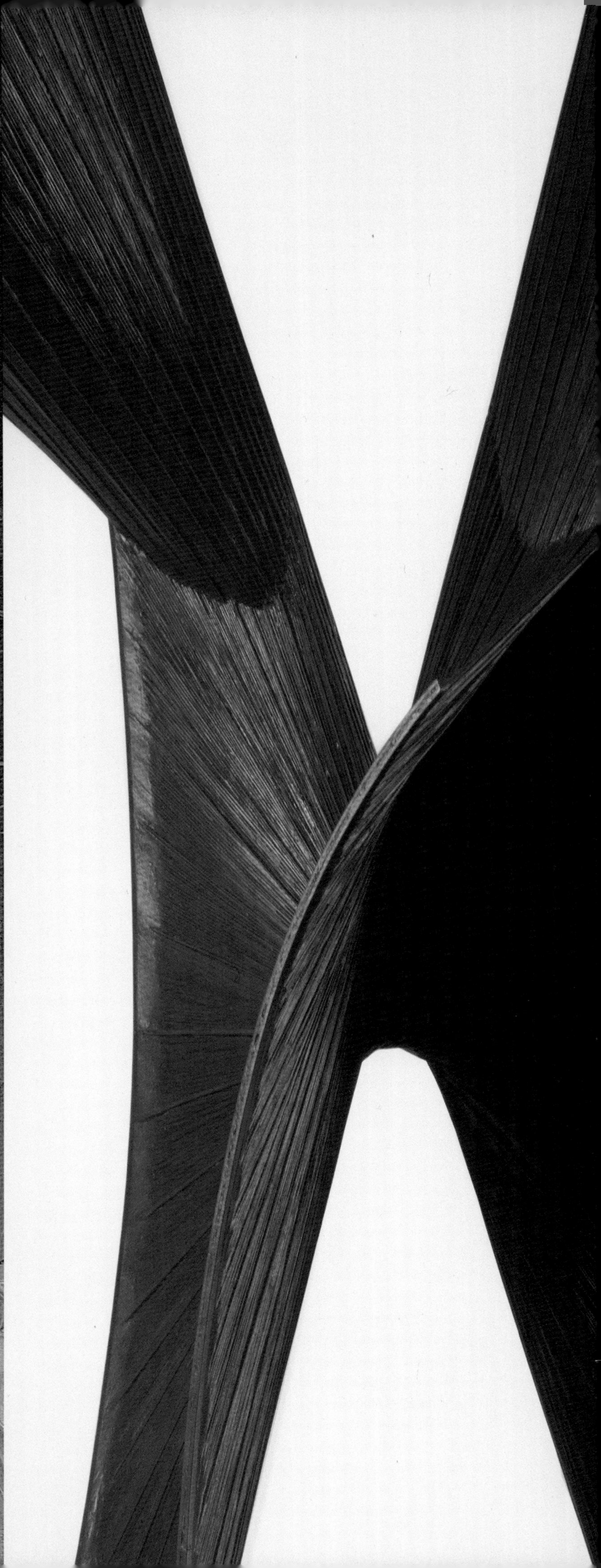

Die Ausstellung in 10 Kapiteln

1. Die Vorgeschichte

A) Klassik: von Boullée bis Malewitsch • Parthenon • Etienne-Louis Boullée • Philipp Hackert • Friedrich Gilly • Aristide Maillol • Adolf Loos • Josef Hoffmann • Kasimir Malewitsch und Oswald Mathias Ungers • Gerhard Merz
B) Gotik: von Reims bis Tatlin • Kathedrale von Reims • Hendrik van Cleve III • Gustave Eiffel • Auguste Rodin • Robert Delaunay • El Lissitzky • Antoine Pevsner • Wladimir G. Schuchow • Wladimir Tatlin und Frank O. Gehry
C) Barock: von Borromini bis Matisse • Francesco Borromini • Antoni Gaudí • Hermann Obrist • Henri Matisse

2. Der Sieg über den Massstab: »Architektur ist Skulptur« (Brancusi) • Constantin Brancusi • Umberto Boccioni • Jacques Lipchitz • World Trade Center • Renzo Piano • Norman Foster

3. Die Eroberung des Raumes 1910–1930: Kubismus – De Stijl – Bauhaus • Paul Cézanne • Pablo Picasso • Georges Braque • Paul Klee • Naum Gabo • Alexander Archipenko • Jacques Lipchitz • Ludwig Mies van der Rohe • Wilhelm Lehmbruck • Wladislaw M. Strzeminski • George Grosz • Fernand Léger • Georges Vantongerloo • Piet Mondrian • Theo van Doesburg • Gerrit Thomas Rietveld • Frank Lloyd Wright und Jeff Wall

4. Die Entdeckung des Plastischen 1910–1930: Expressionismus in der Architektur • Rudolf Belling • Bruno Taut • Hans Poelzig • Hermann Finsterlin • Erich Mendelsohn • Oskar Schlemmer • Fernand Léger und Zaha Hadid

5. Sprache – Seele – Raum: Rudolf Steiner und Ludwig Wittgenstein • Rudolf Steiner • Ludwig Wittgenstein und Raymond Duchamp-Villon • Joseph Beuys • Sol LeWitt • Bernhard Leitner

6. Architektur will Skulptur werden – Skulptur will Architektur werden 1950–1960 • Le Corbusier • Henry Moore • Frank Lloyd Wright • Hans Arp • Friedrich Kiesler • André Bloc • Fritz Wotruba • Louis I. Kahn • Konstantin S. Melnikow • Max Bill • Eduardo Chillida und Mario Botta • Steven Holl

7. Die Skulptur als Weg und Platz: Vom Denkmal zur Installation • Reinhold Begas • Alberto Giacometti • Giorgio de Chirico • Dan Graham • Carl Andre

8. Minimal Architecture und die Liebe zur Box 1970–2000 • Donald Judd • Herzog & de Meuron • René Magritte • Josef Albers • Diener & Diener • Peter Zumthor • Walter De Maria • Michael Heizer • Per Kirkeby • Bruce Nauman

9. Die Stadt will Skulptur werden 1960–1970: Urbane Utopien und informelle Megaplastik • Yona Friedman • Hans Hollein • Zoltan Kemeny • Jean Dubuffet • Constant • Arata Isozaki • Walter Jonas • Günther Domenig & Eilfried Huth • Constantin Brancusi • Coop Himmelb(l)au • Jean-Louis Chanéac • Pascal Häusermann • Gordon Matta-Clark • Thomas Struth

10. Blob und Box und der programmierte Raum: Das 21. Jahrhundert • Jean Nouvel • Thomas Schütte • Thomas Demand • Simon Ungers • UN Studio • Greg Lynn • Salvador Dalí • Joan Miró • Hans Arp • Henry Moore • Tony Cragg • Peter Kogler

Kürzel in den Bilderläuterungen: *MB: Markus Brüderlin; RHH: Renate Heidt Heller; JK: Jann Kern; VW: Viola Weigel*

Der folgende Katalogteil enthält neben Abbildungen ausgestellter Werke zur Dokumentation des Themas auch zahlreiche Vergleichsabbildungen. Die ausgestellten Arbeiten sind mit »Kat.« und der fortlaufenden Nummer in der Werkliste bezeichnet, die dem Katalogteil folgt.

Etienne-Louis Boullée, *Kenotaph Isaac Newtons*, 1784, Äusseres bei Nacht, Bibliothèque nationale de France, Paris

1. Die Vorgeschichte Markus Brüderlin

Die wechselseitige Beeinflussung von Architektur und Skulptur wird dort besonders deutlich, wo sich auf der einen Seite die Plastik vom Figürlichen löst und in geometrischen Volumenblöcken aufbaut, sowie dort, wo sich auf der anderen Seite die Architektur vom Schmuck der Säulenordung befreit und als autonomer, stereometrischer Körper dasteht. Dies war in der modernen Plastik bei Kasimir Malewitschs (1878–1935) aus weissen Würfeln und Kuben zusammengesetzten Architektona um 1920 der Fall (Abb. S. 65 u.; Kat 129, S. 67). In der Baukunst entwarfen die französischen Revolutionsarchitekten Etienne-Louis Boullée (1728–1799) und Claude-Nicolas Ledoux (1736–1806) Ende des 18. Jahrhunderts utopische Bauwerke aus elementaren Formen mit glatten, unverzierten Wänden. Boullée, von dem nur ganz wenige Entwürfe realisiert wurden, ersann 1784 zu Ehren des grossen Physikers Isaac Newton ein Kenotaph mit einer mehr als 150 Meter hohen Hohlkugel, deren sprechende Elementarität nicht nur als Prototyp autonomer Architektur, sondern auch als Urform der modernen ArchiSkulptur bezeichnet werden kann (Kat. 17, S. 62 o.).

Der »dreidimensionale Suprematismus«, den Malewitsch zusammen mit dem ausgebildeten Architekten El Lissitzky im revolutionären Moskau entwickelte, blieb nicht folgenlos, und die Architektona stehen am Anfang einer fruchtbaren Geschichte der »geometrischen ArchiSkulptur«. Sie reicht von Wladislaw M. Strzeminski (1893–1952) über

Etienne-Louis Boullée, *Kenotaph Isaac Newtons*, 1784, Inneres mit Nachteffekt und Sternenhimmel, Bibliothèque nationale de France, Paris

Constantin Brancusi (1876–1957) und Georges Vantongerloo (1886–1965) bis zu Gerhard Merz (geb. 1947), aber auch bis zur Skyscraper-Architektur unserer Tage, die sich unverwechselbar immer mehr dem Skulpturalen nähert. Wir denken in diesem Zusammenhang beispielsweise an die klotzartig in den Himmel ragenden Twin Towers des World Trade Centers in New York (Abb. S. 85), die seit dem 11. September 2001 ebenso Utopie geworden sind, wie es die Leergräber von Boullée oder die weiss strahlenden Architektona von Malewitsch von Beginn an waren.

»Anfangsmodelle«? – das ist trotz des sozialrevolutionären Pathos des Neuanfangs, mit dem die Russen einer neuen Gesellschaft eine neue Ästhetik schenken wollten, nicht ganz richtig, denn auch die Architektona behaupten sich nicht voraussetzungslos in der Geschichte der (Archi)Skulptur, sondern haben eine Vorgeschichte mit zahlreichen Vorbildern, die die 140-jährige Lücke bis zu den geistesverwandten Ahnen der Revolutionsarchitektur, nämlich Boullée und Ledoux, schliessen und so eine klassizistische Tradition der kubischen Abstraktion bilden. Dazu gehören die aus seiner Griechenland-Verehrung schon um 1790 hervorgegangenen formstrengen Denkmalentwürfe von Friedrich Gilly (1772–1800), deren klare geometrische Formensprache mehr im 20. Jahrhundert verankert zu sein scheint als im dekorativen Klassizismus ihrer Entstehungszeit. Rund hundert Jahre später nahm der Wiener Jugendstil, seines Reduktionismus wegen spöttisch »Quadratlstil« genannt, in Architektur und Kunstgewerbe vieles vorweg, was erst mit Jacques Lipchitz' (1891–1973) Kubismus und Malewitschs Suprematismus die Höhe der autonomen Skulptur erreichen sollte. Der Ornamentstürmer Adolf Loos (1870–1933) wurde in seinen Villenbauten mit den nackten Aussenfassaden und behaglich ausgekleideten Innenräumen als Revolutionär des neuen Bauens wahrgenommen. In Wirklichkeit wurde er aber mehr vom österreichischen Biedermeier-Klassizismus inspiriert, der um 1815 seinen geometrischen Formwillen am radikalsten in der Gestaltung von Zuckerdose und Kerzenleuchter ausformulierte. Das mag überraschend klingen, aber was das »Kunstlabor Wien«

zwischen 1800 und 1910 an universellen und ästhetischen Ideen ausbrütete, muss heute als eigenständiger Beitrag zur Moderne gewertet werden (vgl. Brüderlin 2003, S. 336 ff.).

Gemeinhin setzt man die Stunde Null für die moderne abstrakte Plastik in dem Moment an, als der gemalte Kubismus sich anschickte, das Tafelbild zu verlassen, also mit Picassos *Guitare* von 1912 (siehe Kapitel 3). Gerade das Beispiel des dreidimensionalen Suprematismus zeigt, dass es sinnvoll ist, die Formenlehre der modernen Skulptur rückwärts über die Grenze der Moderne hinaus in die Geschichte der Baukunst zurückzuverfolgen und Verwandtschaften aufzuspüren, die den bisherigen Blick auf die Entwicklung der modernen Skulptur verändern oder zumindest relativieren. Das hat für die Architektur in den dreissiger Jahren schon Emil Kaufmann mit seinem Epoche machenden Buch *Von Ledoux bis Le Corbusier. Ursprung und Entwicklung der autonomen Architektur* getan. Wir wollen diesen Ansatz für die Skulptur aufgreifen, ihn aber über die Geburt des Stereometrischen hinaus ausdehnen auf andere stilgeschichtliche Abteilungen wie die Klassik, den Barock, die Gotik, aber auch die Romanik und Archaik (siehe Schema). Über diese in die Architekturgeschichte zurückverfolgten Ankerwürfe gelangen wir zu einer der Hauptthesen dieses Projektes: Die moderne Skulptur besitzt, unter dem Vorzeichen des Architektonischen betrachtet, noch ganz andere Quellen als nur den Kubismus und seine Verräumlichung in den zehner Jahren. Die sich linear in den Raum schraubende *Serpentine* (1909) von Henri Matisse (1869–1954) wird jenseits der tektonischen Körperballungen Aristide Maillols (1861–1944) und jenseits der impressionistischen Zergliederung des Körpers bei Auguste Rodin (1840–1917) immer wieder als eigenständiger Weg zur Eroberung des Raumes durch die lineare Plastik zitiert, der über Alexander Calder (1898–1976), Alberto Giacometti (1901–1966) und Eduardo Chillida (19240–2002) bis zu Norbert Kricke (1922–1984) reicht. Das Element der arabesken Linea serpentinata, die den ganzen Körper erfasst, verbindet diese Inkunabel der modernen Plastik aber auch umgekehrt über den Jugendstil eines Antoni Gaudí (1852–1926) und Hermann Obrist (1862–1927) mit den barocken Erfindungen eines Francesco Borromini (1599–1667) (siehe Abschnitt C). Der russische Konstruktivismus kann retroavantgardistisch betrachtet auch als moderne Ausdeutung der Gotik und der Gotikrezeption des 19. Jahrhunderts beschrieben werden. Das konstruktive Stabwerk, mit dem Wladimir Tatlin (1885–1953) in seinem Modell des *Denkmals der III. Internationale* 1919/20 einem revolutionären, kosmischen Weltbild Ewigkeit verleihen wollte (Abb. S. 74 u. r.), gleicht dem Masswerk einer gotischen Kathedrale, das im 19. Jahrhundert durch die bautechnische Revolution der Eisenkonstruktion tatsächlich für die Moderne zweck- und stiltüchtig gemacht wurde (siehe Abschnitt B). Als direkter Nachfahre des gotischen Konstruktivismus wäre in unseren Tagen Santiago Calatrava (geb. 1951) zu nennen (Abb. S. 77 o.), während Frank O. Gehry (geb. 1929) mit seinen wild ineinander gefügten Gebäudefragmenten ein gebrochenes, das heisst »dekonstruktives« Verhältnis zu diesem historischen Erbe unterhält (Kat. 57, S. 79 u.). Mit Constantin Brancusi wird das Archaische und Romanische, denken wir an das Castel del Monte (1240–1250) in Apulien, in die Moderne übersetzt und archiskulptural ausgedeutet (Abb. S. 88 u., 89). Im Grenzgebiet zwischen Architektur und Skulptur bildete er einen eigenen »Kontinent«, weswegen wir in einem gesonderten Kapitel auf ihn zu sprechen kommen werden (siehe Kapitel 2).

Wenn wir moderne plastische Konzepte mit Klassik, Romanik, Gotik und Barock in Verbindung bringen, so meinen wir weniger Stile, sondern, wie Werner Hofmann es in seinem Essay formuliert, »idealtypische Metaphern«, die über ihre historische Bindung an eine Epoche hinaus formale aber auch konzeptionelle Grundprinzipien bereitstellen, die das weite Feld des ArchiSkulpturalen im 20. Jahrhundert zu gliedern helfen. Wilhelm Worringers theoretischer Grundkonstellation von *Abstraktion und Einfühlung* (1907) durchaus folgend, bilden die Klassik mit ihrem »mathematischen Baukastenprinzip« und die Gotik mit ihren konstruktiven, aber auch naturhaften Formen die beiden Eckpfeiler, zwischen denen sich die Mischformen der ArchiSkulptur bewegen.

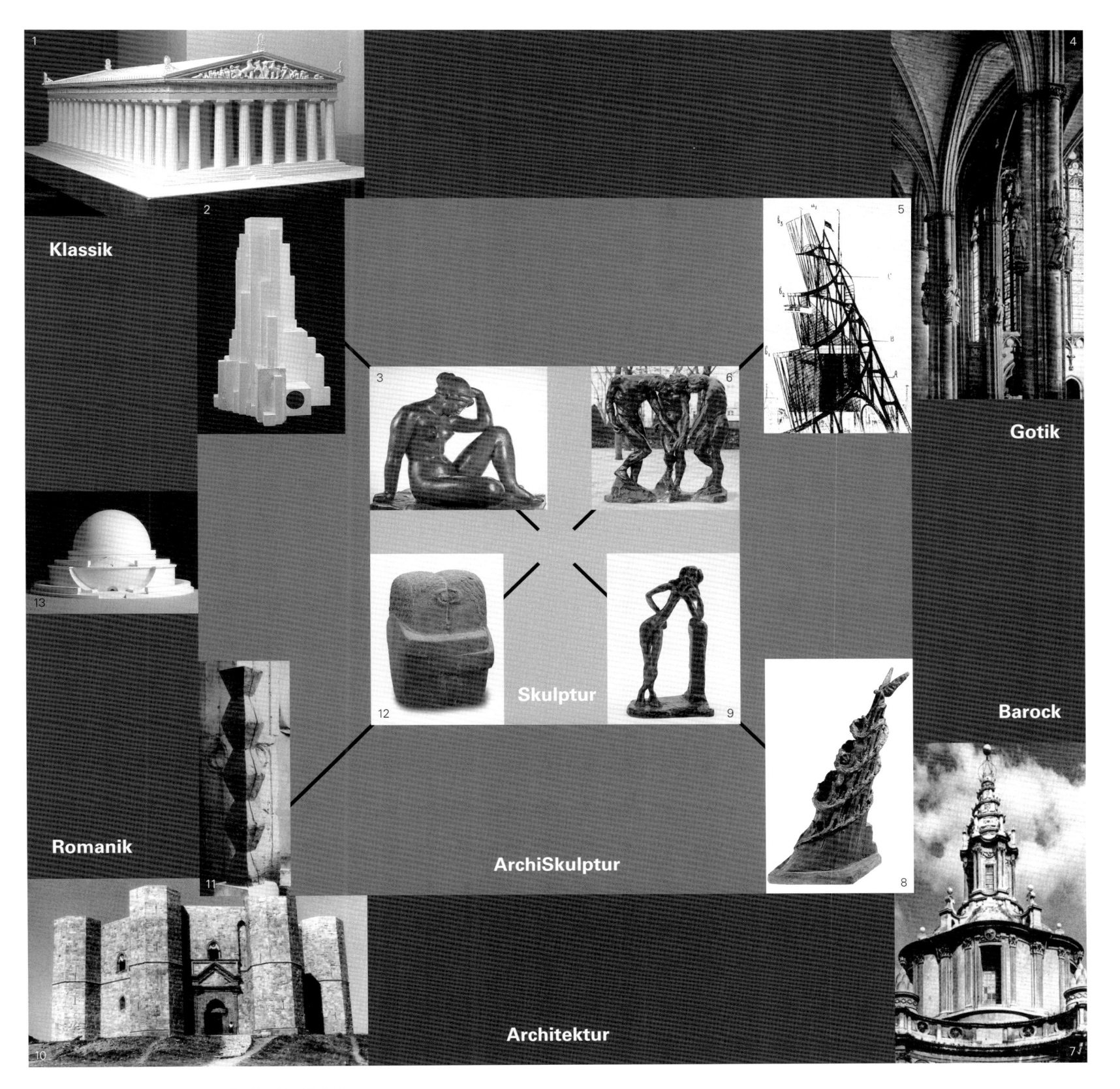

1 Iktinos, Parthenon, Athen, 447–438 v. Chr., Modell, 1994
2 Kasimir Malewitsch, Architekton *Gota*, 1923, Version 1926
3 Aristide Maillol, *La Méditerranée*, um 1902–1905
4 Kathedrale Saint-Nazaire in Carcassonne, 1269–um 1330
5 Wladimir Tatlin, *Denkmal der III. Internationale*, Entwurf, 1919/20
6 Auguste Rodin, *Les trois ombres*, 1889–1902
7 Francesco Borromini, Sant' Ivo della Sapienza, Rom, 1642–1660
8 Hermann Obrist, Entwurf zu einem Denkmal, 1898–1900
9 Henri Matisse, *La serpentine*, 1909
10 Castel del Monte, Apulien, 1240–1250
11 Constantin Brancusi, *La colonne sans fin*, 1918
12 Constantin Brancusi, *Le baiser*, 1923–1925
13 Etienne-Louis Boullée, Kenotaph Isaac Newtons, 1784, Modell, 2002

60

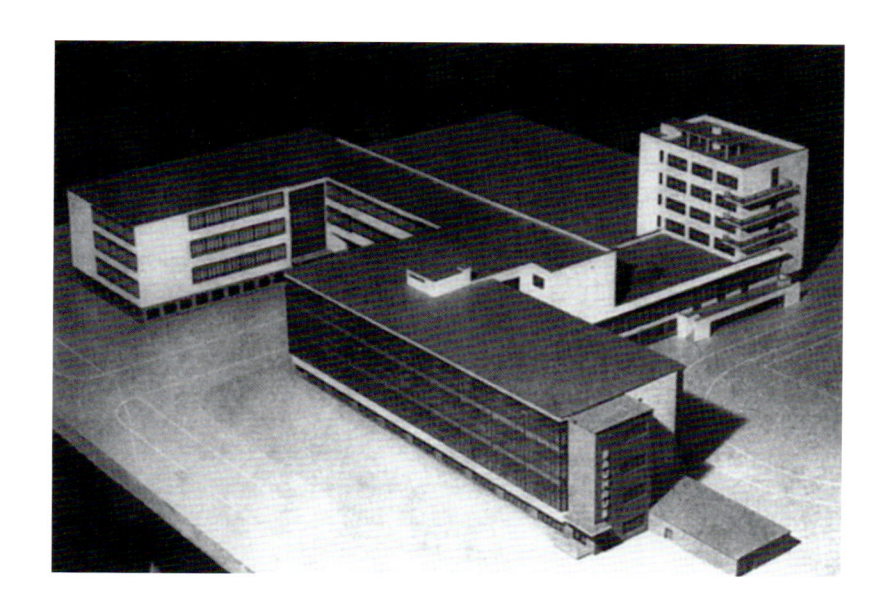

A) Klassik: von Boullée bis Malewitsch

Die beiden grossen Wächterfiguren am Weg zur modernen Skulptur, der mediterrane Aristide Maillol mit seinen tektonisch geschlossenen Körperballungen und der nordische Auguste Rodin (Abb. S. 70) mit seinem dramatisch offenen Formgeäst reihen sich idealtypisch in die Zweiteilung von Antike und Gotik ein. Maillols figurative Skulpturen vergegenwärtigen, dass Gebäude wie der griechische Tempel immer auch als Körper »einzufühlen« sind, eine Wahrnehmung, die im Klassizismus des 18. Jahrhunderts und bei den französischen Revolutionsarchitekten Etienne-Louis Boullée und Claude-Nicolas Ledoux, die das Stilkleid der Säulen und Giebel vom Baukörper entfernten, radikalisiert wurde. Diese Anwendung der »Theorie des Körpers« in Verbindung mit der »Wirkungsästhetik« soll übrigens die Quelle für die emotionale Eventwirkung des gegenwärtigen Architainments sein (vgl. Sewing 2004, S. 12). Umgekehrt suchte Maillol in der Plastik immer nach der Architektur und ihrem Raum: »Die Skulptur bedeutet soviel wie Architektur, Gleichgewicht der Materie. [...] Dabei gehe ich immer von einer geometrischen Figur aus. Quadrate, Raute oder Dreieck, weil diese Figuren am besten im Raum wirken.« (Aristide Maillol, zit. nach Leinz 1999, S. 9) *MB*

‹ Kat. 83 Iktinos, Parthenon, Athen, 447–438 v. Chr.,
 Modell im Massstab 1:50, 1994, Alabastergips, 45 x 68,1 x 145,5 cm,
 Modellbau: Werkstatt Prof. O.M. Ungers, Privatsammlung, Köln

└ Walter Gropius, Bauhaus Dessau, 1925/26, Modell (Rekonstruktion)

˅ Kat. 125 Aristide Maillol, *La Méditerranée,* um 1902–1905, Bronzeguss, 1961,
 110 x 77,5 x 113 cm, Museum Boijmans Van Beuningen, Rotterdam

62

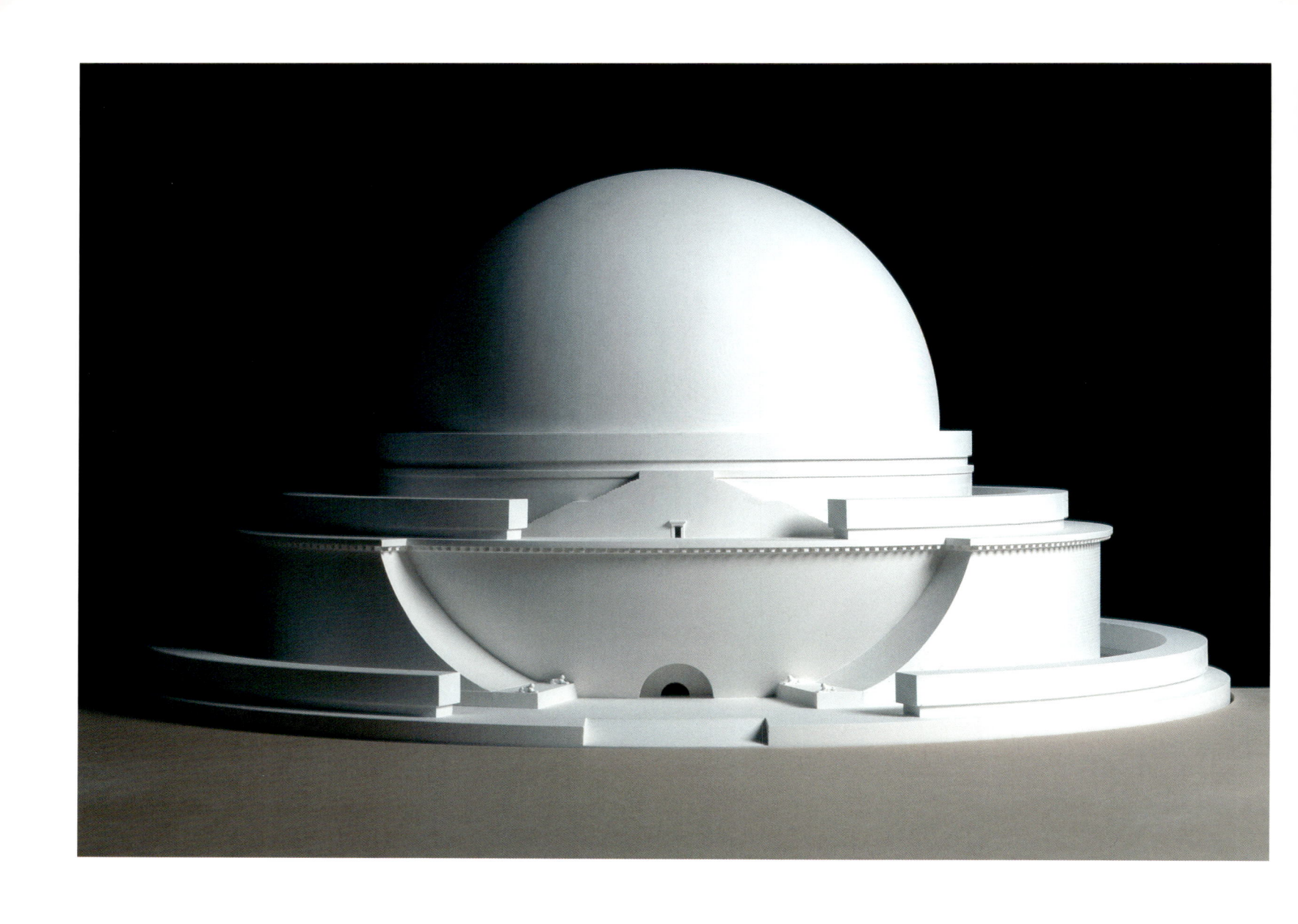

Die Bedeutung von Etienne-Louis Boullées Newton-Kenotaph für die Formensprache der modernen Architektur ist bekannt: Er befreite das Gebäude vom Säulenkleid der vitruvianischen Dekoration und liess den Baukörper in der autonomen Nacktheit der reinen Stereometrie erstrahlen. Seine prototypische Rolle für die ArchiSkulptur haben wir durch den Vergleich mit Kasimir Malewitschs suprematistischen Architektona hervorgehoben. Die Gegenüberstellung des aufrecht stehenden Architektons *Gota* mit einer Ruinenlandschaft aus dem 18. Jahrhundert legt noch eine andere Quelle nahe: die Geburt der ArchiSkulptur aus dem Geiste der Ruinenromantik. Tatsächlich macht der natürliche Zerfallsprozess des Gebäudes aus der antiken Architektur eine Skulptur, und zwar in dem Stadium, in dem das Gebäude in eine Ruine übergeht. Das ist bei Gemälden von Hubert Robert oder wie hier bei Philipp Hackerts Landschaftsvedute, in der die Überreste von antiken Tempeln wie Skulpturen aufragen, gut nachvollziehbar.

Nun sind Malewitschs suprematistische Architektona keine rudimentären Formen, sondern verweisen in ihrer Zweckfreiheit und in ihrem konstruktiven Charakter auf eine sozial-ästhetische Utopie. Dennoch mag der historische Dialog mit der Typologie des Leergrabes (Kenotaph) und der Ruine etwas über das inhaltliche Schicksal von utopischen Entwürfen aussagen. *MB*

< Kat. 17 Etienne-Louis Boullée, Kenotaph Isaac Newtons, 1784, Modell im Massstab 1:400 auf der Basis von Zeichnungen hergestellt, 2002, Alabastergips, H: 42 cm, Ø 84 cm, Modellbau: Werkstatt Prof. O.M. Ungers, Privatsammlung, Köln

ʟ Kat. 67 Friedrich Gilly, Pyramidenentwurf, 1791, Modell im Massstab 1:50, Holz, 49,5 x 67,5 x 67,5 cm, Universität Potsdam

> Kat. 129 Kasimir Malewitsch, Architekton *Gota*, 1923, Version 1926, Gips, 85,3 x 56 x 52,5 cm, Staatliches Russisches Museum, Sankt Petersburg

ᵥ Kat. 70 Philipp Hackert, *Antike Ruinen in weitem Flusstal*, 18./19. Jh., Öl auf Leinwand, 56,5 x 80,5 cm, Öffentliche Kunstsammlung Basel, Kunstmuseum, Prof. Rud. Handmann-Horner-Stiftung 1941

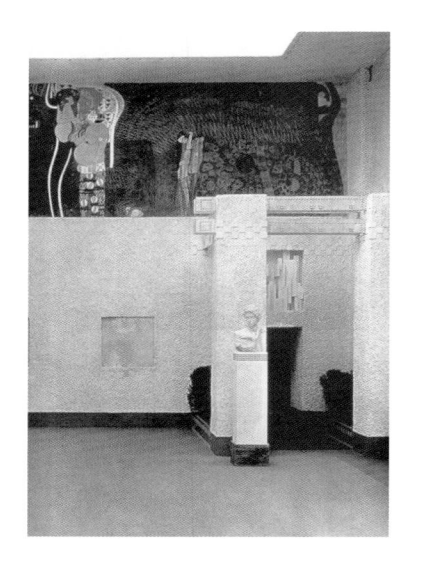

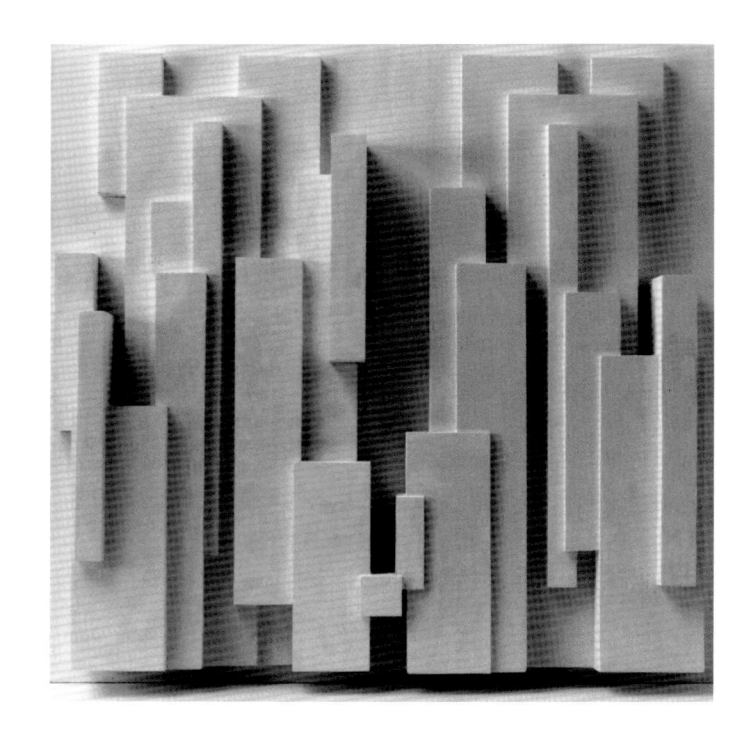

Was sind die Architektona von Kasimir Malewitsch, wenn nicht praktische Architekturmodelle? »Universale[r] Ausdruck von Proportionsgesetzen« (Carola Giedion-Welcker 1955, S. 149) oder Modell einer sozial-ästhetischen Utopie, in der Kunst und Leben verschmelzen? Für Friedrich Teja Bach ist »Malewitschs skulpturaler Suprematismus [...] ein Elementarismus des Architektonischen, ein Versuch, die Buchstaben des architektonischen Textes freizulegen« (siehe den Essay von Bach in dieser Publikation). In diese Richtung geht auch Thomas Zaunschirms Interpretation des rund zwanzig Jahre früher entstandenen

⌐ Kat. 78 Josef Hoffmann, *Sopra la porta*, Relief für die
  14. Ausstellung der Secession, Wien 1902, Entwurf, 1902
  Rekonstruktion von Willi Kopf, 1985, Weichholz,
  weiss gestrichen, 94 x 96 x 15 cm, Sammlung Hummel, Wien
‹ Blick in die 14. Ausstellung der Wiener Secession, 1902,
  mit dem Relief von Josef Hoffmann
└ Josef Hoffmann, Palais Stoclet, Brüssel, 1905–1911
∧ Kat. 127 Kasimir Malewitsch, *Suprematistische Komposition*,
  um 1915/16, Öl auf Leinwand, 49,5 x 44,7 cm,
  Wilhelm-Hack-Museum, Ludwigshafen am Rhein
∨ Kasimir Malewitsch, Architekton *Alpha*, 1920,
  Modell (Rekonstruktion), 2001, Modellbau: Yichun He,
  Leitung: Martin Hechinger, Institut für Darstellen und
  Gestalten 1, Universität Stuttgart

Sopra la porta-Reliefs, das der Wiener Gestalter Josef Hoffmann 1902 in eine Wand unterhalb von Gustav Klimts *Beethovenfries* anlässlich der 14. Ausstellung der Wiener Secession einliess: Dieses Relief sei, so Zaunschirm (1986, S. 468), »Stenogramm und Konzentrat architektonischen Denkens«, das im Spannungsfeld zwischen dem freien Experiment mit reinen Formen und dem Zwang zur dekorativen Sachlichkeit des neuen modernen Stils entstanden ist. Frappierend ist auch die Ähnlichkeit zwischen der kubischen Konzeption von Hoffmanns Palais Stoclet in Brüssel und dem Architekton *Alpha* von Malewitsch. Das Stereometrisch-Kubische in den Werken der Wiener Secession verdankt sich – neben Einflüssen der schottischen Mackintosh-Schule – dem österreichischen Biedermeier-Klassizismus und dem »romantischen Historismus«. Hinzu kommt die Wiener Vorliebe für Massstabssprünge, die bewirkt, dass Gebäude oft wie vergrösserte Schmuckkästchen aussehen oder das Innenleben von Villen wie verkleinerte Städte (Frank 1931). *MB*

Beim folgenden Vergleich von Kasimir Malewitschs gestuftem Architekton *Gota* mit Adolf Loos' Terrassenvilla Haus Müller in Prag (1928–1930) geht es nicht primär um die Verwandtschaft der stereometrischen Kompositionen, sondern um die entgegengesetzten Raumkonzeptionen. Malewitschs emporwachsendes Architekton empfängt – gleich den gigantischen Visionen der französischen Revolutionsarchitektur (Boullée) – seine Bedeutung aus dem Verhältnis von Kosmos und irdischem Willen, die Schwerkraft zu überwinden. Adolf Loos geht umgekehrt vom Inneren aus, von den individuellen Bedürfnissen der Bewohner. Die Räume werden je nach Zweck auch in der Höhe abgestimmt und bilden so einen komplex verschachtelten Organismus, der sich nach aussen in der verwinkelten Kubatur abbildet. Das Haus Müller gilt als eine der reifsten Realisierungen des so genannten »Raumplans«.

Loos gelingt es hier, »äußeres Erscheinungsbild und komplexe Innenräumlichkeit in vollkommene Übereinstimmung zu bringen« (Kurrent 1997, S. 208). Neben der Vorstellung vom Haus als verkleinerter Stadt (Frank 1931) entsprechen Loos' Villen immer auch vergrösserten Gehäusen des eigenen Leibes, den man selbst bewohnt. Sie gewinnen nicht nur eine intime psychische Innenweltlichkeit, sondern auch eine skulptural anthropomorphe Körperlichkeit. *MB*

⌐ Kat. 126 Aristide Maillol, *Femme accroupie,* 1908/1930, Marmor, 23 x 16 x 24 cm, Hamburger Kunsthalle, Dauerleihgabe der Stiftung zur Förderung der Hamburgischen Kunstsammlungen

< Kat. 118 Adolf Loos, Villa Müller, Prag, 1928–1930, Modell im Massstab 1:33⅓, Holz, ca. 61,5 x 97,5 x 73,5 cm, Architekturmuseum der Technischen Universität München

^ Josef Hoffmann, *Eisform,* 1903, MAK, Wien

> Kat. 129 Kasimir Malewitsch, Architekton *Gota,* 1923, Version 1926, Gips, 85,3 x 56 x 52,5 cm, Staatliches Russisches Museum, Sankt Petersburg

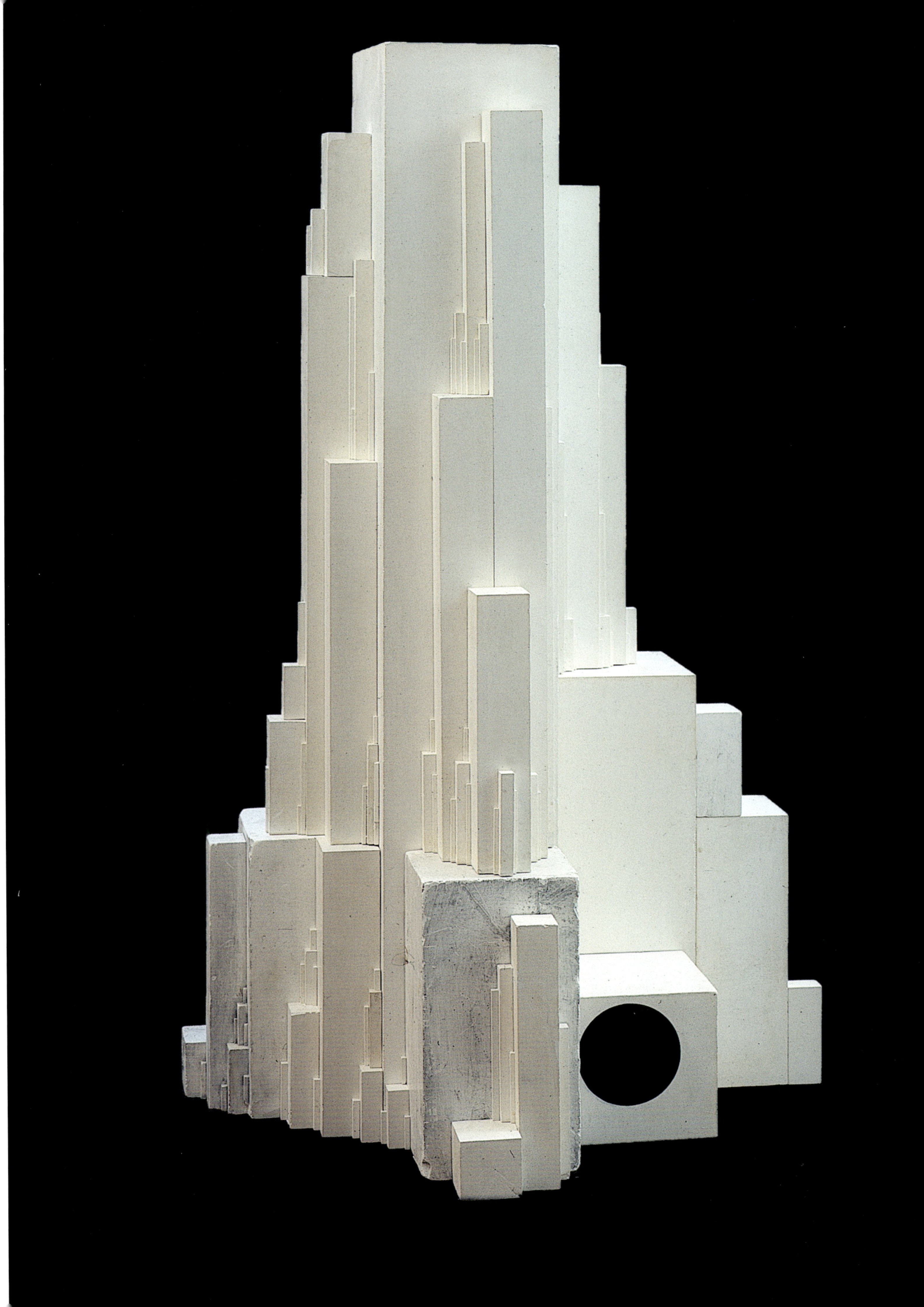

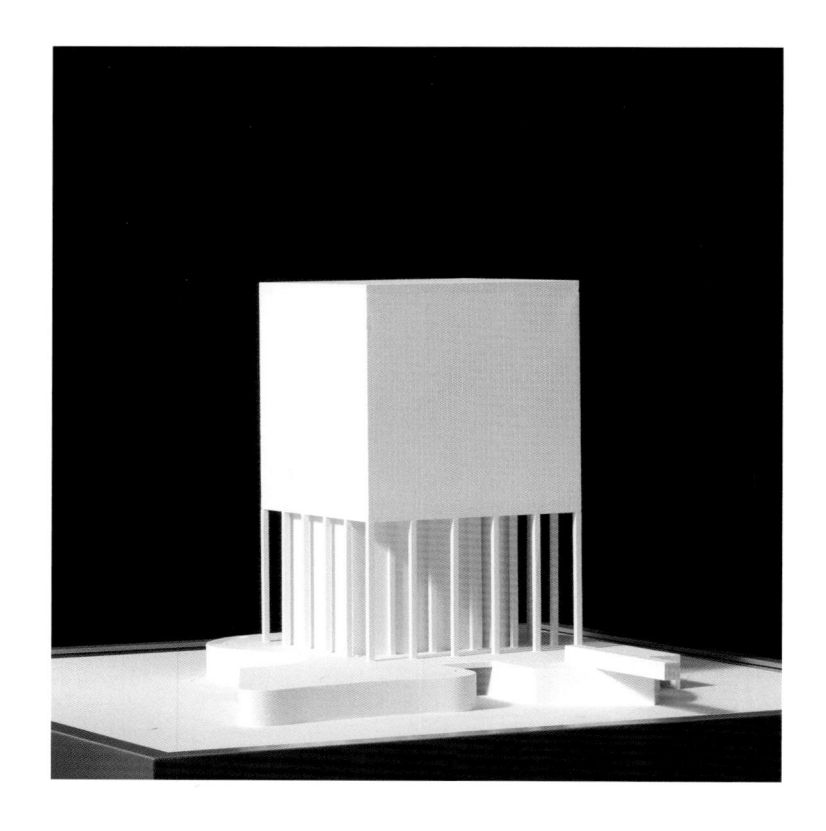

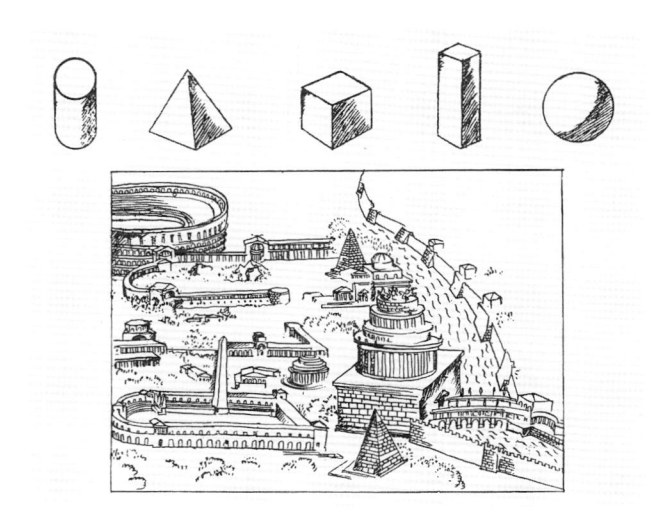

⌃ Kat. 175 Oswald Mathias Ungers, Hochhaus am Landtag, Projekt, Düsseldorf, 1991, Modell im Massstab 1:200, Alabastergips, H: 31,9 cm, Modellbau: Werkstatt Prof. O. M. Ungers, Privatsammlung, Köln

⌐ Le Corbusier, *La leçon de Rome,* aus: *L'Esprit nouveau,* 1921

⌐ Gerhard Merz, Venedig, 1997, Modell des Deutschen Pavillons für die Biennale von Venedig, 1997, im Besitz des Künstlers

› Gerhard Merz, »Die Nacht ist fortgeschritten, der Tag nähert sich...«, Deutscher Pavillon auf der Biennale von Venedig, 1997

Oswald Mathias Ungers' Entwurf für ein Hochhaus beim Düsseldorfer Landtag, der mit der idealen Grundform des Würfels arbeitet, ist eine der konsequentesten Weiterführungen von Etienne-Louis Boullées kugelförmigem Newton-Kenotaph und wie dieser ein visionärer Plan geblieben. Die Vollkommenheit und Absolutheit des geometrischen Körpers sind dazu geeignet, Architektur als ein geistiges Produkt, als eine Form des »Philosophierens im Raum« zu begreifen. Für Gerhard Merz ist Leere der angemessene Zustand, um die Reinheit und Wahrheit der Kunst zu vergegenwärtigen. Anlässlich der Biennale in Venedig 1997 baute er in den Deutschen Pavillon einen vollkommen leeren Raum ein, der »nichts außer der ihm eigenen Klarheit« (Inboden 1997, S. 5) ins Werk setzte. Dazu entstand eine Skulptur aus Edelstahl, die das Negativvolumen dieses Raumes in verkleinertem Massstab wiedergab. Die Leere des Raumes wurde in eine Vollplastik »umgegossen«, um am Körper die Erfahrung der »Anordnungsnotwendigkeit« (Merz) greifbar zu machen. Für die Ausstellung in Riehen konzipierte Merz einen Raum, der mit rund 600 Leuchtstoffröhren ausgestattet ist. Daneben befinden sich das Gipsmodell zu Boullées Kenotaph und der Querschnitt, der das dunkle Innere des Leergrabes zeigt (Abb. S. 57). Das Clair-obscur der Aufklärung verbrennt gleichsam im kalten, agnostischen Licht der elektrischen Beleuchtung. *MB*

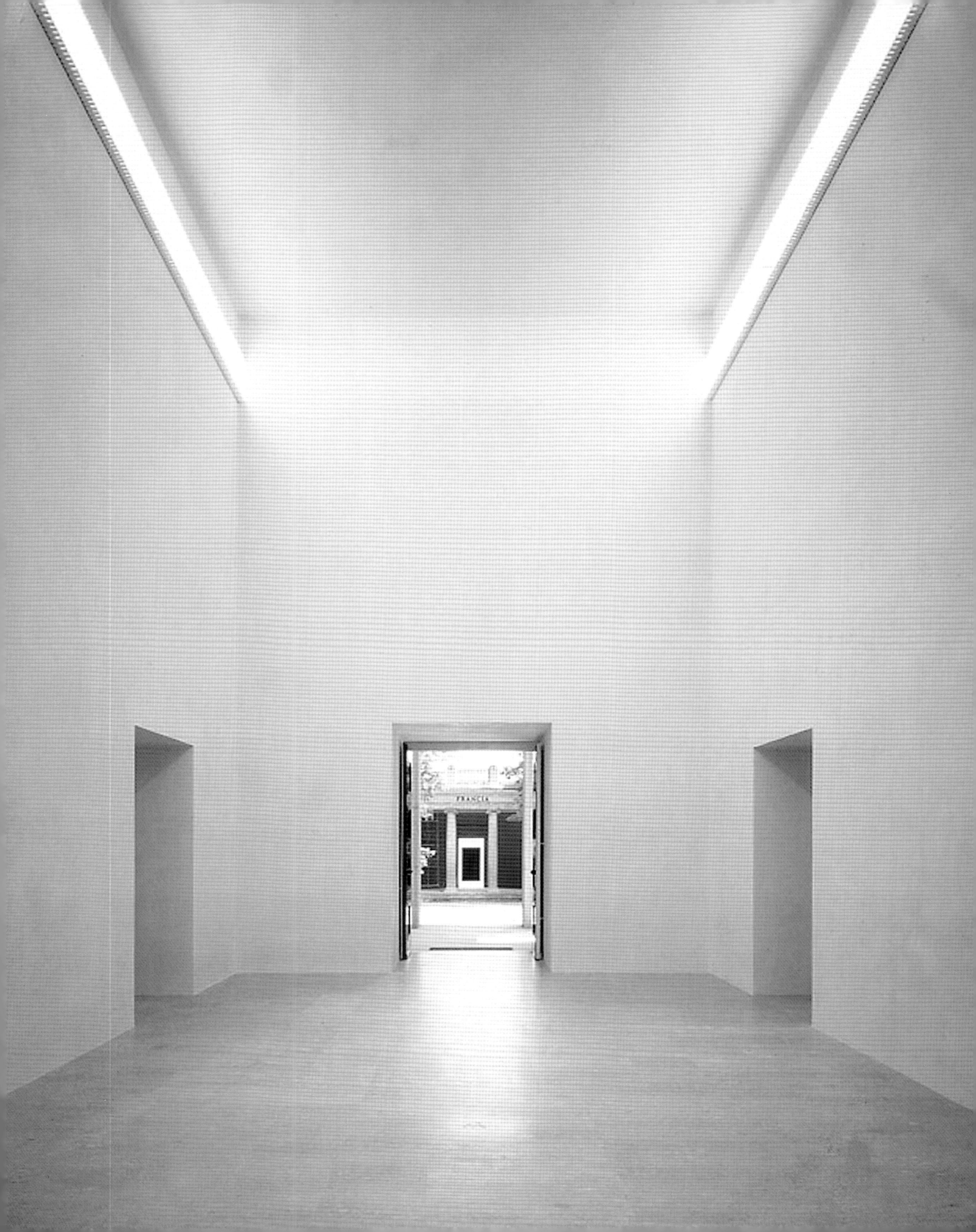
FRANCIA

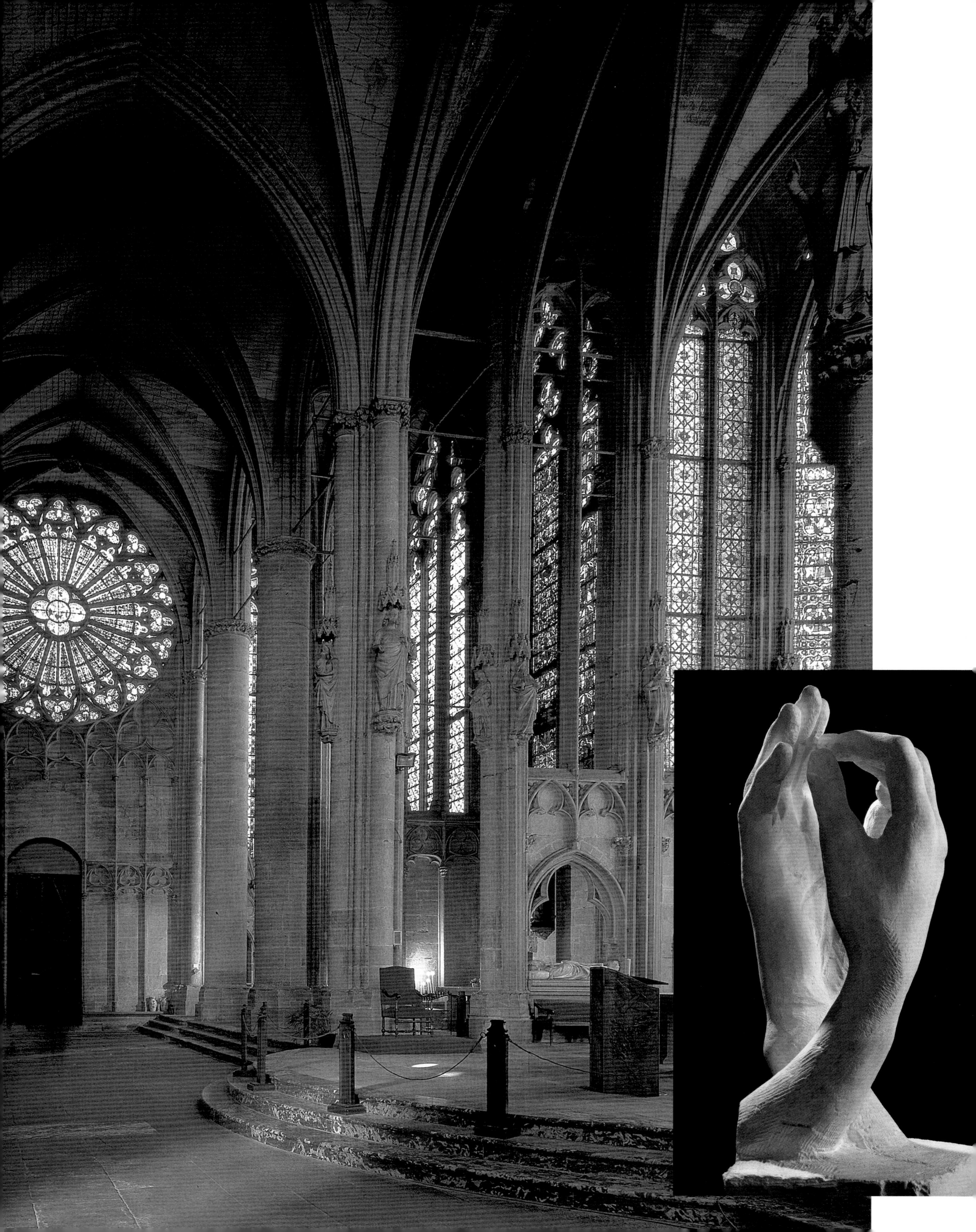

B) Gotik: von Reims bis Tatlin

Ab den zwanziger Jahren des 20. Jahrhunderts schuf Antoine Pevsner völlig neuartige abstrakte Plastiken, die sich von der durch Masse bestimmten traditionellen Skulptur lösen. In seinen Skulpturen werden die Volumina durch einen von Linien und Flächen umgrenzten Raum geprägt.

Bei *La colonne développable de la victoire* (1946) handelt es sich um eine Art Gerüst, das mit einer von Kraftlinien überzogenen Membran bespannt ist. Durch diese Kraftlinien gewinnt die Skulptur an Dynamik: Wie Strahlen weisen sie in den umgebenden Raum, über die eigentliche Skulptur hinaus. Mit ihren mehrfach gefalteten Membranen wirkt die Arbeit wie ein eingefrorener Moment einer dynamischen Entwicklung, wobei die scheinbar fehlende Massstäblichkeit eine immer weitere Auffaltung bis in kosmische Dimensionen denkbar macht.

Ähnliche Auflösungstendenzen der massiven Form kann man auch an der Architektur des 12. Jahrhunderts beobachten. Ihr gelang es, mittels der Entmaterialisierung der Wände durch schlanke Strebewerke einen grosszügigen, erhabenen Raumeindruck zu erzielen. Wie die Kraftlinien auf Pevsners Skulpturen lassen die feingliedrig geschwungenen Strebepfeiler und -bögen die Kraftflüsse sichtbar werden.

In dieser aufwärtsstrebenden Architektur bekam der mittelalterliche Mensch eine Vorahnung vom ewigen Leben im Himmel. Die sich nach oben verjüngenden Glieder einer gotischen Kathedrale scheinen sich geradewegs ins Unendliche zu verlängern. Im Gegensatz zur gotischen Kathedrale gibt es bei Pevsner jedoch kein Innen und Aussen mehr, beides geht ineinander über. Freier Raum und Materie bestehen gleichwertig nebeneinander. *JK*

‹ Kathedrale Saint-Nazaire in Carcassonne,
 Blick ins Querhaus von Südwest, 1269 – um 1330
└ Auguste Rodin, *La cathédrale*, 1908, Musée Rodin, Paris / Meudon
› Kat. 151 Antoine Pevsner, *Colonne développable de la victoire*,
 1946, erste Fassung, Messing, 104 x 79 x 67 cm, Kunsthaus Zürich

Skulptur ist die Kunst der Buckel und Löcher, die Kunst, die Formen im Spiel von Licht und Schatten darzustellen. *Auguste Rodin*

Hat Aristide Maillol die Standfestigkeit der klassischen Körpertektonik für die Moderne neu definiert, so steht Auguste Rodin, der mit dem Zeichenblock unter dem Arm zahlreiche Kathedralen in Frankreich bereiste, für die impressionistische Auflösung des geschlossenen Körpers. Damit verlieh er dem gotischen Raumgefühl und der gotischen Durchdringung von innen und aussen skulpturalen Ausdruck. Die einander zugeneigten *Les trois ombres*, die seine berühmte architektonische Schöpfung der *Porte de l'enfer* bekrönen, formen einen gegliederten Innenraum, der demjenigen gleicht, den Rippengewölbe in gotischen Kathedralen aussparen.
Mit der Erfindung der Eisenkonstruktion im 19. Jahrhundert erlebte die Gotik eine grosse Renaissance (Eisengotik).
Anders als die Deutschen, die die Gotik romantisch verklärten, nutzten die Franzosen, allen voran das Allroundgenie Eugène Emmanuel Viollet-le-Duc, die Rationalität der Skelettbauweise als Vorform des modernen Funktionalismus. Viollet-le-Duc proklamierte 1872 einen eigenständigen neuen Stil, der die konservative Gotik mit der progressiven Eisenfachwerkkonstruktion der neuen Bauten in Chicago verbinden sollte.
MB

⌐ zu Kat. 158 Auguste Rodin, *La porte de l'enfer* (dritter Entwurf), 1880, Musée Rodin, Paris/Meudon

∧ Auguste Rodin, *Les trois ombres,* 1889–1902, Musée Rodin, Paris/Meudon

‹ Eugène Emmanuel Viollet-le-Duc, Saal mit Gewölberippen, 1864, aus: *Entretiens sur l'architecture,* 1863–1872

⌄ Kat. 156 Gaucher de Reims, Jean d'Orbais, Jean Le Loup, Bernard de Soisons, Kathedrale von Reims, 1211–1300, Modell, Pappmaché, 55 × 100 × 30 cm, Collection de la Société des Amis du Vieux Reims, Musée Hôtel Le Vergeur, Reims

› Kat. 40 Robert Delaunay, *Saint-Séverin Nr. 1,* 1909, Öl auf Leinwand, 116 × 81 cm, Privatbesitz

Zitat: Auguste Rodin, zit. nach Trier 1984, S. 83

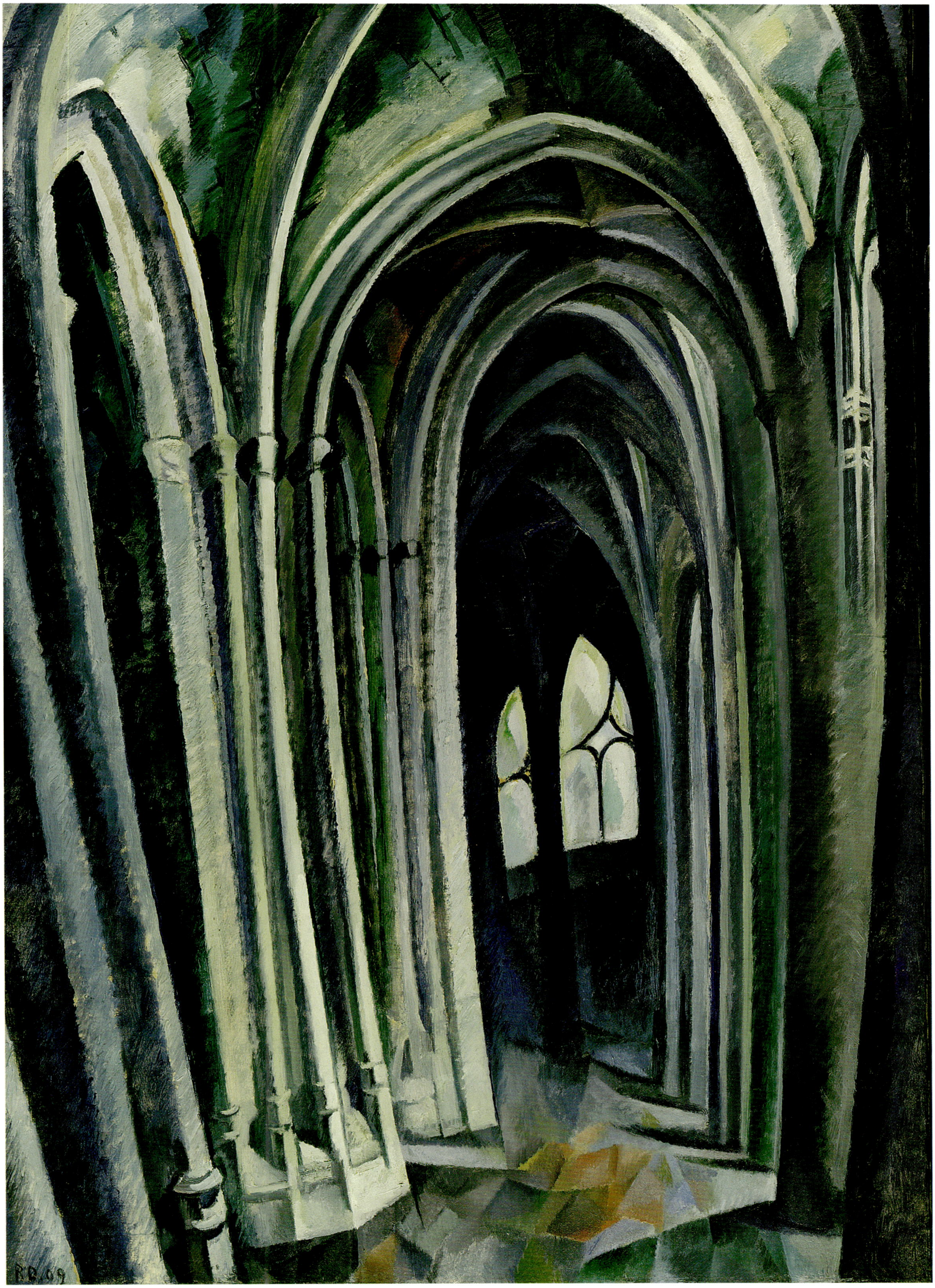

Die gotische Kathedrale, der Eiffelturm und der Radioturm von Wladimir G. Schuchow folgen demselben konstruktiven Prinzip: Mittels der »Skelettbauweise« gelingt es ihnen, trotz reduziertem Materialeinsatz imposante Ausmasse zu erreichen. Die Konstruktion wird bis auf ein statisches Minimum ausgedünnt.

Während die Menschen im Mittelalter durch Versuch und Irrtum zum gotischen Strebebogen kamen, wurden die Türme von Gustave Eiffel und Wladimir G. Schuchow auf der Grundlage mathematischer Berechnungen gebaut. Sie können in ihrer Konstruktion noch schlanker als die steinernen Kathedralen ausfallen, da sie aus Metall sind, einem Werkstoff, der auch auf Zug belastet werden kann. Der Turm von Schuchow war 1919 ursprünglich 350 Meter hoch geplant und hätte damit den Eiffelturm von 1889 überragt. Aufgrund ihrer formalen Ähnlichkeit mit den Konstruktionsprinzipien der Gotik spricht man bei den kühnen Eisenkonstruktionen der Jahrhundertwende auch von »Eisengotik«.

Die Kathedralen wurden im Mittelalter als Abbild des »himmlischen Jerusalem« geplant. Die in schwindelnde Höhe aufwärts strebenden Formen schienen einen Kontakt zu himmlischen Sphären zu garantieren.

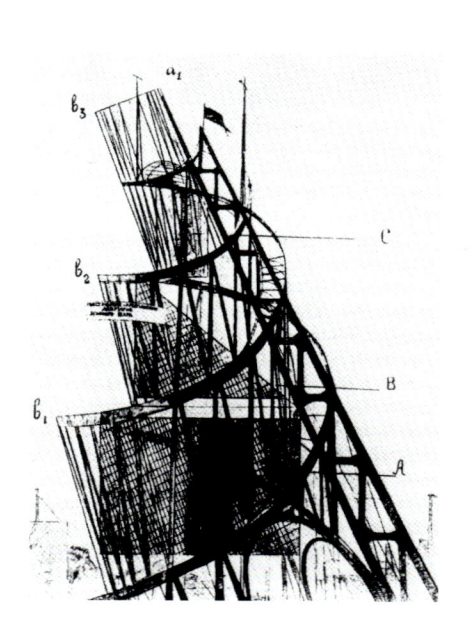

^Kat. 33 Hendrik van Cleve III, *Turmbau zu Babel,* Mitte 16. Jh., Öl auf Holz, 51 x 67 cm, Privatsammlung, Köln

∟ Gustave Eiffel, Tour Eiffel, Paris, 1889

∨Kat. 150 Hermann Obrist, Entwurf zu einem Denkmal, 1898–1900, Bronzeguss, überarbeitet, 88 x 38 x 52 cm, Museum Bellerive, Zürich

⌐ Wladimir Tatlin, *Denkmal der III. Internationale,* Entwurf, 1919/20, Privatsammlung, Sankt Petersburg

Auch die eisernen Himmelstürme sind neben ihrer Gebrauchsfunktion (Radioturm, Messebau) Symbolträger: Mit ihrer effizienten Konstruktion, ihrer kühnen Form, ihrer Leichtigkeit und Eleganz versprachen sie in einer Zeit, die von harter körperlicher Arbeit bestimmt war, eine durch die Technik verbesserte, angenehme Zukunft. *JK*

∧ Wladimir G. Schuchow, Schabolowka – Radioturm Moskau, 1919, Fotografie 1989

∨ El Lissitzky, *Die Lenintribüne,* 1924, Tretjakow-Galerie, Moskau

\> Kat. 164 Wladimir G. Schuchow, Schabolowka – Radioturm Moskau, 1919, Modell im Massstab 1:75, 2002, Holz, Messing, teilweise farbig, H: 470 cm, Modellbau: Gabriel Schneck, Architekturmuseum der Technischen Universität München

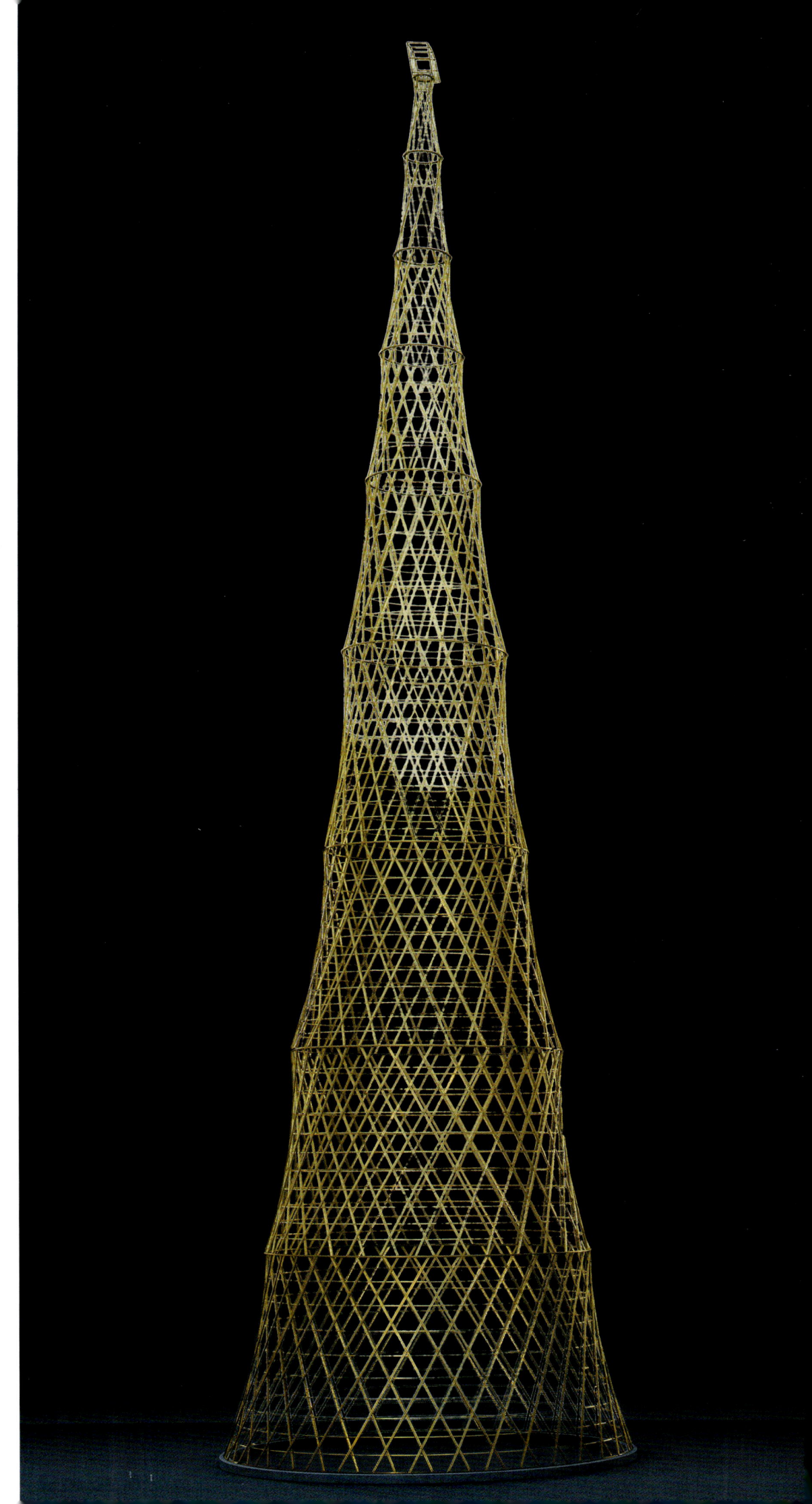

‹ Kat. 116 El Lissitzky, *Proun-Komposition,* um 1919/20, Öl auf Karton, 59 x 49 cm, Privatbesitz, Schweiz

˅Kat. 117 El Lissitzky, *Die Lenintribüne,* 1924, Modell auf der Basis von Zeichnungen hergestellt, 1985, Stahl, Blech, Messingprofile, Holz, 155 x 70 x 40 cm, Kragstuhlmuseum/TECTA-Archiv Lauenförde

» Santiago Calatrava, *Running Torso and Cube Sculpture,* 1995, Santiago Calatrava

˩Santiago Calatrava, *Running Torso,* 1985, Santiago Calatrava

› Santiago Calatrava, Turning Torso, Malmö, in Bau, Santiago Calatrava

˩Kat. 71 Zaha Hadid, Landesgartenschau, Landscape Formation One, Weil am Rhein, 1996–1999, *ISO 943 LGS PA03,* 149,6 x 94 x 2,5 cm, Acrylfarbe auf schwarzer Druckertinte, Zaha Hadid Architects

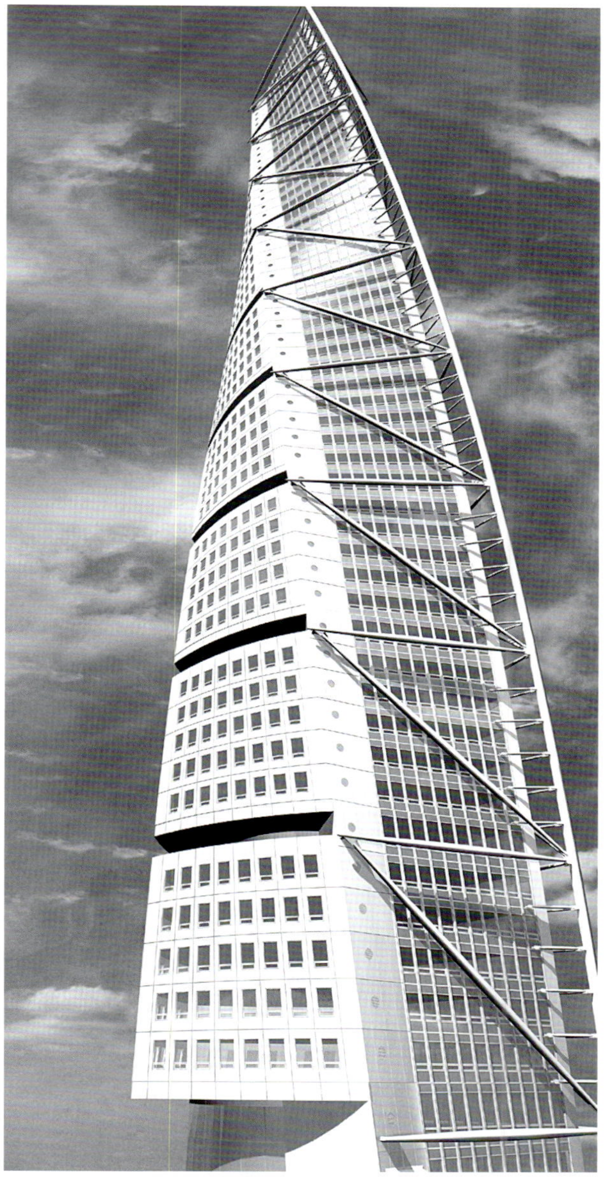

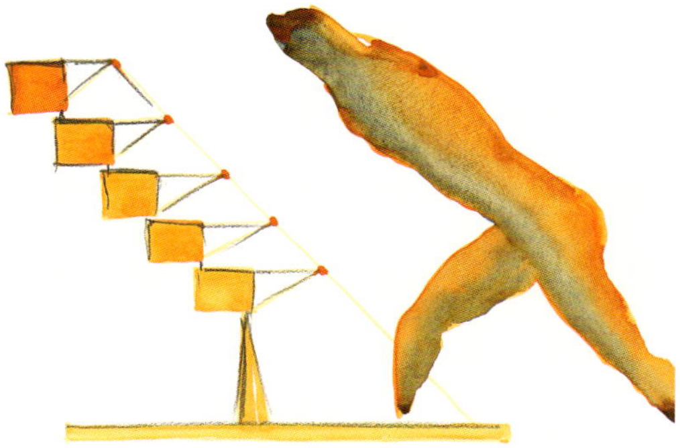

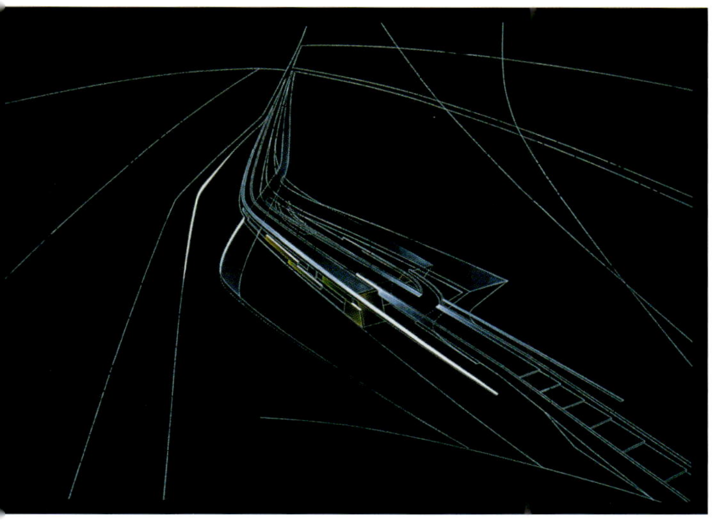

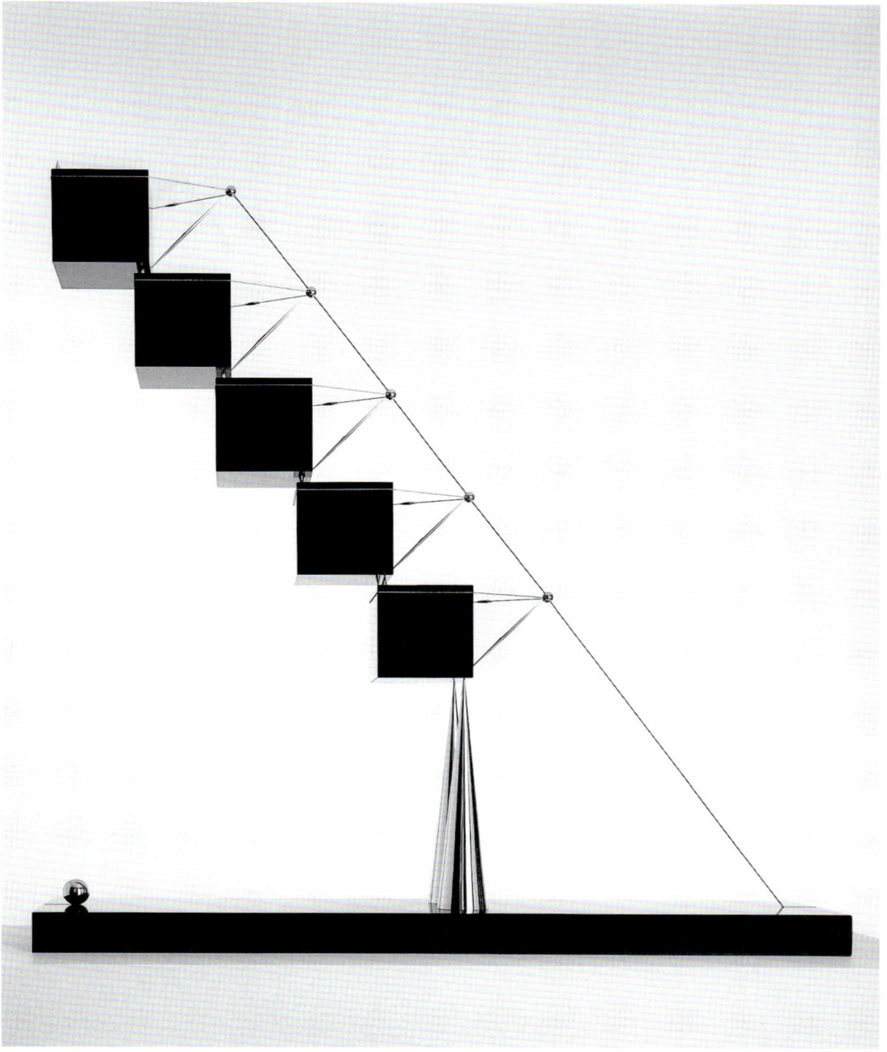

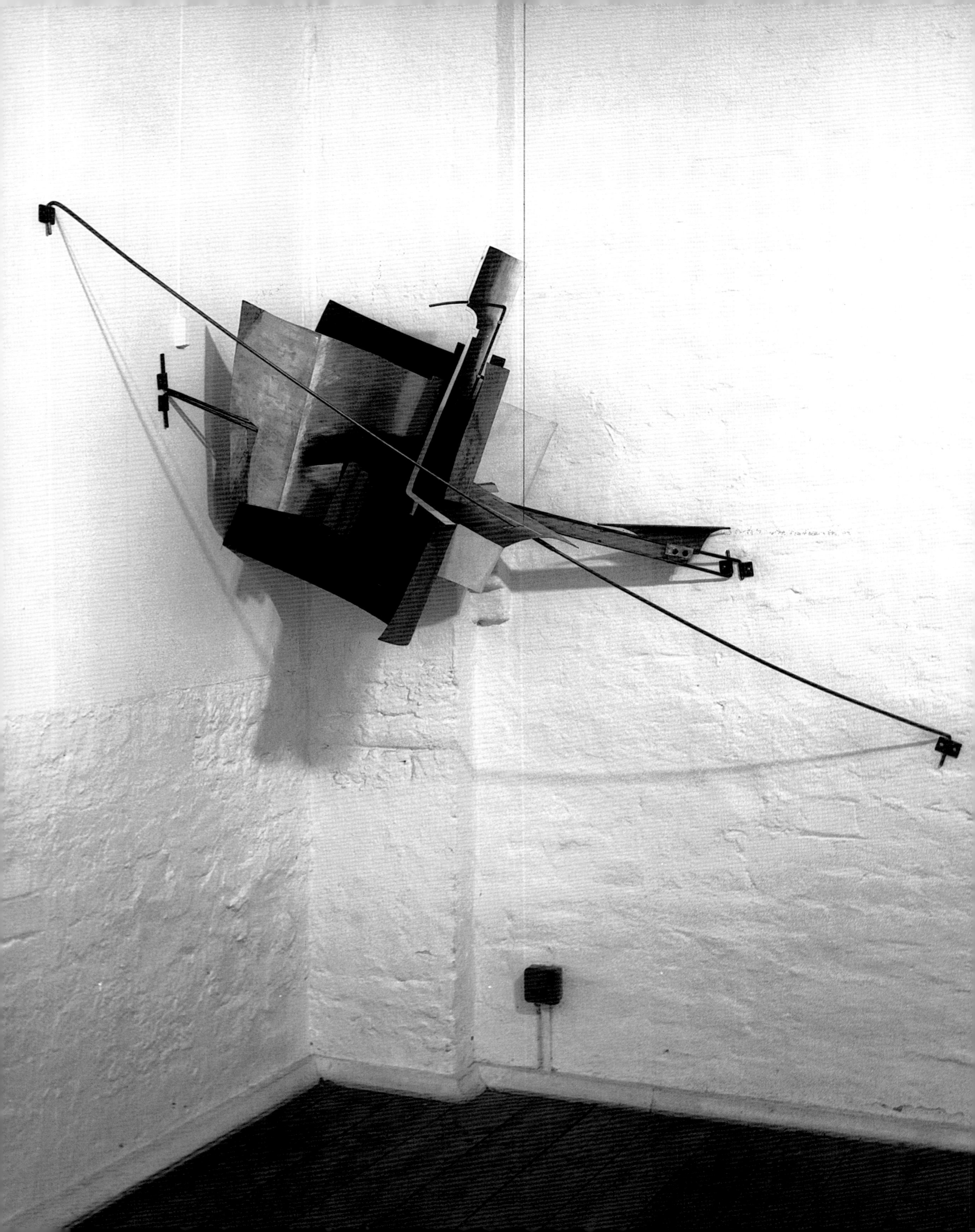

»What is architecture? It's a three-dimensional object, right? So why can't it be anything?« – »Was ist Architektur? Sie ist ein dreidimensionales Objekt, nicht wahr? Sie könnte also alles sein, oder?« (Frank O. Gehry 1997, zit. nach Chollet 2001) Dass Frank O. Gehry, kanadischer Architekt des Guggenheim Museums in Bilbao, diese provozierende Aussage machen kann, hat er dem russischen Künstler Wladimir Tatlin zu verdanken, der zu Beginn des 20. Jahrhunderts die Plastik mit seinen abstrakten Materialkonstruktionen revolutionierte. Tatlin fügte Fundstücke aus Blech, Glas und Draht collagenartig zu kunstvoll ausgewogenen Raumkonstruktionen zusammen. Bei dem gezeigten *Eck-Konterrelief* bricht er darüber hinaus mit der Konvention, die Plastik auf einen Sockel zu stellen, indem er sie einfach an die Wand schraubt. Auch Gehry lässt sich von Alltagsgegenständen und Abfällen inspirieren und setzt »unedle« Materialien in seiner Architektur ein.

Erinnern wir uns daran, dass Tatlin 1919/20 einen 400 Meter hohen Turm, das *Denkmal der III. Internationale,* als Ausdruck der revolutionären Hoffnungen des noch jungen Jahrhunderts entworfen hat, der aber Vision geblieben ist, und betrachten wir Gehrys Fantasien, die mittlerweile überall auf der Welt als mehr oder weniger benutzbare Architekturen realisiert werden, so können wir ermessen, welche technologischen, kulturellen und mentalen Umbrüche in nur achtzig Jahren stattgefunden haben. *JK*

‹ Kat. 172 Wladimir Tatlin, *Eck-Konterrelief*, 1915, Rekonstruktion, 1989, Eisenblech, Aluminium, Zink, Holz, 78,8 × 152,4 × 76,2 cm, Courtesy Galerie Beyeler, Basel

┐ Frank O. Gehry, Guggenheim Museum, Bilbao, 1997

∧ Frank O. Gehry, Guggenheim Museum, Bilbao, Entwurfsskizze des Aufrisses (Flussseite)

› Kat. 57 Frank O. Gehry Associates, Guggenheim Museum, Bilbao, 1993–1997, Arbeitsmodell im Massstab 1 : 50, Schaumstoff, Holz, Papier, Acrylglas, 130 × 530 × 320 cm, Gehry Partners, LLP

C) Barock: von Borromini bis Matisse

Im 17. Jahrhundert wurden die Bauwerke des Barock von grosser Dynamik erfasst. Ein Grundelement wie der Kreis wurde zur Ellipse verzogen, Raumzonen verschmolzen und bildeten ein fliessendes Raumkontinuum. Francesco Borromini, der Bildhauer unter den Barockbaumeistern, faltete in seiner Kirche Sant' Ivo della Sapienza (1642–1660) in Rom Nischen und Absiden zu einem komplexen sechseckigen Grundriss, führte die Linien direkt in die Kuppel und liess sie im Dachaufsatz der Laterne spiralförmig auslaufen. Er modellierte damit einen einheitlichen Raumkörper. Diesen Spiralaufsatz zitierte Sigfried Giedion etwa dreihundert Jahre später in seinem berühmten Buch *Raum, Zeit, Architektur* als Vorläufer der neuen plastischen Tendenzen und konstruierte eine »Barock-Linie« über die revolutionären Denkmalentwürfe von Hermann Obrist und Wladimir Tatlin (beide Abb. S. 74 u. m. und u. r.), über Friedrich Kieslers Endless House bis zu Le Corbusiers Wallfahrtskirche in Ronchamp und Eero Saarinens Flughafengebäude am John F. Kennedy Airport (1956–1962). Zur gleichen Zeit zeigte seine Frau Carola für die Skulptur mit Honoré Daumier, Edgar Degas, Auguste Rodin, Henri Matisse und Umberto Boccioni eine »Barock-Linie« auf. Ihr zufolge steht Matisse' *La serpentine* (1909), die sich linear in den Raum hineinschraubt, in der Tradition von Borrominis Spirale. Der »Raumkörper« des Barockbauwerkes findet seine Fortsetzung in der »Raumplastik« der Moderne. *MB*

‹ Francesco Borromini, Sant' Ivo della Sapienza, Rom, 1642–1660

ʳ Kat. 15 Francesco Borromini, Sant' Ivo della Sapienza, Rom, 1642–1660, Modell der Kuppellaterne im Massstab 1:5, 1999, Holz, weiss gefasst, H: 537 cm, Ø 152 cm, Modellbau: Mario Sabatini, Albertina, Wien

˄ Kat. 150 Hermann Obrist, Entwurf zu einem Denkmal, 1898–1900, Bronzeguss, überarbeitet, 88 x 38 x 52 cm, Museum Bellerive, Zürich

› Kat. 130 Henri Matisse, *La serpentine*, 1909, Ex. 7/10, Bronze, H: 56 cm, Statens Museum for Kunst, Kopenhagen

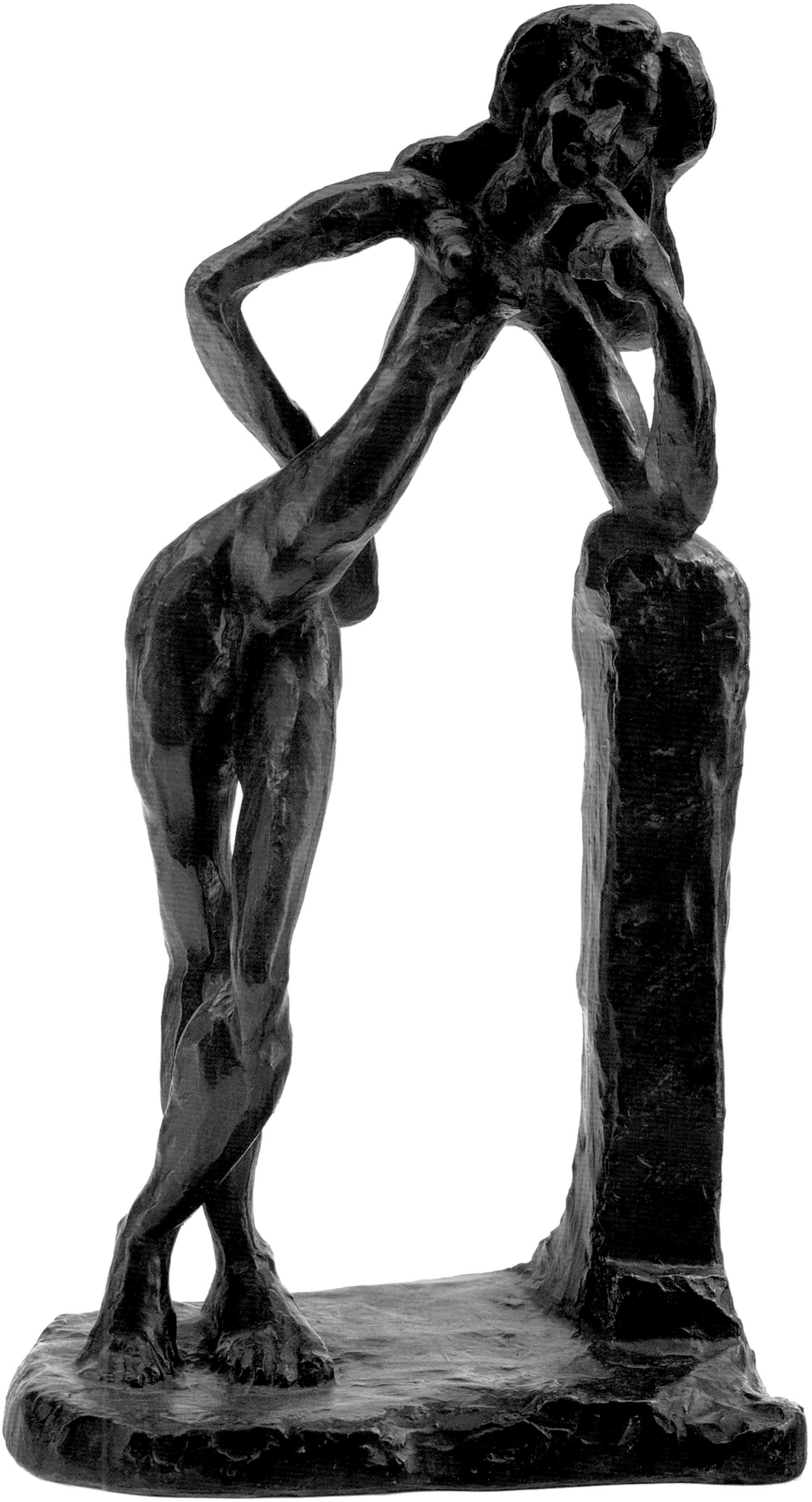

La Pedrera gleicht nicht, wie der Spitzname suggeriert, einem Steinbruch. Die Casa Milà, das letzte, 1910 von Antoni Gaudí vollendete Wohnhaus, erhebt sich wie eine von Hand geknetete, riesige Plastik inmitten des eleganten Geschäftsviertels von Barcelona. In mächtigen Wellenbögen wölbt sich der Baukörper rhythmisch um die Ecke des Häuserblocks an der Kreuzung zwischen der Passeig de Gràcia und der Calle de Provença. Wie surreale Plastiken lässt Gaudí Kamine und Lüftungsauslässe aus einer bewegten Dachlandschaft wachsen.

Der Grundriss des Gebäudes gleicht einem Gespinst aus Schaumbläschen, und die höhlenartigen Innenräume kennen keine gerade Wand. Die Casa Milà, die unweit der noch extravaganteren Casa Batlló steht, ist das frühe steingewordene Manifest gegen den rechten Winkel und die »Tyrannei der modernen Schuhschachtel«. Sie vermittelt zwischen der Dynamik des Barock und den plastisch-expressiven Tendenzen der Moderne, die von Erich Mendelsohn über Friedrich Kiesler bis zu den Blobmeister-Architekten der Gegenwart reichen. Einem Hinweis des Architekturhistorikers Stanislaus von Moos zufolge soll Le Corbusier Gaudí schon früh geschätzt, dies aber erst nach dem Krieg, als seine eigenen Arbeiten biomorph wurden, zugegeben haben. *MB*

⌐ Antoni Gaudí, Casa Milà, La Pedrera, Barcelona, 1905–1910, Dachterrasse (Detail)

⌐ Kat. 55 Antoni Gaudí, Casa Milà, La Pedrera, Barcelona, 1905–1910, Modell der Vorhangfassade im Massstab 1:33, 1996, Gips, bemaltes Messing, 60 x 85 x 55 cm, Modellbau: Laura Baringo, Scale models workshop of the Vallès Technical School of Architecture, UPC, Barcelona, Fundació Caixa Catalunya, La Pedrera, Barcelona

∧ Kat. 56 Antoni Gaudí, Casa Milà, La Pedrera, Barcelona, 1905–1910, Modell vom Strukturprinzip des Dachbodens im Massstab 1:33, 1996, Gips, 45 x 53 x 50 cm, Modellbau: Laura Baringo, Scale models workshop of the Vallès Technical School of Architecture, UPC, Barcelona, Fundació Caixa Catalunya, La Pedrera, Barcelona

› Antoni Gaudí, Casa Milà, La Pedrera, Barcelona, 1905–1910

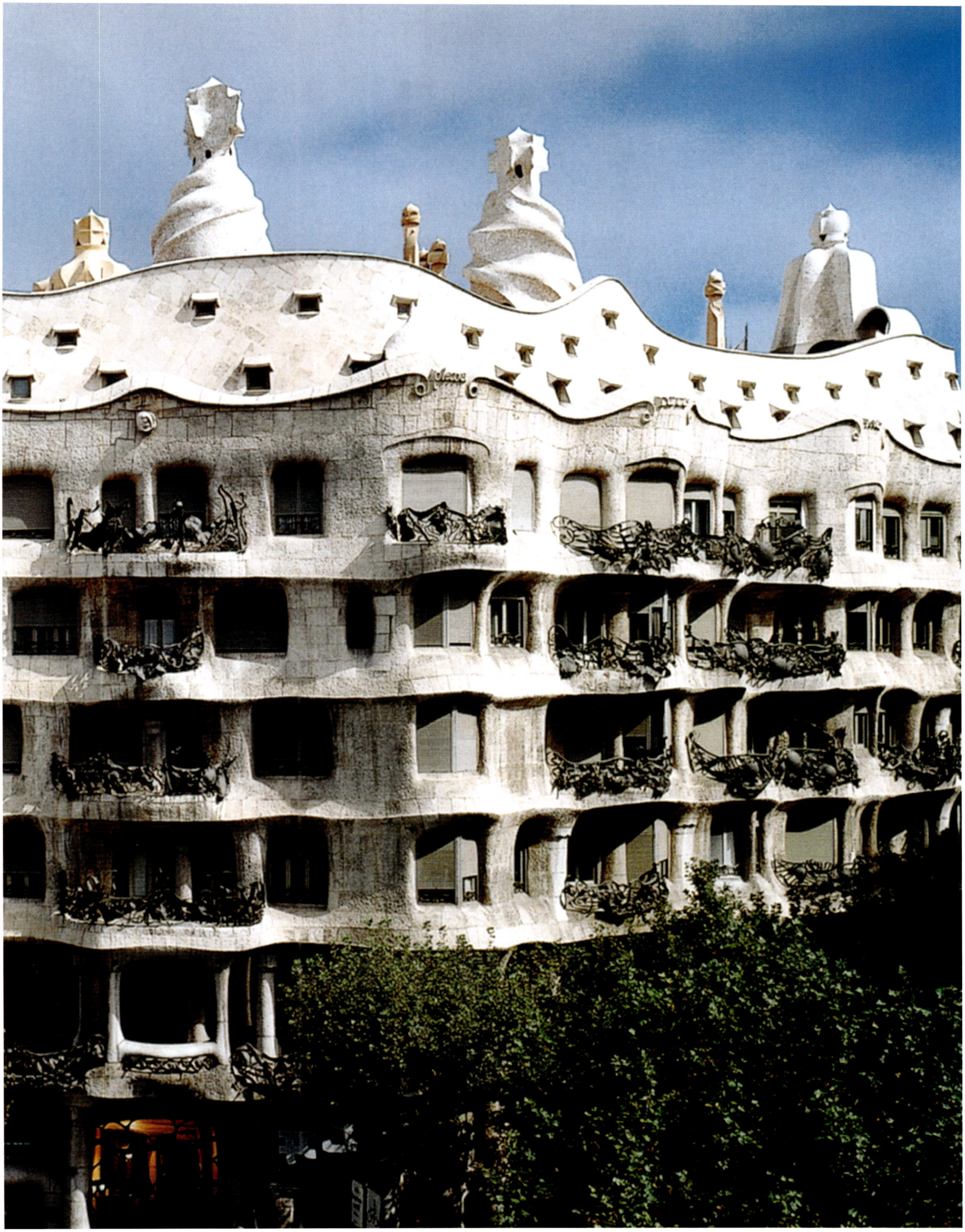

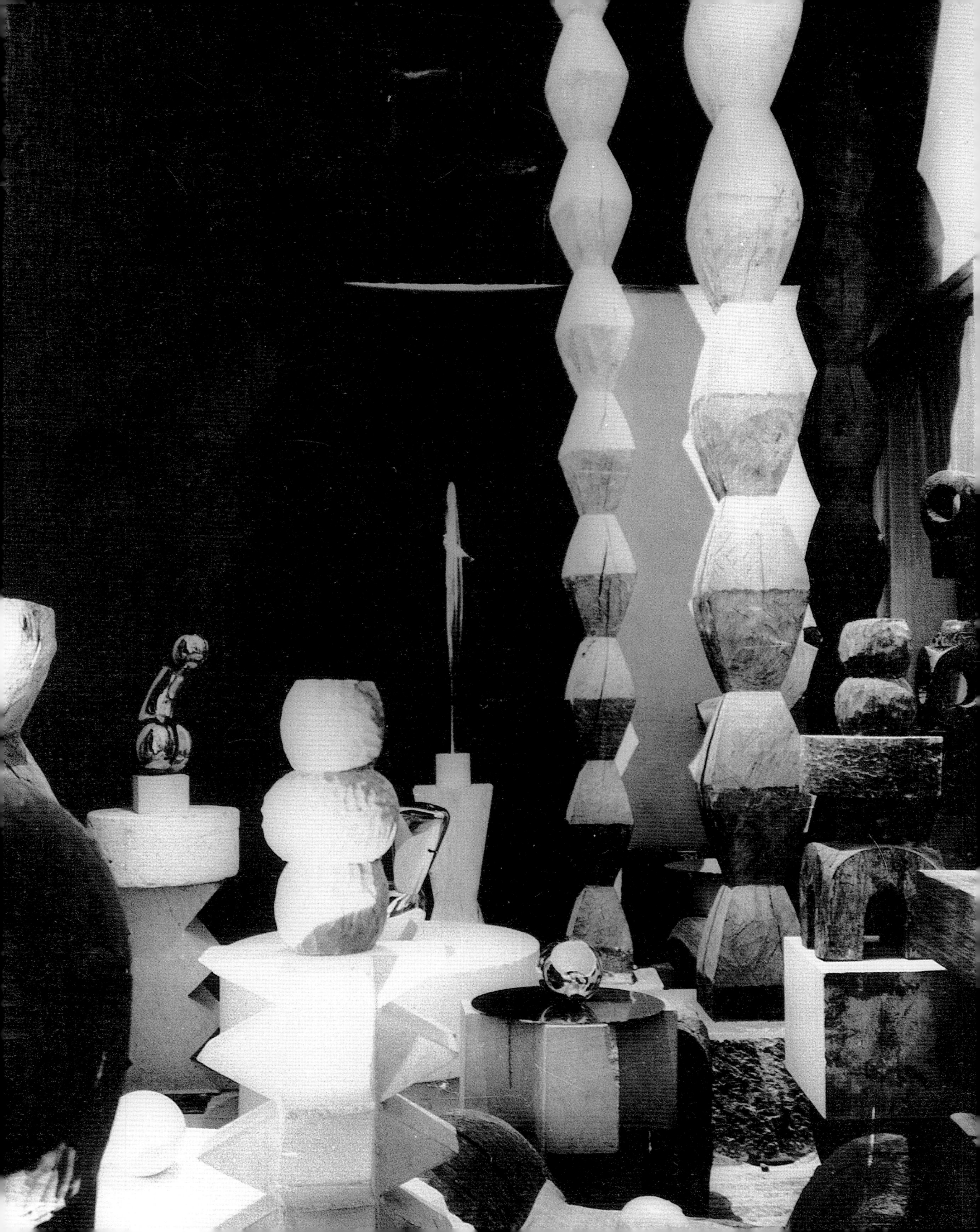

‹ Ansicht des Ateliers von Constantin Brancusi, um 1927, Fotografie des Künstlers ^ Minoru Yamasaki, World Trade Center, New York, 1962–1976

2. Der Sieg über den Massstab
»Architektur ist Skulptur« (Brancusi) Friedrich Teja Bach

Mit der Krise der abbildenden Funktion der Skulptur beginnt um 1900 auch der Bereich des Sockels und damit die Frage der faktischen Präsenz der Skulptur im Realraum zum Problem zu werden. Komplementär zu seiner Skulptur als essenzieller Form entwickelte Constantin Brancusi (1876–1957) deshalb auch Sockel für deren Präsentation. Es ist dieser Bereich des Sekundären – der Sockelaufbauten aus einfachen, übereinander geschichteten Holz- oder Steinformen wie Würfeln, Zylindern und Halbzylindern oder Pyramidenstümpfen, gezackten Elementen und griechischen Kreuzformen –, aus dem bei Brancusi eine plastische Sprache des Architektonischen entsteht.

Zur euphorischen Entfaltung kam Brancusis Vision einer skulpturalen Architektur während seiner Besuche in den USA im Jahre 1926. Im Zusammenhang mit seinem ersten Aufenthalt erfahren wir, dass er Projekte hat, »die er in Glas und Stahl zum Leben erwecken möchte. In seinem Atelier – Architektur ist Skulptur, sagt er – gibt es Säulen für den Bau von Wänden und ein Holzmodell für einen Block hoher Gebäude.« (Dudley 1927, zit. nach Bach 2004, S. 328)

Die zunächst seltsam anmutende Vorstellung von Säulenwänden bezieht sich wohl auf die Absicht des Künstlers, Wände (eines Tempels?) durch eine Reihung (der Seitenplatten) seiner *Colonnes du baiser* zu bilden (Abb. S. 38 u. m.). Sie verliert ihr befremdendes Moment, wenn man sich an die Zylinder amerikanischer Getreidesilos erinnert, die Le Corbusier 1920 in *L'Esprit nouveau* als

Koloman Moser, *Blumenkörbchen*, 1906, Privatsammlung

Minoru Yamasaki, World Trade Center, New York, 1962–1976

Henri Laurens, *Le petit boxeur*, 1920

Kohn Pedersen Fox Associates, Shanghai World Financial Centre, Shanghai, in Bau

zeitgenössische Verwirklichung einer Architektur »primärer Volumen« ausgegeben hatte (Abb. S. 38 u. l.).

Das angesprochene »Holzmodell für einen Block hoher Gebäude« ist vermutlich das *Projet d'architecture* von 1918 (Abb. S. 88 o. l.). Seine Form ist zwar ganz aus Brancusis eigener Formensprache entwickelt, bleibt aber – wie etwa der Vergleich mit dem Turm einer Industrieanlage von Peter Behrens zeigt – durchaus im Rahmen realisierbarer Architektur. Eine Reihe von Fotografien des Künstlers, in denen die Doppelbelichtung der Imagination des Betrachters den Weg weist, zeigt dieses Projekt dann so, wie er es sich verwirklicht vorstellte: als »in Glas und Stahl zum Leben erweckt«, als Zusammenspiel von Transparenz und Masse, als von Licht und Schatten belebte Architektur. Wie andere ähnliche Aufbauten (Abb. S. 90 l.) ist das *Projet d'architecture* durch die Addition unterschiedlicher Elemente gebildet, die so oder auch anders zusammengestellt sein können. Als Ergebnis einer kombinatorischen Methode ist es potenziell in Bewegung. Der im Spiel von Licht und Schatten bewegten Erscheinung entspricht die prinzipielle Variabilität des kombinatorischen Aufbaus.

Vor allem aber ist bei der Äusserung über »Projekte aus Glas und Stahl« an die von Brancusi erhoffte Ausführung seiner *Colonne sans fin* als Hochhaus zu denken. Denn bei seinen Besuchen in den USA hatte der Künstler auch davon gesprochen, dass in ihm »die Architektur New Yorks – die hohen Wolkenkratzer – [...] die Ahnung einer großen neuen poetischen Kunst« (*The New York Times*, 3. Oktober 1926, zit. nach Bach 2004, S. 321) erweckten, und den Wunsch geäussert, seine *Colonne sans fin* als Apartmentgebäude im Central Park zu errichten. Sie wäre »dreimal so hoch wie euer Obelisk in Washington, mit einem Sockel entsprechender Breite, von sechzig Metern oder mehr. Sie würde aus Metall sein. In jeder ihrer Pyramiden wären Wohnungen [...] und ganz oben auf der Spitze würde mein ›Vogel‹ stehen.« (Merrill 1926, zit. nach Bach 2004, S. 320)

Kurz vor seinem Tod kam Brancusi der Verwirklichung dieser Idee am nächsten. Ursprünglich für New York, dann für Chicago, am Ufer des Lake Michigan, war eine *Colonne sans fin* aus »poliertem, rostfreiem Stahl« vorgesehen, für die schliesslich eine Höhe von 400 Fuss (122 Metern) erwogen wurde. Wahrscheinlich hatte sich Brancusi die Form dieses Gebäudes als eine auf einem Sockelblock stehende Säule vorgestellt, also so, wie es seine *Elément d'une architecture urbaine* betitelte Fotografie zeigt. Als Säule auf einem Sockel hätte sein Skyscraper einen in den zwanziger Jahren entwickelten Grundtyp des Hochhauses weitergeführt, wie er am prominentesten im Entwurf der Chicago Tribune Column (1922) von Adolf Loos (1870–1933) vorliegt (Abb. S. 38 u. r.). Brancusis *Colonne sans fin* wurde in der neueren Architektur in immer wieder neuen Variationen aufgegriffen. So etwa von Arata Isozaki (geb. 1931) in seinem 1990 fertig gestellten Art Tower Mito (Abb. S. 91 l.), der als 100,6 Meter hoher, in Titan ausgeführter Turm aus Tetraedern in Wasserstrahlen zu schweben scheint (Isozaki 1995, S. 108), und in dem neben der Grande Arche in La Défense in Paris geplanten Tour sans fins (1989) von Jean

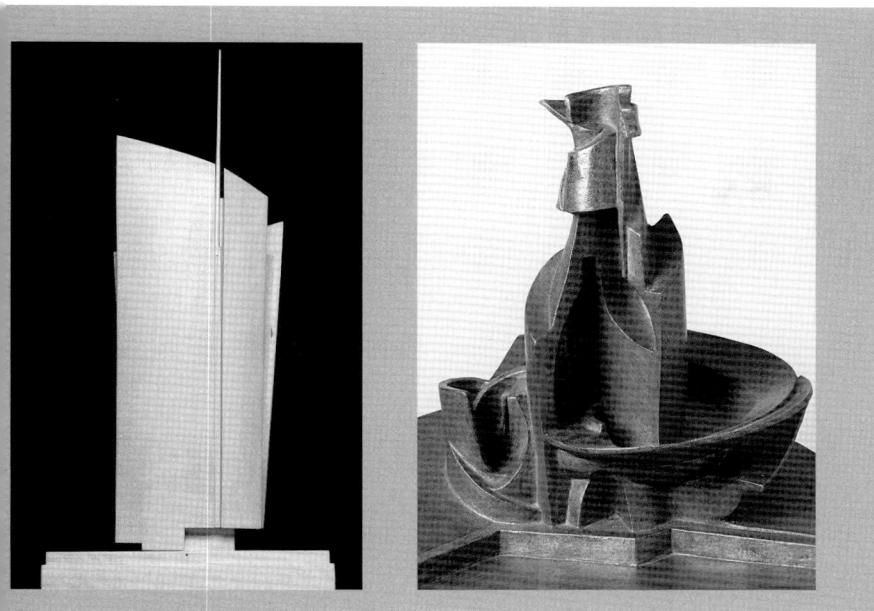

Kat. 152 Renzo Piano Building Workshop, Office Tower, Sydney, 2000, Modell

Umberto Boccioni, *Sviluppo di una bottiglia nello spazio,* 1912

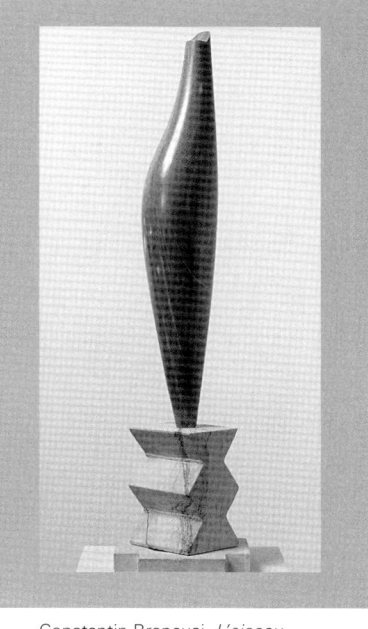

Norman Foster, Swiss Re, London, 2004

Constantin Brancusi, *L'oiseau,* 1923/1947

Nouvel (geb. 1945; Abb. S. 91 m.): Der 420 Meter hohe Turm sollte aus einem Krater herauswachsen und sein Granitgrau sich nach oben hin immer mehr aufhellen, sodass beide Enden des Turmes unsichtbar gewesen wären (Nouvel 1991, S. 96 und 108; Boissière 1992, S. 114–119; Goulet 1994, S. 62–64).

Keines seiner architektonischen Projekte für das »transparente, transluzide New York« (Fernand Léger) oder für Chicago konnte Brancusi auch nur ansatzweise verwirklichen. Auch die 1926 für das Folgejahr geplante Ausstellung von Architekturmodellen – in der neben dem *Projet d'architecture,* der *Colonne sans fin* und einigen Formaufbauten wohl auch einige der 1926 in Brancusis Ausstellung in der Brummer Gallery gezeigten Sockel zu sehen gewesen wären, die der Künstler mitunter in grossartigen Fotografien festgehalten hat (Abb. S. 38 o.) – fand weder zu diesem noch zu einem späteren Zeitpunkt statt. Neben Beschreibungen durch Besucher sind es so vor allem die Fotografien, die der Künstler selbst von seinem Atelier in der Impasse Ronsin in Paris machte, die uns heute noch einen Eindruck von seiner »Skulptur als Architektur« vermitteln. Denn neben einzelnen Skulpturen und Formaufbauten, dem Tempelprojekt für Indore und dem Ensemble von Tîrgu Jiu, ist der Ort des Tektonischen im Werk Brancusis vor allem sein Atelier als Ganzes.

Zurecht hatte er 1926 seinen ersten Eindruck von der Skyline Manhattans in die programmatischen Worte gefasst: »Das ist ja mein Atelier! Nichts ist fixiert, nichts starr. All diese Blöcke, all diese Formen und Gestalten, die man versetzen und mit denen man jonglieren kann wie in einem Experiment, das sich erweitert und verändert.« (Dudley 1927, zit. nach Bach 2004, S. 328; Abb. S. 84, 88 r., 90 m. und 91 r.) Wie in seinem Atelier Skulpturen auf wechselnde Sockel gestellt sind, so »bekrönen« Penthäuser als plastische Versatzstücke die architektonischen Aufbauten New Yorks. Hier wie dort begegnet man aufgetürmten Volumen, Kaskaden aufgestapelter, geometrischer Körper, einer komprimierten Dichte kombinierter Elemente. Gerade als essenziell architektonisches Prinzip ist Kombinatorik für Brancusi das Verfahren, das der Variabilität der modernen Lebenswelt angemessen ist, der experimentellen Offenheit der Moderne. Die erhaltenen Fotografien von Brancusis Atelier verdeutlichen diese kombinatorische Offenheit und die Dialogfähigkeit seiner Aufbauten, die Potenz seiner Formensprache für den Bau von Orten.

In der von einer Gesprächspartnerin 1927 überlieferten Äusserung: »seine Werke, von denen jedes für sich eine Einheit ist, lassen sich in einem Schema kombinieren, um so das Leben in seiner Fülle hervorzubringen und seine Werte zu steigern« (Dudley 1927, zit. nach Bach 2004, S. 328), meint »Schema« nichts Schematisches, sondern ein Gefüge von Formen und Orten, eine Ordnung des Heterotopen. Das Atelier ist ein Ort der tektonischen Verdichtung, die experimentell durchspielt, wie Körper und Volumen diskurrieren, wie sie ausgebreitet sein müssen, wenn Enge zur Qualität werden soll. Es ist der Raum einer Formensprache, der, bei aller Strenge, spielerische Gesten des Ironischen durchaus nicht fremd sind. So zeigt

‹ Constantin Brancusi, *Projet d'architecture*, 1918, Centre Georges Pompidou, Paris, Musée national d'art moderne/Centre de création industrielle

^ Ansicht des Ateliers von Constantin Brancusi, um 1923, Fotografie des Künstlers

ᴸ Castel del Monte, Apulien, 1240–1250

› Kat. 20 Constantin Brancusi, *Le baiser*, 1923–1925, brauner Kalkstein, 36,5 x 25,5 x 24 cm, Centre Georges Pompidou, Paris, Musée national d'art moderne/Centre de création industrielle, Vermächtnis des Künstlers 1957

etwa eine Aufnahme aus den frühen zwanziger Jahren eine Ecke des Ateliers, in der Unterschiedliches zusammensteht (Abb. S. 88 o. r.): naturbelassene Materialblöcke, geometrische Sockelelemente, eine hochpolierte *Mlle Pogany II* – und, auf einem kruden Holzstamm, eine grob belassene *Coupe,* die der strengen Eleganz der benachbarten Bronzefigur einen eher spielerischen Raum des Burlesken an die Seite stellt, mit den anderen Körpern zusammen eine heterogene Mischung der Stillagen bildet.

In ihrer substanzhaften Fülle, ihrer Bodenständigkeit und ihren Ursprungs- und Aufschwungfiguren scheinen Brancusis Skulpturen, zumal als Modell von Architektur, heute eher unzeitgemäss. Aber ihre Substanz schliesst Transparenz und Schweben mit ein, ihre Figuren des Ursprungs sind nicht Idealisierungen, sondern durch Abweichungen gekennzeichnete unreine Formen, ihre Fülle schliesst die Artikulation von Leere ein, in ihrer Aufwärtsbewegung ist die Erde im Hegel'schen Sinne aufgehoben, das heisst auch bewahrt, dem Lesen des Bildhaft-Flächigen setzt sie die Anschauung des Körperlichen entgegen.

Dessen Begrenztheit und Widerstand ernst zu nehmen, stünde uns nicht zuletzt heute gut an, wo wir mehr und mehr der »leichten Taube« aus Kants *Kritik der reinen Vernunft* ähneln, die, »indem sie im freien Fluge die Luft teilt, deren Widerstand sie fühlt«, die Vorstellung fassen könnte, »daß es ihr im luftleeren Raum noch viel besser gelingen werde«.

‹ Constantin Brancusi, *Formenaufbau*, 1923/24, Fotografie des Künstlers

∟ Berenice Abbott, *Fortieth Street between Sixth and Seventh Avenues, Manhattan*, 8. Dezember 1938

⌄ Constantin Brancusi, *La colonne sans fin*, 1918, Fotografie des Künstlers

‹ Arata Isozaki, Art Tower Mito, Ibaragi, 1990
ᴸ Jean Nouvel, Tour sans fins, 1989, La Défense, Paris
ᵥAnsicht des Ateliers von Constantin Brancusi, um 1922,
 Fotografie des Künstlers

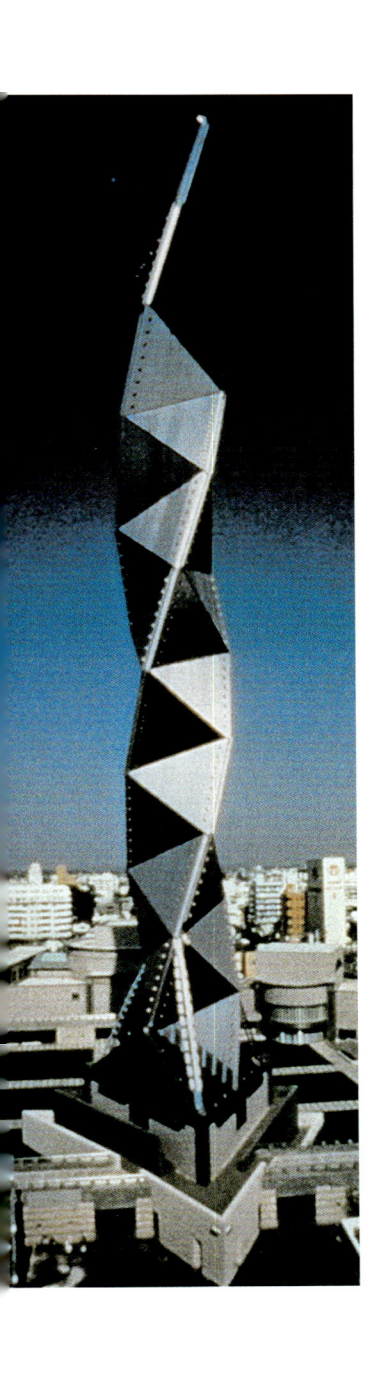

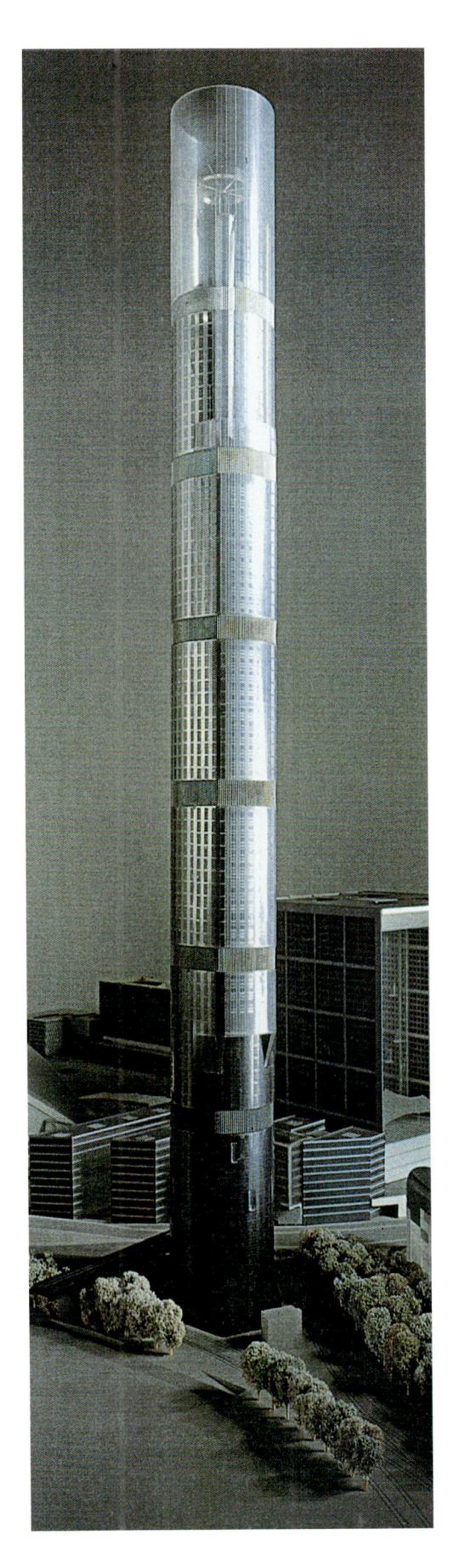

Warum sehen Wolkenkratzer, die zur Zeit vor allem in Asien aus dem Boden schiessen, wie vergrösserte Skulpturen der klassischen Moderne aus? Bis 2007 soll in Shanghai das 492 Meter hohe World Financial Centre fertig sein, ein schlanker Kubus, der dem alten World Trade Center in New York gleicht. Allerdings sind die Ecken nach oben hin abgeflacht, und die Spitze wird von einem Loch durchstossen, das so gross ist, dass einer Karikatur zufolge Flugzeuge hindurchfliegen können.

Rem Koolhaas hat mit seiner Comiczeichnung *The City of the Captive Globe* schon 1972 eine mögliche Anwort auf die eingangs gestellte Frage gegeben. Auf einheitlich gestalteten Sockeln stehen einzelne bekannte Wolkenkratzer neben verschiedenen riesenhaft vergrösserten Skulpturen, unter anderem Kasimir Malewitschs Architektona. Koolhaas prophezeite, dass ein Gebäude wegen der Grösse und Komplexität seiner inneren Struktur in Zukunft nicht mehr von einer Handschrift geprägt sein könne. Die Individualität müsse sich ganz auf die autonome skulpturale Aussenform verlegen, die sich von den inneren Funktionen abspalte und als kräftiges Signal mithin sichtbar sei. Der Bau werde zum marketingträchtigen Firmenlogo, das sich in den Wald kommerzieller Wahrzeichen einpflanzt, den der Kapitalismus zur Zeit auf der Welt errichtet. Doch dieser Krieg der »Falschzeichen« (Bazon Brock) ist – zumindest in Europa – noch nicht entschieden: Die UNESCO möchte einigen deutschen Städten den Status des Weltkulturerbes absprechen, weil »hässliche« Wolkenkratzer das historische Ensemble verunstalten! Werden die Politiker und Beamten die neuen Ensembles vielleicht als »Skulpturengarten« akzeptieren? *MB*

ᵥRem Koolhaas, *The City of the Captive Globe,* 1972, aus: *Delirious New York,* 1978
› Kohn Pedersen Fox Associates, Shanghai World Financial Centre, Shanghai, in Bau, Kohn Pedersen Fox Associates, New York und London
» Henri Laurens, *Le petit boxeur,* 1920, Courtesy Galerie Brusberg, Berlin
Seite 94: Norman Foster, Swiss Re, London, 2004
Seite 95: Kat. 21 Constantin Brancusi, *L'oiseau,* 1923/1947, blaugrauer Marmor, H: 90 cm, Sockel, H: 26,7 cm, Fondation Beyeler, Riehen/Basel

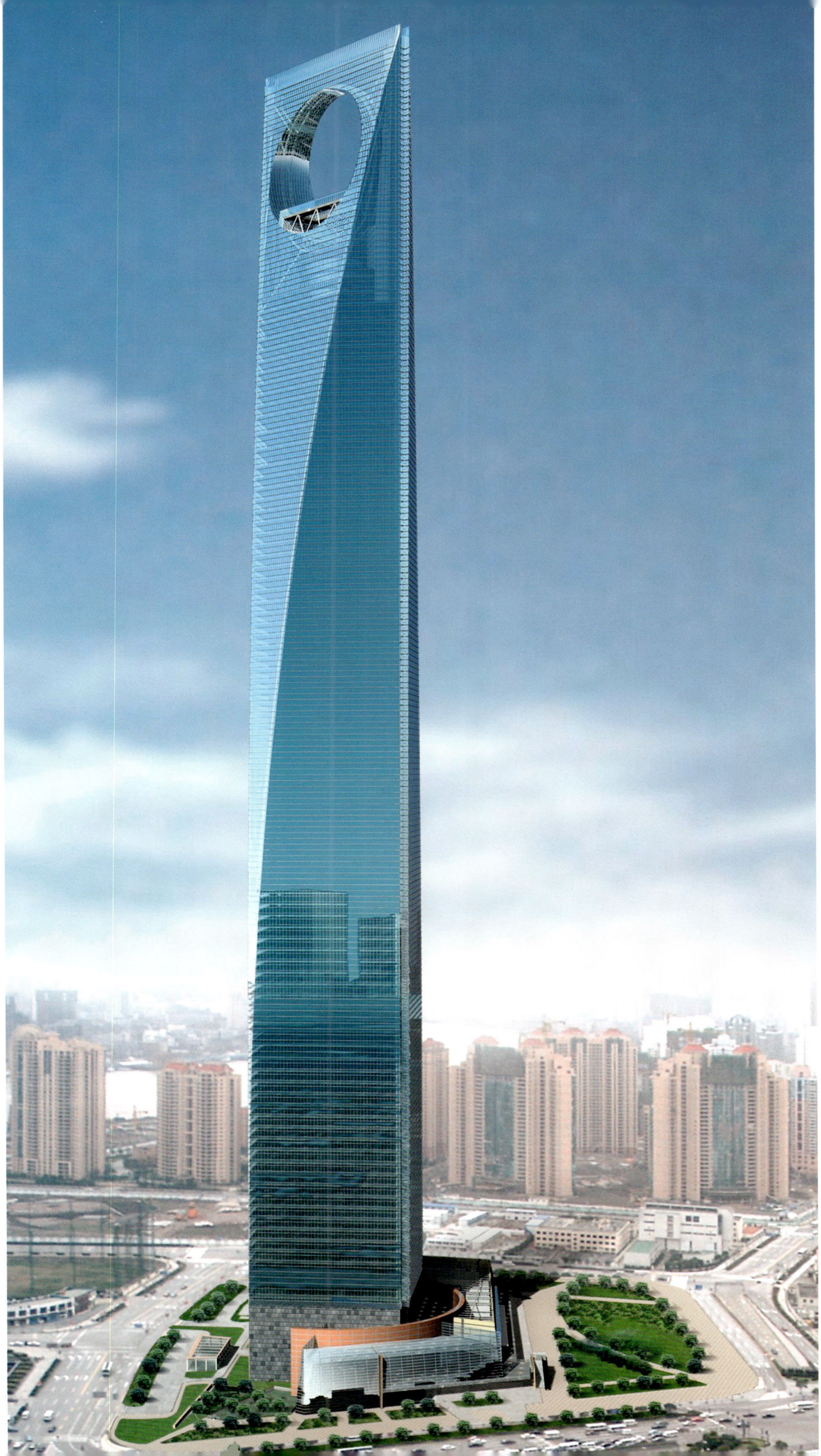

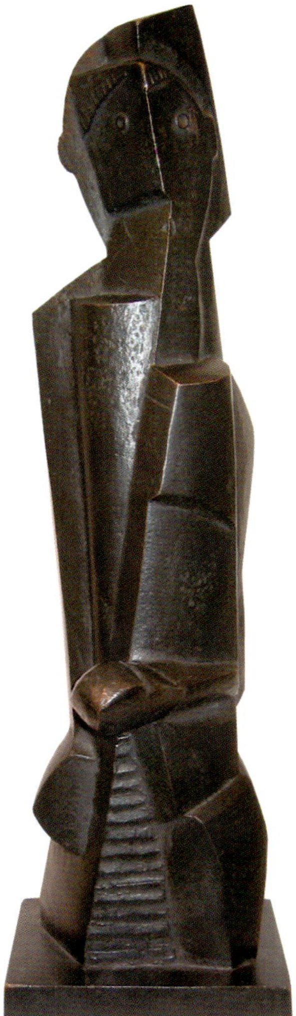

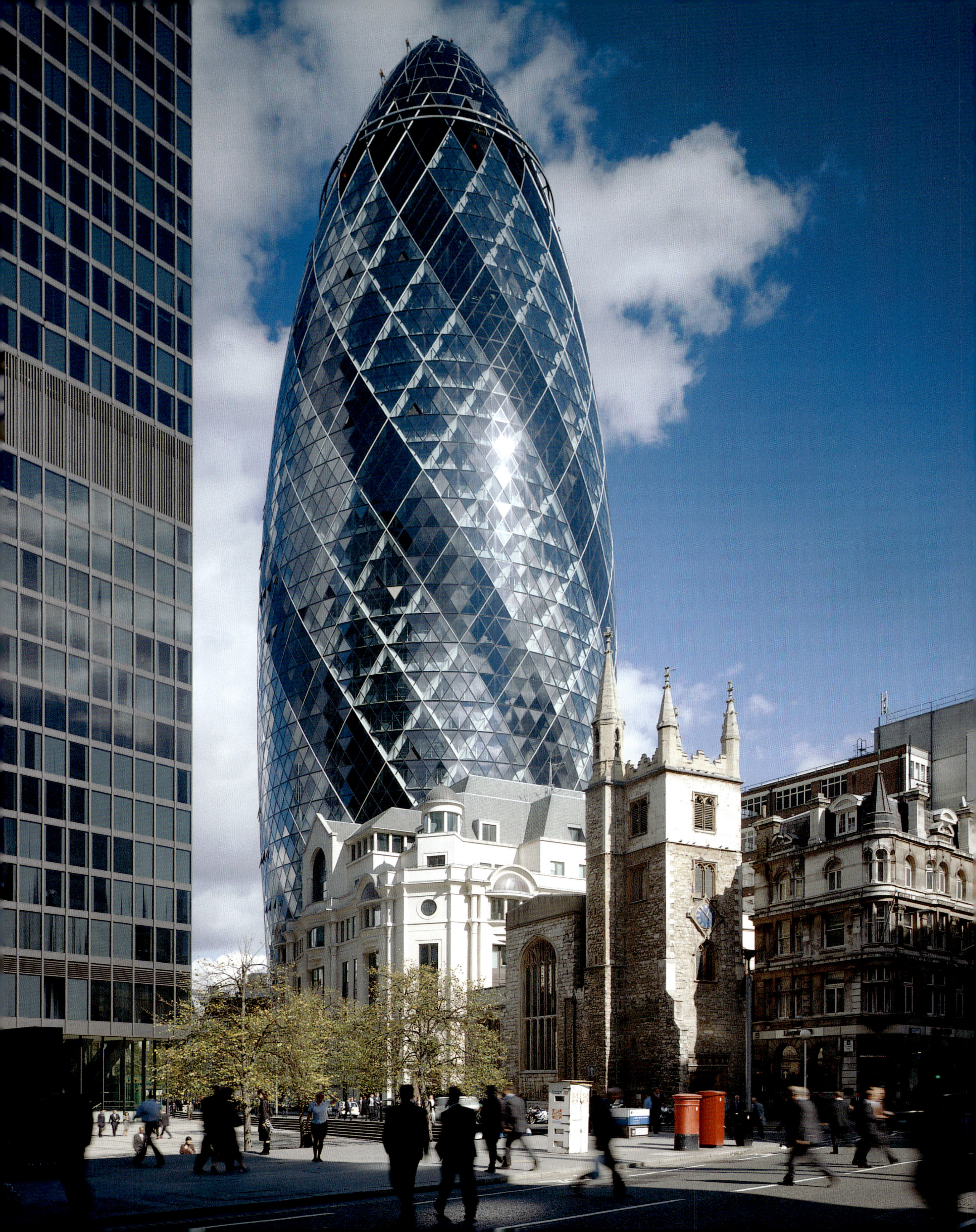

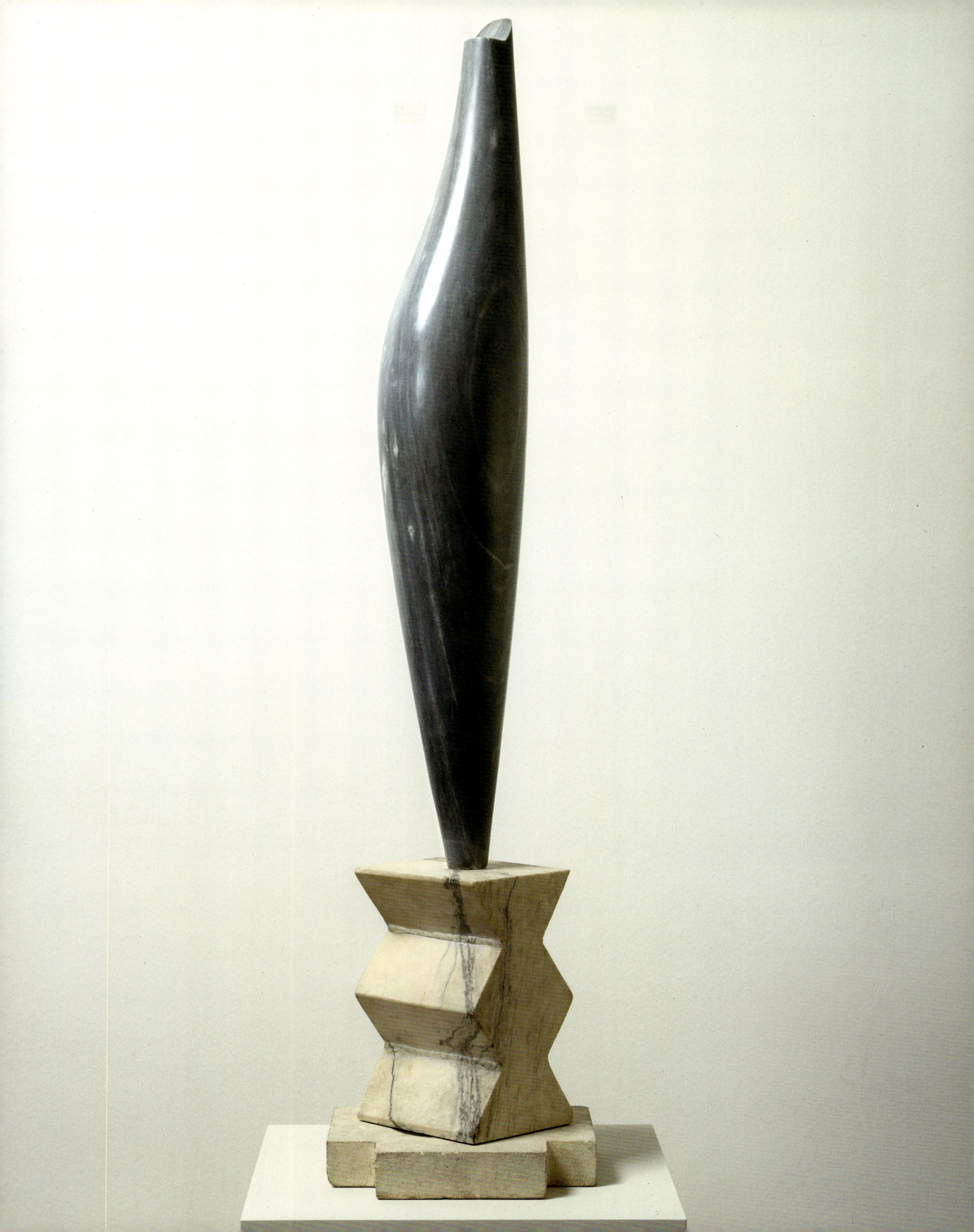

Kat. 110 Wilhelm Lehmbruck, *Gestürzter*, 1915/16, Bronzeguss, nach 1970, 78 x 240 x 82,5 cm, Leihgabe der Erbengemeinschaft Wilhelm Lehmbrucks

3. Die Eroberung des Raumes 1910–1930
Kubismus – De Stijl – Bauhaus Markus Brüderlin

Wie gestaltete sich das Verhältnis von Architektur und Skulptur in der ersten Hälfte des 20. Jahrhunderts, einer Zeit der grossen gesellschaftlichen Umbrüche und ästhetischen Revolutionen? In der Architektur blieb, was die Formensprache betrifft, bis in die zwanziger Jahre hinein vieles unentschieden. Im Kampf um einen neuen Stil durchmischten sich neoklassizistische Tendenzen mit den Ausläufern des Jugendstils und einem expressionistischen Monumentalismus (Peter Behrens). Erst mit Le Corbusiers (1887–1965) neuem Wohnhaustyp ab 1922, mit der niederländischen De-Stijl-Bewegung und dem 1919 in Weimar neu gegründeten Bauhaus kristallisierte sich das heraus, was wir als moderne, funktionalistische Architektur vor Augen haben: klare rechtwinklige Strukturen, rationale, leichte Konstruktionen, mit dem Ziel, den in sich geschlossenen Baukörper zu öffnen und den Raum durch dynamische Kompositionen zu erobern. Dies alles ging einher mit einer grossen Technikeuphorie und mit der universalen Vision, alle Künste unter dem Dach einer neuen Baukunst zu vereinen (Bauhaus). In Opposition dazu behauptete sich der Expressionismus, der das Naturhafte und den menschlichen Köper als Schauplatz des »gefährdeten« Individuums gegen die technoide, rationale Abstraktion verteidigte. In einem flammenden Appell forderte etwa Wassili Luckhardt (1889–1972), ein Mitglied der Gläsernen Kette, die Architekten 1920 dazu auf, Bleistift und Lineal beiseite zu legen und Gebäude fortan nur noch auf dem Modelliertisch aus Ton und Plastilin zu kne-

Ludwig Mies van der Rohe, Deutscher Pavillon auf der Internationalen Ausstellung, Barcelona, 1929

ten (vgl. Philipp 2002, S. 98). Als Gegenpol zur Expansion der Architektur in eine offene dynamische Raum-Zeit-Dimension verfestigte sich mit Luckhardt, Erich Mendelsohn (1887–1953; Kat. 133, S. 115) und Hermann Finsterlin (1887–1973; Kat. 51, S. 123) eine moderne Tradition des Körperhaft-Plastischen (siehe Kapitel 4), die bis in unsere Tage hinein das Nahverhältnis von anthropomorpher Architektur und figurativer Skulptur bestimmt. Die Polarität zwischen dem harten, geometrischen Modernismus (Ludwig Mies van der Rohe, Theo van Doesburg, der frühe Frank Lloyd Wright sowie Le Corbusier) und dem weichen, organisch-biomorphen Plastizismus, hinter der weltanschauliche Gegensätze stehen, spiegelt sich auch in der Gliederung dieser Ausstellung wider (siehe Schema S. 117).

Was die Entwicklung der Skulptur in dieser Zeit betrifft, so ist man versucht, einen ähnlichen Gegensatz wie in der Architektur auszumachen. Gemeint ist der Kontrast zwischen der figurativen Plastik seit Aristide Maillol (1861–1944) und den abstrakt-räumlichen Konstruktionen, die in der Nachfolge des Kubismus alles Gegenständlich-Körperhafte ausschlossen. So näherten sich beispielsweise die Plastiken von Georges Vantongerloo (1886–1965; Kat. 178, S. 109 u.; Kat. 179, S. 103 u.) und Wladislaw M. Strzeminski (1893–1952) dem Architektonischen so weit an, als handele es sich um Modelle von Bauten, was bei einigen Objekten der beiden Bildhauer auch tatsächlich der Fall war (Kat. 171, S. 112 o.; Kat. 177, S. 105 u.). Doch das zweckfreie Feld der autonomen Plastik bot einen experimentellen Gestaltungsraum, in dem sich vielfältigste, divergierende Ausrichtungen durchdrangen, sodass es sinnvoll ist, Figurativ und Abstrakt nicht streng zu trennen. Beide sind geeignet, Scharnierstellen zwischen den rationalen und den expressiven Tendenzen darzustellen und erscheinen in der Ausstellung daher zusammengefasst in einem Panorama (siehe Schema S. 99 und Kapitel 4).

Teilnehmer an dieser Runde der plastischen Avantgarde ist Jacques Lipchitz (1891–1973), der mit seiner *Femme debout* von 1918/19 (Kat. 114, S. 111 r.) den malerischen

Kubismus in raumgreifende, zusammengebaute Volumenfragmente übersetzte und einen Ausblick auf den architektonischen Kubismus in Prag, aber auch auf die tektonischen Plastiken von Vantongerloo gewährt. Auch *La serpentine* von Henri Matisse (1869–1954) sei hier nochmals erwähnt (Kat. 130, S. 81). Deren geschwungene Körperkontur aktiviert das sie umfliessende Luftvolumen und nimmt jene architektonischen Experimente vorweg, die mit linearen Strukturen den Raum durchmessen und umgreifen. Dagegen sparte Alexander Archipenko (1887–1964) in seiner *Femme qui marche* von 1912 (Kat. 3, S. 99 u. l.) ein Loch aus und wies auf alle Hohlraumbildungen in der modernen Plastik voraus, die eine Unterscheidung zwischen innen und aussen ausbildeten und damit potenziell architektonische, das heisst betretbare Skulpturen schufen (André Bloc, Henry Moore). Schliesslich verwandelte Rudolf Bellings (1886–1972) abstrahierte Figurenkomposition *Der Dreiklang* (1919) den skulpturalen Körper in einen durchschreitbaren Raumkörper (Kat. 7, S. 119), der negatives und vollplastisches Volumen zu gleichwertigen Gestaltungsmitteln machte (siehe Kapitel 4).

Ein Paradestück der rationalen geometrischen Architektur ist der Deutsche Pavillon, den Mies van der Rohe (1886–1969) für die Internationale Ausstellung in Barcelona 1929 gestaltete (Abb. S. 97, 104/105). Über rechtwinklig angeordneten Wand- und Glasscheiben schwebt ein weisses Dach. Innen und aussen gehen fliessend ineinander über, und zwei Wasserbecken spiegeln die leichte Eleganz des offenen Gebäudes wider. Überraschend stösst der Besucher unserer Ausstellung auf eine Figurenplastik von Wilhelm Lehmbruck (1887–1919) – auf ein »Sinnbild des Expressionismus« (Paul Westheim). Der 1919 früh verstorbene Bildhauer schuf den *Gestürzten* 1915/16 als Denkmal für die Gefallenen des Ersten Weltkrieges (Kat. 110, S. 96). Die demutsvolle Geste, die sich eindeutig gegen das traditionelle Heldendenkmal wandte, führte jedoch zum Konflikt mit seinen Auftraggebern, sodass das ursprüngliche Denkmal eine autonome Plastik blieb.

In der Gegenüberstellung des Barcelona-Pavillons und dieser Plastik sollen die archiskulpturalen Aspekte von Mies van der Rohes Bauwerk ebenso wie die skulpturalarchitektonischen von Wilhelm Lehmbrucks Arbeit hervortreten. Die Paarung verdeutlicht zunächst die expressiven Wurzeln Mies van der Rohes, der bei dem Monumentalisten Peter Behrens in die Schule gegangen war und der mit dem Hochhaus an der Friedrichstrasse in Berlin (1921) und dem Denkmal für Karl Liebknecht und Rosa Luxemburg (1926) zwei äusserst ausdrucksstarke Bau-Werke entworfen hatte. Die Konfrontation offenbart den anthropomorphen Kern der Architektur Mies van der Rohes. Die Trennung von tragender Stütze und nichttragender Wand, die im Pavillon explizit zum Ausdruck gebracht wird, gleicht einer Zergliederung des menschlichen Körpers. 1923 definierte Mies van der Rohe seine Architekturen als »Haut und Knochenbauten«, was er in seinem Hochhausprojekt von 1922 (Kat. 135, S. 107) bereits vorwegnahm und in seinen späteren Hochhäusern aus Eisenbeton und Glas dann in Reinform inkorporierte. Aber auch die Bewegung von Lehmbrucks *Gestürztem* und der Hohlraum, der durch die Tektonik der Körperglieder gebildet wird, erlauben Analogien zum offenen Grundriss des Pavillons von Mies van der Rohe, dem »Erfinder des fliessenden Raumes«. Hätte der Bildhauer länger gelebt, wäre es vielleicht zu einer Zusammenarbeit gekommen, und der Architekt hätte für das Wasserbecken in Barcelona vielleicht nicht jene unselige Figur des Bildhauers Georg Kolbe (1877–1947) ausgesucht, die heute dort steht, sondern eine den Gestus der Architektur sensibel interpretierende Skulptur von Lehmbruck.

Die figurative, expressive Invasion Lehmbrucks im Revier des rationalistischen De-Stijl-Bauhaus-Komplexes mag helfen, den Zusammenhang von Kunst und Architektur zu erweitern, der hier normalerweise über den Kubismus und dessen planare Raumgliederung sowie kubische Raumdurchdringung hergestellt wird. Die Verschränkung der figurativen Skulptur mit der abstrakten Raum-Zeit-Architektur der zwanziger und dreissiger Jahre soll auch dazu beitragen, Raum und Plastik im »Raum-Plastischen« – dem Hauptprogramm der ArchiSkulptur in den fünfziger und sechziger Jahren – besser zu verstehen (siehe Kapitel 6). Zuvor wechseln wir aber noch auf die andere Baustelle über, auf der moderne Architektur sich anschickte, plastischer Körper zu werden (siehe Kapitel 4).

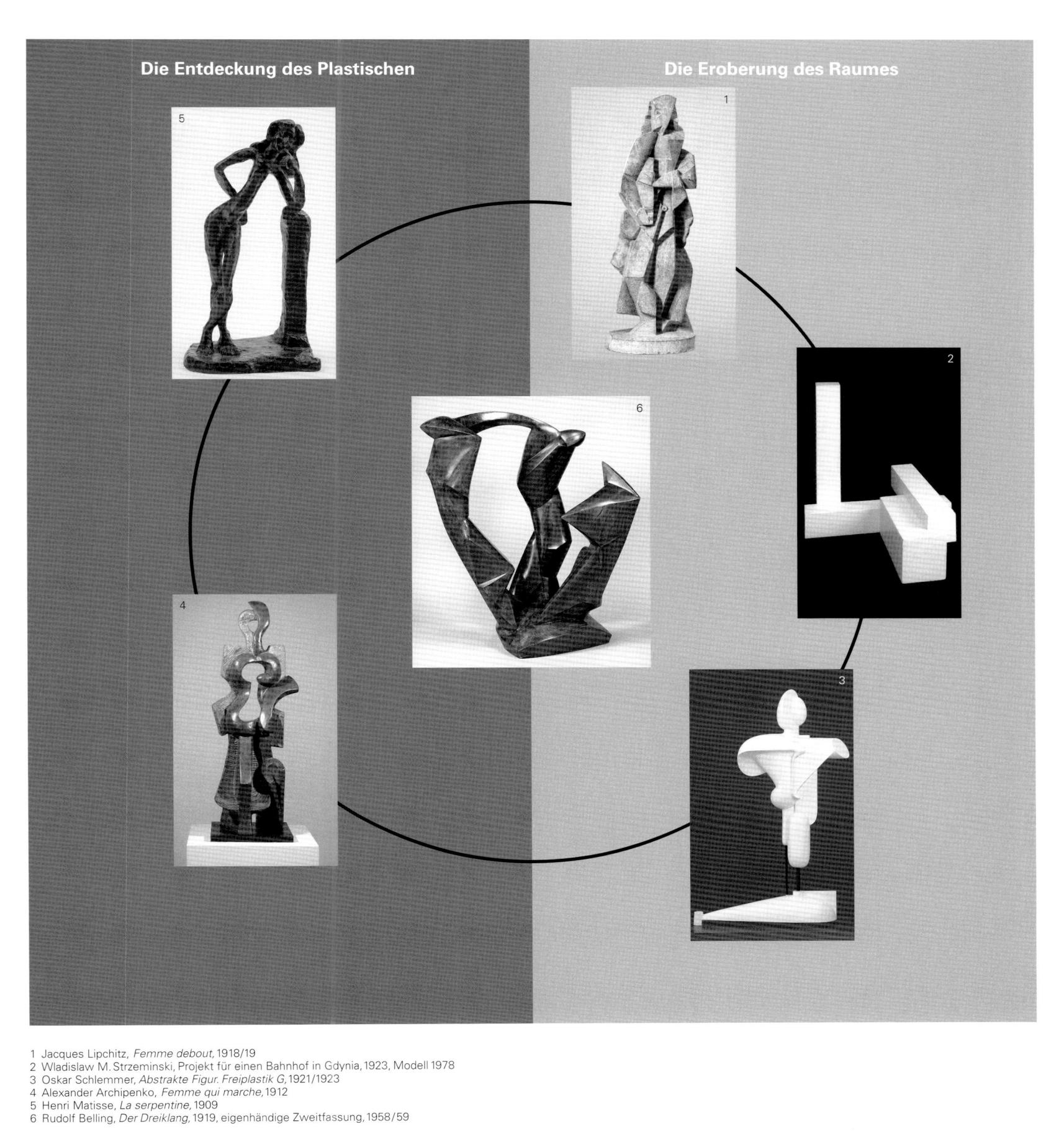

Die Entdeckung des Plastischen **Die Eroberung des Raumes**

1 Jacques Lipchitz, *Femme debout,* 1918/19
2 Wladislaw M. Strzeminski, Projekt für einen Bahnhof in Gdynia, 1923, Modell 1978
3 Oskar Schlemmer, *Abstrakte Figur. Freiplastik G,* 1921/1923
4 Alexander Archipenko, *Femme qui marche,* 1912
5 Henri Matisse, *La serpentine,* 1909
6 Rudolf Belling, *Der Dreiklang,* 1919, eigenhändige Zweitfassung, 1958/59

Paul Cézannes bekanntes Diktum, dass die »Natur nach Grundformen von Zylinder, Kugel und Kegel [zu] behandeln« sei (Cézanne 1957, S. 22), hat ihn zum Vater kubistischer Tendenzen in der Kunst des 20. Jahrhunderts gemacht. Auch wenn nachweislich Pablo Picasso und Georges Braque um 1906/07, als sie beide den Kubismus begründeten, Cézannes Ausspruch noch nicht gekannt haben konnten, ist das gemeinsame Interesse an der tektonischen Naturauffassung offensichtlich. Insbesondere Braques in L'Estaque entstandene Landschaften zeigen kristallin aufgesprengte Bildräume, die Gegenstand und Umraum in abstrakt-geometrische Strukturen übersetzen. An die neue Weltbetrachtung der Kubisten knüpfte um 1916 Naum Gabo an, um die Entwicklung einer neuen Kunst fortan mit dem technischen und wissenschaftlichen Fortschritt zu verbinden. Nicht mehr durch Stein und Marmor, sondern mittels Metall und Acrylglas wollte er in seinen konstruktiven Plastiken das neue Zeitbewusstsein veranschaulichen. Auch der Prager Kubismus wurde deutlich von Paris beeinflusst – seine Architektur vermutlich direkt von Raymond Duchamp-Villons 1912 entworfenem Modell der Maison cubiste (Burkhardt 1992, S. 100). Doch könnte für Josef Chochols berühmtes Eckhaus von 1913 auch die einheimische Barocktradition Vorbild gewesen sein. Hebt doch schon sein Zeitgenosse Pavel Janák in seinem Manifest *Prisma und Pyramide* (1911/12) lobend die Dynamisierung der bis dato flachen Aussenfassade gegenüber dem Gebäudekern hervor, was typisch für den Barock sei. *VW*

‹ Kat. 25 Paul Cézanne, *Pigeonnier de Bellevue*, 1888/1892, Öl auf Leinwand, 54,5 × 81,5 cm, Öffentliche Kunstsammlung Basel, Kunstmuseum, Schenkung Martha und Robert von Hirsch, Basel 1977

˪ Pablo Picasso, *Tête d'homme (Tête moustachue)*, 1910 oder 1912, Fondation Beyeler, Riehen/Basel

› Kat. 54 Naum Gabo, *Konstruktiver Kopf Nr. 2*, 1916/1965, Corten-Stahl, 90 × 61 × 61 cm, Universität Oslo

˅ Josef Chochol, Eckhaus in der Neklanova, Prag, 1913

Cézanne hat die gesamte Architektur des 20. Jahrhunderts vorweggenommen.
André Malraux

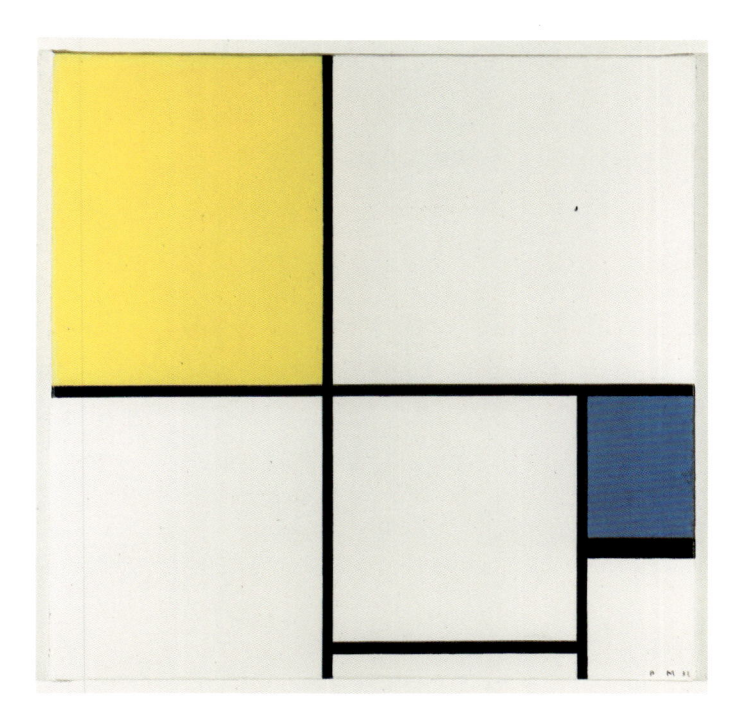

Die Künstler der De-Stijl-Gruppe forderten objektive Klarheit, Harmonie aus dem Gleichgewicht elementarer Kontraste und Rechtwinkligkeit. Piet Mondrian erreichte mit dem strengsten Kontrast sich kreuzender schwarzer Linien auf weissem Grund und einzelnen Farbfeldern ein subtiles, vollkommenes Gleichgewicht in der Fläche, die dennoch ihre Grenze transzendiert. Georges Vantongerloo benutzte mathematische Gleichungen, um das individuell willkürliche Moment der Formgebung zu reduzieren. Um 1930 streckte er die stereometrischen Körper seiner Skulpturen und öffnete sie für den Raum, um ihn hindurchfliessen zu lassen. Es entstanden plastische Raumgefüge. Sie lassen sich ebenso wenig aus einem Blickwinkel erfassen wie die aus kubischen, geschlossenen und offenen Raumvolumina bestehende De-Stijl-Architektur. Sowohl Theo van Doesburg und Cornelis van Eesteren als auch Gerrit Thomas Rietveld haben ihre Projekte und Gebäude innen und aussen reich gegliedert. Sie setzten Flächen, Linien und Farben als selbstständige Gestaltungsmittel ein, die lebhaft miteinander kontrastieren, eine Vielfalt von Tiefenschichten erzeugen und den Raum in das Wandrelief aus Flächen einbeziehen. *RHH*

⌐ Kat. 140 Piet Mondrian, *Komposition mit Blau und Gelb*, 1932, Öl auf Leinwand, 55,5 x 55,5 cm, Fondation Beyeler, Riehen/Basel; erworben mit einem Beitrag von Hartmann P. und Cécile Koechlin-Tanner, Riehen

‹ Kat. 43 Theo van Doesburg, Cornelis van Eesteren, Maison particulière, Projekt, 1923, Rekonstruktion des verlorenen Originalmodells, 1983, Karton, 65 x 70 x 45 cm, Modellbau: Tj. Mees, Collection Gemeentemuseum Den Haag, The Hague, The Netherlands

⇒ Gerrit Thomas Rietveld, Haus Schröder, Utrecht, 1924

⌐ Gerrit Thomas Rietveld, Haus Schröder, Utrecht, 1924, Innenansicht

› Kat. 179 Georges Vantongerloo, $3\sqrt{}\,L=h\ 4\sqrt{}\,L=b\ 5\sqrt{}\,L=L\ lieu\ géométrique$, Paris 1931, Holz, grau bemalt, 38 x 46,5 x 55 cm, jakob bill

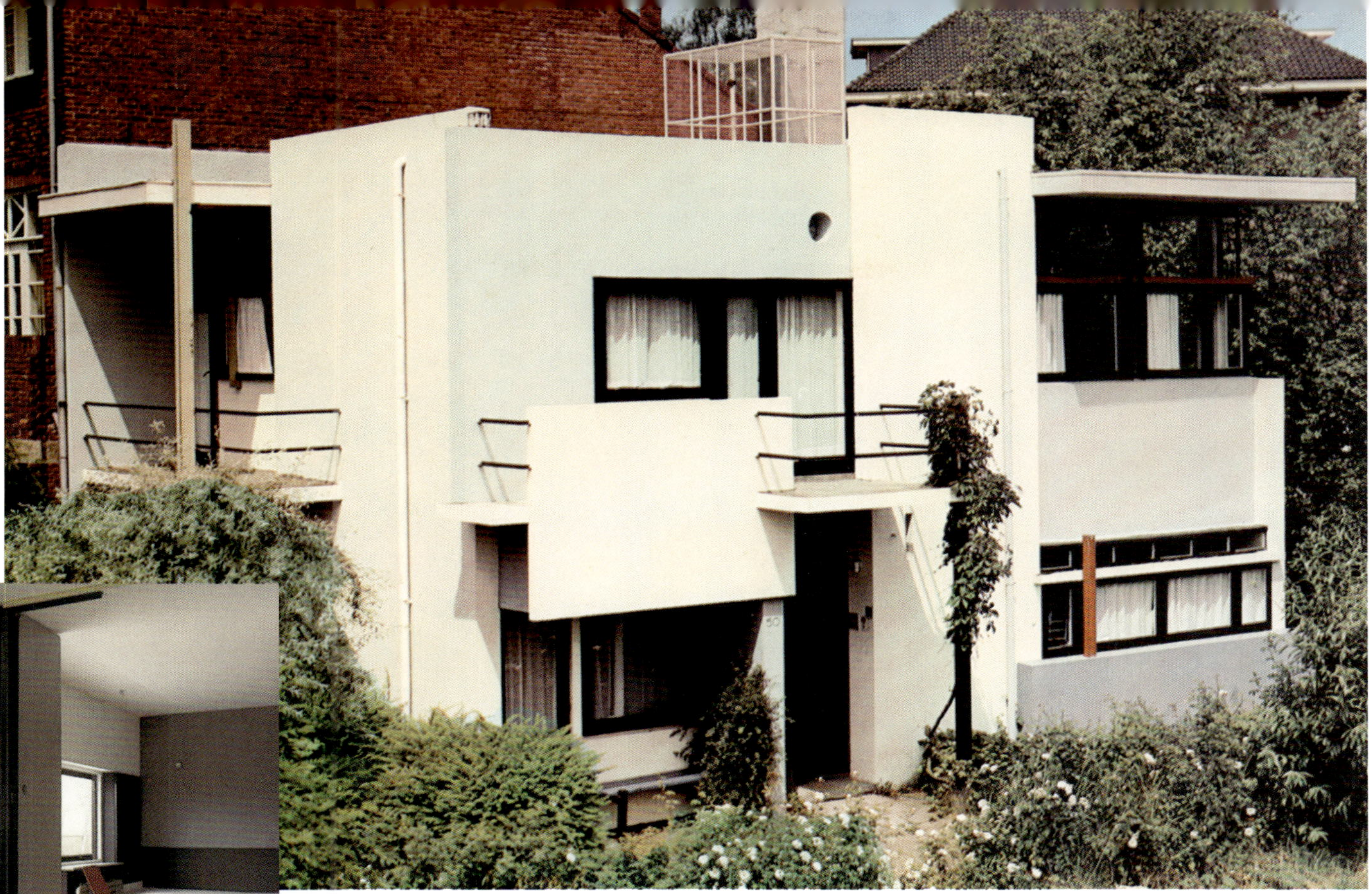

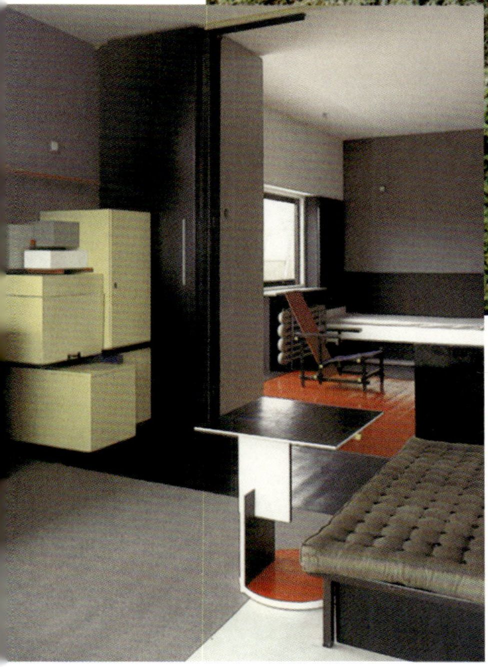

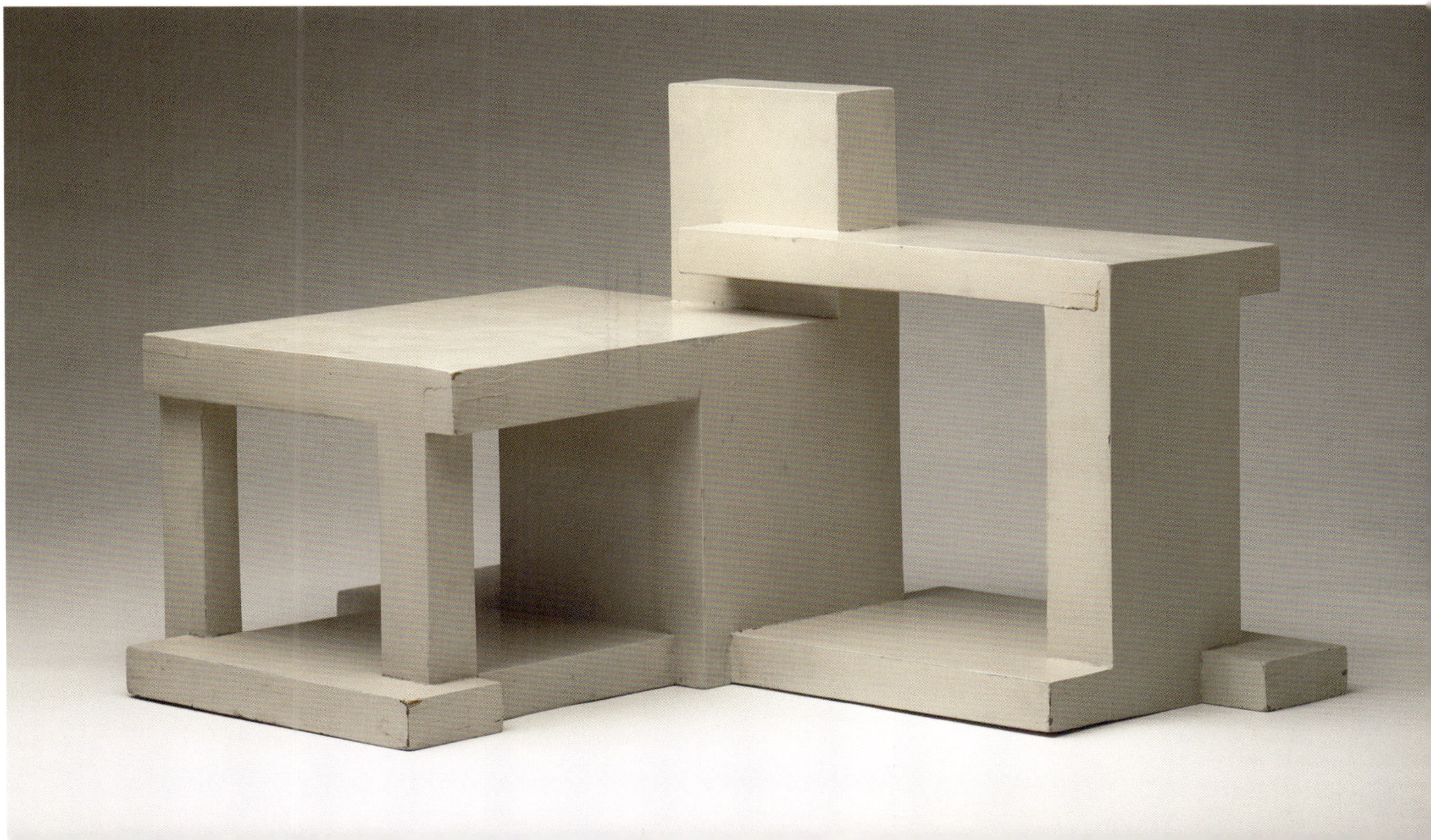

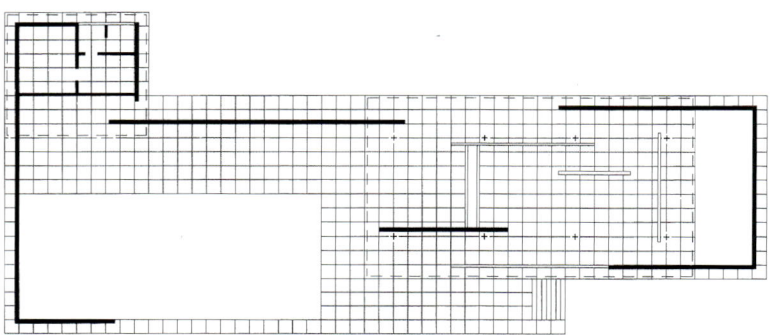

104

Der Deutsche Pavillon von Ludwig Mies van der Rohe (1929) für die Internationale Ausstellung in Barcelona gehört zu den fünf wichtigsten Bauwerken der Moderne. Der elegante Bau ist eine subtile Raum-Zeit-Komposition aus transparenten und geschlossenen Flächen, aus wohl gesetzten Stahlstützen, die die Scheibe des Daches tragen, und einer fein strukturierten Grundfläche, die die spiegelnde Oberfläche des Wasserbeckens vor dem Pavillon einfasst. Die Balance zwischen fliessendem und gefasstem Raum, zwischen Grundriss und Aufriss erzeugt beim Durchschreiten ein Gefühl der Harmonie, die derjenigen entspricht, die man beim Betrachten einer Skulptur aus der Blütezeit der Klassik wahrnimmt.

Der Bau der Fondation Beyeler von Renzo Piano schliesst an den Barcelona-Pavillon an: »Sein tektonischer Aufbau – über farbig gehaltenen Mauern und Glasscheiben schwebt ein weisses Dach –, der fliessende Übergang zwischen Innen und Aussen und der das Leichte betonende Pool sind Elemente, die man auch in Riehen wieder antrifft.« (Hollenstein 2001, S. 94)

Das Gleichgewicht von Volumen, Fläche und Raum ist auch das Thema von Georges Vantongerloos Werken. Dabei liegt der Reiz der beiden rund 40 Zentimeter grossen, versilberten Kupferobjekte zu *Aéroport* (1928) nicht zuletzt darin, dass unsere Wahrnehmung ständig zwischen der eines Architekturmodells und der einer autonomen Kleinskulptur wechselt. *MB*

‹ Kat. 180 Jeff Wall, *Morning Cleaning, Mies van der Rohe, Foundation, Barcelona,* 1999, Cibachrome in Leuchtkasten (Ausstellungskopie), 187 x 356 cm, Kunstsammlung Nordrhein-Westfalen, Düsseldorf. Die Ausstellungskopie ist eine Leihgabe des Künstlers an das Museum für Moderne Kunst, Frankfurt am Main

« Ludwig Mies van der Rohe, Deutscher Pavillon auf der Internationalen Ausstellung, Barcelona, 1929, Grundriss, massstäbliche Zeichnung: R. D. Weisse

Ludwig Mies van der Rohe, Deutscher Pavillon auf der Internationalen Ausstellung, Barcelona, 1929

Renzo Piano, Fondation Beyeler, Riehen/Basel, 1994–1997, Ansicht von Westen

Kat. 177 Georges Vantongerloo, *Aéroport: type B, série A,* Paris 1928, Modell, Metall, schwarz bemalt, 6,5 x 37,5 x 20 cm, dr. angela thomas schmid

Die hier abgebildeten Arbeiten sind als tektonische Gefüge organisiert, die jeweils von einem vertikalen Gestaltzentrum in den Raum ausgreifen, sich jedoch unterschiedlich zu ihm verhalten. Bei der *Knienden* bleibt der Raum an die Reliefebene der Figur gebunden, deren linear-plastisch aktivierte Energie das Bewegungsmotiv steigert. Dies ist Ausdruck der inneren Haltung der Figur, ihrer Spannung und Konzentration. Ludwig Mies van der Rohe setzte bei seinen Hochhausentwürfen innere Skelettkonstruktionen voraus und deutete sie im Modell schematisch an. Vorwiegend kam es ihm jedoch auf die expressiv kristalline oder organisch gewölbte gläserne Aussenhaut an, die ebenso transparent wie reflektierend ist. Er betonte das »Spiel von Lichtreflexen«, die das Gebäude für freiräumliche Werte öffnen und die rational-geometrische Form natürlich beleben. Bei Naum Gabo erscheint das Material selbst lichthaft. Seine *Säule* wurde zwar im Zusammenhang mit architektonischen Turmmodellen konzipiert, ist jedoch eine reine, hüllenlose Raumkonstruktion. Sie gibt den Blick auf die innere Struktur frei, auf den Kern der Konstruktion eines virtuellen Raumes, der den kontinuierlichen universalen Raum auffängt und rhythmisiert. *RHH*

‹ Ludwig Mies van der Rohe, Hochhaus an der Friedrichstrasse, Projekt, Berlin, 1921, Fotomontage, Bauhaus-Archiv Berlin

└ Naum Gabo, *Säule,* 1923/1975, Louisiana Museum of Modern Art, Humlebæk, Denmark

∨ Wilhelm Lehmbruck, *Kniende,* 1911, Skulpturensammlung, Staatliche Kunstsammlungen Dresden

› Kat. 135 Ludwig Mies van der Rohe, Hochhaus aus Glas, Projekt, 1922, Modell im Massstab 1:100 (Rekonstruktion), 1988, Stahlblech und -stangen, Acrylglas, Sperrholz, z.T. farbig gefasst, Glasturm H: 98 cm, Grundplatte: 51,5 x 51,5 x 112,5 cm, Modellbau: Wolfgang Schulz und Hannes Peil, Berlin, Bauhaus-Archiv Berlin

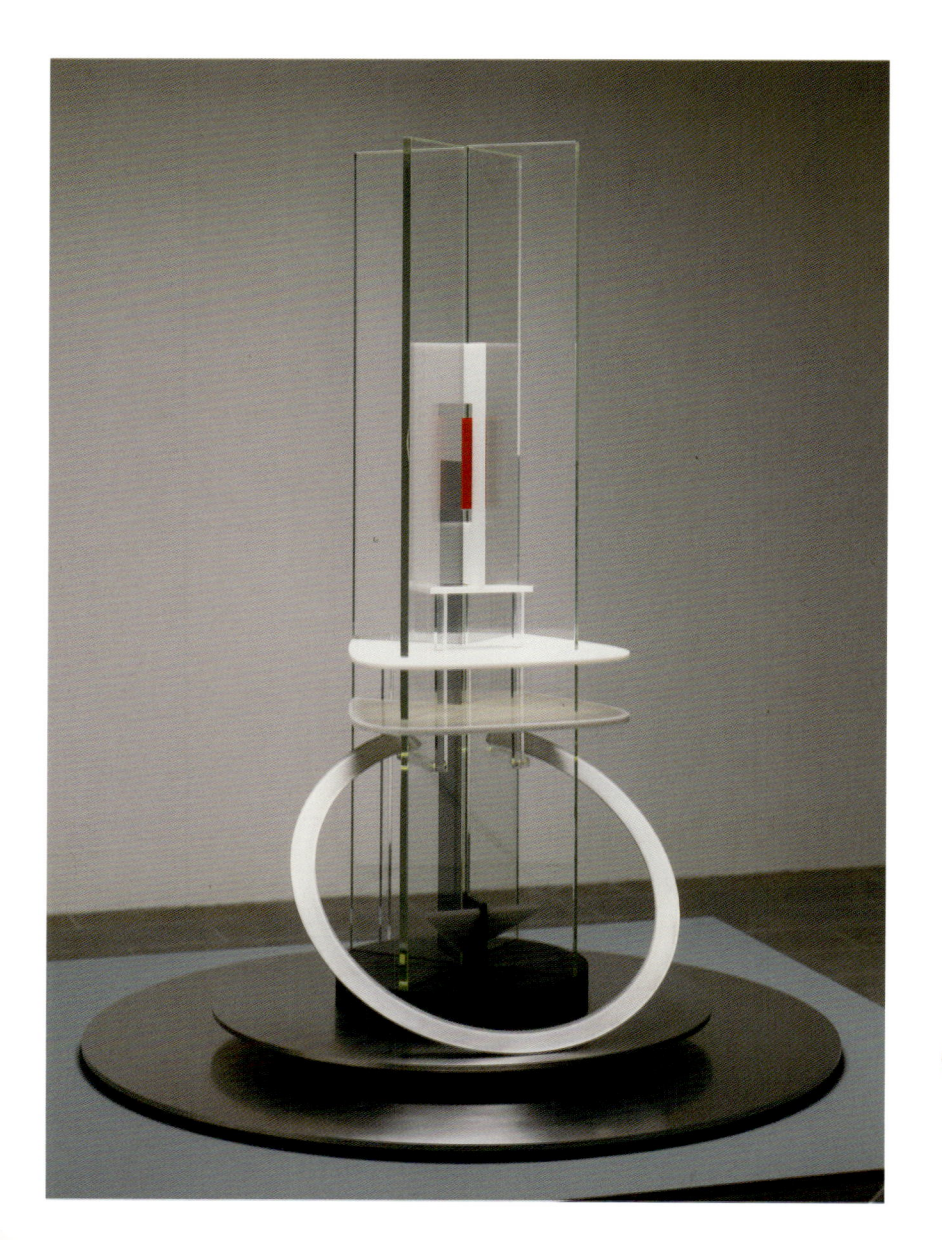

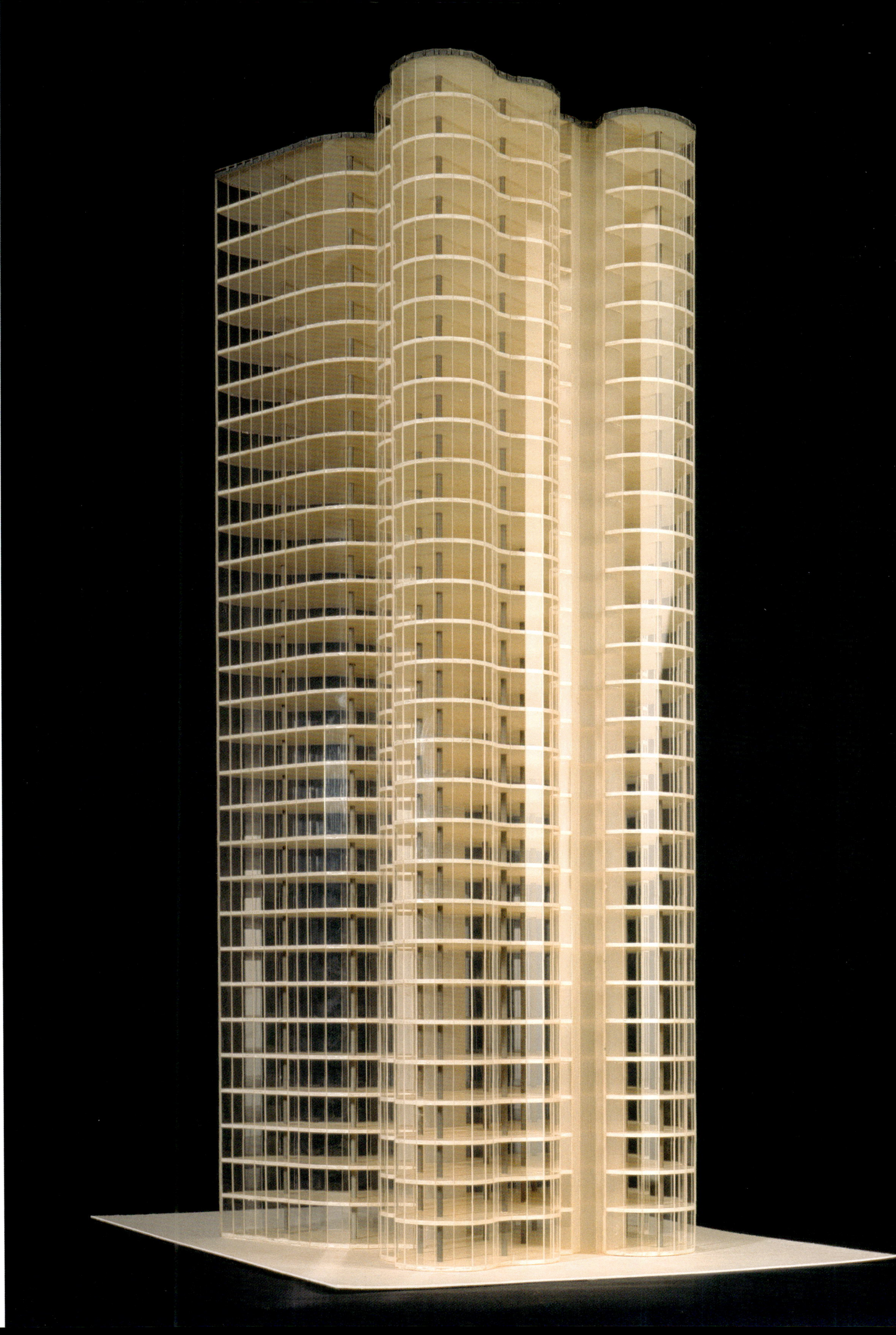

Der belgische Bildhauer, Maler und Architekt Georges Vantongerloo, der 1917 die holländische De-Stijl-Gruppe mitbegründete, wurde hauptsächlich durch seine modellartigen geometrischen Konstruktionen bekannt, in denen er Leerraum und Plastik miteinander verschränkt. Kubische und scheibenartige Volumenteile werden horizontal und vertikal frei komponiert, wobei er immer stärker den Raum mit einbezieht. Damit kommt er der modernen Architektur eines Ludwig Mies van der Rohe und eines Theo van Doesburg, aber auch der eines Frank Lloyd Wright sehr nahe. Der Amerikaner Wright, der Picasso unter den Architekten, erfand schon um 1900 seinen berühmten Prärie-Haustyp – lange bevor Le Corbusier sein Domino-Prinzip (1914) entwickelte und Mies van der Rohe 1929 seinen Barcelona-Pavillon baute. Flache, in sich verschachtelte Baukörper gruppieren sich um einen Kern und greifen wie Flügel in den Raum aus. In seinem legendären Haus Fallingwater (1934–1937) schrauben sich die Raumschachteln »windmühlenförmig« (Winfried Nerdinger) um einen kubischen Kamin, der auf einen Felsen aufgesetzt wurde. Die horizontalen Stahlbetonquader scheinen über dem Wasserfall zu schweben und verbinden so die geometrische Architektur mit der organischen Natur. *MB*

‹ Frank Lloyd Wright, Fallingwater, Edgar J. Kaufmann Haus, Mill Run, Pennsylvania, 1934–1937

└ Kat. 107 Fernand Léger, *Les trois femmes et la nature morte*, 1921, Öl auf Leinwand, 60 x 91,5 cm, Fondation Beyeler, Riehen/Basel

› Kat. 185 Frank Lloyd Wright, Fallingwater, Edgar J. Kaufmann Haus, Mill Run, Pennsylvania, 1934–1937, Modell im Massstab 1:33⅓, 2002, Linde, Fichte, massiv, gesandstrahlt, 65 x 135 x 90 cm, Modellbau: Martin Riechel, Toralf Sontag, Bauhaus Universität Weimar – Lehrstuhl Entwerfen und Innenraumgestaltung, Prof. Dr. Ing. habil. Egon Schirmbeck, Dipl. Ing. Arch. Kerstin Hohm

⌄ Kat. 178 Georges Vantongerloo, *Construction des rapports des volumes qui émane de l'hyperbole équilatère xy=k*, Paris 1929, Original: Zement, Rekonstruktion unter der Aufsicht von Max Bill, 1979, Messing, bemalt, 45 x 105 x 45 cm, dr. angela thomas schmid

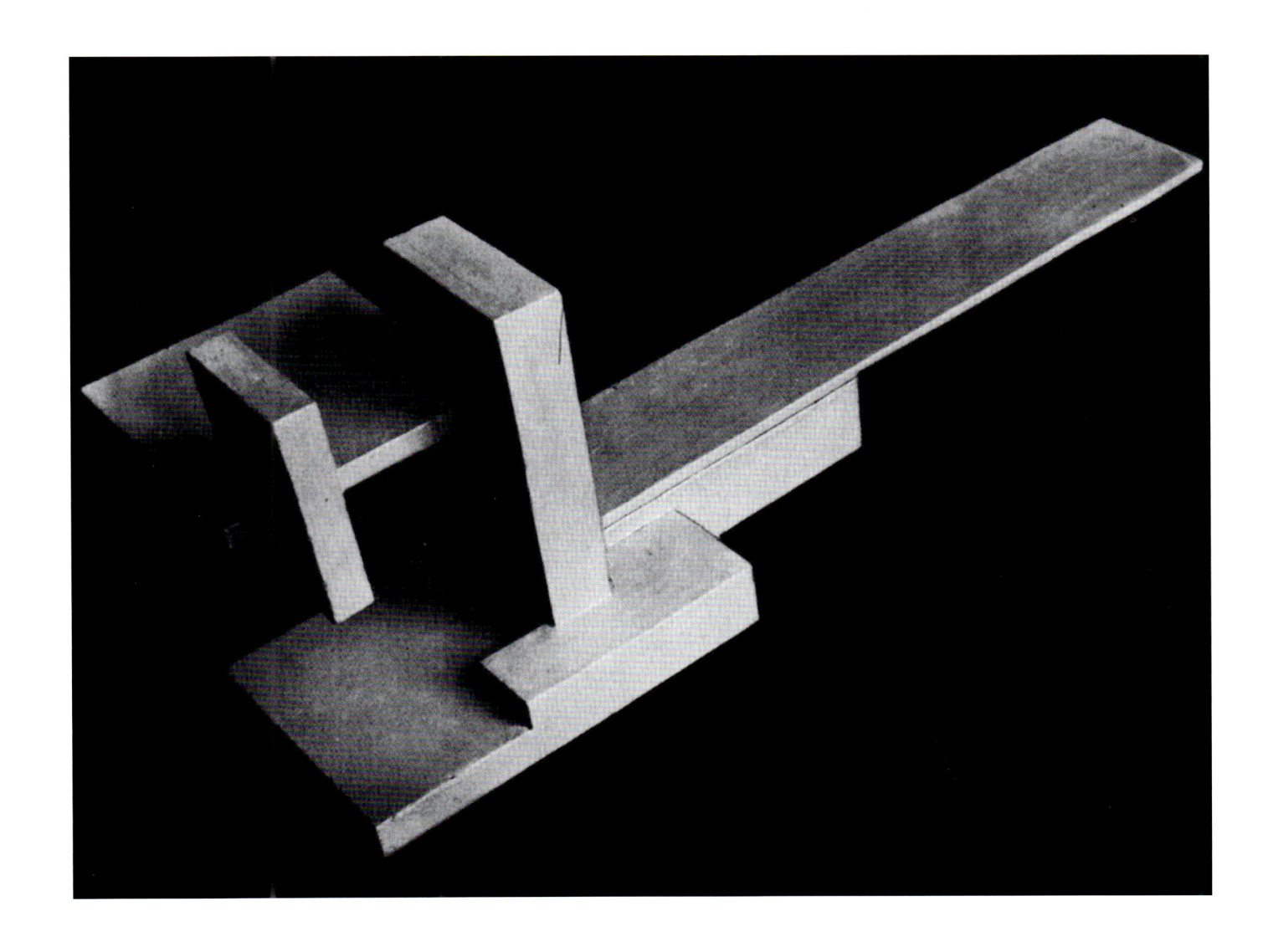

⌐ Kat. 154 Hans Poelzig, Wegkapelle in Majolika, 1921, Modell, Gips, 41 x 33,5 x 25 cm, Badisches Landesmuseum Karlsruhe

∧ Kat. 101 Paul Klee, *Die Kapelle*, 1917, 127, Aquarell und weisse Tempera auf Papier auf Karton, 29,5 x 15 cm, Fondation Beyeler, Riehen/Basel

› Kat. 23 Georges Braque, *Maisons et arbre*, 1907/08, Öl auf Leinwand, 40,5 x 32,5 cm, Musée d'Art Moderne, Villeneuve-d'Ascq, Schenkung Geneviève et Jean Masurel 1979

» Kat. 114 Jacques Lipchitz, *Femme debout*, 1918/19, Kunststein, H: 97,5 cm, Öffentliche Kunstsammlung Basel, Kunstmuseum, Schenkung Dr. h. c. Raoul La Roche 1963

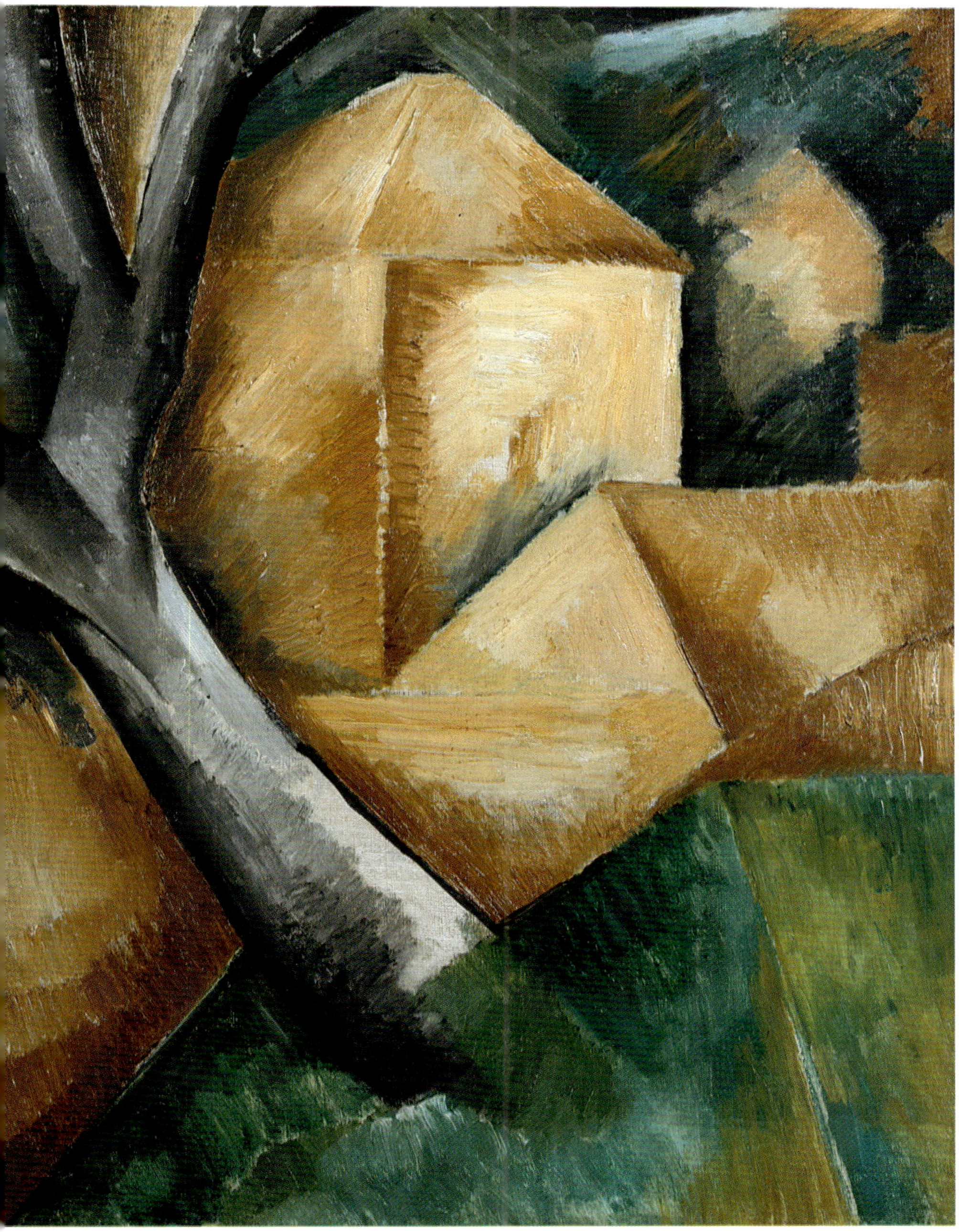
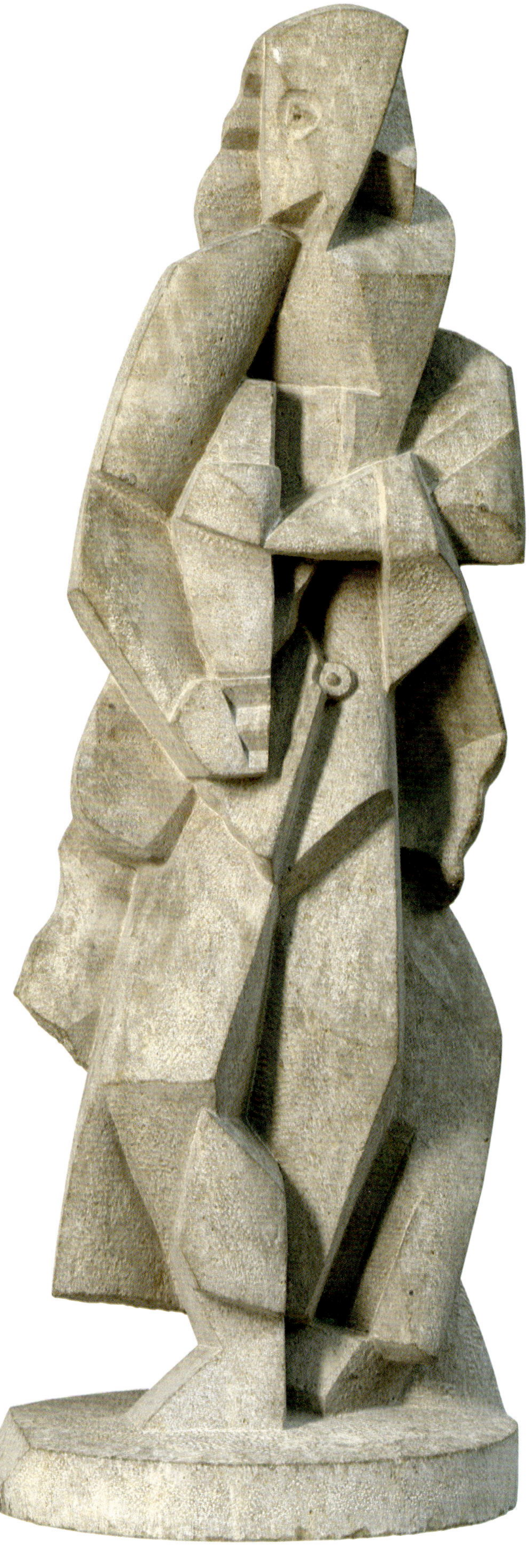

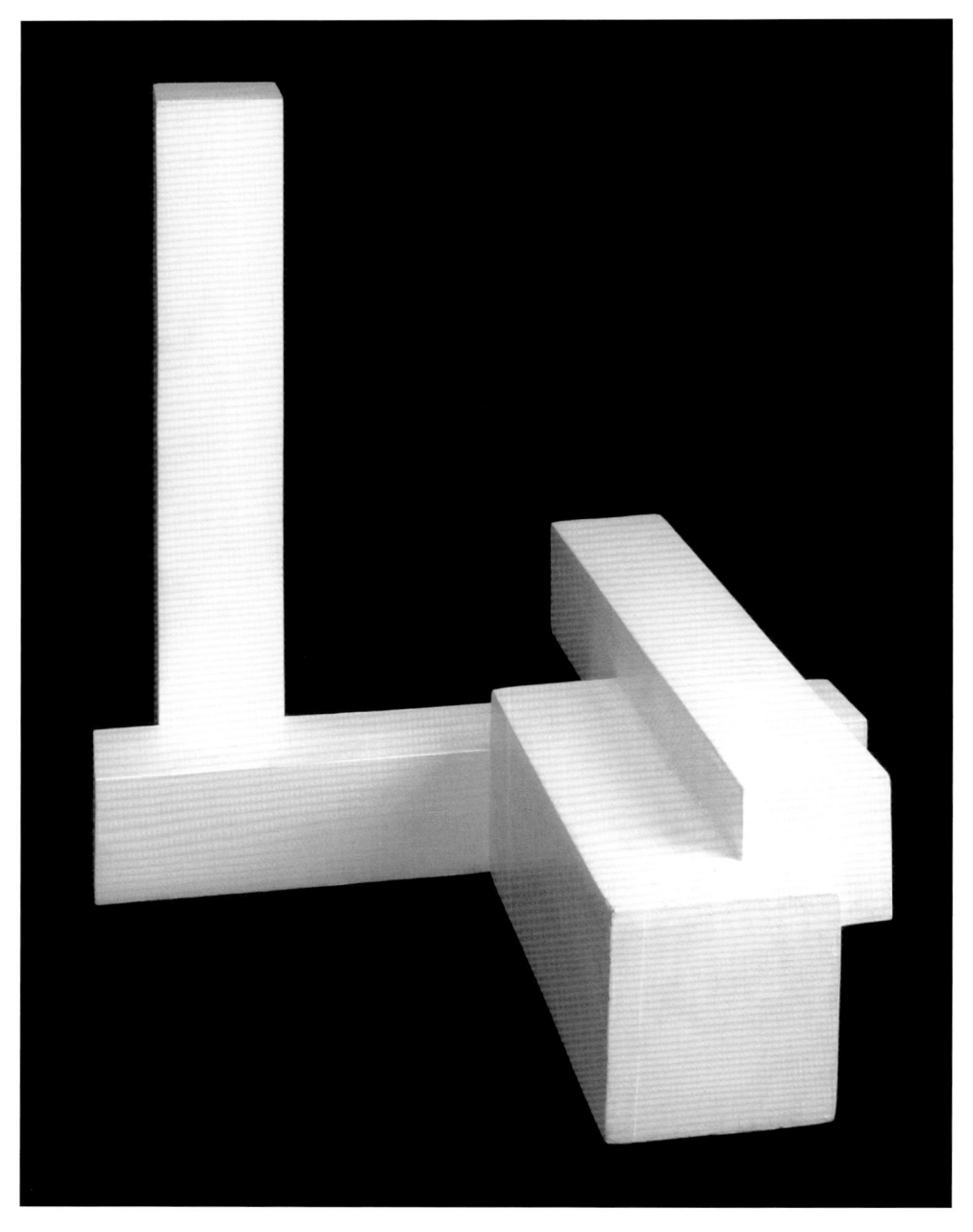

∧ Kat. 171 Wladislaw Strzeminski, Projekt für einen Bahnhof in Gdynia, 1923, Modell (Rekonstruktion), 1978, Holz, Emulsion, 60 x 60 x 65 cm, Muzeum Sztuki, Lodz

‹ Ludwig Mies van der Rohe, Denkmal für Karl Liebknecht und Rosa Luxemburg, Berlin-Lichtenberg, 1926

› Kat. 69 George Grosz, *Konstruktion*, 1920, Öl auf Leinwand, 81 x 61 cm, Kunstsammlung Nordrhein-Westfalen, Düsseldorf

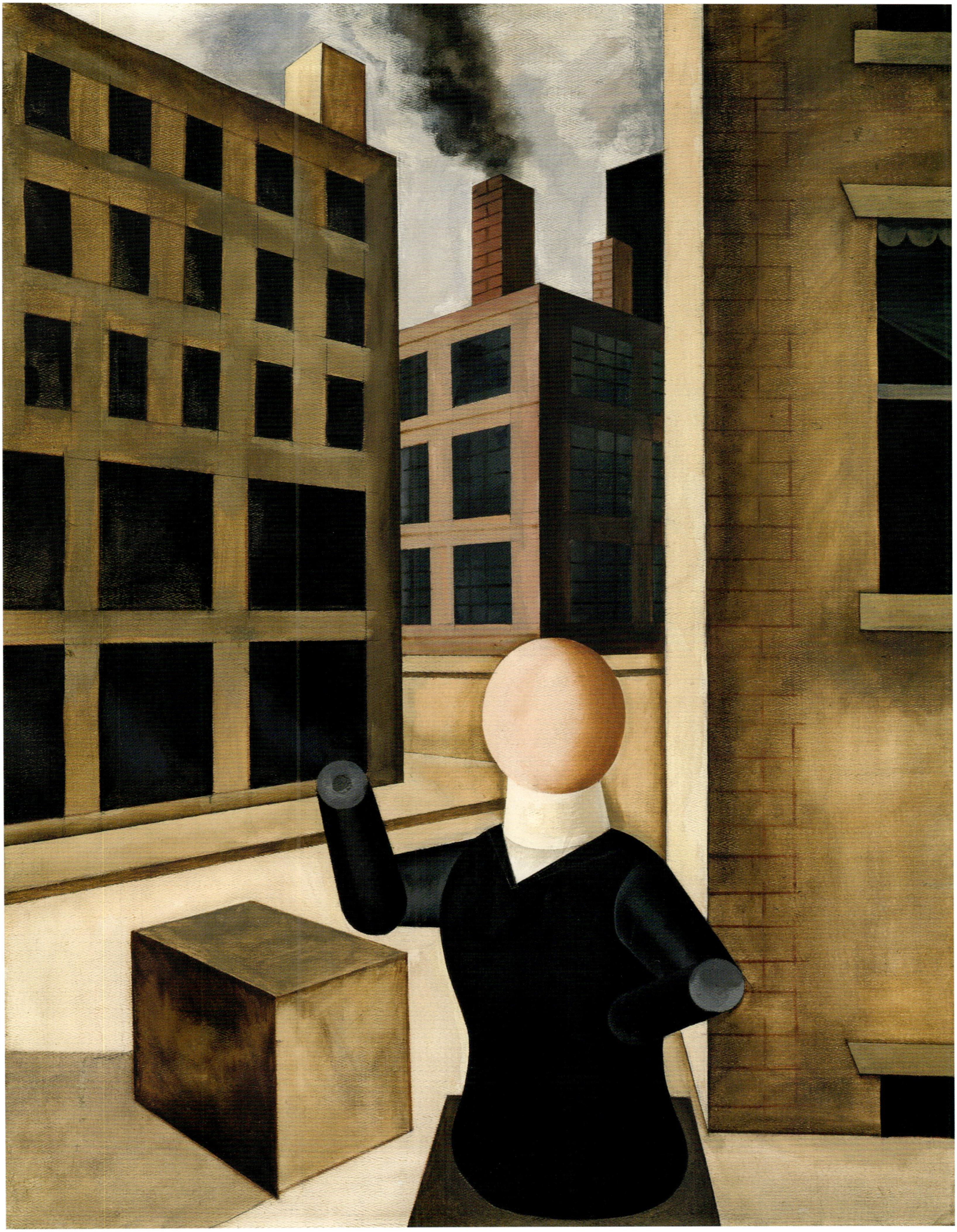

Kat. 162 Oskar Schlemmer, *Abstrakte Figur. Freiplastik G,* 1921/1923, Gips, in der Ausstellung: Bronzeabguss, ab 1961, vernickelt, 105,5 x 62,5 x 21,4 cm, Privatsammlung

4. Die Entdeckung des Plastischen 1910–1930
Expressionismus in der Architektur Markus Brüderlin

Der skulpturale Körper öffnet sich dem Raum, nimmt konstruktive Strukturen an und wird Teil einer geometrisch-rationalen Raumgestaltung. Das ist die Essenz der vom Kubismus beeinflussten Zergliederung der menschlichen Figur, die die Skulptur konsequent in eine offene, dynamische Architektur auflöst. Auf der anderen, der »expressionistischen« Seite dagegen legen die Architekten Bleistift und Lineal beiseite, wechseln vom Reissbrett zum Modelliertisch und kneten aus Plastilin und Lehm Gebäude mit einem einheitlichen plastischen Volumen. Der Architekt ist nicht mehr der Gestalter von Räumen, die objektive Funktionen beherbergen, sondern der Demiurg, der eine neue Architektur, eine neue Welt formt. Es war nicht zuletzt die auftragslose und moralisch zerrüttete Zeit nach dem Ersten Weltkrieg, die die Fantasie der Künstler und Architekten im Umkreis der Gläsernen Kette und des Arbeitsrates für Kunst im Hinblick auf eine visionäre Architektur beflügelte. 1919 rief Walter Gropius (1883–1969) die jungen Architekten dazu auf, zwischen »Sternensehnsucht und Alltagsarbeit« zu unterscheiden und »Idealprojekte« jenseits des Zweckrationalen zu entwerfen. Er selbst wechselte, wie beispielsweise Wassili Luckhardt (1889–1972) oder Bruno Taut (1880–1938), der 1923 Stadtbaurat in Magdeburg wurde, kurz darauf das Lager und widmete sich als Direktor des Bauhauses dem Bau von Fabriken und Wohnsiedlungen.

Hermann Finsterlin (1887–1973), der studierte Naturwissenschaftler und Maler, blieb dagegen seiner Abneigung

Kat. 133 Erich Mendelsohn, Einsteinturm, Potsdam, 1919–1921, Kopie des Originalmodells (1917/1921), 1997, Gips, Holz, 36 x 60 x 25 cm, Deutsches Architektur Museum, Frankfurt am Main

»gegen das Wohnen in Würfeln« treu und entwarf fortan Traumhäuser, »in denen [...] er in der Fantasie lebte« (zit. nach Döhl 1988, S. 9 f.; Kat. 51, S. 123). »Seelengletschermühlen« nannte er seine hauptsächlich gezeichneten, aber teils auch als Miniaturen modellierten, schneckenhausartigen Bauten, die lange Zeit als Kuriosum galten. Le Corbusier (1887–1965) brandmarkte sie damals in seiner Zeitschrift L'Esprit nouveau als dekadente Formwucherungen. Von den heutigen »Blobmeistern«, die ihre biomorphe Architektur am Computer programmieren, werden seine Entwürfe dagegen als Pionierleistung gefeiert (Abb. S. 122 o.). Die organhaften, höhlenartigen, aber auch kristallinen Modelle sah der Süddeutsche als Boten einer Kulturstufe, die der »geometrischen Weltepoche« folgen sollte.

In gleicher Weise verstand Erich Mendelsohn (1887–1953) sein durchmodelliertes astronomisches Observatorium auf dem Potsdamer Telegrafenberg, das 1921 fertig gestellt wurde (Abb. oben, S. 121), als expressionistisches Gegenmodell zum rationalistischen, industriellen Bauen.

Unverkennbar sind die anthropomorphen und physiognomischen Anmutungsqualitäten des »grimmig[en], dräuend[en], trotzig[en]« Baukörpers (Pehnt 1998, S. 182), der in der Kuppel einen Coelostaten und im Sockel ein Labor zur Sonnenbeobachtung beherbergen sollte. Der modellierende Architekt schien die praktischen Bedürfnisse der Astronomen instinktiv in der »Kontourfixierung eines plötzlichen Gesichtes« (Pehnt 1998, S. 180) abgebildet gesehen zu haben. Diese Übereinstimmung von Zweck und Ästhetik bezeichnete Mendelsohn als »Funktionelle Dynamik«. Allerdings erfüllte das Observatorium, das zur Bestätigung von Albert Einsteins »allgemeiner Relativitätstheorie« konzipiert wurde, seinen ursprünglichen Zweck nicht. Das expressive Gebäude war mehr Denkmal denn Labor, was die monolithische Blockhaftigkeit des »Ein Stein«-Turmes, wie ein Zeitgenosse die Erscheinung auf den Namensgeber bezog, unterstützt. Paul Westheim kritisierte die konservative Anlehnung an die wilhelminische Denkmalkultur und zitierte als Beispiel das Völkerschlachtdenkmal von Bruno Schmitz, das in Leipzig 1913 fertiggestellt wurde (vgl. Pehnt 1998, S. 182).

Allerdings entdeckt man diese durch den Technizismus der Moderne geächteten, plastisch-expressiven Monumente heute als wichtige Vorläufer der skulpturalen Architektur wieder.

Mendelsohns Einsteinturm knüpft also an die verschiedensten Traditionen und Kategorien der Gestaltung an. Er bildet so einen Höhepunkt der modernen ArchiSkulptur. Als Monument verstanden, setzt der himmelragende Bau die Typologie des Denkmals und deren Mischung aus Kunst, Architektur und Geschichte fort. Als plastische expressionistische Architektur weist er der abstrakten, betretbaren Grossskulptur der fünfziger Jahre (Henry Moore, André Bloc) den Weg. Als technisch-wissenschaftlicher Zweckbau spiegelt er den Fortschrittsoptimismus der Avantgarde seiner Zeit. Diesen Aspekt wollen wir durch den Vergleich mit einem figurativen Werk hervorheben, das im gleichen Jahr entstanden ist: mit Oskar Schlemmers (1888–1943) *Abstrakter Figur* (Kat. 162, S. 114). Eigentlich zählt der Künstler zum Lager der objektiven Geometriker, zum Bauhaus also, dem er als Leiter der Bildhauerei-Abteilung zunächst in Weimar und dann in Dessau angehörte. Doch wie wir im vorigen Kapitel einen subjektiven Expressionisten, Wilhelm Lehmbruck, vor dem Rationalisten Ludwig Mies van der Rohe platziert haben, so sollen hier durch die direkte Konfrontation die konzeptionellen Unterschiede zwischen den Körperplastikern und den Raumkonstrukteuren verdeutlicht werden. Schlemmers Thema ist das Verhältnis von Körper und Raum. Die menschliche Figur ist das Mass aller Dinge und ihre proportionale Harmonie soll sich mit der »edelsten Messkunst«, mit der Architektur, verbünden. Die plastischen Teile des Körpervolumens entsprechen dem Luftvolumen des von Architektur umbauten Raumes. Umgekehrt modelliert die tektonische Gliederung des skulpturalen Körpers die umgebende Architektur. Gegenüber der »abstrakten Figur« wirkt der Raumkörper des Einsteinturms von Mendelsohn »barock«, das heisst wie eine einheitlich von innen nach aussen expressiv wirkende Masse, die dort aufhört, wo sie durch die Oberflächen begrenzt wird. Er scheint aus einem Guss zu sein. Schlemmers »Gliederpuppe« artikuliert sich wie raumzeitlich angeordnete Bauglieder, die auch erweiterbar sind. Übernimmt bei Mendelsohn die Architektur die Funktion expressiver Skulptur, so arbeitet die Skulptur bei Schlemmer wie raumdefinierende Architektur.

Wohl nie in der Geschichte des Gestaltens haben Skulptur und Architektur in einem so vielfältigen Wechselverhältnis zueinander gestanden wie in dieser Zeit. Das spiegelt sich auch in zwei anderen Objekten wider. Im April 1914 wurde auf der Kölner Werkbund-Ausstellung das legendäre Glashaus, der Pavillon des Luxfer-Prismen-Syndikats, von Bruno Taut eröffnet (Kat. 173, S. 118 r.), eine Lichtarchitektur, die keine historischen Vorbilder kannte und aus dem visionären Geiste des Lyrikers und Kosmotheisten Paul Scheerbart (1863–1915) geboren wurde. Über einer vierzehnseitigen Trommel erhob sich ein Tragwerk aus Stahlbetonrippen, die ein rhomboides Gitter bildeten und in einer »blumenhaft zarten« Kuppel abschlossen. Fünf Jahre später schuf der Bildhauer Rudolf Belling (1886–1972) den *Dreiklang* – ein Modell, bei dem drei abstrahierte Figuren aus der Basis emporwachsen. Zwei davon vereinigen sich oben zu einem kuppelartigen Abschluss (Kat. 7, S. 119). Sechs Meter hoch sollte die Realisierung des Entwurfs werden, aus Ziegeln gemauert. Im Unterschied zu dem doppelt verglasten, leichten Kuppelbau von Taut, der ein transluzides Inneres klar vom Aussenraum trennte, durchdringen sich in der Skulptur der Umraum und der Luftraum, den die plastischen Glieder aussparen. Belling und Taut brachten in ihren ArchiSkulpturen das Organische mit dem Kristallinen zur Deckung – zwei Pole der lebenden und der anorganischen Natur, die dann ab 1924 in einem noch viel grösseren plastisch-expressiven Bauwerk zu einem monumentalen Manifest des Geistes vereinigt werden sollten: dem zweiten Goetheanum von Rudolf Steiner (1861–1925) in Dornach bei Basel. In Wien entstand ab 1926 das Gegenstück, das kubisch-rationale Haus des Philosophen Ludwig Wittgenstein (1889–1951). Beide fassen nochmals die Polarität von Geometrie und Organik zusammen, die diese Zeit nicht nur im Bereich der Architektur und Kunst beherrschte (siehe Kapitel 5).

Expressionismus　　　　　　　　　　　　　　　　　　　　　　　　**De Stijl – Bauhaus**

1 Bruno Taut, Glashaus, Werkbund-Ausstellung 1914, Modell, 1993
2 Rudolf Belling, *Der Dreiklang,* 1919, eigenhändige Zweitfassung, 1958/59
3 Wilhelm Lehmbruck, *Gestürzter,* 1915/16
4 Ludwig Mies van der Rohe, Deutscher Pavillon auf der
　Internationalen Ausstellung, Barcelona, 1929
5 Erich Mendelsohn, Einsteinturm, Potsdam, 1919–1921, Kopie des
　Originalmodells (1917/1921), 1997
6 Oskar Schlemmer, *Abstrakte Figur. Freiplastik G,* 1921/1923
7 Ludwig Mies van der Rohe, Hochhaus aus Glas, Projekt, 1922, Modell, 1988
8 Hermann Finsterlin, Villayette – Modell einer Villa, 1952
9 Frank Lloyd Wright, Fallingwater, Edgar J. Kaufmann Haus, Mill Run,
　Pennsylvania, 1934–1937

Vom Licht der Sonne durchströmt, thront das Kristallhaus wie ein glitzernder Diamant über allem.
Paul Scheerbart

»Auf der Schau am Kölner Rheinufer [der Deutschen Werkbund-Ausstellung 1914] begrüßte der Bau [das Glashaus von Bruno Taut], der je nach Stimmungslage der Betrachter mit einem Spargelkopf, den Knospenfotos Karl Blossfeldts oder mit dem delphischen Omphalos verglichen wurde, die Ankömmlinge [...]. Von der Freitreppe schraubte sich an jeder Seite eine äußere Treppe in den oberen Saal, der sich ›wie eine funkelnde Gehirnschale‹ wölbte. Scheerbarts Anregung folgend, war die Kuppel doppelt verglast, innen mit reliefartig strukturierten Prismen, außen mit Spiegelglas. [...] Abends wurde der Saal durch ein farbiges Glühbirnenbukett sowie durch Milchglaskugeln in der heiligen Zahl Sieben erleuchtet und glühte dann wie Aladins Wunderlampe.« (Pehnt 1998, S. 103 und 105)

»Darum verarbeite ich Luft ebenso wie festes Material und erreiche, daß der Durchbruch, früher ›tote Form‹ genannt, denselben Formwert darstellt wie seine Eingrenzung, das bearbeitete Material. [...] Die Luft ist neidisch und der größte Gegner für die vollkommene harmonische Wirkung, wenn sie nicht mitverarbeitet und berücksichtigt wird. Das sollten sich auch unsere Architekten merken, die ihre Werke auf dem Reißbrett entstehen lassen und weder den Mut noch die Kraft haben, den Bleistift vom Brett abzuheben, weil das Zeichenpapier dem Stift nicht nachkommt.« (Rudolf Belling, 1920, zit. nach Belling 2002)

^Kat. 173 Bruno Taut, Glashaus, Werkbund-Ausstellung 1914, Modell (Rekonstruktion), 1993, Acrylglas, Messing, MDF, Modell: 90 × 120 × 165 cm, Kaleidoskop: 55 × 60 × 170 cm; Umrandung A: 90 × 120 × 165 cm; Umrandung B: 160 × 280 × 40 cm, Modellbau: Michael Kurz und David Ralston, Werkbundarchiv – Museum der Dinge, Berlin

˩ Bruno Taut, Glashaus mit Kaskadenfall, Deutsche Werkbund-Ausstellung 1914

> Kat. 7 Rudolf Belling, *Der Dreiklang*, 1919, eigenhändige Zweitfassung, 1958/59, Hartholz (Rüster), 91 × 73 × 80 cm, Stiftung Wilhelm Lehmbruck Museum – Zentrum Internationaler Skulptur, Duisburg

Zitat: Paul Scheerbart, zit nach Pehnt 1998, S. 106

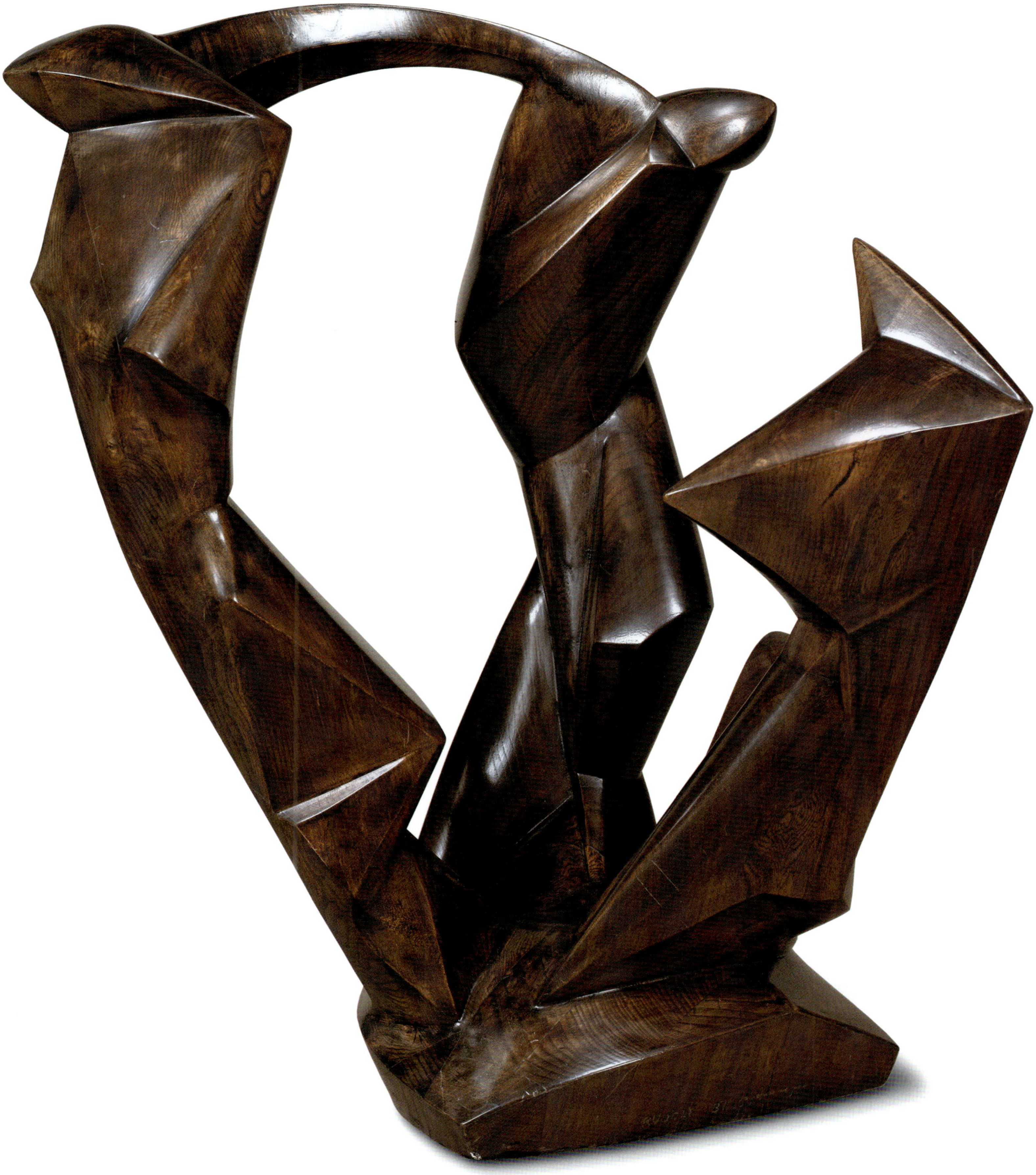

‹ Kat. 163 Oskar Schlemmer, *Ruheraum,* 1925, Öl auf Leinwand, 110 × 90 cm, Staatsgalerie Stuttgart

⌄ Kat. 161 Oskar Schlemmer, *Bauplastik R,* 1919, Gips, 100 × 31,5 × 8 cm, Privatsammlung

⌄ Erich Mendelsohn, *Einsteinturm*, 1919, Privatbesitz Bremen

› Erich Mendelsohn, Einsteinturm, Potsdam, 1919–1921

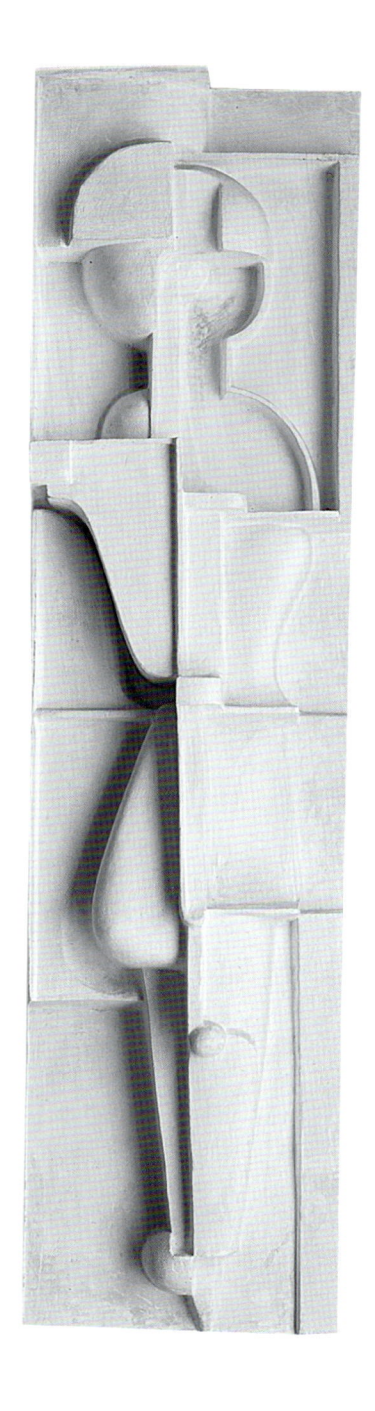

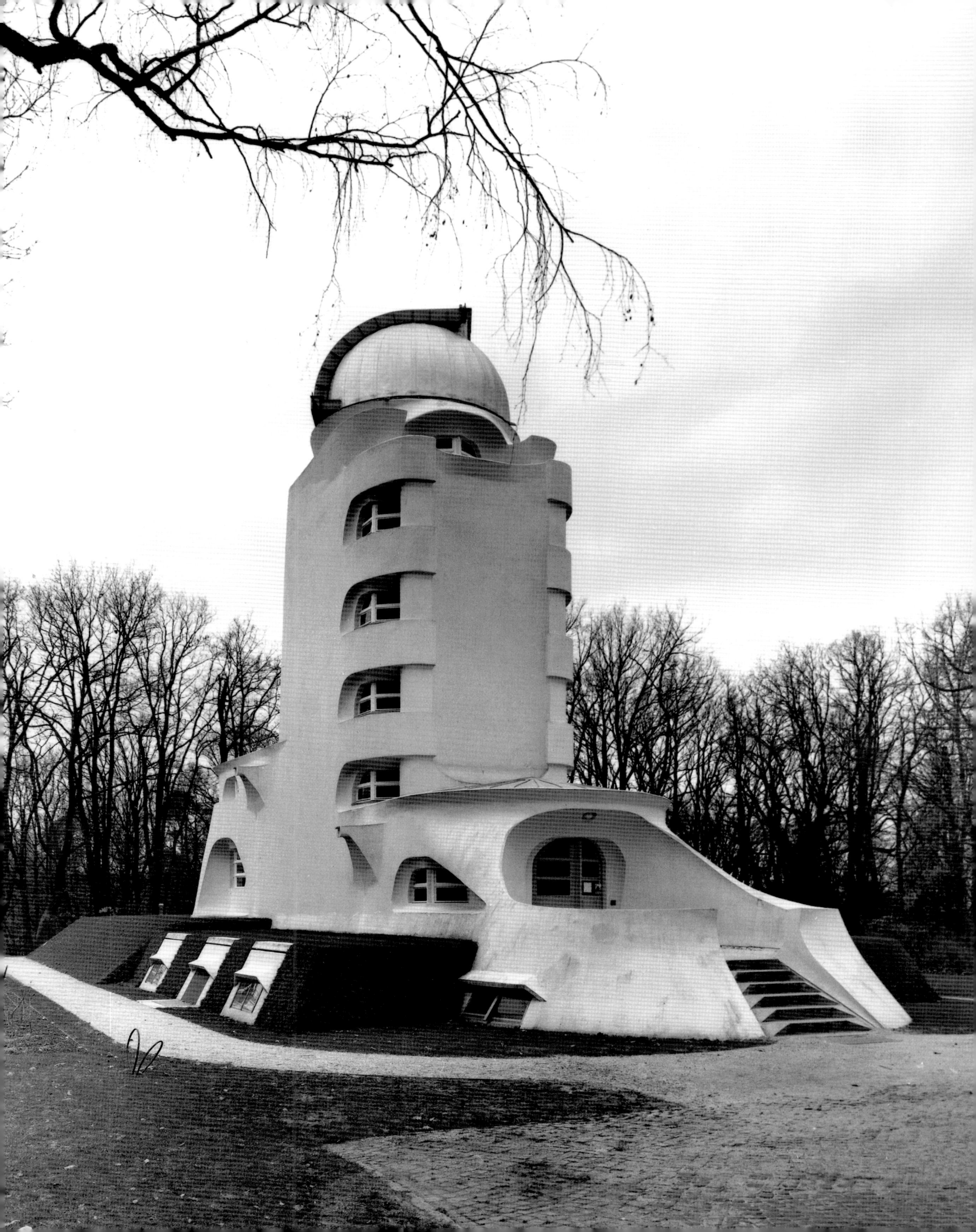

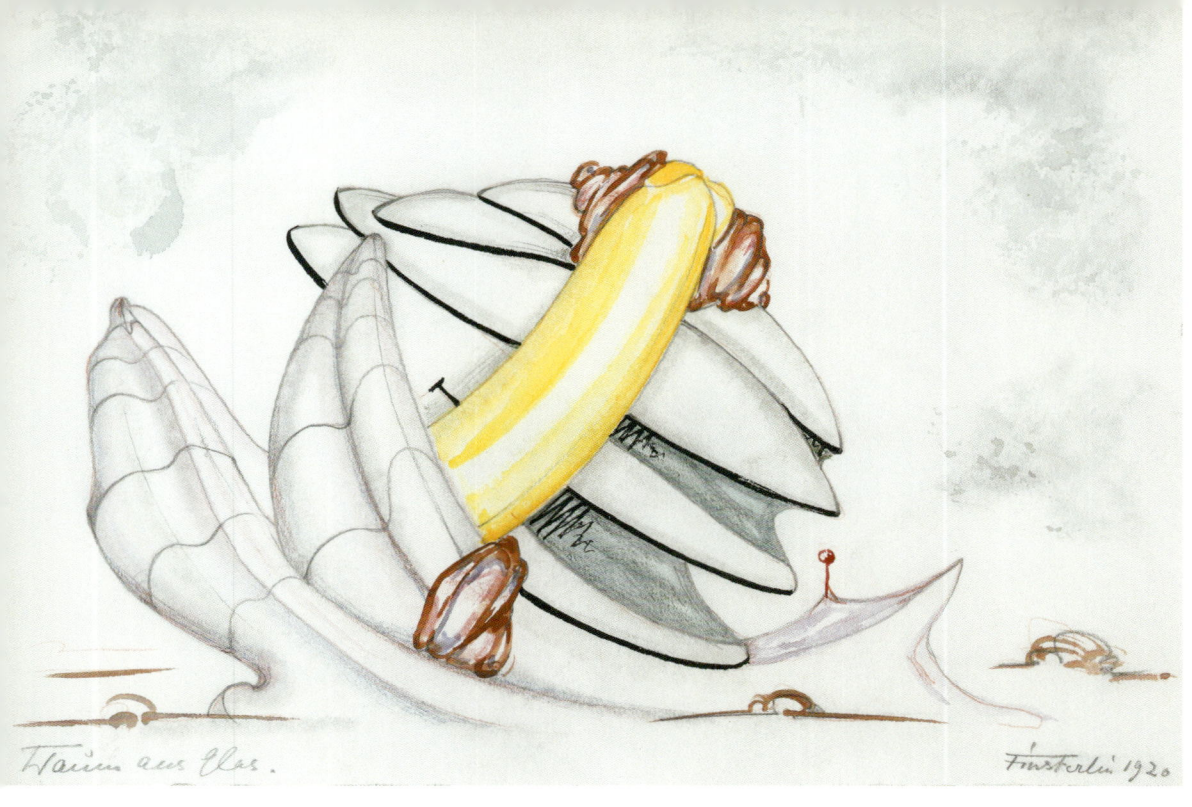

‹ Hermann Finsterlin, *Traum aus Glas,* Serie XI, Blatt 5 (Replik), 1920, Staatsgalerie Stuttgart – Graphische Sammlung
⌄ Greg Lynn, Ark of the World, Costa Rica, Modell, 2002
› Kat. 51 Hermann Finsterlin, Villayette – Modell einer Villa, 1952, Gips, bemalt, 29,5 x 39 x 24 cm, Staatsgalerie Stuttgart – Graphische Sammlung

Als Hermann Finsterlin in den zwanziger Jahren seine merkwürdigen schneckenhausartigen Miniaturen modellierte, konnte er sich nicht vorstellen, dass seine biomorphen Ideen einst von jungen Architekten und Künstlern aufgenommen würden, obwohl der Sonderling seine »Seelengletschermühlen« als Boten einer Kulturstufe verstand, die der »geometrischen Weltepoche« folgen sollte. Per Kirkebys plastische Modelle für seine Backsteinskulpturen scheinen Finsterlins Ideen als ArchiSkulpturen direkt fortzusetzen (Abb. S. 173).
Heute sind es die digitalen Möglichkeiten des Computers, die Finsterlins Fantasien zu einer neuen Aktualität verhelfen. Greg Lynn, einer der jungen Väter der Blobmeister-Architektur, »programmierte« für Costa Rica ein multifunktionales Informations- und Museumszentrum (Ark of the World), das mitten im Regenwaldgebiet aufgestellt werden soll und dessen Design aus den Formen und Oberflächenstrukturen der tropischen Tier- und Pflanzenwelt abgeleitet ist. In der Ausstellung zeigen wir sein Hauptprojekt, Embryological House, das ebenfalls in der Tradition von Finsterlin steht (Kat. 120, S. 196 u.). *MB*

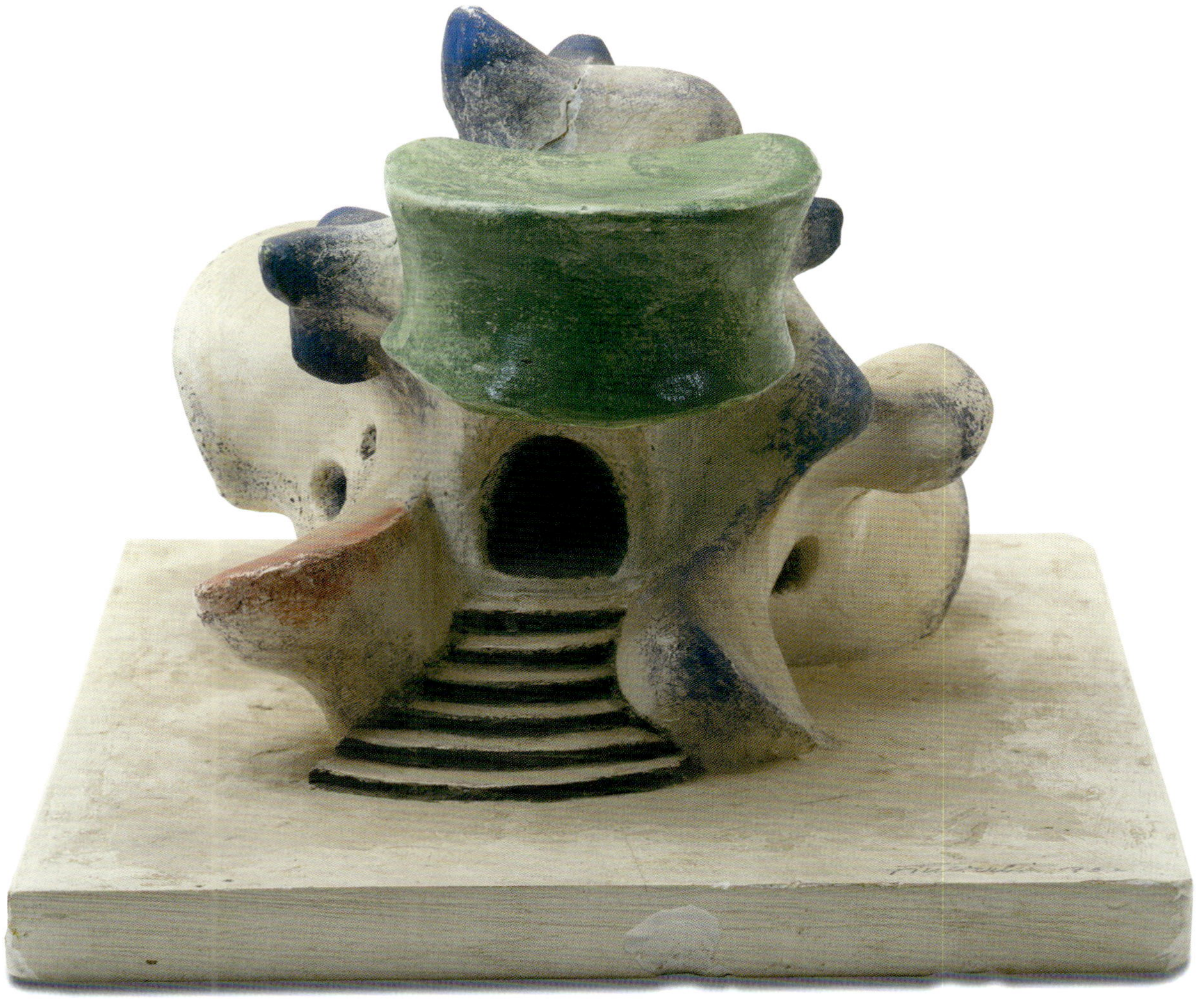

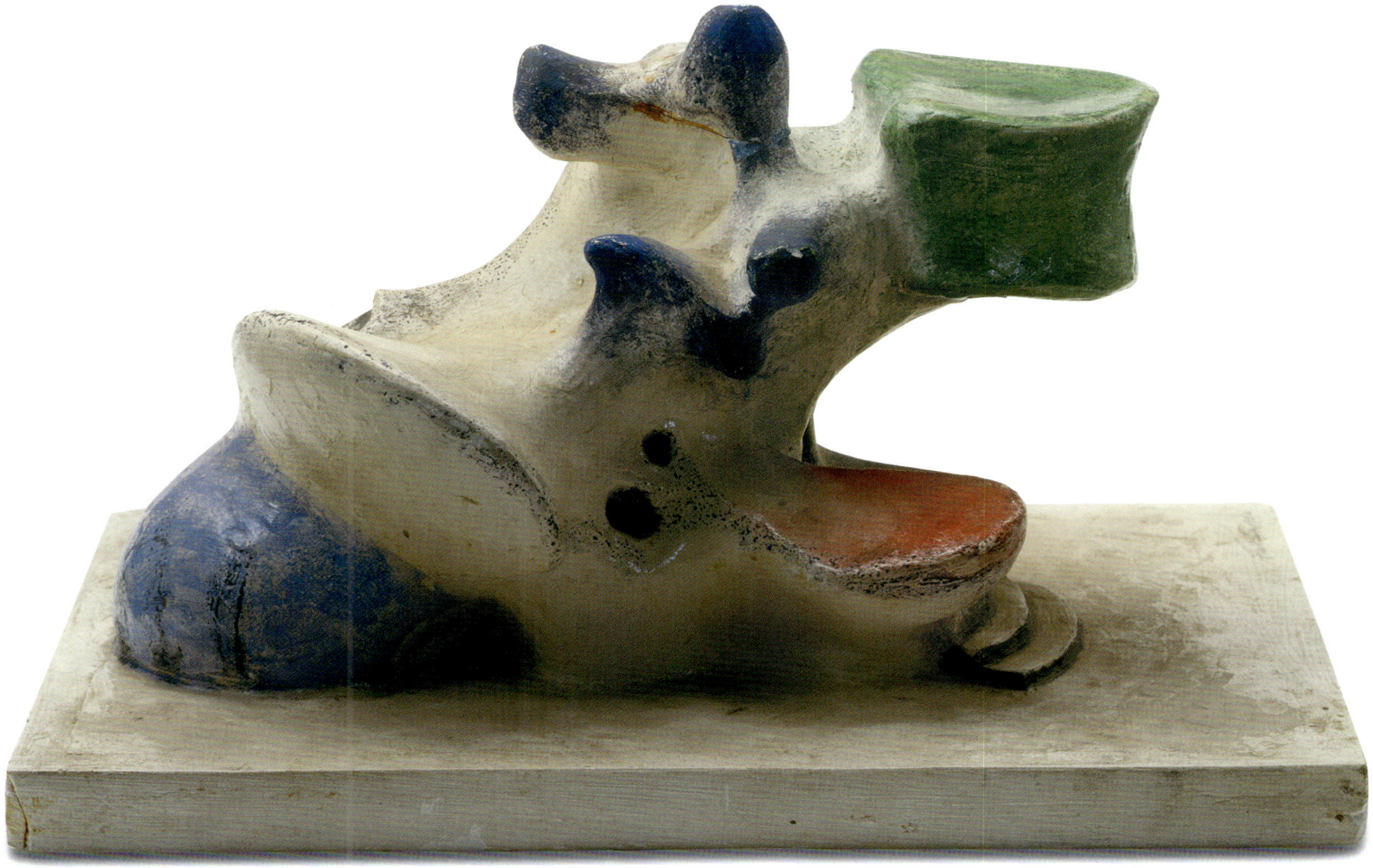

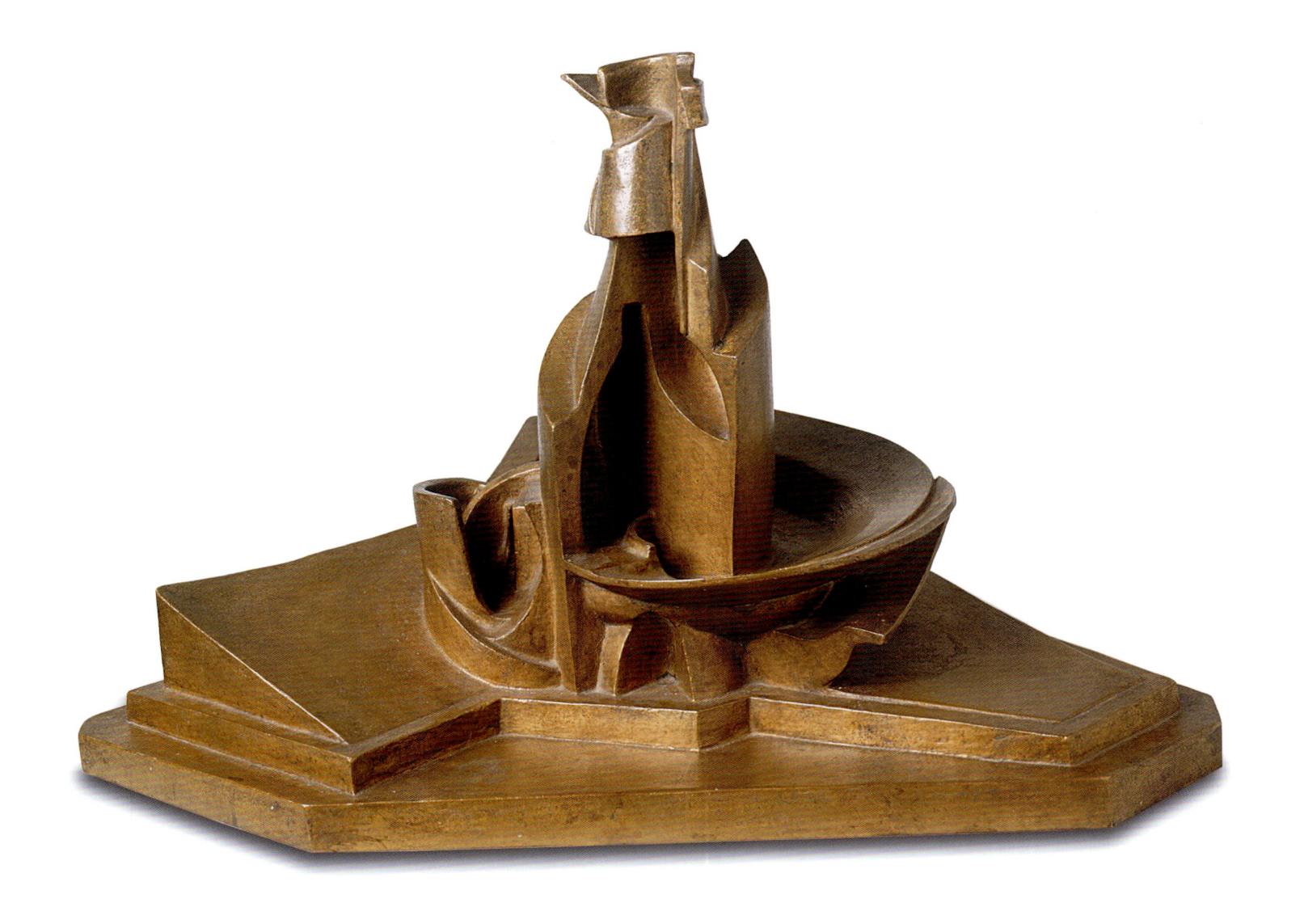

Ein »Stillleben« steht, wie der Name sagt, für Bewegungslosigkeit. Der futuristische Künstler Umberto Boccioni versetzte 1912 in seiner berühmten Plastik *Sviluppo di una bottiglia nello spazio* das Stillleben in Bewegung, löste durch konvexe und konkave Flächengliederung den Körper auf und erzeugte die Simultaneität von Form, Zeit und Raum. Alles verschmilzt miteinander, das immaterielle Licht wird materiell, der Verlust an Masse ist ein Gewinn an Energie (Werner Hofmann).

Die Festigkeit (firmitas) gehörte zu einer der drei Grundkonstanten der Architektur (Vitruv), bis die Futuristen, die die moderne Technik und die »Schönheit der Geschwindigkeit« verherrlichten, 1909 dieses Fundament erschütterten. Die irakische Architektin Zaha Hadid machte das futuristische Credo zusammen mit der Bewegungsphilosophie der arabischen Kalligrafie zur Grundlage ihrer Entwurfspraxis. Alles schwebt, stürzt und fliesst in ihren radikalen Entwürfen, die frei von Zwängen des Funktionalen

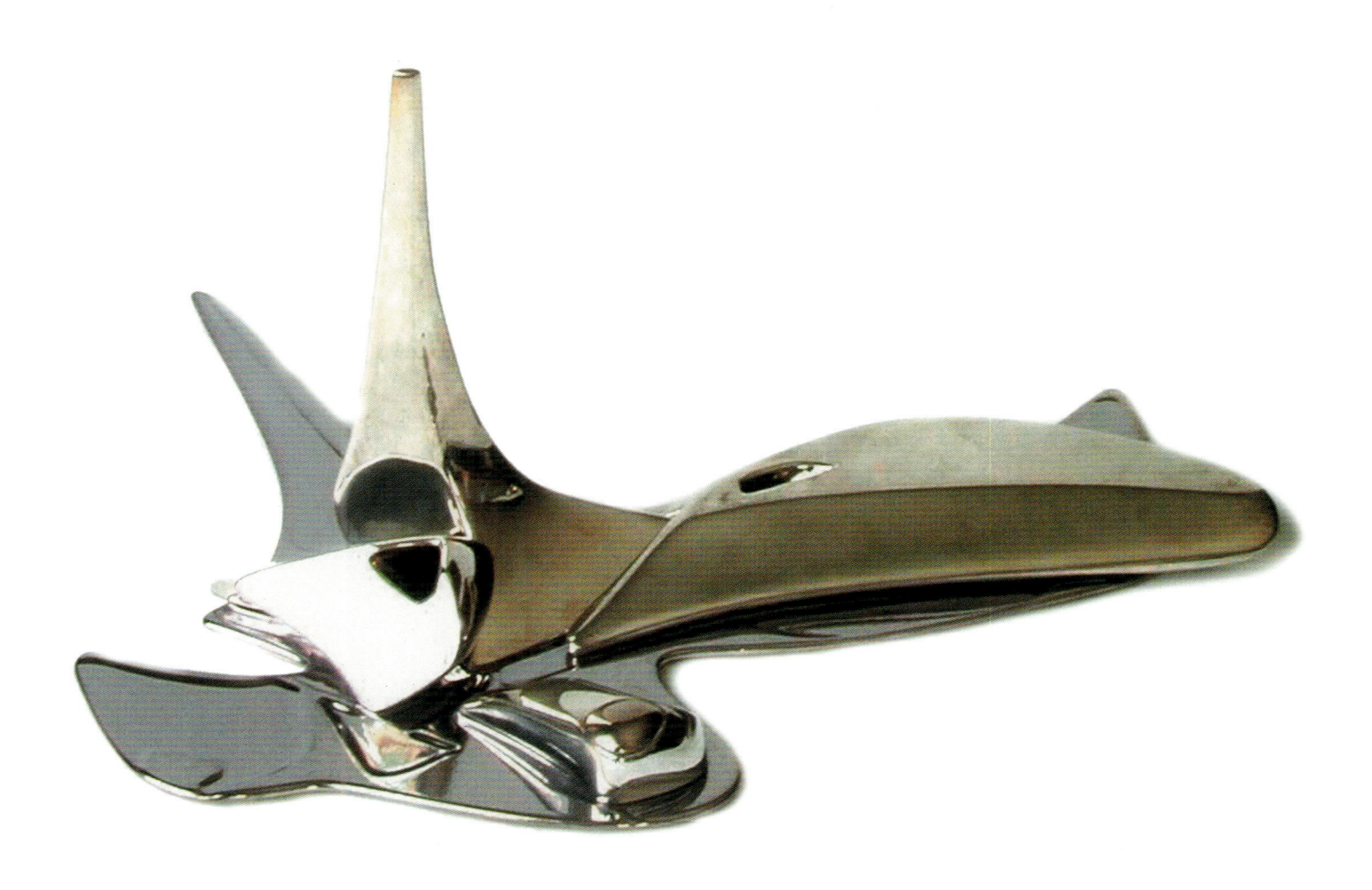

◁ Kat. 14 Umberto Boccioni, *Sviluppo di una bottiglia nello spazio*, 1912, Bronze, 30 × 60 × 39 cm, Kunsthaus Zürich

◣ Umberto Boccioni, *Forme uniche nella continuità dello spazio*, 1913, Civiche Raccolte d'Arte, Museo d'Arte Contemporanea, Mailand

△ Kat. 72 Zaha Hadid, Tee- und Kaffeeservice aus der Serie Tea and Coffee Towers, 2003, Prototyp, 925/1000 Silber, 16 × 32 × 28 cm, Museo Alessi

◢ Zaha Hadid, Patrik Schumacher, Mayer Bährle, Landesgartenschau, Landscape Formation One, Weil am Rhein, 1999

entstanden und erst spät in reale Gebäude umgesetzt wurden. Das Erste war 1993 das Feuerwehrhaus auf dem Gelände des Vitra Design Museums in Weil am Rhein, sechs Jahre später folgte der Pavillon für die Landesgartenschau. Das für Alessi entworfene Tee- und Kaffeeservice ist ein circa 30 Zentimeter grosses Raumexperiment, dem man aber durchaus auch als 30 Meter hohem dynamischen Gebäude begegnen könnte. Das Baudepartement Basel hat Zaha Hadid zu einem anonymen Wettbewerb für die Neugestaltung des Stadtcasinos eingeladen! *MB*

Rudolf Steiner, Zweites Goetheanum, 1924–1928, Originalmodell, März 1924, Rudolf Steiner Archiv, Dornach, Schweiz

5. Sprache – Seele – Raum
Rudolf Steiner und Ludwig Wittgenstein Walter Kugler

Der Wille zur Macht und die Verweigerung, sich ihm bedingungslos zu unterwerfen, Untergang und Aufbruchsstimmung bildeten das Plasma jener Zeiten, in denen Rudolf Steiner (1861–1925) seinen »ethischen Individualismus« (Steiner, GA 4, S.198) in das Gästebuch der Zeit diktierte und Ludwig Wittgenstein (1889–1951) angetreten war, »Licht in ein oder das andere Gehirn zu werfen« (Wittgenstein, Phil U, Vorwort). Der Welt oft entfremdet und doch nicht weltfremd, studierten beide an Lehrstätten, an denen die Technik der Zukunft verhandelt wurde: Steiner an der Technischen Hochschule in Wien, Wittgenstein in Berlin und Manchester. Die Philosophie meldete sich immer wieder, und beide sparten nicht mit Kritik an den überlieferten Denkformen, stets bereit, den Blick für das Unaussprechliche frei zu bekommen. »Genie oder Narr?«, fragte sich Bertrand Russel und wurde zum grossen Förderer Wittgensteins, weil er zu dem Ergebnis gekommen war, dass Ersteres zutraf. Steiner hingegen, zunächst als Goethe-Forscher und Nietzsche-Kenner geschätzt, verscherzte es sich mit der Philosophenzunft, denn niemand wollte hören, dass »die Philosophie der Gegenwart an einem ungesunden Kant-Glauben leidet« (Steiner, GA 3, S. 9). Zudem passte der ihm zu Unrecht angelastete Mystizismus nicht in das rationalistische Weltbild seiner Zeitgenossen.

Nach dem Ersten Weltkrieg wandten sich beide der Pädagogik zu: der eine auf der Flucht vor und zu sich selbst,

Kat. 181 Ludwig Wittgenstein, Haus Stonborough, Wien, 1926–1928, Modell im Massstab 1:50, Plastik, Holz, Karton, bemalt, 28,5 x 49 x 42 cm, Kupferstichkabinett der Akademie der bildenden Künste, Wien

der andere mit einem Reformkonzept in Kopf, Herz und Hand, das heute, augenscheinlich über den ganzen Globus verbreitet, unter dem Namen Waldorfschule (Rudolf-Steiner-Schule) Realität geworden ist und noch so manches von dem, was Reformer gegenwärtig zu sagen haben, in den Schatten stellt, denn Denken im Sinne Steiners ist auch ein plastischer Vorgang. Da geht es um innere Bewegung, da geht es darum, das Oben und Unten, Mensch und Kosmos, Materie und Geist gleichermassen zu fokussieren.

Diesen Gestus aufgreifend wird Joseph Beuys (1921–1986) in den sechziger und siebziger Jahren seinen Zuhörern zuraunen »alles ist Plastik, ist Skulptur«, womit er auch das Denken meinte und in letzter Konsequenz sogar das Kapital. Damit leitete er die Transformation des Kunstbegriffs ein. Die Kunst betrat die gesellschaftliche und politische Bühne, während zu gleicher Zeit die Konzeptkünstler davon träumten, die Kunst vom Objekt zu befreien. Zu ihnen gehörte auch Sol LeWitt (geb. 1928), der in seinen »Paragraphen über Concept art« behauptete:

»Ideen allein können Kunstwerke sein; sie stehen innerhalb einer Kette der Entwicklung, die eventuell eine Form finden wird.« (Oltmann 1994, S. 15) Weg von der Form und hin zur Substanz, das ist ein Vorgang, der sich an den Arbeiten der Konzeptkünstler, aber auch den Werken von Beuys, Steiner und Wittgenstein mühelos ablesen lässt und dennoch schwer zu fassen ist: »Ein Bild«, so Wittgenstein, »hielt uns gefangen. Und heraus konnten wir nicht, denn es lag in unsrer Sprache ...« (Wittgenstein, Phil U 115).

Als Wittgenstein auf Bitten von Paul Engelmann (1891–1965) und mit Zustimmung der Bauherrin, seiner Schwester, Margarete Stonborough, im Sommer 1926 in das Bauprojekt Kundmanngasse in Wien einbezogen wurde, lagen bereits die ersten Pläne für die dreistöckige Villa vor. Im Einvernehmen mit Engelmann veränderte er die Proportionen der gesamten Gebäudestruktur, vergrösserte das Erdgeschoss und schloss jede Art von Ornamentik diskussionslos aus. Im Weiteren konzentrierte er sich auf die Haustechnik (Fussbodenheizung!) und definierte akribisch die verschiedenen zu verwendenden Materialien für Fussböden, Türklinken und Treppengeländer neu: »Ludwig zeichnete jedes Fenster, jede Tür, jeden Riegel der Fenster, jeden Heizkörper mit einer Genauigkeit, als wären es Präzisionsinstrumente«, berichtet seine Schwester Hermine (Leitner 1973, S. 29). Zweifellos kann man das Haus in der Kundmanngasse angesichts der Schlichtheit seiner Formensprache, des ausgewogenen Spiels von Asymmetrie und Symmetrie und der Manifestation einer grenzenlosen Leidenschaft für jedes technische Detail als sichtbaren Schlussakkord des *Tractatus* (beendet 1918) deuten, doch ist damit nichts wirklich Wesentliches gesagt. Denn man übersieht dabei nur allzu leicht, dass Wittgenstein sein Erstlingswerk später selbst infrage gestellt hat: »Seit ich nämlich vor 16 Jahren mich wieder mit Philosophie zu beschäftigen anfing, musste ich schwere Irrtümer in dem erkennen, was ich in jenem ersten Buche niedergelegt hatte.« (Wittgenstein, Phil U, Vorwort) Und kritisch reflektiert er auch seine Tätigkeit als Architekt: »Mein Haus für Gretl ist das Produkt entschiedener Feinhörigkeit, guter Manieren, der Ausdruck eines großen Verständnisses (für eine Kultur etc.) aber das ursprüngliche Leben, das wilde Leben, welches sich austoben möchte – fehlt. Man könnte also auch sagen, es fehlt ihm die Gesundheit.« (Wuchterl/Hübner 1979, S. 102)

Worauf in Wittgensteins Denken alles hinausläuft, lässt sich vielleicht anhand der folgenden Feststellung in seinen *Philosophischen Untersuchungen* näher bestimmen: »Unser Fehler ist, dort nach einer Erklärung zu suchen, wo wir die Tatsachen als *Urphänomene* sehen sollten.« (Wittgenstein, Phil U 654) Hier tritt ganz überraschend eine durch und durch Goethe'sche Terminologie in Erscheinung, die ihrerseits eng mit Goethes Metamorphose-Anschauung verknüpft ist, der zufolge eine innerhalb der organischen Natur vorgegebene Grundgestalt durch den rhythmischen Wechsel von Expansion und Kontraktion, durch die Dynamik polarer Kräftewirkungen (Wärme – Kälte, Licht – Dunkelheit) eine *Steigerung* erfährt und in einen qualitativ anderen, einen höheren Zustand übergeht.

Das Prinzip der Metamorphose, für Goethe das Exemplum bildnerischer Tätigkeit per se, sollte im Denken Steiners, aber auch in seinem architektonischen Schaffen eine zentrale Stellung einnehmen: »Man wird einen Bau *Goetheanum* nennen dürfen, der in seiner Architektonik und Plastik so entstanden ist, dass in seinen Formen das Einleben in die Goethesche Metamorphosenanschauung den Versuch gewagt hat, zur Verwirklichung zu kommen.

Und in der gleichen Art ist ja auch die Anthroposophie selbst in gerader Fortentwicklung der Goetheschen Anschauungen gelegen. Wer den Gedanken der Umbildung nicht nur der sinnlich-anschaulichen Formen, bei der Goethe [...] stehen geblieben ist, sondern auch des seelisch und geistig Erfassbaren sich zugänglich macht, der ist bei der Anthroposophie angelangt.« (Steiner, GA 36, S. 336) Entsprechend hat Steiner im Laufe der Jahre den Begriff »Anthroposophie«, von ihm »übersetzt« als »Bewusstsein seines Menschentums«, immer mehr aktiviert und als Basistätigkeiten die Begriffe »Willensumwendung«, »Erkenntniserfahrung« und »Miterleben des Zeitenschicksals« ins Spiel gebracht.

Die durch die Metamorphose sukzessive vollzogene Verwandlung einer »übergeordneten Grundgestalt«, einer »ideellen Einheit« (bei der Pflanze das Blatt) in vielfältigste Erscheinungsformen (Same, Laubblatt, Kelch, Staubgefässe, Frucht), wird von Steiner auch als Umstülpungsvorgang (Steiner, Vortrag vom 4.1.1915, GA 275, S. 150) gedeutet, etwa so, als wenn man einen Handschuh umstülpt und damit das Innere nach aussen kehrt. Entscheidend dabei ist jedoch, dass man nicht bei dem Bild des Handschuhs als etwas Totem stehen bleibt, sondern sich auf den Vorgang selbst konzentriert, denn bei jeder Umstülpung spielt die Plastizität und Elastizität eines Stoffes eine wichtige Rolle, sodass das, was als Inneres nun aussen erscheint, das Ergebnis einer Formgebung mittels plastisch-elastischer Kräftewirkungen ist. Hieraus ergibt sich auch, dass es sich bei Steiners Bauwerken (Steiner, Vorträge 1911–1914, GA 286) nicht um künstlerisch gestaltete Zitate oder Illustrationen in der Natur auftretender singulärer Erscheinungen oder Figurationen handelt wie etwa beim Jugendstil, sondern um einen sichtbaren Ausdruck der in der Natur wirkenden gestaltbildenden, »ätherischen Kräfte«. Entsprechend hat Steiner im Weiteren unter Berücksichtigung der Funktion eines Gebäudes und seines Beziehungsgefüges zur Umgebung jedes Bauwerk grundlegend anders angelegt. Während das Transformatorenhaus von geradlinigen Formen mit in alle Himmelsrichtungen hervortretenden Auskragungen dominiert wird, weist das Atelierhaus (Glashaus) betont runde Formen auf, und das Heizhaus wird sowohl von vertikalen als auch runden Formen bestimmt. Ähnliche Differenzierungen findet man zwischen den beiden Goetheanum-Bauten. Siebzehn Gebäude sind nach Entwürfen Rudolf Steiners realisiert worden, zwölf von ihnen in Dornach, zehn Kilometer südlich von Basel (Blaser 2002). Sie bilden, inmitten einer parkähnlichen Landschaft gelegen, ein einzigartiges Ensemble, in dem »die Seele

Bescheid weiss«, denn »betrachtet man das Verhältnis der Seele zum Universum [...], dann bekommt man die künstlerische Form der Architektur heraus« (Steiner, Vortrag vom 18.5.1923, GA 276, S. 118).

1 Rudolf Steiner, Zweites Goetheanum, Dornach, 1924–1928, Ansicht von Westen
2 Ludwig Wittgenstein, Haus Stonborough, Wien, 1926–1928
3 Joseph Beuys, *Fettecke,* 1964
4 Sol LeWitt, *Large Modular Cube,* 1969, Emanuel Hoffmann-Stiftung, Depositum im Kunstmuseum Basel

Architektur ist keine angewandte Philosophie. Aber im Bauen von Ludwig Wittgenstein lässt sich eine Haltung ablesen: seine Art zu denken, zu werten, zu fragen und zu entscheiden. Haltung und Art zu denken sind Teil des ästhetischen Resultates. Sie entschlüsseln die Architektur nicht. Wittgenstein macht durch das Bauen, durch seine intensive Beschäftigung mit Architektur, eine Erfahrung an sich selbst, eine künstlerische Erfahrung. Daraus entstehen wiederum Fragen für seine philosophische Arbeit. *Bernhard Leitner*

Ab 1965 entwickelte der Konzeptkünstler Sol LeWitt gitter- und käfigartige Gebilde, die eine geometrische Idee systematisch in verschiedenen Varianten durchspielen. Es entstanden in sich geschlossene Systeme, die nichts aussagen über etwas, was jenseits dieser Strukturen liegt. Die nüchterne Logik gleicht derjenigen, mit der Ludwig Wittgenstein 1918 in seinem *Tractatus logico-philosophicus* die Sprache analysierte und versuchte, sie von allem metaphysischen Ballast zu befreien. In seiner neunteiligen Fotoarbeit *Ludwig and Margaret. A Choreography*, die modulare Abwandlungen verschiedener Stellungen der Türen im Wittgensteinhaus zeigen, stellt Bernhard Leitner eine Verbindung zwischen Sol LeWitts Systematik und der architektonischen Strenge des Hauses her, das der Philosoph 1926 bis 1928 für seine Schwester in Wien baute. *MB*

< Kat. 112 Sol LeWitt, *Cube Structure Based on Five Modules*, 1971–1974, Holz, bemalt, 38 x 62 x 38 cm, Louisiana Museum of Modern Art, Humlebæk, Denmark

∟ Sol LeWitt, *Variations of Incomplete Open Cubes*, 1974, Ankündigung einer Ausstellung des Künstlers in der John Weber Gallery in New York, 1974, LeWitt Collection

> Ludwig Wittgenstein, Haus Stonborough, Wien, 1926–1928

∨ Kat. 111 Bernhard Leitner, *Ludwig and Margaret. A Choreography*, 1998, Foto auf Aluminium, Auflage: 5, 9-teilig, je 80 x 80 x 4 cm, Auftragswerk

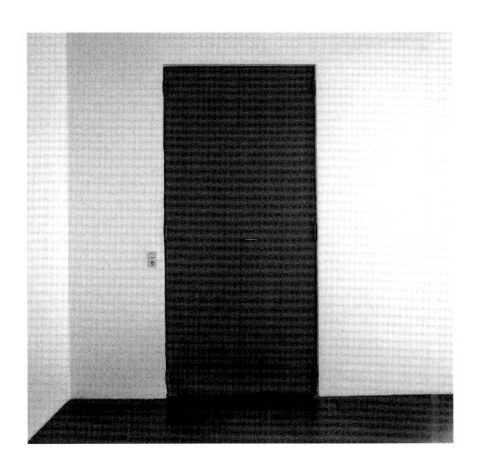

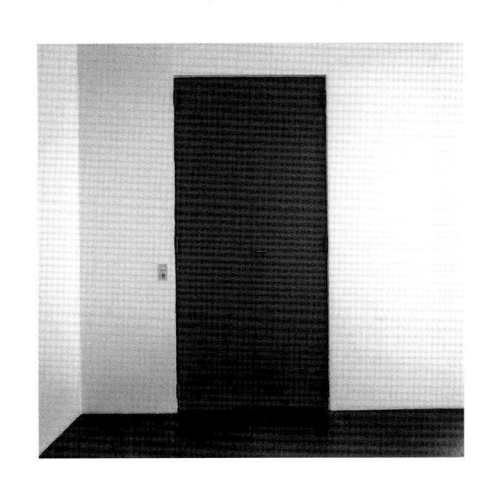

»In mir ist Gott. Ich bin in Gott.« Dieses reziproke Verhältnis von innen und aussen, wie es Rudolf Steiner auf seiner Tafel neben zwei Kreisen notierte, beschreibt den geistigen Vorgang, den er gestalterisch in seiner Goetheanums-Architektur im Wechsel von konkaven und konvexen Formen plastisch realisierte. »Nämlich [...] *das Innere im Äußeren darzustellen,* das Innere wirklich zum Prinzip des Äußeren zu machen.« (Steiner, zit. nach Zimmer 1985, S. 52) Dieses Prinzip versinnbildlicht auch der »ätherische« Rauch, der aus dem Heizhaus (1914) aufsteigt. Das Gebäude kam ebenfalls durch die organische Umstülpung eines Elements aus dem Haupthaus des ersten Holzbaus des Goetheanums, der 1923 abbrannte, zustande.

Joseph Beuys, dessen Auffassung von der so genannten Sozialen Plastik viel mit Steiners philosophischem Weltbild gemein hat, wiederholte dieses Prinzip 1984 anlässlich der Skulpturausstellung in Brüglingen in einer architektonisch-plastischen Installation unweit von Dornach. An der Aussenmauer des Pächterhauses im Merian-Park installierte er eine Kupferkiste, in der Dampf erzeugt wurde. Das »ätherische« Medium wurde über ein Rohr durch die Mauer hindurch ins Kellergewölbe geleitet und verflüchtigte sich im abgeschlossenen Luftraum gleichsam als homöopathische »Geist-Wolke«. Dieses Relikt der damaligen Ausstellung wird in *ArchiSkulptur* neben dem Gipsmodell von Rudolf Steiners Goetheanum gezeigt. *MB*

⌐ Joseph Beuys vor seinem Werk *Honigpumpe* auf der documenta 6, 1977

∟ zu Kat. 8 Joseph Beuys, *plastisch/thermisches Urmeter,* 1984, Installation im Pächterhaus des Merian-Parks, Basel, 1984, mit Dampfwolke im Innern des Kellergewölbes

⌐ zu Kat. 8 Joseph Beuys, *plastisch/thermisches Urmeter,* 1984, Installation der Kupferkiste, in der Dampf erzeugt wurde, Schacht ausserhalb des Pächterhauses im Merian-Park, Basel, 1984

↱ Rudolf Steiner, Fotografie von 1923

↑ Rudolf Steiner, Zweites Goetheanum, 1924–1928, West-Treppenhaus, Fotografie vom 23.1.1928

↰ Rudolf Steiner, Zweites Goetheanum, 1924–1928, Ansicht von Nordwesten, Detail

↓ Kat. 167 Rudolf Steiner, *In mir ist Gott. Ich bin in Gott,* 1924, Wandtafelzeichnung zum Vortrag vom 5. Juli 1924, Kreide auf Papier, 104 x 154 cm, Rudolf Steiner Archiv, Dornach, Schweiz

Seite 134: Rudolf Steiner, Zweites Goetheanum, 1924–1928, Ansicht von Südwesten, Detail

Seite 135: Kat. 47 Raymond Duchamp-Villon, *Portrait du Professeur Gosset,* 1917, Bronze, 29 x 23,7 x 25,6 cm, Museum moderner Kunst Stiftung Ludwig Wien

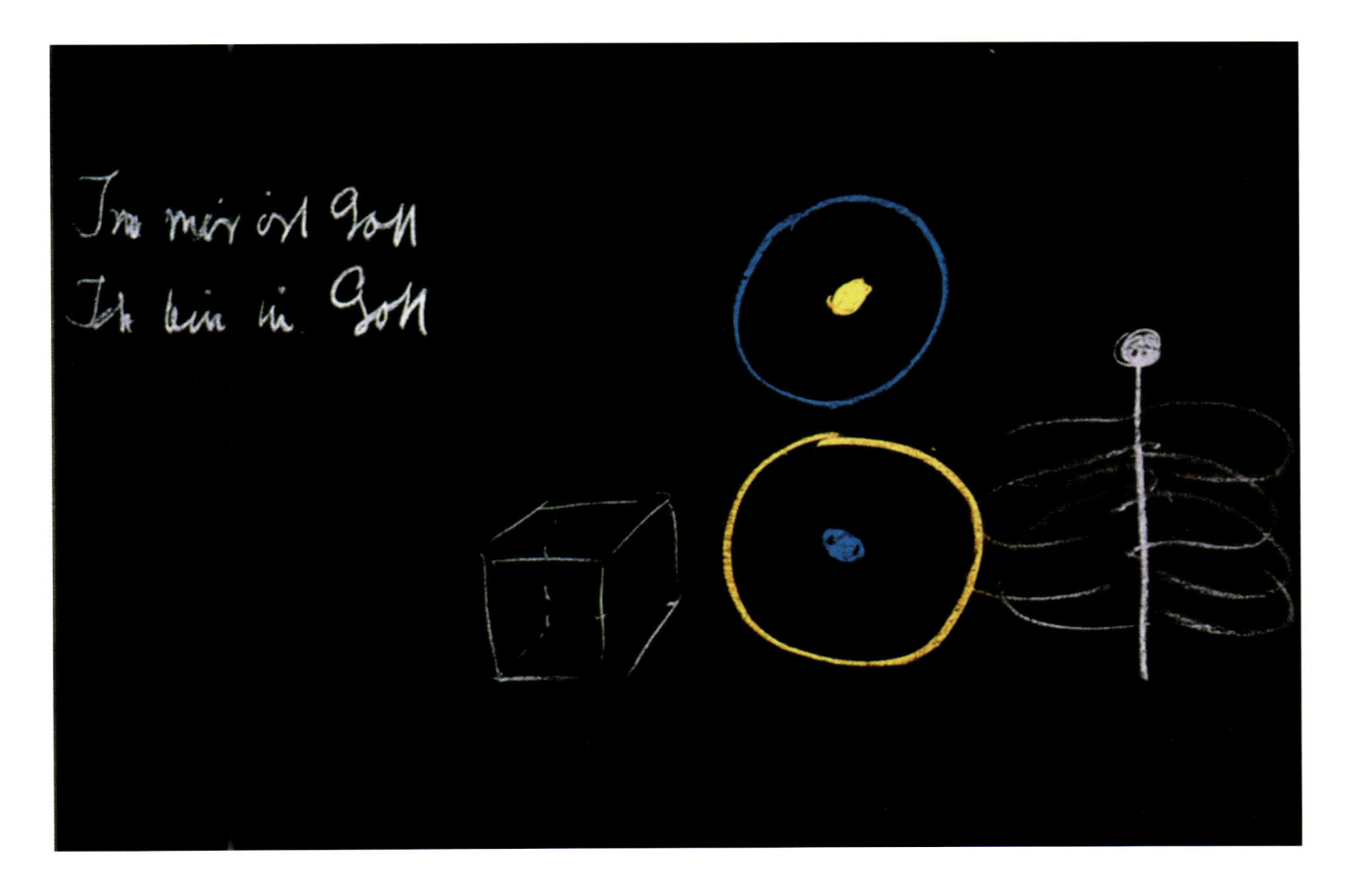

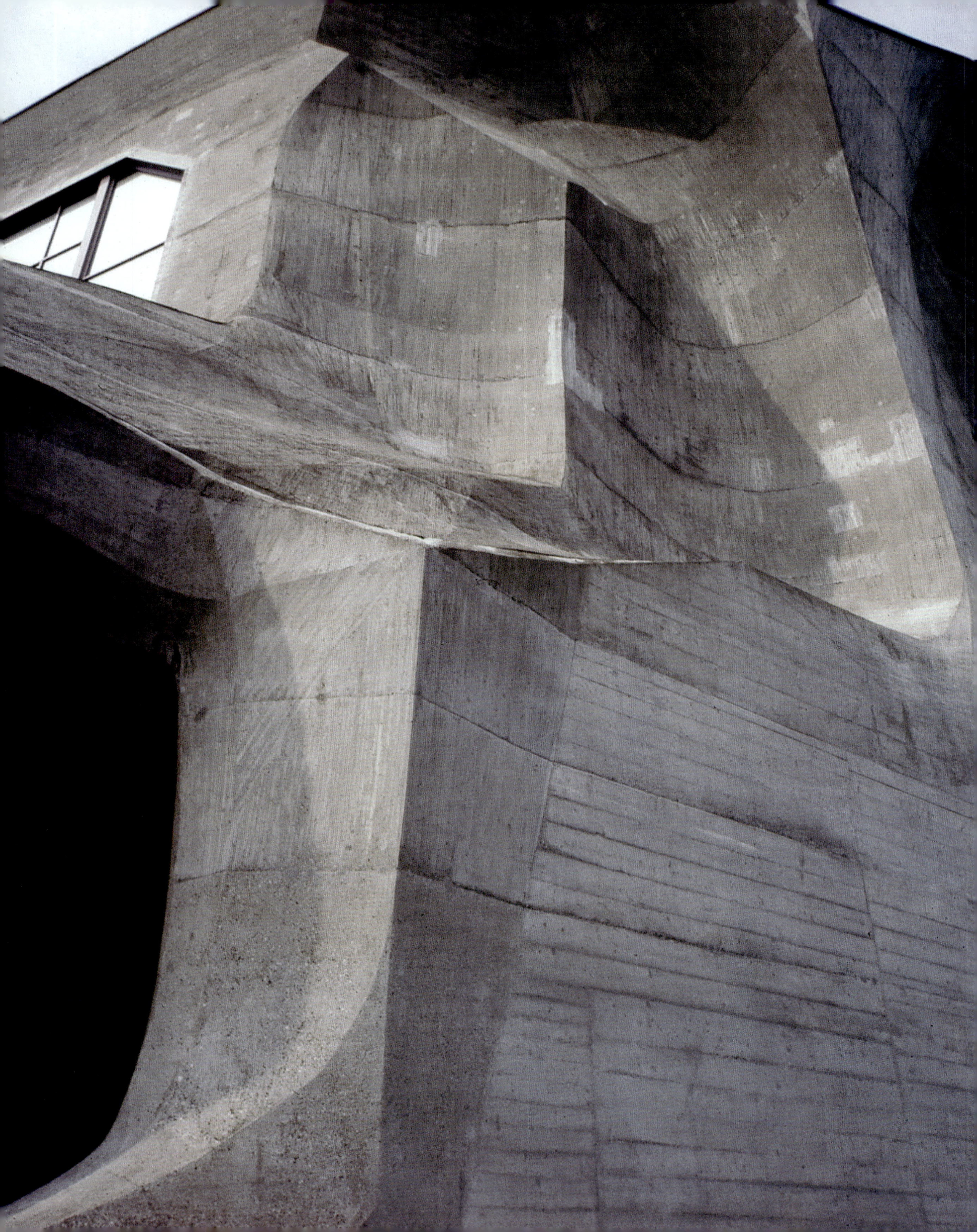

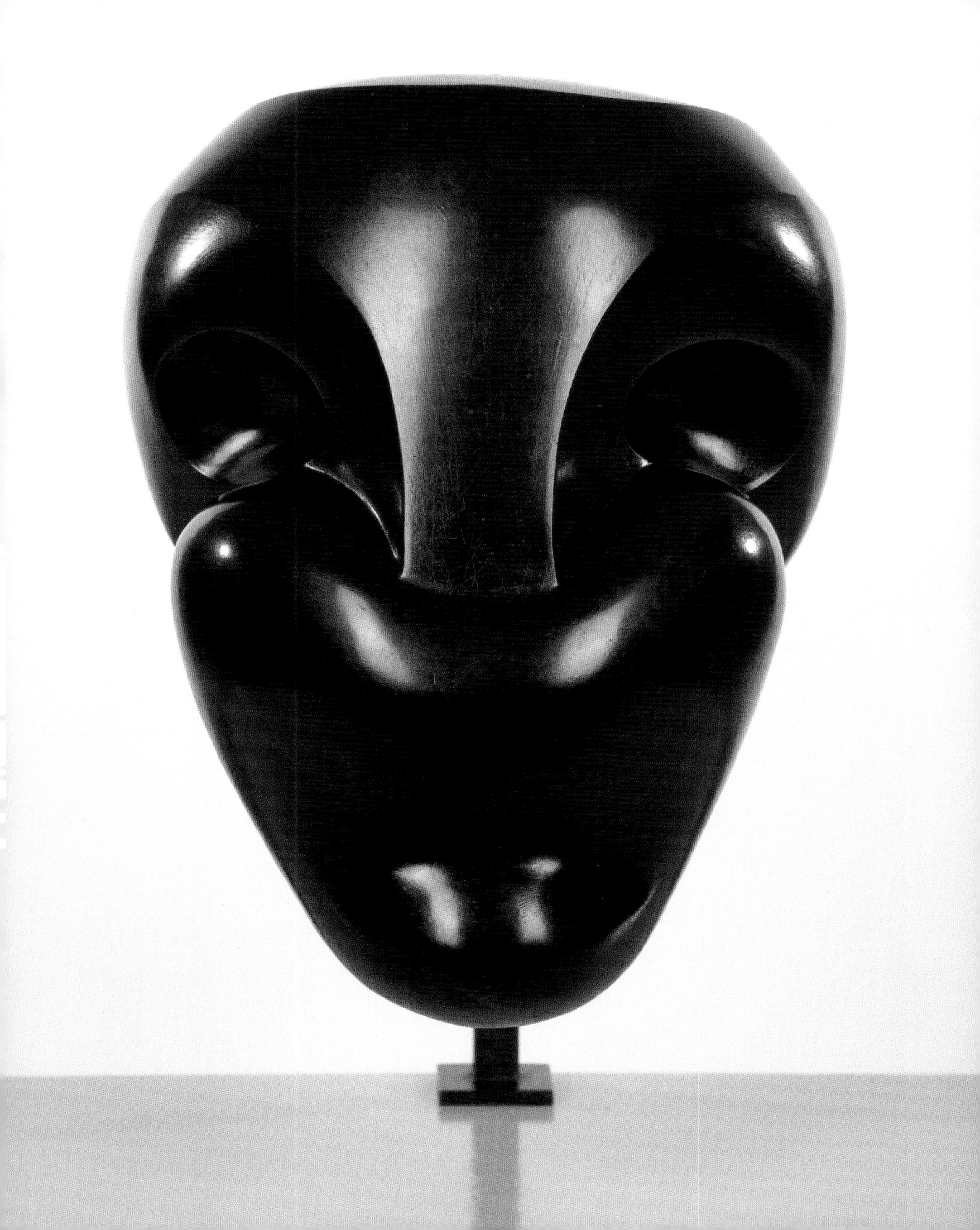

Kat. 146 Henry Moore, *Reclining Figure: Holes,* 1976–1978, Ulmenholz, L: 222 cm, The Henry Moore Foundation, Schenkung des Künstlers 1977

6. Architektur will Skulptur werden – Skulptur will Architektur werden 1950–1960 Viola Weigel

Um die begriffliche und formale Bestimmung »skulpturaler Architektur« und »architektonischer Skulptur« werden seit Jahren wissenschaftliche Grabenkämpfe ausgetragen. Lediglich hinsichtlich der Periode von 1950 bis 1970 haben die Theoretiker die Waffen ruhen lassen. Die als Zeugin gerne zitierte Carola Giedion-Welcker, eine Expertin abstrakter Skulptur des 20. Jahrhunderts, hat 1954 die zunehmenden öffentlichen Aufgaben von Skulptur und Architektur als den Anbruch eines »plastischen Zeitalters« interpretiert. Mit den eigenwilligen, aber auch monadisch sich gebärdenden Solitären einer subjektivistischen Gestaltungsweise sei es nun vorbei. In der Wahrnehmung der Kernaufgaben, der Thematisierung des Raumes, so Giedion-Welcker, kündige sich ein »barockes Weltgefühl« an: Der Mensch im Mikrokosmos werde dem Makrokosmos eingegliedert.

Seit Georg Simmel, dem Begründer der formalen Soziologie, wissen wir, dass der Mensch den Raum nicht nur formt, sondern dass die menschliche Physis auch erheblich vom Raum geprägt wird. Das sich seit 1900 wandelnde Architekturverständnis kommt beispielsweise in einer Äusserung Wassili Luckhardts (1889–1972) von 1920 zum Ausdruck: »Nein, nicht der Grundriß ist die Hauptsache, sondern der Organismus des Baues.« (zit. nach Philipp 2002, S. 98) Und Le Corbusier (1887–1965) erklärte die Behausung zur zweiten Haut: Der Architekt baue keine Behausungen mehr, sondern Körper. Die bis dahin gelten-

Kat. 104 Le Corbusier, Wallfahrtskirche Notre-Dame-du-Haut, Ronchamp, 1950–1954, Modell im Massstab 1:33⅓, 2004, Lindenholz, massiv, 100 × 135 × 135 cm, Herstellung in der Werkstatt der Fakultät für Gestaltung, Modellbau: Martin Edelmann, Bauhaus Universität Weimar – Lehrstuhl Entwerfen und Innenraumgestaltung, Prof. Dr. Ing. habil. Egon Schirmbeck, Dipl. Ing. Arch. Kerstin Hohm

den Grundregeln, die auf dem Verhältnis von Stilhülse und Kern, Last und Stütze (Architektur) oder Materie und Umraum (Plastik) basierten, wurden hinterfragt, um durch eine enge Verklammerung von Innen- und Aussenraum, die erst der freie Raumplan von Adolf Loos (1870–1933) ermöglichte, ersetzt zu werden. Es ist wohl kein Zufall, dass sowohl Architekten als auch Bildhauer immer wieder an Gestaltungsformen anknüpfen, die den »tenfingered grasp of realitiy« – den umfassenden Zugriff auf die Realität –, so Louis H. Sullivan (1856–1924) um 1900, sichtbar machen (Giedion 1973, S. 874 f.). Dazu zählen die Hand beziehungsweise das Bild der ineinander verschränkten Hände, das Frank Lloyd Wright (1867–1959) als das »Log-Prinzip« seiner Bauten festschrieb (Abb. S. 142 o. l.). In neuerer Zeit sind es anthropomorphe Projekte wie die von Santiago Calatrava (geb. 1951), die sich in ihrer Formgebung sichtbar an der Bewegung sich öffnender und verschränkender Hände orientieren (Abb. S. 142 o. m.). Schliesslich ging auch der amerikanische Architekt Steven Holl (geb. 1947) in den ausgestanzten Formen seines Bellevue Art Museum (1999/2000; Kat. 80,

S. 145 o.) von den Gliedern einer Hand aus, aus denen er sein Grundkonzept des räumlichen Ein- und Ausstülpens (»inside out – outside in«) auf allen Ebenen des Museumsbaus entwickelte (Abb. S. 142 o. r.). Nicht zu vergessen sind auch der Einsatz des Hohlraums, der den Umraum sichtbar macht, und Max Bills Verwendung des Möbiusbandes (Abb. S. 199 o.), das keine Differenzierung zwischen aussen und innen mehr zulässt.

Während die einzelne Säule, sei sie Ruine oder Siegessäule, der Skulptur zuzurechnen ist, erhält eine Säulenreihe architektonischen Charakter. Einer der prominentesten Vertreter des Neuen Bauens, der Bildhauer, Maler und Architekt Le Corbusier, lässt die Säule wieder aufleben, um an ihr genau diese Doppelfunktion von Funktionalität und reiner Ästhetik zu »statuieren«. Der an seinem Paradebau, der Villa Savoye (1929–1931; Abb. S. 140 o.), unterseitig rundum geführte Säulenparcours, auf dem die »Box« ruht, erinnert an eine Tempelanlage, seine quadratische Anordnung an Andrea Palladios (1508–1580) Villa Rotonda, mit der er die vierseitige (allerdings nicht identische) Ansichtigkeit teilt. Die fortlaufende Bewegung, die auch die umliegenden Baumreihen zitiert, wird im inneren Organismus des Gebäudes mit einer frei stehenden Spiraltreppe und einer Rampe, die wie Plastiken wirken, zelebriert: Es entsteht eine »Promenade architecturale« (Le Corbusier). Durch seine angehobene Position und vor allem durch seinen weissen Wandanstrich ragt dieser Bau Le Corbusiers noch aus der Landschaft hervor. Erst die konkaven und konvexen Wand- und Dachformen seiner Wallfahrtskirche in Ronchamp (1950–1954) machen den »Abdruck« der umliegenden Landschaft auch im ganzen Raumplan sichtbar.

Weniger puristisch als vielmehr ganz im Einklang mit der Natur und der Topografie, in der er seine Bauten errichtete, entstand die Architektur von Frank Lloyd Wright. Gegen die »Schachteln« des Internationalen Stils setzte er seine organische Bauweise, die eine harmonische Einheit zwischen Innen- und Aussenraum in der Gestaltung des offenen Grundrisses und der materialgerechten Nutzung der Baustoffe anstrebte. Sein Anliegen war es, wie er 1952 in »The Destruction of the Box« (Satler 1999, S. 3–5) ausführte, den von Wand, Decke und Boden gefangenen Innenraum (Box) zu zerstören und zum Umraum zu öffnen. Wie sich dabei das Verhältnis von Stütze und Last verändert und die Raumecken frei werden, demonstriert sein Haus Fallingwater (1934–1937), das ein Spannungsverhältnis zwischen sich überkreuzenden Stahlträgern entwickelt, die (statisch sonst verhängnisvoll) weit auskragende Bauteile wie Terrasse und Dach integrieren. In seinem letzten Bau, dem Solomon R. Guggenheim Museum (Kat. 186, S. 139 u., 2. v. l.), beherrscht eine konische Form den ovalen Grundriss. Die zuvor strukturelle Verbindung von innen und aussen fasst der Architekt nun im Bild einer umgekehrten und damit konzentrisch wachsenden Zikkurat (mesopotamischer Stufentempel), die der umliegenden New Yorker Architektur in ihrer Spiralbewegung eine aus der Natur geborene Kraft entgegenhält.

Während Le Corbusier und Frank Lloyd Wright ein bestimmtes Formenvokabular immer wieder abwandelten, traten in den fünfziger und sechziger Jahren Architekten-Bildhauer hervor, die mit radikalen Mitteln gegen die »Box« und deren standardisierte Form angingen. Die wuchernden Auswüchse einer höhlenartigen Architektur und Plastik hätten sich ohne die surrealistische Bewegung nicht entfalten können, die an der Materialität der Gegenstände festhielt, obgleich sie stets zu zeigen versuchte, wie diese zu überwinden sei. Die Konzentration auf die Schwellen zwischen innen und aussen rückt die potenzielle Wandlungsfähigkeit von Materie, aus der Skulptur wie Architektur bestehen, in den Mittelpunkt.

André Bloc arbeitete an einer Verschmelzung von Skulptur und Architektur. Auguste Rodins (1840–1917) Auffassung, die »Plastik sei die Wissenschaft von Buckeln und Höhlen« (Auguste Rodin, zit. nach Clarenbach 1969, S. 105), wird mit Blocs begehbaren Skulpturen in monumentaler Form realisiert. Bauten wie seine Habitation von 1964 bis 1966 (Kat. 13, S. 146 o.) oder der Pavillon in Meudon (Abb. S. 146 u.) sehen von aussen wie frei stehende Höhlenbauten aus der Vorzeit aus. Wenn man sie betritt, herrscht aber kein undurchdringliches Dunkel vor, sondern der Hohlraum wird durch das Licht, das durch unregelmässige Öffnungen einsickert, ausgeleuchtet und erhält so eine eigene Präsenz: begehbare Lichtskulptur oder Lichtarchitektur?

Die Auflösung der Materie in eine offene, perforierte Struktur war wesentlich für das Spannungsverhältnis zwischen geborgener und bergender Form, das nun gleichermassen in Architektur und Skulptur zum Thema wird. Eine Schlüsselstellung nehmen die Holz- und Steinplastiken des englischen Bildhauers Henry Moore ein, der seit 1933 die traditionell kompakte Skulptur auskernt. Seit den fünfziger Jahren bilden die *Liegenden* (Kat. 146, S. 136) für ihn den Ausgangspunkt, um im Dialog mit der Landschaft ihre je nach Standort des Betrachters sich verändernde Form zu prägen: »Plastik in Luft ist möglich: der Stein umfaßt bloß den Hohlraum, welcher die eigentlich beabsichtigte, ›gemeinte‹ Form ist. Das Geheimnis des Loches – die geheimnisvolle Anziehungskraft von Höhlen in Berghängen und Felswänden.« (Henry Moore, zit. nach Hofmann 1959, S. 46). Schon im 19. Jahrhundert galten ausgehöhlte Räume als die ersten Behausungen des Menschen, bevor er begann, Hütten zu bauen.

Der österreichisch-amerikanische Architekt und Bildhauer Friedrich Kiesler widmete sich dem Studium von Lebensläufen, um von ihnen ausgehend den individuellen Bedürfnissen der Bewohner von Gebäuden gerecht zu werden: Die gleichermassen ästhetische wie physische Präsenz seiner »praktischen Skulpturen« orientiert sich an der Höhlenform als »Architektonik der grossen Struktur des gesehenen und gefühlten Universums« (Kiesler). Sein nur im Modell realisiertes Endless House (Abb. S. 147 o.), das in seiner Form das Unendlichkeitszeichen (∞) aufnimmt, wird heute als erste Manifestation der Blob-Architektur wieder entdeckt. Bei dem amerikanischen Architekten Greg Lynn (geb. 1964), einem Vertreter

Das Plastische
1910er–1930er Jahre

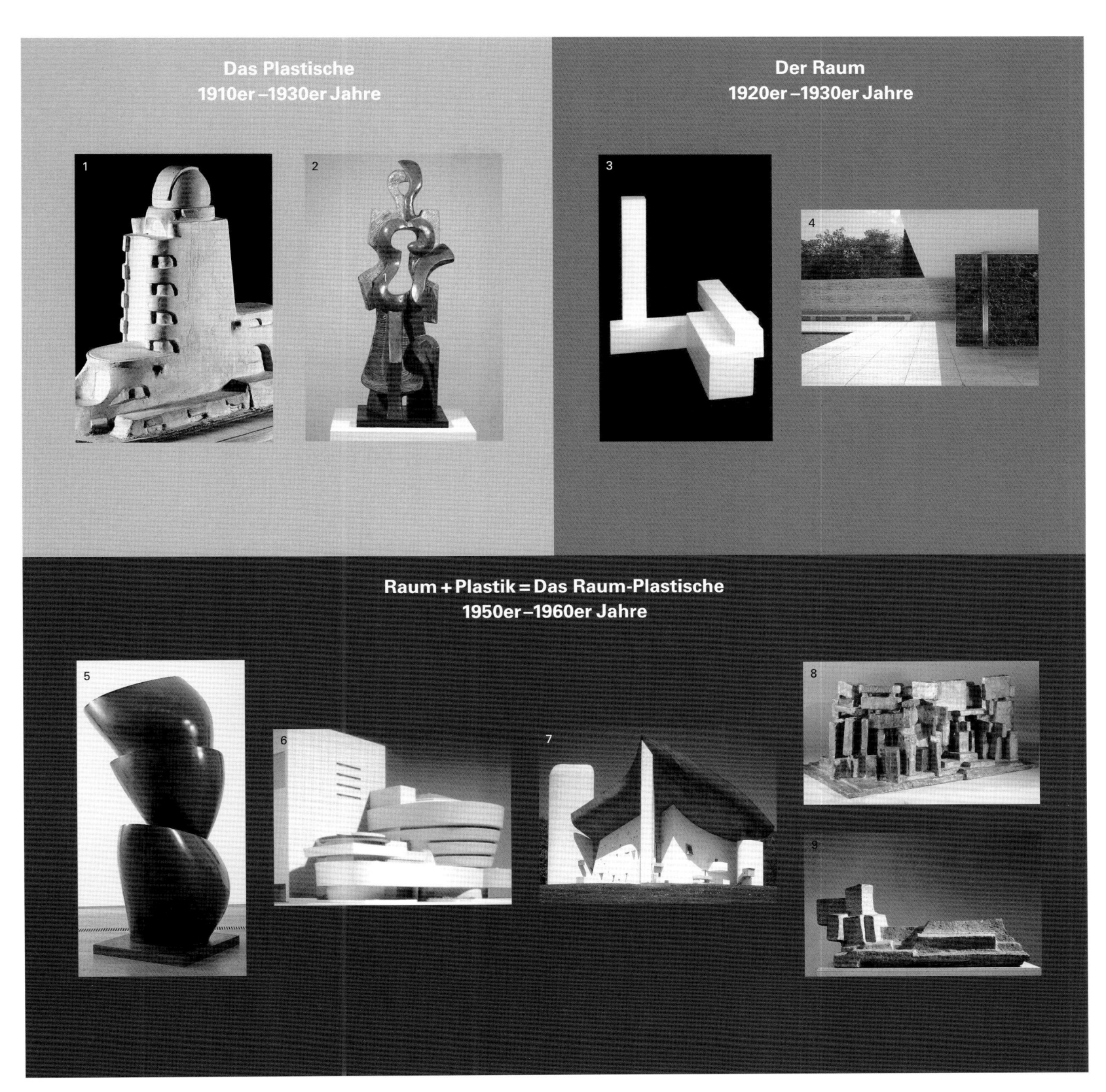

Der Raum
1920er–1930er Jahre

Raum + Plastik = Das Raum-Plastische
1950er–1960er Jahre

dieser Richtung, sind es die mathematisch-geometrischen Parameter einer Computersoftware, die die Formen für sein höchst individuelles Embryological House (Abb. S. 192) vorgeben. Der Gebrauch embryonaler Formen fand sich schon bei Bildhauern wie Henry Moore (Abb. S. 197). Mit der zeitgenössischen biomorphen Architektur schliesst sich vielleicht der Kreislauf des »plastischen Zeitalters«, dessen Raumwerte Carola Giedion-Welcker vor fünfzig Jahren als das Neue in Skulptur und Architektur erkannt hatte.

1 Erich Mendelsohn, Einsteinturm, Potsdam, 1919–1921, Kopie des Originalmodells (1917/1921), 1997
2 Kat. 3 Alexander Archipenko, *Femme qui marche*, 1912, Bronze, 67 x 24 x 20,5 cm, Saarlandmuseum, Saarbrücken, Stiftung Saarländischer Kulturbesitz
3 Wladislaw M. Strzeminski, Projekt für einen Bahnhof in Gdynia, 1923, Modell (Rekonstruktion), 1978
4 Ludwig Mies van der Rohe, Deutscher Pavillon auf der Internationalen Ausstellung, Barcelona, 1929
5 Kat. 5 Hans (Jean) Arp, *Schalenbaum/Coupes superposées*, 1960, Bronze, 196 x 99 x 105,5 cm, Fondation Beyeler, Riehen/Basel
6 Kat. 186 Frank Lloyd Wright, Gwathmey Siegel & Associates Architects, Solomon R. Guggenheim Museum, New York, 1956–1959, Anbau: 1992, Modell, 1990, Kunststoff, 36,8 x 36,8 x 36,8 cm, Modellbau: Charles Gwathmey, Gwathmey Siegel & Associates Architects, New York
7 Le Corbusier, Wallfahrtskirche Notre-Dame-du-Haut, Ronchamp, 1950–1954
8 Fritz Wotruba, Fritz Gerhard Mayr, Kirche Zur Heiligsten Dreifaltigkeit, Wien-Mauer, 1974–1976, Modell (nach Tonmodell), 1967
9 Fritz Wotruba, *Grosse liegende Figur*, 1960

∧ Le Corbusier, Villa Savoye, Paris-Poissy, 1929–1931

‹ Le Corbusier, Villa Savoye, Paris-Poissy, 1929–1931, Spiraltreppe

∨ Le Corbusier, Wallfahrtskirche Notre-Dame-du-Haut, Ronchamp, 1950–1954, Grundriss

∟ Kat. 142 Henry Moore, *Reclining Figure,* 1945, Terrakotta, L: 15,2 cm, The Henry Moore Foundation, Schenkung des Künstlers 1979

› Kat. 103 Le Corbusier, *Trois baigneuses*, 1935, Öl auf Leinwand, 114 × 145 cm, aus der Heidi Weber Sammlung

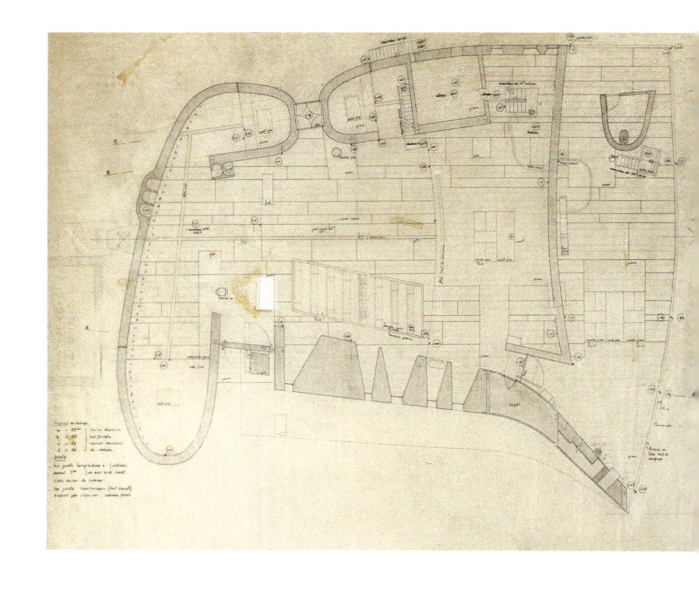

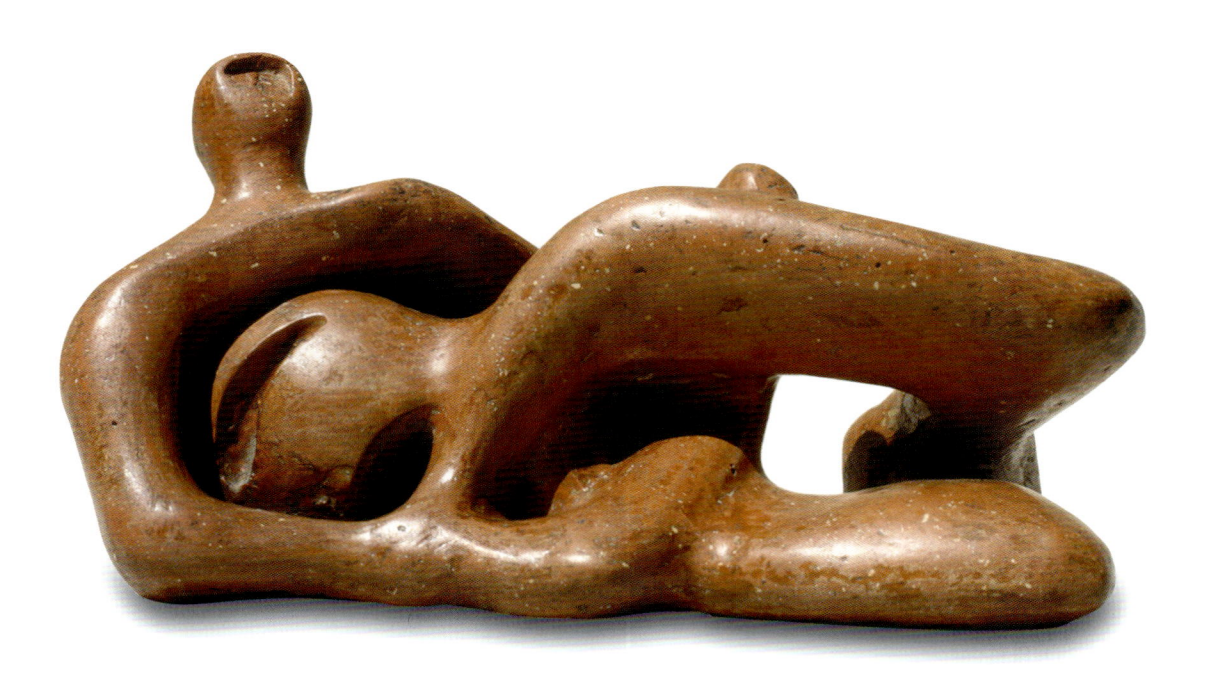

Wie Andrea Palladios Villa Rotonda (1566–1570) öffnet sich Le Corbusiers Villa Savoye (1929–1931) mit vier nahezu identischen Fassaden zur umliegenden Landschaft. Ungewöhnlich ist jedoch, dass die traditionell kompakte »Box« leichtfüssig auf schmalen Säulen schwebt. Dass die architektonische Einheit von Hülle und Kern aufgebrochen ist, zeigt sich auch an den Fensteröffnungen auf ihrer Südseite, die als offene Rahmenwand die Terrasse begrenzen. Im Gebäudekern regulieren freigestellte Spiraltreppen und eine Rampe den kontinuierlichen Bewegungsfluss. Der Anthropomorphisierung der Aussengestalt mit ihren augenschlitzartigen Fensterbändern entspricht die »promenade architecturale« im Inneren. Gegenüber der Villa, so zeigt der Grundriss, sind die Wände seiner späteren Wallfahrtskirche in Ronchamp (1950–1954) konkav und konvex geformt, sodass ihre Ansicht für den Betrachter von jedem Blickwinkel aus überraschend variiert. Hier wird der plastische »Abdruck« der Vogesenlandschaft im Bauorganismus sichtbar. Auch die Kurven von Henry Moores Plastik *Reclining Figure* (1945) folgen dem gewellten Rhythmus der Natur. In seinen Korrespondenzen von Figur und Landschaft arbeitete der englische Bildhauer auf »poetische Weltdurchdringungen« hin (Henry Moore, zit. nach Lichtenstern 1994, S. 140). *VW*

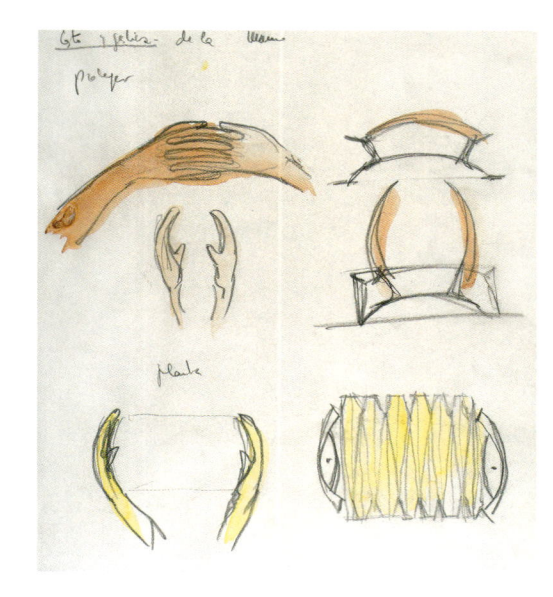

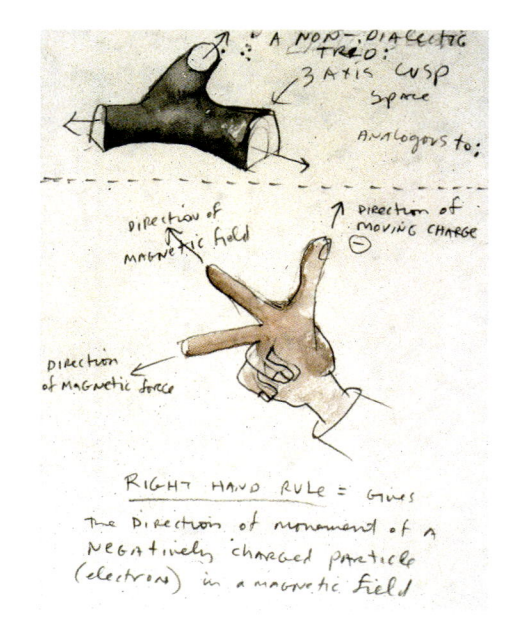

▽ Frank Lloyd Wright veranschaulicht die Zugfestigkeit von organischer Architektur, Fotografie von Pedro E. Guerrero, 1953

▷ Frank Lloyd Wright, Fallingwater, Edgar J. Kaufmann Haus, Mill Run, Pennsylvania, 1934–1937

△ Santiago Calatrava, Bewegungsstudien zum Kuwait-Pavillon auf der Weltausstellung in Sevilla, 1992, Santiago Calatrava

△ Steven Holl, Konzeptstudie zum Bau des Bellevue Art Museum, Bellevue, Washington, 1999, Steven Holl Architects, New York

△ Kat. 106 Le Corbusier, *La main de Chandigarh*, 1965, Bronzerelief, 44 x 63 x 10 cm, Privatsammlung, Zollikon

▷ Eduardo Chillida, *Ohne Titel*, 1983, Chillida-Leku Museum, Hernani

Seit Rodins *Cathédrale* (1908), bei der gewölbte Hände eine Kuppel bilden, wird das Motiv der Hand in der Skulptur und Architektur als stets wiederkehrende Metapher oder gar als konkretes Vorbild eingesetzt, um die Nähe des Menschen zu dem, was ihn als Gesamtheit räumlich umgreift, zu versinnbildlichen: Sei es als plastisches Prinzip (Eduardo Chillida), als organisches Bauprinzip (Santiago Calatrava) oder als ein in Architektur gewendetes, naturwissenschaftliches Konzept (Steven Holl). Organische Architektur ist, so ihr Wegbereiter Frank Lloyd Wright, weder strikt an das geometrische noch an das biomorphe Formenvokabular gebunden, sondern soll ein ausgewogenes Verhältnis von Architekturform, Funktion und Material realisieren. Ein Zeitgenosse beschrieb, wie Wright seine Idee 1953 veranschaulichte: »Mr. Wright legte seine Hände ineinander und verschränkte die Finger, um die Kraft und Geschmeidigkeit seiner organischen Architektur zu demonstrieren.« (Guerrero 1994)
In der Nachkriegszeit diente das Raumplastische in Skulptur und Architektur der »reicheren Gestaltung des öffentlichen Lebens« (Giedion-Welcker 1955) und war Ausdruck demokratischer Gesinnung (Wright), wobei das monadische Bauen zugunsten eines übergreifenden, kosmischen Formgedankens zurücktreten sollte. *VW*

7

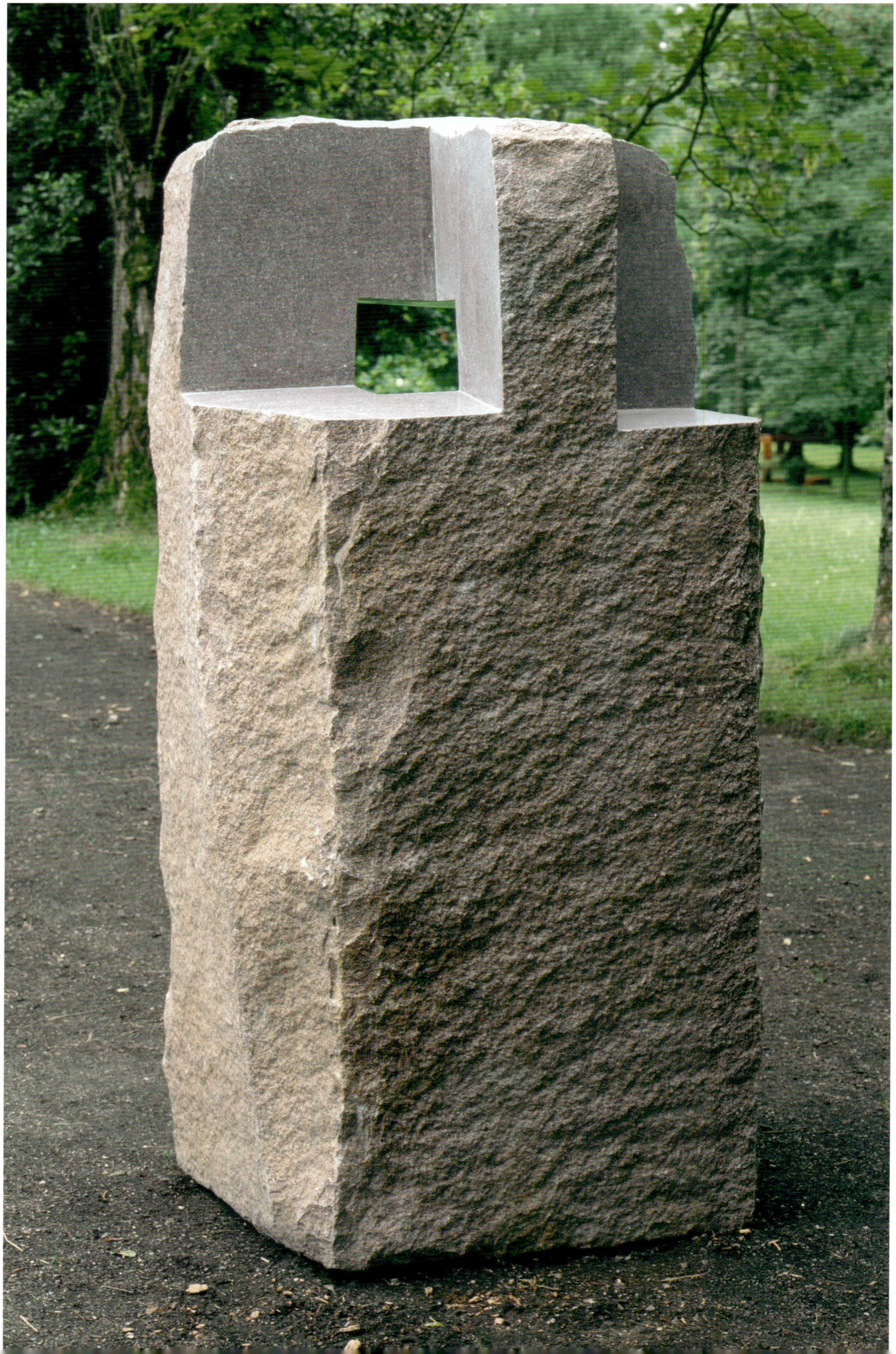

« Kat. 28 Eduardo Chillida, *Lo profundo es el aire, estela XII*, 1990, Granit, 212 x 97 x 103 cm, Chillida-Leku Museum, Hernani

⌐ Kat. 80 Steven Holl, Bellevue Art Museum, Bellevue, Washington, 1999/2000, Modell im Massstab 1:64, 1998, Gips, Metall, Homasote, Farbe, 39 x 96 x 83 cm, Bellevue Art Museum, Bellevue, Washington

∧ Steven Holl, Bellevue Art Museum, Bellevue, Washington, 1999/2000

‹ Kat. 27 Eduardo Chillida, *La casa del poeta I*, 1980, Schamottierte Terrakotta, 57,5 x 99,5 x 56,5 cm, Chillida-Leku Museum, Hernani

Zitat: Eduardo Chillida, zit. nach Chillida 2001, S. 36

Was mich betrifft, so strebe ich nach dem hohlen Dreidimensionalen, indem ich das volle Dreidimensionale bestimme – und gleichzeitig eine gewisse Beziehung zwischen beiden entstehen lasse. Auf Grund solcher Beziehungen werden äußere Volumina, die wir einfach umfassen können, unsere untrüglichen Führer, um uns verborgenen Räumen, zumindest im Geiste, zu nähern. *Eduardo Chillida*

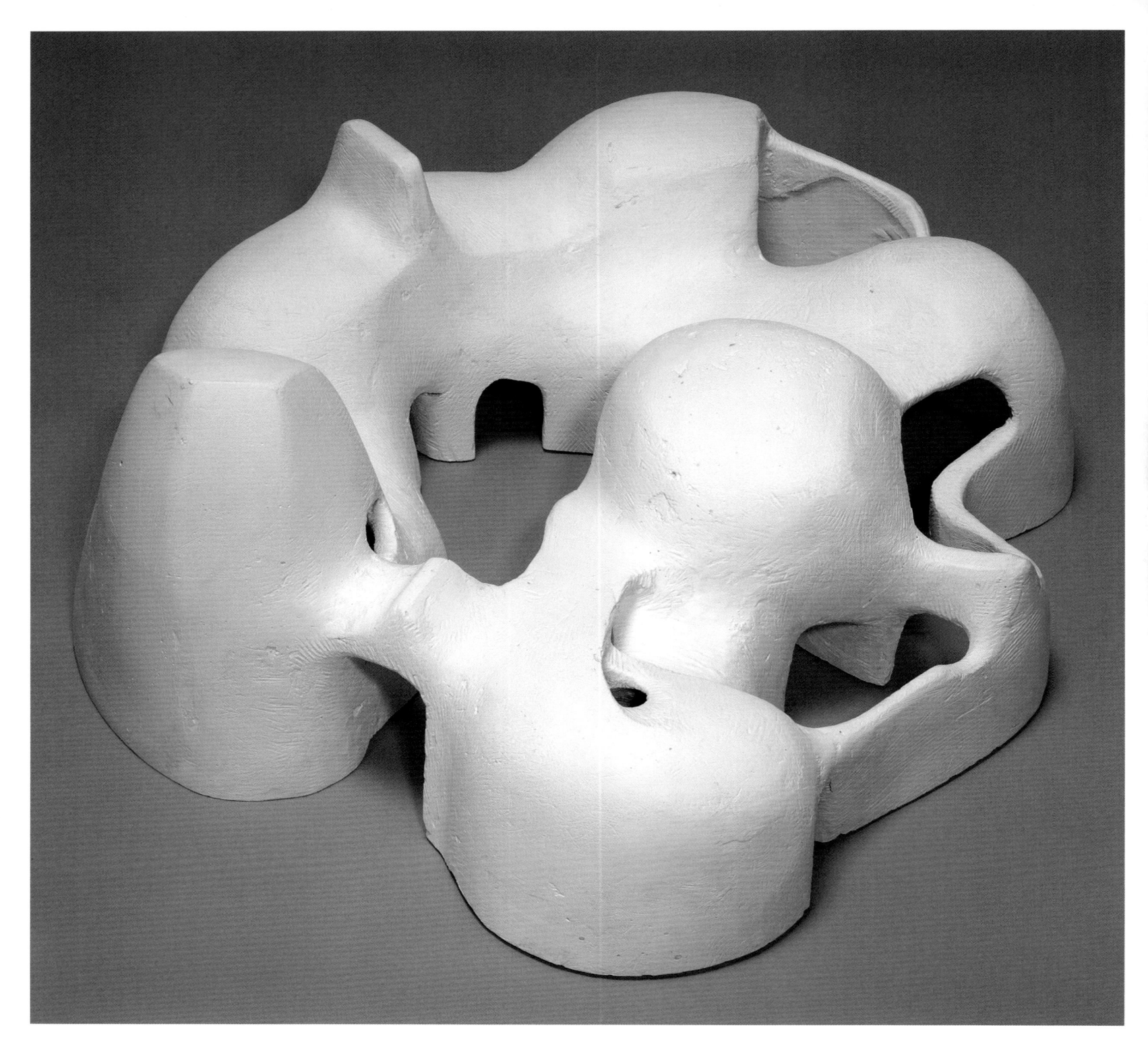

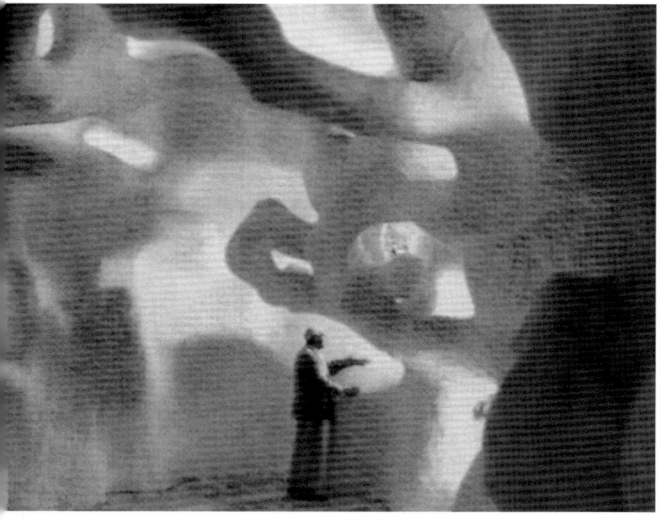

∧ Kat. 13 André Bloc, Habitation, Carboneras, Spanien, 1964–1966, Modellstudie, Gips, 32 × 65 × 57 cm, Centre Georges Pompidou, Paris, Musée national d'art moderne/Centre de création industrielle, öffentlicher Ankauf 1996

« André Bloc, Pavillon in Meudon, 1962, Innenansicht

‹ André Bloc, Pavillon in Meudon, 1962, Aussenansicht

⌐ Friedrich Kiesler, Endless House, Projekt, 1950–1959, Modell für das Museum of Modern Art, New York, 1959, Maschendraht, Beton, Gips, Plexiglas, 97 × 247 × 106 cm, Sammlung Whitney Museum of American Art, New York

» Friedrich Kiesler, Endless House, Projekt, 1950–1959, Innenansicht des Modells für das Museum of Modern Art, New York, 1959, Sammlung Whitney Museum of Modern Art, New York

› Kat. 145 Henry Moore, *Helmet Head No. 3*, 1960, Bronze, 33 × 33 × 27,9 cm, Arts Council Collection, Hayward Gallery, London

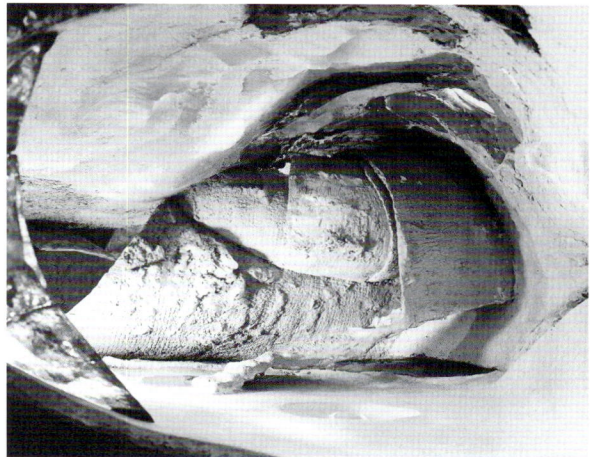

Seite 148: Kat. 93 Friedrich Kiesler, Universal Theatre, Projekt, 1959–1962, Blick in das Modell im Massstab 1:100, MDF, Kunststoff, lackiert, Grundplatte: 90 x 90 cm, Lehrstuhl für Raumkunst und Lichtgestaltung der TU München, Professor Hannelore Deubzer

Seite 149: Kat. 19 Constantin Brancusi, *Danaide,* 1913, Bronzeguss auf Kalksteinsockel, H: 47,2 cm, Kunstmuseum Winterthur, Ankauf 1951

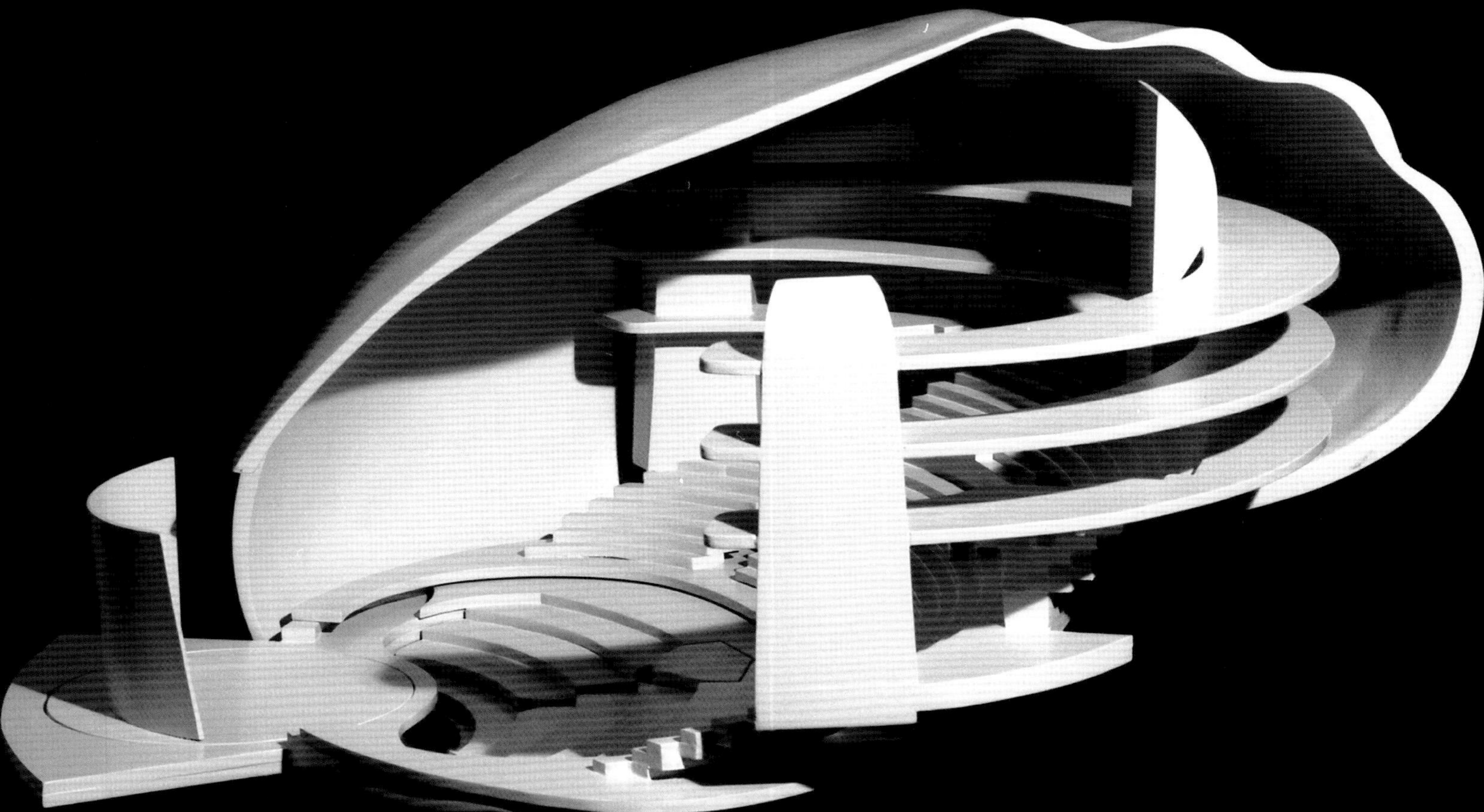
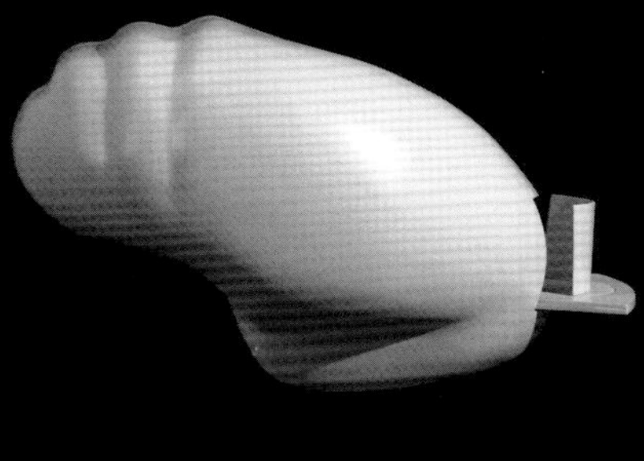
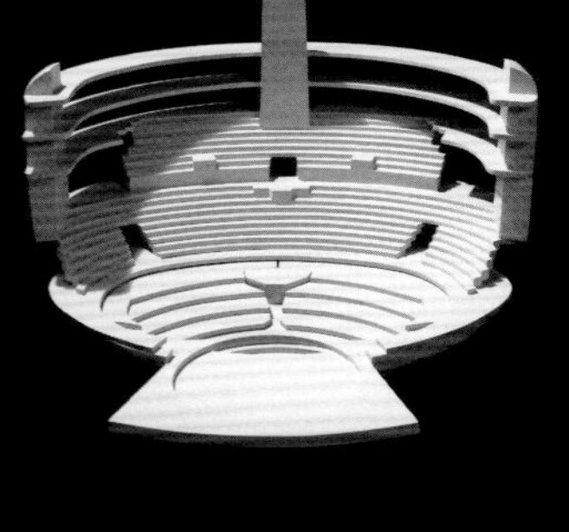

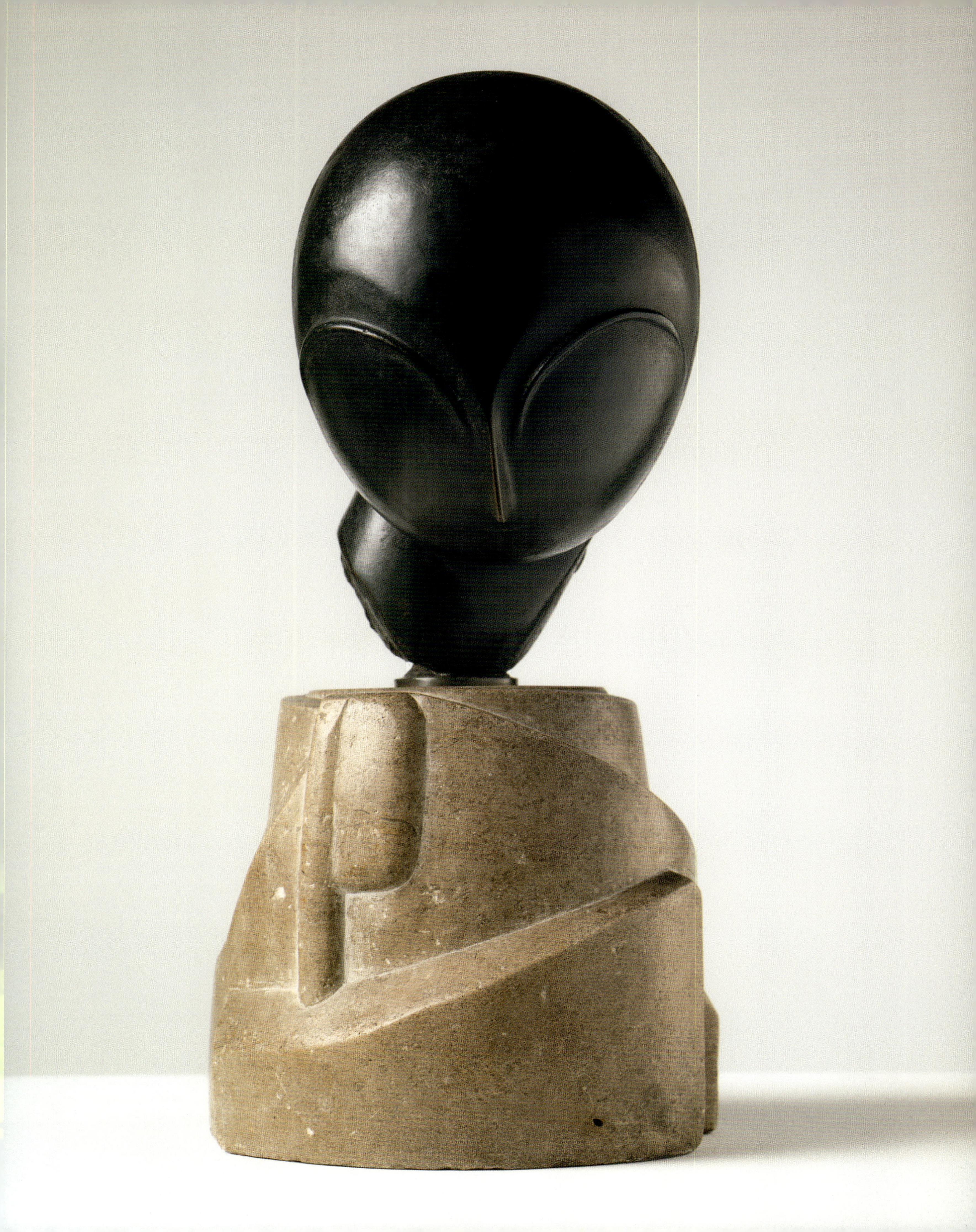

Constantin Brancusis *Le baiser,* Kasimir Malewitschs Architektona und Georges Vantongerloos *Constructions* sind die künstlerischen Ahnen des Werkes von Fritz Wotruba, der sich dem Kubus als formaler Grundeinheit seiner Kunst verschrieben hat. Die klare Herausbildung von tektonischen Qualitäten der Figur und die Herausforderungen, die der Werkstoff Stein an ihn stellt, werden bereits in seiner frühen, noch gegenständlichen *Weiblichen Kathedrale* (1946) sichtbar. Hier lässt Wotruba einen anmutigen Mädchenkörper aus dem rohen Sandsteinblock emporsteigen und deutet in der Verknappung der Gestalt zum Torso die Richtung an, die er fortan weiterentwickeln wird. Geschichtete Kuben in der Kopfzone und terrassenartige Kuben in der Körperzone seiner *Grossen liegenden Figur* (1960) aus Kalkstein erscheinen mehrdeutig: Blicken wir auf eine Landschaft, auf Architektur oder Skulptur? Den Einsatz der Würfelform lernte Wotruba bereits früh in der Wiener Architektur bei Adolf Loos (Würfelhaus, um 1929) und Josef Hoffmann kennen, mit dem er seit 1930 befreundet war. Nach seinen architektonischen Bühnenentwürfen wagte sich der Bildhauer schliesslich an die Planung von realer Architektur aus Beton. Seine Vorarbeiten dazu, zum Beispiel die von uns gezeigte Bronzemaquette, zeugen indes noch von der formbildenden Hand des Bildhauers. *VW*

Ich träume von einer Skulptur, in der Landschaft, Architektur und Stadt zur Einheit werden. Es kann eine Stadt wie Marseille sein, eine vor Hitze brüllende Stadt, die sich plötzlich verwandelt; sie wird zu einer grandiosen Skulptur, einer riesenhaften Figur, gebaut aus weissen Blöcken und gegliedert durch flache, gestreckte Terrassen, hingelegt in eine unbewegte kahle Landschaft.
Fritz Wotruba

‹ Kat. 182 Fritz Wotruba, *Weibliche Kathedrale*, 1946, Sandstein, 183,5 × 65 × 63 cm, Kunsthaus Zug, Stiftung Sammlung Kamm

› Fritz Wotruba, Fritz Gerhard Mayr, Kirche Zur Heiligsten Dreifaltigkeit, Wien-Mauer, 1974–1976, Fritz Wotruba-Verein, Wien

⌐ Kat. 119 Adolf Loos, Würfelhaus, Projekt, um 1929, Innenansicht des Modells im Massstab 1:33⅓, Holz, 29 × 64,7 × 53,5 cm, Architekturmuseum der Technischen Universität München, Sammlung Lehrstuhl Kurrent

‹ Kat. 184 Fritz Wotruba, Fritz Gerhard Mayr, Kirche Zur Heiligsten Dreifaltigkeit, Wien-Mauer, 1974–1976, Modell (nach Tonmodell), 1967, Bronze, 33 × 80 × 60 cm, Privatbesitz, München

⌄ Kat. 183 Fritz Wotruba, *Grosse liegende Figur*, 1960, Kalkstein, 58,5 × 150 × 41 cm, Kunsthaus Zug, Dauerleihgabe aus Privatbesitz, London

Zitat: Fritz Wotruba, zit. nach Wotruba 1992, S. 94

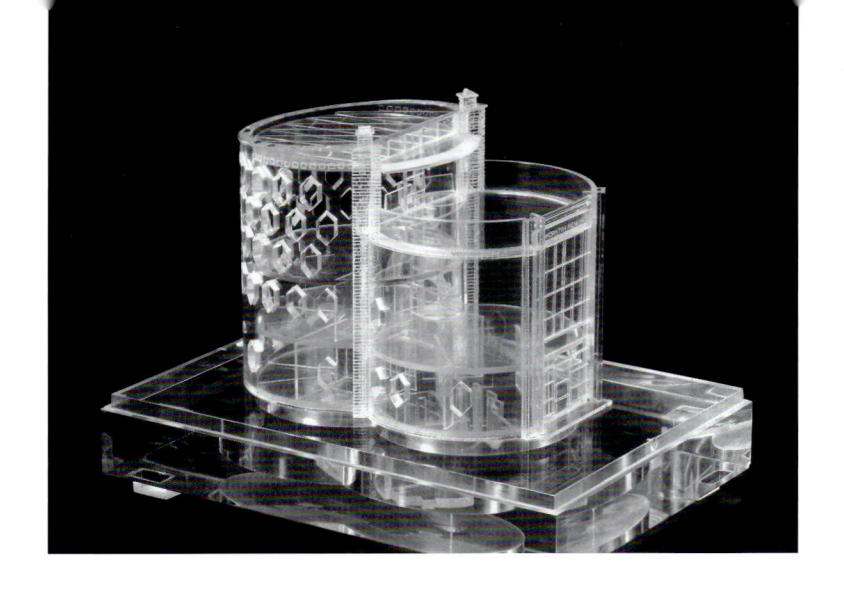

‹ Kat. 132 Konstantin S. Melnikow, Haus des Melnikow, Moskau, 1927–1929, Modell, 1995, Acrylglas, 22 × 16 × 23,5 cm, Modellbau: Jurij Awakumow, Courtesy Alex Lachmann Gallery, Köln

˅ Mario Botta, Bankgebäude in Basel, 1988–1995

˅ Louis I. Kahn, Parlamentskomplex von Bangladesch, Sher-e-Bangla Nagar, Dhaka, Bangladesch, 1962–1933

› Kat. 29 Eduardo Chillida, *Homenaje a Pili,* 2000, Alabaster, 72 × 130 × 138 cm, Chillida-Leku Museum, Hernani

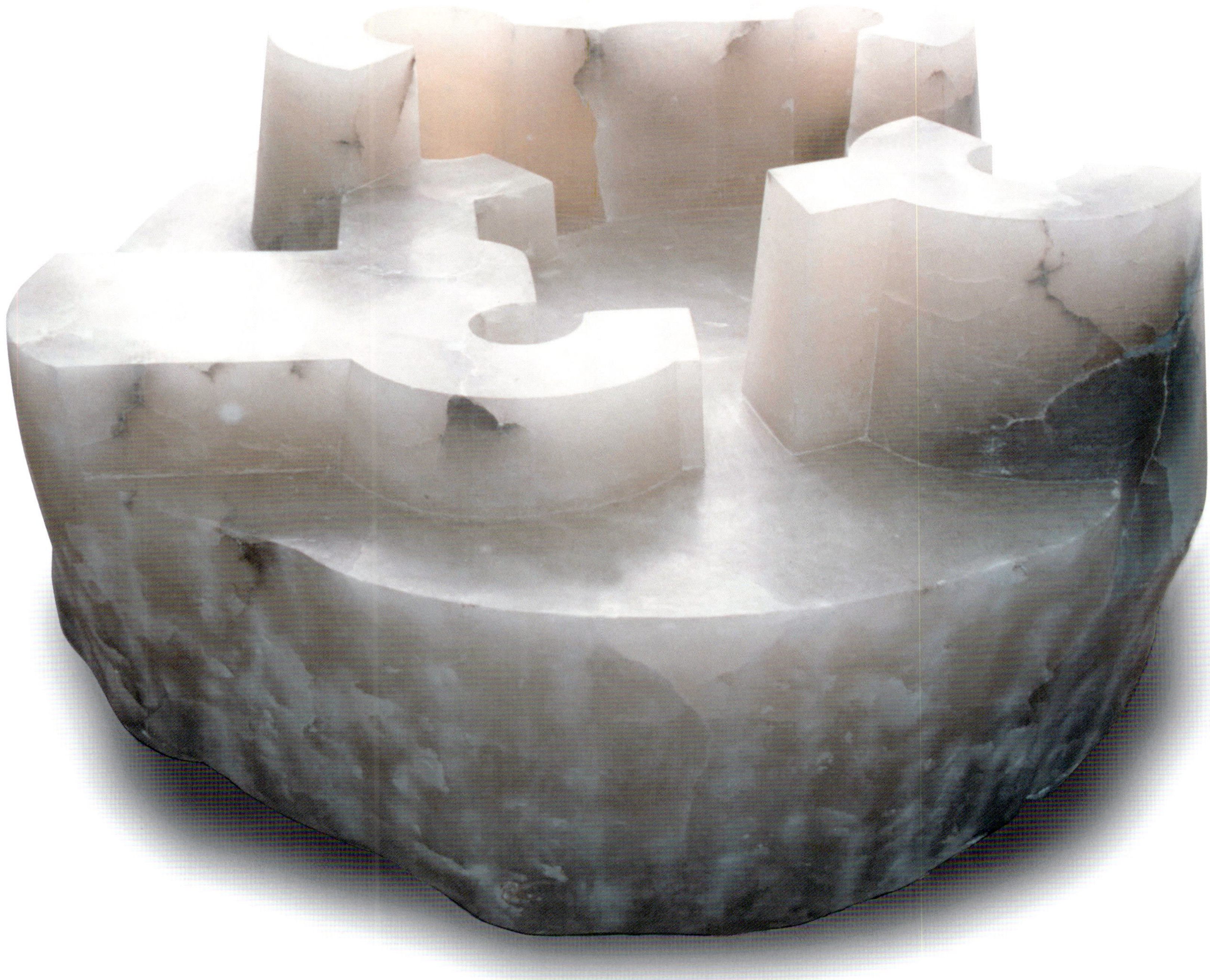

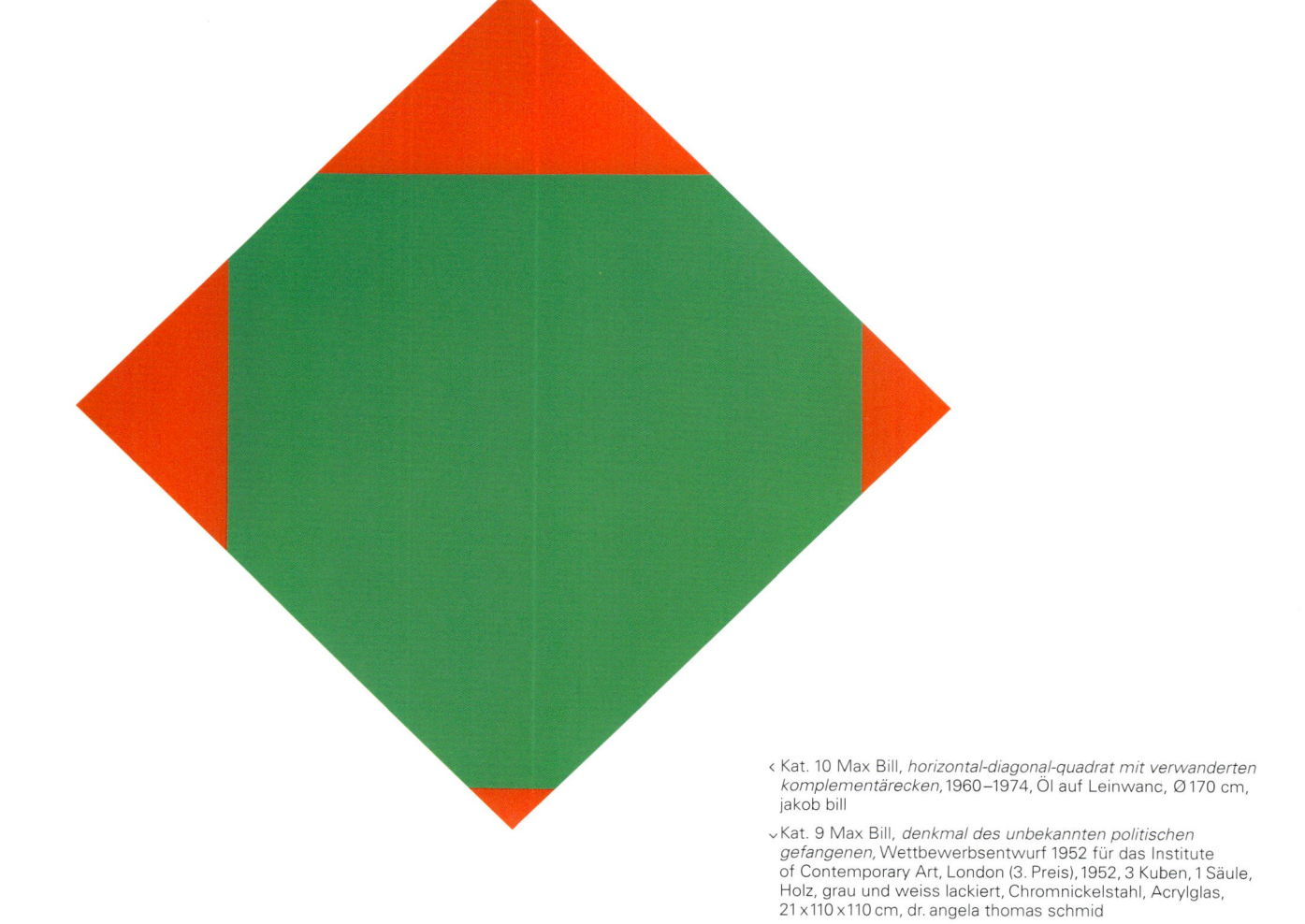

‹ Kat. 10 Max Bill, *horizontal-diagonal-quadrat mit verwanderten komplementärecken,* 1960–1974, Öl auf Leinwand, Ø 170 cm, jakob bill

⌄ Kat. 9 Max Bill, *denkmal des unbekannten politischen gefangenen,* Wettbewerbsentwurf 1952 für das Institute of Contemporary Art, London (3. Preis), 1952, 3 Kuben, 1 Säule, Holz, grau und weiss lackiert, Chromnickelstahl, Acrylglas, 21 × 110 × 110 cm, dr. angela thomas schmid

› Kat. 12 Max Bill, *konstruktion aus drei gleichen kreisscheiben* (Version III), 1994, Chromnickelstahl, 300 × 300 × 300 cm, jakob bill

Zitat: Max Bill, zit. nach Hüttinger 1987, S. 134

im gegensatz zur herkömmlichen plastik, die meist ein gebilde darstellt, das in den aussenraum hineingestellt ist [...], ist hier bewusst vor allem ein innerer raum als plastik gestaltet, indem der innenraum sich in den aussenraum überführt, in diesem sinne ist dieses denkmal ein beispiel für die auflösung der begriffe plastik und architektur [...]. *Max Bill*

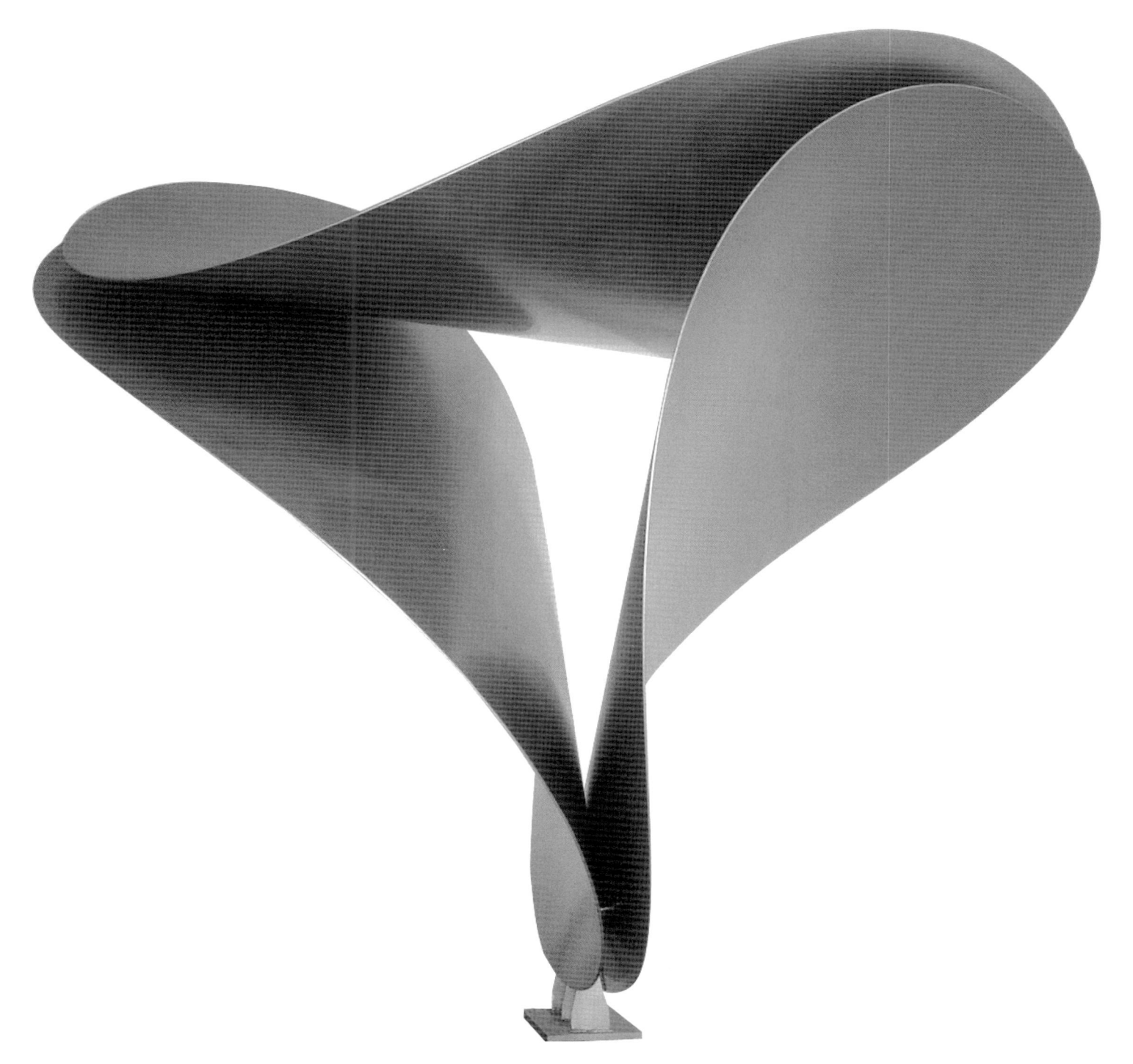

Max Bill, Schweizer Maler, Bildhauer, Architekt und Gestalter, war von zeitlosen Ordnungsprinzipien wie Geometrie und Mathematik fasziniert. Als ein Hauptvertreter der konkreten Kunst suchte er anhand von objektiven und damit auch vorgegenständlichen Formen wie Quadrat und Kubus, Kreis, Kugel und Möbiusband eine für alle Bereiche geltende, elementare Bildsprache zu entwickeln. Entscheidend für den grenzübergreifenden Einsatz der geometrischen Form ist, dass sie nicht auf eine Objektgrösse bezogen ist. Bills Projekt für das *denkmal des unbekannten politischen gefangenen* (1952) gilt als ideales Beispiel dafür, wie sich das Betrachten skulpturaler Objekte von aussen und die Erfahrung eines architektonischen Innenraumes versöhnen. Drei offene Kuben bilden sanft gestufte Eingänge, die zu einem Dreiecksraum mit einer Säule aus Chromnickelstahl im Zentrum führen. Die den Umraum und den Betrachter spiegelnde Oberfläche der Säule veranschaulicht, dass Bill innen und aussen immer als unzertrennbares Komplementärpaar auffasste. Das 1960 bis 1974 entstandene Gemälde verdeutlicht diese Konstellation durch einen aktiven Farb- und Formdialog. Die Vibration der Komplementärfarben Rot und Grün wird durch die latente Möglichkeit unterstützt, dass die eine angeschnittene grüne Quadratform durch eine 45-Grad-Drehung passgenau die Form der auf der Spitze balancierenden roten Fläche einnehmen könnte. Indem das grüne Quadrat mit seinen Ecken den Rahmen überschneidet, lenkt es den Blick auf den Bezug des Gemäldes zur Wand. *VW*

Kat. 60 Alberto Giacometti, *L'homme qui marche sous la pluie,* 1948, Ex. 1/6, Alexis Rudier/Fondeur, Paris, Bronze, 47,5 x 77,5 x 15,5 cm, Fondation Beyeler, Riehen/Basel

7. Die Skulptur als Weg und Platz
Vom Denkmal zur Installation Viola Weigel

Auf den Platzanlagen des neuzeitlichen Rom stand die Skulptur in einem ausgeklügelten Bezugsnetz von Platz und Achse. Eingerahmt von der umliegenden Architektur markierte sie den Schnittpunkt perspektivischer Achsen und verwies so auf weltliche oder kultische Herrschaftsansprüche. Beispielhaft sind Figuren wie die des Kaisers Marc Aurel, dessen antikes Reiterstandbild das Zentrum des vom Bildhauer-Architekten Michelangelo Buonarroti (1475–1564) geplanten Kapitolsplatzes einnimmt (Abb. S. 160 u.r.), oder abstrakte Kultsymbole wie der ägyptische Obelisk, der Gianlorenzo Berninis (1598–1680) Piazza Obliqua (Sankt Peter) von der Mittelachse aus bestimmt. Während das Gemälde auch ohne situativen Bezug betrachtet werden konnte, wurde die Skulptur lange Zeit für einen konkreten Ort geschaffen oder erhielt durch ihre Platzierung eine zusätzliche Bedeutung. Noch für Aristide Maillol (1861–1944) galt, dass »jedes Kunstwerk [...] seinen ganz bestimmten Platz haben und sich einem Ganzen harmonisch einfügen [muss]«. (Trier 1984, S. 197) Im Zuge der Wandlung ihrer Funktion im öffentlichen Raum und der sich ankündigenden Autonomisierung beginnt sich das Verhältnis zwischen Skulptur und Standort zu verändern. Wenn wir Plastiken wie Wilhelm Lehmbrucks (1881–1919) *Gestürzten* von 1915/16 (Kat. 110, S. 96), Rudolf Bellings (1886–1972) *Dreiklang* von 1919 (Kat. 7, S. 119) oder Alberto Giacomettis (1901–1966) Figuren für die Chase Manhattan Plaza von 1960 (Kat. 63–66, S. 163) betrachten, so emanzipierten sich diese entweder

Carl Andre, *1980-17 Cataract*, 1980, Wenkenpark, Riehen/Basel

von ihrem ursprünglichen Bestimmungszweck eines Denkmals (Lehmbruck), wurden nicht im vorgesehenen Massstab realisiert (Belling) oder blieben (wie Giacomettis Platzprojekt) unausgeführt. Im Folgenden soll es um die Frage gehen, mit welchen Mitteln die Plastik ihr bisheriges Abhängigkeitsverhältnis von der Architektur überwindet und welche Rolle der Betrachter dabei spielt.

Typisch für das Standbild im 19. Jahrhundert ist die Monumentalisierung der dargestellten Figur, die nicht mehr auf filigranen Säulen (Siegessäulen) erscheint, sondern auf blockartigen, zu vollständigen, meist antiken Tempelbauten angewachsenen Steinsockeln (vgl. Ernst von Bandels *Hermannsdenkmal*, 1838–1875, und Bruno Schmitz' Kaiser-Wilhelm-Denkmäler). Beim Berliner *Nationaldenkmal* von Reinhold Begas (1831–1911) ist das hohe Postament, auf dem die Reiterstatue Kaiser Wilhelms I. thront, in eine mit Säulenhallen bestückte Platzanlage eingebunden (Kat. 6, S.160/161). Trotz der Begehbarkeit des Platzes ist die Kaiserfigur ganz im Sinne ihrer überhöhten Position nur aus der Ferne erfassbar. Zwar sollen an ihrem Fuss, wie in vielen Denkmälern dieser Zeit, Stufenelemente einen engeren Kontakt zwischen Betrachter und Denkmal suggerieren, aber erst gegen Ende des 19. Jahrhunderts wird der traditionelle Sockel von Bildhauern hinterfragt und eine unmittelbare Begegnung zwischen Skulptur und Betrachter – dem Raum der Plastik und dem Raum des Betrachters – möglich. Der vorher hierarchisch definierte Bezug zwischen Skulptur, Platz und Betrachter beginnt sich nun zugunsten des Bewegungsumfeldes des Betrachters zu verändern.

Mit den Aussenskulpturen von Auguste Rodin (1840–1917) tritt die Plastik in den Realraum ein. Sein Werk *Les bourgeois de Calais* (1884–1886; Abb. S. 162 o.) steht – nur leicht angehoben durch eine schmale Plinthe – direkt auf dem Boden. Angeregt durch die lebhafte Gebärdensprache der Gestalten beginnt der Betrachter die Gruppe zu umkreisen und wird in einen Dialog verwickelt. Das Aussenlicht bricht sich in den Erhebungen und Vertiefungen der Bronzeoberflächen und macht den »Abdruck« des Wirklichkeitsraums sichtbar. Die Aktivierung des Luftraums in der Plastik, die besonders in der nachfolgenden Bildhauer-Generation an Bedeutung gewinnt, wird zum Verschwinden der Figur zugunsten der Aufwertung des Umraums führen. Alberto Giacomettis Arbeiten für platzähnliche Anlagen (Abb. S. 159 m. l.) wenden die Plastik in die raumausgreifende Horizontale. Die traditionelle Skulpturengruppe, die bei Rodin noch von einem zirkulierenden Blick zusammengehalten wird, zerfällt bei Giacometti in unterschiedliche Einzelpositionen. Der jeweilige Umraum grenzt die klar konturierten Bewegungen der Silhouettengestalten auf der gemeinsamen Basis scharf voneinander ab und hebt ihre Isolierung und (die durch ihre entmaterialisierte Gestalt hervorgerufene) Unnahbarkeit hervor. Es entsteht eine »Gleichzeitigkeit des Ungleichzeitigen«: Gegenwart (Schreiten), Vergangenheit (Stehen) beziehungsweise Zukunft (Schauen). Als der Künstler 1959 den Auftrag erhält, Figuren für die Chase Manhattan Plaza in New York zu entwerfen, entstehen nahezu drei Meter hohe schmale Frauenfiguren, ein schreitender Mann und eine Kopfbüste (Kat. 63–66, S. 163). Doch als Giacometti den Genius loci, einen Platz vor einem Wolkenkratzerbau im Zentrum von New York, in Augenschein nimmt, bricht er sein Projekt ab. Die proportional zu grosse Hochhaus- und Strassenarchitektur hätte die zwischen sich verflüchtigender Linearität und stupender Materialität oszillierenden Figuren zu sehr vereinnahmt.

Der beschriebene Prozess der Annäherung der Skulptur an ihr Umfeld ist parallel auch in der Architektur der fünfziger Jahre zu beobachten. Gegenüber den kinetischen Architekturentwürfen der zwanziger Jahre, wie El Lissitzkys (1890–1941) abgehobenem Wolkenbügel (1924/25) und Friedrich Kieslers (1890–1965) schwebender Raumstadt (1925) wird die Sockelzone der Bauwerke durch terrassierte Stufen mit dem umliegenden Umraum verzahnt (zum Beispiel das Solomon R. Guggenheim Museum, New York, 1956–1959, Kat. 186, S. 139 u., 2. v. l.; oder der BIZ-Turm der Bank für Internationalen Zahlungsausgleich, Basel, 1973–1977).

Im Zuge der Erweiterung der Skulptur durch die Land-Art- und Minimal-Art-Künstler in den sechziger Jahren wird der Betrachter gegenüber dem Realraum und der eigenen Körperlichkeit sensibilisiert. Das Bewegen in den raumausgreifenden Installationen, dem 1961 entstandenen *Passageway* von Robert Morris (geb. 1931) oder dem klaustrophobisch engen *Corridor* (1968–1970) von Bruce Nauman (geb. 1941), stellt die eigene Selbstwahrnehmung ins Zentrum. Schon Walter Benjamin hatte in seinem *Passagen-Werk* (ab 1927) das zerstreute Umherstreifen (»Flanieren«) als Merkmal des modernen Stadtmenschen beschrieben. Rosalind Krauss wählte den Begriff der »Passage« (Durchgang, Reise) in ihrer erstmals 1977 erschienenen Abhandlung *Passages in Modern Sculpture,* um auf den zeitlichen Aspekt des Raumerlebnisses im Werk der Bildhauer hinzuweisen. Die Figur als traditioneller Gegenstand der Skulptur verschwindet ganz, um im Werk die reinen Massverhältnisse des Raumes und deren Ausgewogenheit im Hinblick auf den Betrachter zu thematisieren. Beispielhaft dafür sind die Arbeiten von Carl Andre (geb. 1935), die direkt auf dem Boden in den Räumen, die der Künstler vor Ort vorfindet, entstehen. Die seriellen, in schlichten Formen angeordneten Arrangements können sogar betreten werden (wie seine *Squares*) oder laden, wie die Lineamente von *Sand-Lime Instar* von 1966/1995 (Abb. S. 159 u. l.), dazu ein, sie schrittweise abzugehen. Andre arbeitet mit industriell produziertem Material (Ziegelsteinen, Kupferplatten), das noch von seiner Herkunft aus der Baubranche (beziehungsweise der Architektur) zeugt. Mit Andres Werk sind Skulptur, Material und Ort nicht mehr voneinander zu unterscheiden.

Dan Grahams (geb. 1942) Arbeiten tauchen noch unvermittelter in den Umraum ein. Die verspiegelten Oberflächen seiner Pavillons thematisieren virtuos die Verschränkungen von Innenraum und Aussenraum (Kat. 68, S. 164). Einerseits bilden die Pavillons, die ihren Ursprung aus der Barock- und der englischen Landschaftsarchitektur nicht verleugnen, auf ihren Oberflächen die jeweilige Umgebung ab. Andererseits schaffen halbverspiegelte Glasflächen auch Durchblicke auf andere (sich selbst betrachtende) Betrachter. Im verführerischen Akt des Hinsehens und Sich-selbst-Sehens offenbart sich aber auch die trügerische Seite der Arbeiten, die abweisende Leere des Raumes. An den Verkantungen der Spiegelglaswände werden die Brüche und Faltungen des Raumes sichtbar, wo Spiegel und Gespiegeltes sich kreuzen. Dan Graham setzt die Regeln perspektivischer Wahrnehmung bewusst ein, um einen komplexen Raum zu schaffen, wie dies vor ihm schon die Baumeister ausgedehnter Renaissanceplätze getan hatten. Allerdings entzieht er den Besuchern und Betrachtern seiner Pavillons mit deren unendlichen Raumverschachtelungen die letzte Gewissheit einer Verortung der eigenen Person.

Skulptur als Platz und Denkmal

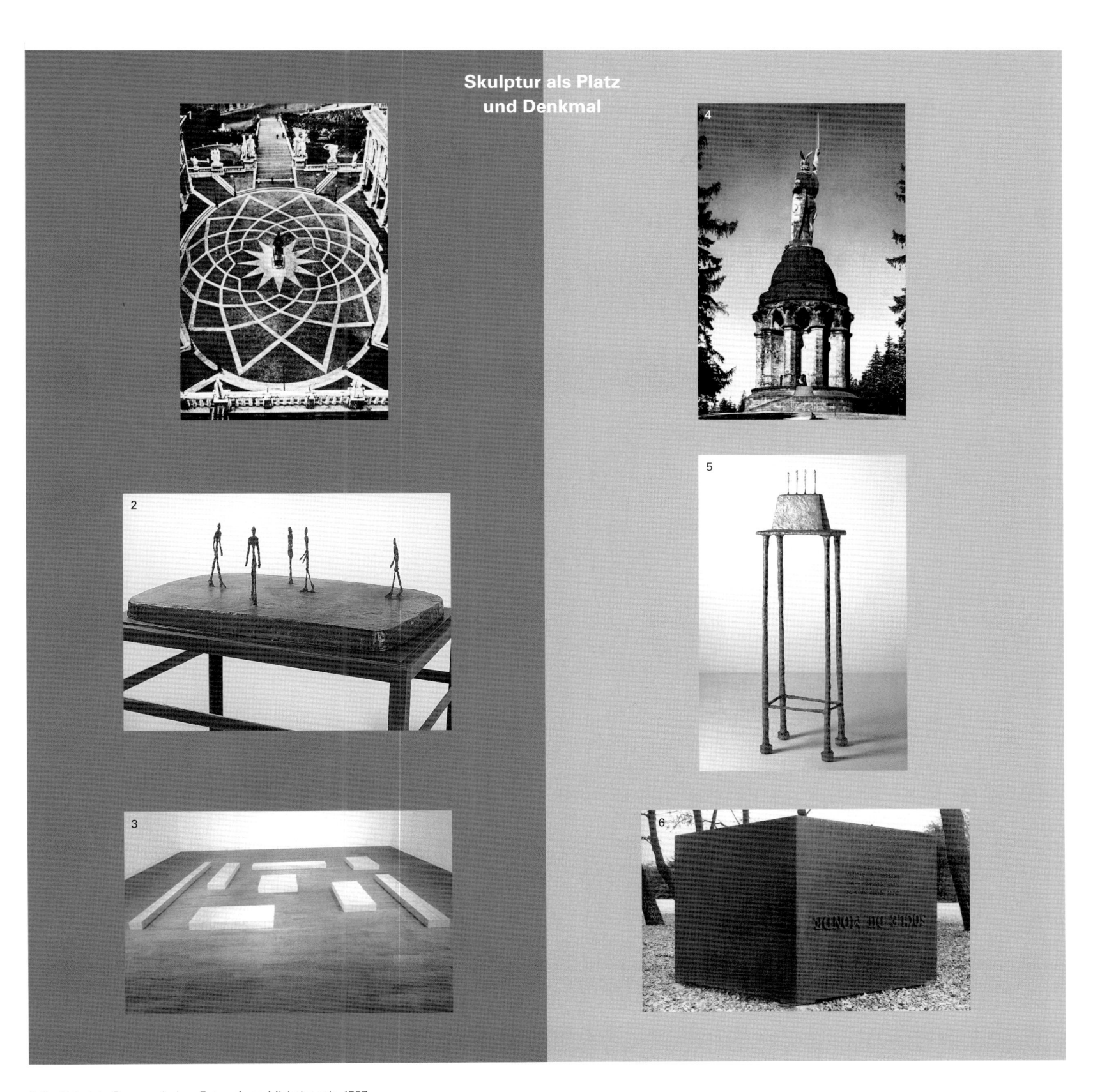

1 Kapitolsplatz, Rom, nach dem Entwurf von Michelangelo, 1537
2 Alberto Giacometti, *Place*, 1948/49, Emanuel Hoffmann-Stiftung, Depositum im Kunstmuseum Basel
3 Carl Andre, *Sand-Lime Instar*, 1966/1995 (Remade), MACBA Fundació Museu d'Art Contemporani, Barcelona
4 Ernst von Bandel, *Hermannsdenkmal*, 1838–1875, Teutoburger Wald, bei Detmold
5 Kat. 62 Alberto Giacometti, *Quatre figurines sur base*, 1950, Ex. 1/6, Alexis Rudier/Fondeur, Paris, Bronze, 162 x 41,5 x 32 cm, Kunsthaus Zürich, Alberto Giacometti-Stiftung
6 Piero Manzoni, *Socle du monde*, 1961, Herning Kunstmuseum

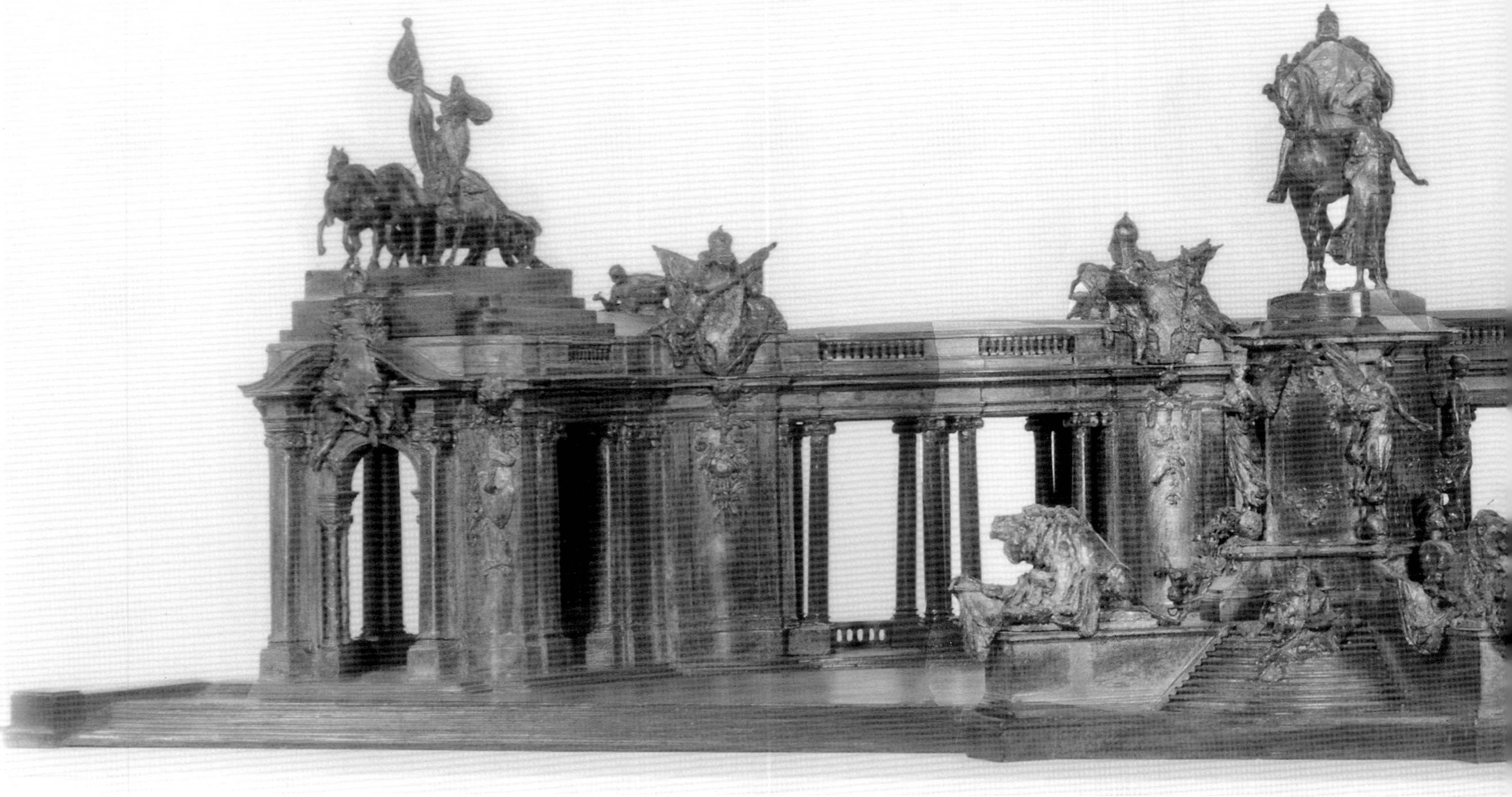

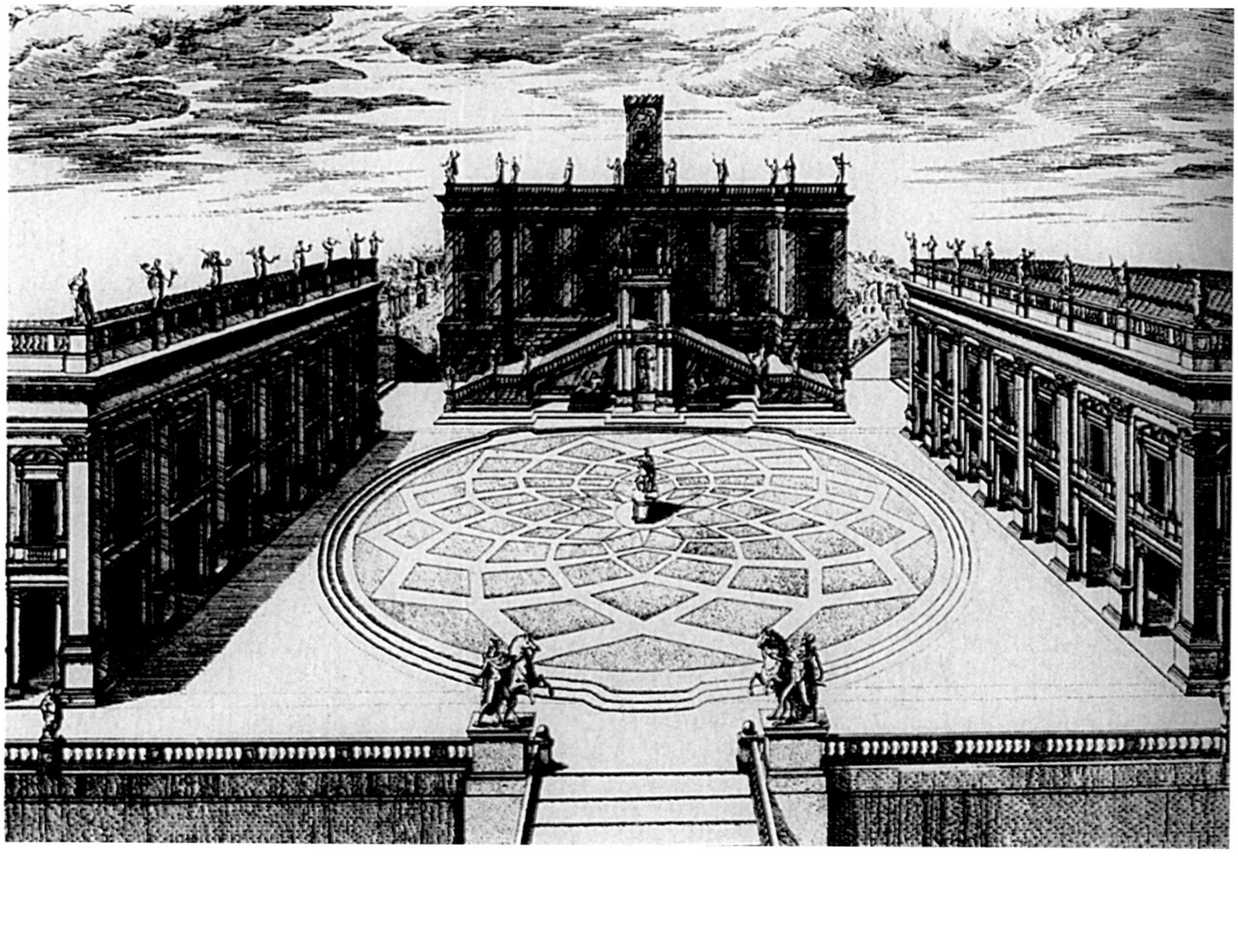

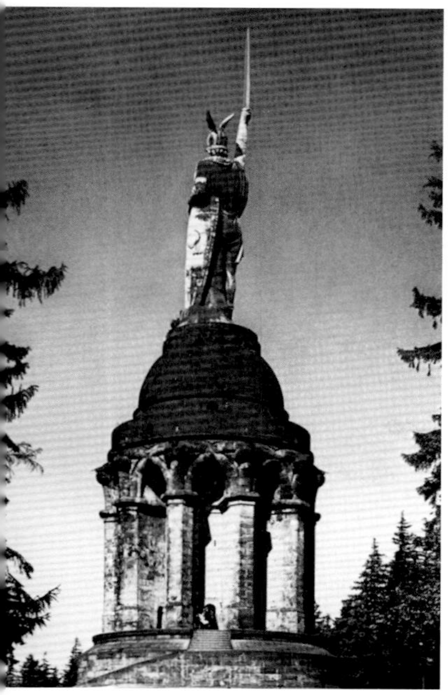

˄ Kat. 6 Reinhold Begas, Modell des *Nationaldenkmals für Kaiser Wilhelm I.*, 1893–1896, Bronze, grünlich patiniert, 35 x 145 x 70 cm, Staatliche Kunsthalle Karlsruhe

< Kapitolsplatz, Rom, Stich von Etienne Dupérac, 1690

L Ernst von Bandel, *Hermannsdenkmal*, 1838–1875, Teutoburger Wald, bei Detmold

Bis ins 19. Jahrhundert fungierte die traditionelle Skulptur als Teil eines übergeordneten weltlichen oder kultischen Zusammenhangs, der architektonisch mit Platz – Achse – Stadt definiert war. Besonders augenscheinlich führt dies der Kapitolsplatz in Rom mit seinem antiken Reiterdenkmal vor, das mitten auf einer im Pflaster durch ein Sternenmuster angedeuteten Weltkugel steht und zugleich achsial mit der Stadt verbunden ist. Die auf Fernsicht konzipierte Gestalt wurde in der Denkmalsskulptur des 19. Jahrhunderts weiter entwickelt. Der Sockel, auf dem die immer monumentaler werdende Figur steht, wird in Ernst Bandels *Hermannsdenkmal* zur antikisierenden Architektur und verleibt sich in Bruno Schmitz' *Völkerschlachtdenkmal* (1898–1913) die Gestalt sogar ein. Dagegen scheint die überhöhte Position der von Quadrigen flankierten Kaiserfigur in Reinhold Begas' *Nationaldenkmal*, von dem wir einen Abguss der endgültigen Version von 1893 zeigen, einer älteren Herrschaftsideologie zu folgen, die den bereits verstorbenen Kaiser Wilhelm I. und dessen militärische Erfolge glorifiziert. Wie Auguste Rodins Plastik zeigt, durfte die alles überragende und nur aus der Ferne ganz zu erfassende Skulptur allein in Frankreich vom Sockel zu ihren Betrachtern herabsteigen und Bürgernähe demonstrieren.
VW

162

Mit Auguste Rodin begann die moderne Skulptur das unmittelbare Umfeld des Betrachters mit zu »bewohnen«. Dadurch veränderte sich auch die Art und Weise, wie sie wahrgenommen wird. Im Unterschied zur traditionellen Skulptur, die oft in die Blickachse einer Platzanlage eingebunden war und noch eine Schauseite kannte, wurde nun der zirkuläre und »zerstreute« Blick (Walter Benjamin) gefördert und auf den Raum zwischen Betrachter und Plastik gelenkt. Eine malerische Umsetzung fand das Thema des fast menschenleeren Platzes in Giorgio de Chiricos Werkgruppe der *Piazza d'Italia* (1912/13). Lange Schatten »animieren« die leblosen Dinge auf dem leergefegten Platz, der nur in einer späten Version um das Spannungselement eines Figurenpaares bereichert wird. De Chiricos unergründliche Bildwelt regte die Fantasie der Surrealisten an, die dem Verhältnis von Körper, Bewusstsein und Raum in Darstellungen ambivalenter Räume – Höhlen, Gängen und Plätzen – nachgingen und damit Bildhauer wie Alberto Giacometti und Henry Moore beeinflussten. Setzte Rodin einen Dialog zwischen seinen *Bourgeois de Calais* und dem Betrachter in Gang, kämpfen Giacomettis Platz-Skulpturen ab den dreißiger Jahren um die visuelle Präsenz der Figur, mit der Folge, dass die Leerräume zwischen ihnen als dunkle »Mitspieler« hervortreten. VW

‹ Auguste Rodin, *Les bourgeois de Calais,* 1884–1886, Öffentliche Kunstsammlung Basel, Kunstmuseum

∟ Kat. 30 Giorgio de Chirico, *Piazza d'Italia,* 1956, Öl auf Leinwand, 55 × 70 cm, Museum Ludwig, Köln

∨ Kat. 63–66 Alberto Giacometti, *Grande tête, L'homme qui marche II, Grande femme III, Grande femme IV,* alle 1960, Fondation Beyeler, Riehen/Basel

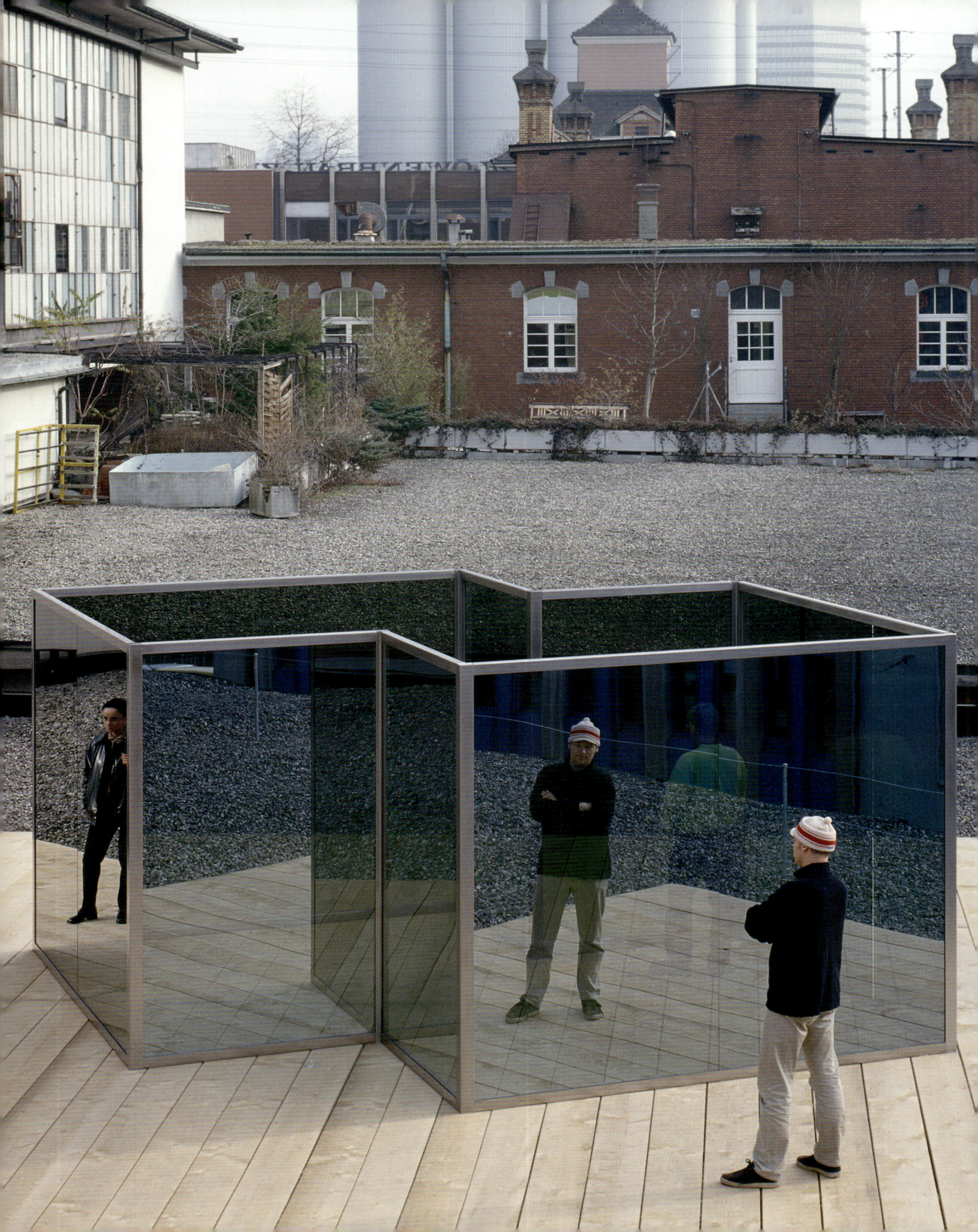

‹ Kat. 68 Dan Graham, *Two Joined Cubes*, 1996/97, Sonnenschutzglas, vibrierter Edelstahl, 250 × 636 × 424 cm, Friedrich Christian Flick Collection

› Kat. 2 Carl Andre, *Armadillo*, Düsseldorf 1998, Western Red Cedar, 23 Balken, je 90 × 30 × 30 cm, H: 90 cm, Ø 305 cm, Courtesy Konrad Fischer Galerie, Düsseldorf

‿ François Cuvilliés d. Ä., Amalienburg bei München, 1734–1739, Spiegelsaal

In der raumausgreifenden Kunst der sechziger Jahre (Minimal Art) verschwindet die Figur ganz, und der Betrachter übernimmt deren Position. Die bei Carl Andre direkt auf dem Boden nach seriellen Mustern ausgelegten Arbeiten aus einfachen geometrischen Formen spüren im Dialog mit dem Betrachter einer neuen Ordnung des Raumes nach: Sie »ebnen« ihm den Zugang *(Squares)*, gewähren Einlass *(Sand-Lime Instar)* oder formieren sich zu einem Ort *(Armadillo)*. In *Armadillo* (1998) sind Natur und Kultur nicht mehr voneinander zu unterscheiden, weil der konsequent ausgeführte Holzkreis, dessen Grössenverhältnisse auf der Bruchzahl »Drei« beruhen, durch die Jahresringe ein naturhaftes Wachstum suggeriert. Ähnlich wie bei der *Table du silence* (1937/38) von Constantin Brancusi verschmelzen hier Form, Materialität und Ort. Dan Grahams Pavillons thematisieren den Umraum noch unvermittelter. Ihre Spezialglasspiegel, die mal durchsichtig, mal undurchsichtig sind, irritieren den Besucher, weil sie zugleich Nähe und Distanz schaffen. Indem sie Erfahrungen von Fremd- und Selbstbeobachtung provozieren, knüpfen sie an die komplexen Spiegelsäle der Barock- und Rokokozeit an, die schon damals virtuos mit der Dynamisierung des Betrachterstandpunktes spielten. *VW*

Kat. 86 Donald Judd, *Ohne Titel,* 1989, Sperrholz, 4-teilig, je 50 x 100 x 50 cm, Detail, Sammlung Froehlich, Stuttgart

8. Minimal Architecture und die Liebe zur Box 1970–2000 Markus Brüderlin

Leere Kisten, die die Leere des hell ausgeleuchteten Galerieraumes fassen, rechtwinklige Gitterstrukturen, die scheinbar das Muster der Decke permutativ abwandeln, oder quadratische Stahlplatten, die den Boden eines Museumsgangs im Gleichschritt ausmessen – das war die strenge Kunst unter anderem von Robert Morris (geb. 1931), Sol LeWitt (geb. 1928) und Carl Andre (geb. 1935), die in den sechziger Jahren das eng gewordene Geviert des Tafelbildes verlassen wollten und den Kunstbetrieb revolutionierten. Unter der Sammelbezeichnung Minimal Art plädierte eine Hand voll Künstler für die Reinigung der Kunst von allen Alltagszitaten, mit denen die Pop Art die Kunst kontaminiert hatte. Donald Judd (1928–1994), Kunstkritiker und Wortführer, erfand für die elementare Kunstsprache eine neue Kategorie, die »Specific Objects«, die weder Malerei noch Skulptur waren, sondern dreidimensionale Objekte, die in ihrem geometrischen Formenrepertoire alle illusionistische Bildlichkeit ausmerzten und nichts darstellten ausser sich selbst. Der Gestus der Autonomie verlieh den Werken eine in sich abgeschlossene Selbstgewissheit. Gleichzeitig stellten gerade die Stereometrie und die Einsehbarkeit von innen und aussen unmittelbare Beziehungen zum Umraum und zur Architektur her. Skulptur, ehemals beschränkt auf das Metier der Körperbildung, macht unmissverständlich seine Anteile im Bereich der Raumbildung geltend. Mit der Minimal Art erreichen Architektur und Skulptur eine neue Ebene der Verschränkung – ja »Verstrickung«, die

Herzog & de Meuron, Sammlung Goetz, München, 1989–1992

die Kunsttheoretikerin Rosalind Krauss zu der Befürchtung veranlasste, dass die Kunst in der Gestalt der Installation allmählich von der Architektur absorbiert werde. An dieser These ist viel dran, vor allem dann, wenn die Architektur sich zunehmend selbst künstlerisch definiert. Doch die »Liaison dangereuse« ist auch als ein fruchtbarer Stoffwechsel der Ideen und Methoden zu werten.

Schlichtheit und die Radikalisierung der rechtwinkligen Box, das sind ebenfalls die Kennzeichen einer Architekturtendenz, die seit den siebziger Jahren von sich reden macht. Kürzlich hat eine Publikation die Frage nach den (Wahl-)Verwandtschaften zwischen Minimal Art und »Minimal Architecture« aufgenommen (vgl. Ruby 2003). Als Referenzen wurden Bauten von Tadao Ando (geb. 1941), Herzog & de Meuron (gegr. 1978), Gigon/Guyer (gegr. 1989), Adolf Krischanitz (geb. 1946) und Diener & Diener (gegr. 1976; Kat. 42, S. 169 l., 2. v. u.) vorgestellt. Nicht erst seit diesem Buch ist klar, dass die ernsthafte Beschäftigung einiger Architekten mit der Minimal Art durchaus auch zur Erneuerung der Architektur beigetragen hat.

Sie haben daraus Argumente für ihre Selbstbehauptung zwischen den Mainstreams Postmodernismus und Dekonstruktivismus bezogen. Gut nachvollziehbar ist das an dem Architektenpaar Jacques Herzog und Pierre de Meuron (beide 1950 geb.), das von Anfang an einen intensiven, auch intellektuellen Dialog mit der Kunst, insbesondere mit den Ideen der Minimal Art, gepflegt und daraus entscheidende Impulse für sein architektonisches Denken gewonnen hat. Auf der diskursiven Ebene sei dazu auf die Gespräche mit dem Konzeptkünstler Rémy Zaugg (geb. 1943) verwiesen (vgl. Zaugg 1996), auf der praktischen Seite werfen wir einen Blick auf ein in München realisiertes Projekt (Abb. oben).

Begibt man sich in das als schlichte, etwa 24 Meter lange Kiste angelegte Ausstellungsgebäude der Privatsammlung von Ingvild Goetz, so hat man das Gefühl, eine Skulptur von Donald Judd zu betreten. Der Vergleich lässt sich auf der konzeptionellen Ebene in vielfältiger Weise weiterverfolgen und führt uns über den analogen Einsatz von Materialien bis zur Radikalisierung der Bedeutung von Wahrnehmung, die die Minimal Art zum eigentlichen Inhalt ihrer Kunst machte. »Im Prozess des Wahrnehmens«, schreibt Franz Meyer über Donald Judd, »erlebt der Betrachter seine eigene Rolle in der jeweiligen Vermittlung zwischen dem Vorstellen und dem unmittelbaren Sehen« (Meyer 1989, S. 56). Die Minimal Art machte aus dem Kunstwerk ein Instrument – ein Instrument zur Untersuchung der Wahrnehmung. Herzog & de Meuron nutzen diese Eigenschaft, um die »Wahrnehmung von Architektur« neben dem Gebrauchszweck zu einer Grundfunktion des Gebauten zu erheben. Mag bei der frühen Beschäftigung durchaus noch das missionarische Wahrheitsdogma des amerikanischen Puristen Judd einen Einfluss auf die jungen Architekten gehabt haben, so muss man sagen, dass das minimalistische Instrumentarium für die Angehörigen der Appropriation-Generation heute eine verfügbare Möglichkeit unter vielen anderen bildet und ihre architektonische Sprache sich im Globalismus vielfältig definiert. Wie kaum ein anderer Gegenwartsarchitekt haben Herzog & de Meuron es verstanden, in der Auseinandersetzung mit der Kunst nicht nur ihr intellektuelles, sondern auch ihr plastisch-räumliches Vermögen auszubilden und diese künstlerischen Qualitäten mit dem Funktionalen konkreter Bauaufgaben zu verbinden.

Die durch zwei Jahrzehnte getrennte Verbindung Judd – Herzog & de Meuron ist exemplarisch zu verstehen, ebenso eine andere, die wir hier für die enge Beziehung von Minimal Art und Minimal Architecture heranziehen. Der Schöpfer des viel beachteten Schweizer Pavillons auf der EXPO 2000 in Hannover und der gefeierten Therme in dem abgelegenen Alptal von Vals, Peter Zumthor (geb. 1943), erklärt, dass für ihn in den siebziger Jahren die amerikanische Land Art mit ihren kompromisslosen Installationen in der Wüste und ihrer symbolisch-mystischen Materialsprache wie eine Initiation gewirkt habe. Insbesondere die Arbeiten von Walter De Maria (geb. 1935), der Kontinente, Himmel und Erde zum Thema macht, stellten eine wichtige Anregung dar. Mittlerweile sind die beiden befreundet. Und der Schweizer Architekt entwirft für die vielteilige Bodenskulptur *360° I Ching* von De Maria, deren Teile aneinander gelegt sich über mehrere hundert Meter erstrecken würden, eine Halle von 67 mal 67 Metern für Dia: Beacon, New York. 1977 setzte der Amerikaner in der Wüste von New Mexico auf ein Feld von einer Meile mal einem Kilometer in regelmässiger Anordnung 400 hochpolierte Edelstahlpfeiler (Abb. S. 170 u.). An ihnen bilden sich Elmsfeuer und entladen sich die Blitze der vorbeiziehenden Gewitter: *Lightning Field.* Naturkatastrophen seien die höchste Art von Kunst, meint De Maria, der seine Konzeption aus der Minimal Art heraus entwickelte und in die Landschaft hinaustrug. 1968 platzierte er in einem Ausstellungsraum drei Nagelbetten, *Beds of Spikes,* mit messerscharfen Stahlspitzen. Die Besucher mussten vor dem Betreten des Saals eine Erklärung unterschreiben, dass sie im Falle einer Verletzung keine Regressansprüche stellen würden.

Die Radikalisierung der Empfindung, die mit dieser Verschränkung von Erhabenheit und Gefahr, serieller Ausdehnung und psychophysischer Verdichtung erzeugt wird, nutzt Peter Zumthor, um mit einer einfachen seriellen Struktur einem Ereignis zu gedenken, das jede Vorstellung übersteigt. 1993 erhielt er den Auftrag, in Berlin für die Überreste des Gestapo-Hauptquartiers, wo zwischen 1933 und 1945 Tausende von Gefangenen von den Nationalsozialisten gefoltert wurden und umkamen, eine sichtbare Hülle zu gestalten. Der minimalistische Block mit einer Länge von 128 Metern wird durch die additive Fügung von insgesamt 2500 vorgefertigten Stäben gebildet (Kat. 188, S. 170/171, 170 o. l.). Die aufwändige Herstellung, die nur eine individuelle und keine industrielle Fertigung der rohen Betonteile erlaubt, sollte die hohe spirituelle Intensität, die einem solchen Ort angemessen ist, garantieren. Die Kompromisslosigkeit, die bisher grundlegend für Zumthors weltweit einzigartige Position in der Architekturwelt ist, wurde von den Auftraggebern nicht geteilt. Anfang Juni 2004 wurden die bereits laufenden Bauarbeiten gestoppt und das Projekt eingestellt. So wird die Präsentation des Hauptmodells der *Topographie des Terrors* in der Ausstellung *ArchiSkulptur* selbst zu einem Memorial.

Als weitere Positionen im Umfeld der Minimal Art, die auf spätere Architekturgenerationen Einfluss hatten, wären Folgende zu erwähnen: Die exzessiven Körperexperimente und die Psycho-Installationen von Bruce Nauman (geb. 1941), die das Bewusstsein für die psychische und körperliche Dimension von Architektur schärfen. Wenn die Gegenwartsarchitektur vermehrt die Empathie anthropomorpher Körperlichkeit nutzt, so hat der Däne Per Kirkeby (geb. 1938) mit seinen Bronzetorsi im Wechselspiel mit seinen Backsteinskulpturen, von denen wir in der Ausstellung die kleinen, modellierten Bronzemodelle (Kat. 94, S. 173 m. l.; Kat. 100, S. 173 o. l.) zeigen, dafür ein Vorfeld geschaffen. Schliesslich führte der Bildhauer Erwin Heerich (geb.1922) auf der Museumsinsel Hombroich bei Neuss mit der Vergrösserung seiner Kartonboxen in betretbare Architektur vor, was Massstäblichkeit beziehungsweise Massstabslosigkeit bedeutet (Abb. S. 169 u., l. u. r.).

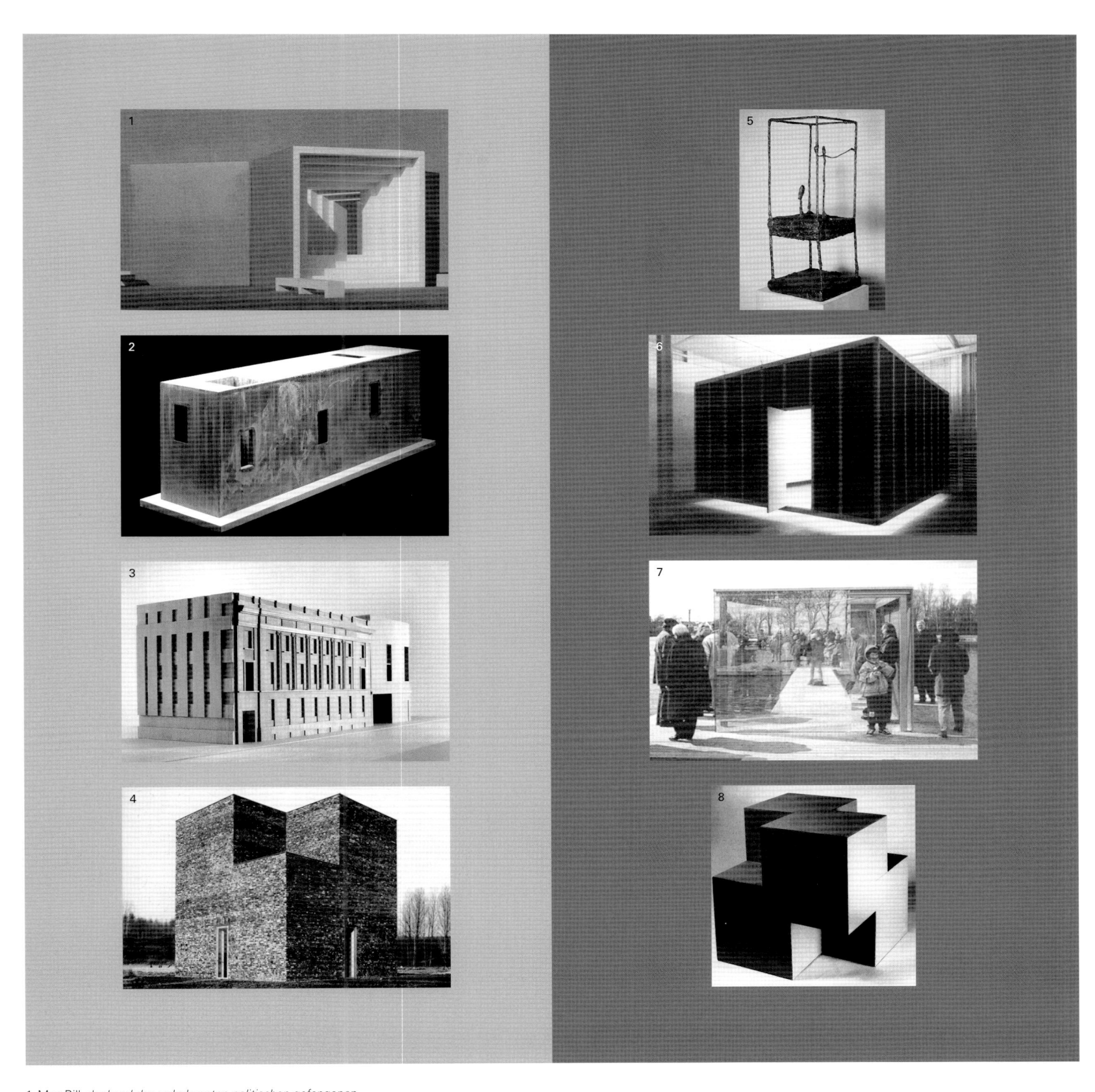

1 Max Bill, *denkmal des unbekannten politischen gefangenen*, Wettbewerbsentwurf 1952
2 Herzog & de Meuron, Kunstkiste Museum für die Sammlung Grothe, Bonn, Projekt, 1996, Modell
3 Kat. 42 Diener & Diener Architekten, Schweizerische Botschaft, Berlin, 1995–2000, Modell im Massstab 1:100, 1999, Sperrholz, Sperrholzfurnier, 24 x 96 x 55,5 cm, Deutsches Architektur Museum, Frankfurt am Main
4 Erwin Heerich, Turm, Pavillon für das Museum Insel Hombroich, 1989
5 Kat. 61 Alberto Giacometti, *La cage* (erste Version), 1950, Bronze, 91 x 36,5 x 34 cm, Fondation Beyeler, Riehen/Basel
6 Bruce Nauman, *Floating Room: Lit from Inside,* 1972, Hallen für neue Kunst, Schaffhausen
7 Dan Graham, *Parabolic Triangular Pavilion I,* 1995/96, Städtische Galerie Nordhorn
8 Erwin Heerich, *Kartonplastik,* 1950–1980

Den Schrecken der »Geschichte«, die Gräuel in den unterirdischen Folterkammern der Nazis, vergegenwärtigt der Architekt Peter Zumthor in seinem Berliner Denkmal für eine *Topographie des Terrors* dadurch, dass er die Schichten der Vergangenheit aufstellt und mit immer gleichen Betonstabwerken zu einem monumentalen Kubus aufreiht. Die archetypische Wirkungsästhetik hat viel mit der spirituellen Verwendung von Materialien und Elementarformen in der Land Art zu tun. Walter De Maria füllte 1968 die Räume der Galerie Friedrich in München 60 Zentimeter hoch mit Erde auf. 1977 installierte er in der Wüste von New Mexico 400 hochpolierte Edelstahlpfeiler, an denen sich die Blitze der vorbeiziehenden Gewitter entladen. Seit 1972 arbeitet Michael Heizer in der Wüste von Nevada an seiner Work-in-progress-Skulptur *City*. Abgesehen von *Complex One* (1972–1974) aus Beton, Stahl und gepresster Erde ist *City* grösstenteils aus und mit gepresster Erde entstanden. Sie ist mit Vorstellungen von Inka-Pyramiden verknüpft, die Heizer besucht hatte. Er verband diese architektonischen Eingriffe in der Weite der Natur mit der Überzeugung, »daß wir uns dem Ende der Welt näherten. Die Vorstellung, im postnuklearen Zeitalter zu leben, beeinflußte alles, die Uhr tickte – Vietnam hatte jeden das Fürchten gelehrt, und es war an der Zeit, auf den Punkt zu kommen.« (Drathen 1997, S. 14) *MB*

∧ Kat. 188 Peter Zumthor, *Topographie des Terrors,* Berlin, Projekt, 1993, Modell im Massstab 1:50, Holz, 175 × 265 × 110 cm, Modellbau: Morf Modellbau, Chur; Lukas Meier Modellbau, Valendas, Stiftung Topographie des Terrors, Berlin

⌐ Kat. 39 Walter De Maria, *4-6-8 Series,* 1966/1991, massiver Edelstahl, verchromt, 18 Teile, Einzelelement: 41 × 50,8 × 11,15 cm (Gesamtmasse variabel), Museum für Moderne Kunst, Frankfurt am Main, ehemalige Sammlung Karl Ströher, Darmstadt

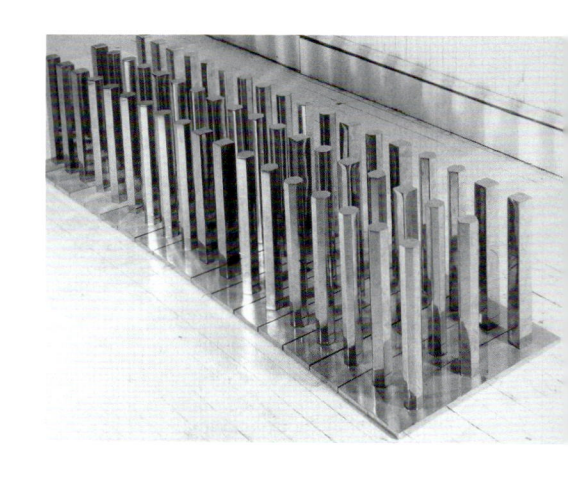

› Walter De Maria, *Lightning Field,* 1971–1977, Installation in der Wüste von New Mexico, seit 1977

» Michael Heizer, *Complex One* von *City,* Nevada, 1972–1974, Detail

171

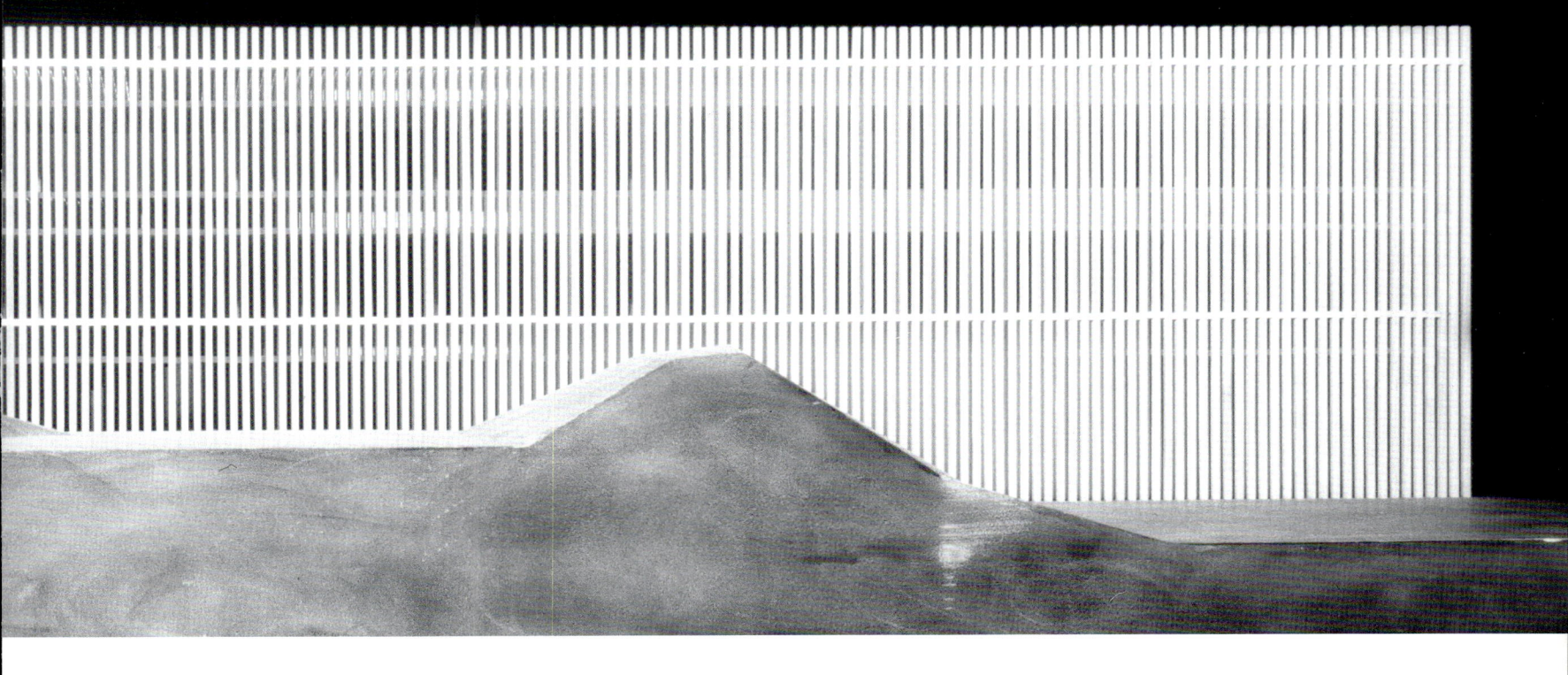

1982 lockte Per Kirkeby die Besucher der documenta 7 zu einem halb im Gebüsch stehenden Backsteingebäude, das aber überraschenderweise keine Tür besass und sich als skulpturaler Körper entpuppte. Seit 1965 entwirft der Däne solche »non functional brick architecture«, von der wir einige Bronzemodelle (Bozzetti) zeigen, die übrigens an die utopischen Kleinmodelle von Hermann Finsterlin (Kat. 51, S. 123 o.) erinnern. Die merkwürdigen, aus Körperfragmenten wie Kopf und Arm zusammenmodellierten Bronzeplastiken von Kirkeby stehen in einem spannungsvollen Dialog zu diesen Architekturen und verweisen auf die Durchdringung von Körperlichkeit und Räumlichkeit, die seit der Industrialisierung unauflöslich unsere physische Realität bestimmt. Diese Durchdringung radikalisiert Bruce Nauman zu bedrohlichen Erfahrungen, indem er den Körper des Betrachters direkt in mediale und architektonische Anordnungen einbezieht. Betritt man den *Floating Room: Lit from Inside* von 1972, so erzeugt das gleissend gelbe Fluoreszenzlicht ein Gefühl der Isolation (Abb. S. 169 r., 2. v. o.). Die hängende Box steigert dieses bedrückende Empfinden durch das Gefühl des Schwebens. Die Minimal Art ist hier ganz zur psychophysischen Versuchsanordnung für die Selbstkonfrontation des Individuums geworden. *MB*

‹ Kat. 176 Simon Ungers, Synagoge, Projekt, 2003, Modell im Massstab 1:66, MDF, 122,5 x 106 x 106 cm, Simon Ungers, Köln

¬ Kat. 100 Per Kirkeby, *Modell für Nordland*, 1992, Edition 6, Bronze, patiniert, 29 x 30 x 26 cm, Galerie Michael Werner, Köln und New York

› Kat. 94 Per Kirkeby, *Modell für den documenta-Bau*, 1982, Edition 12 + 0, Bronze, patiniert, 17 x 16 x 7 cm, Galerie Michael Werner, Köln und New York

⌐ Per Kirkeby, *Bau (Backsteinskulptur) für die documenta 7*, Kassel 1982

» Kat. 95 Per Kirkeby, *Der grosse Kopf mit Arm*, 1983 Bronze, patiniert, 200 x 40 x 79 cm, Galerie Michael Werner, Köln und New York

Seite 174: Kat. 58 Alberto Giacometti, *Le cube (Pavillon nocturne)*, 1933/34, Bronze, 94 x 54 x 59 cm, Kunsthaus Zürich, Alberto Giacometti-Stiftung

Seite 175: Herzog & de Meuron, Zentralstellwerk SBB, Basel, 1998/99

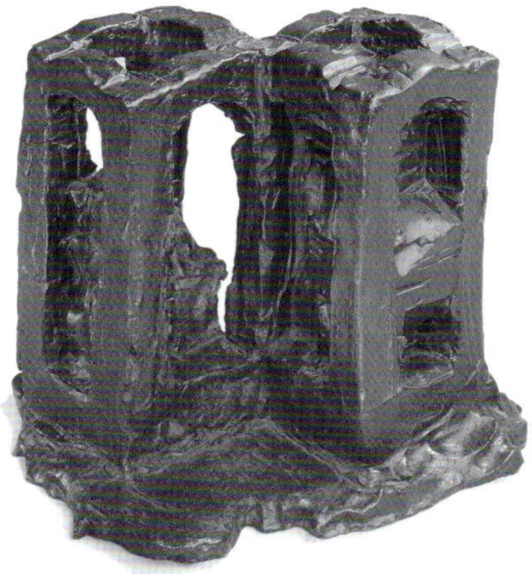
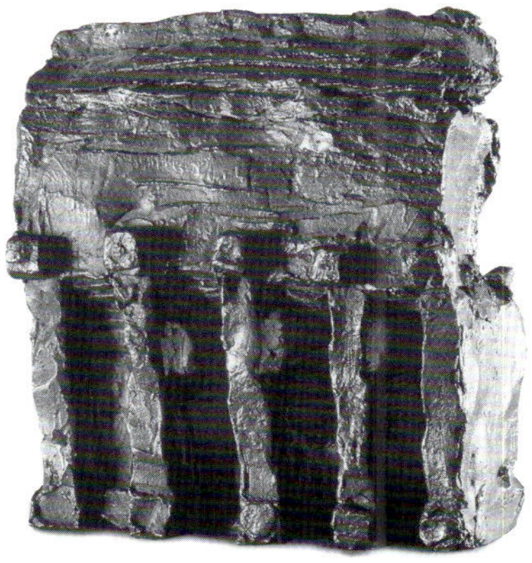
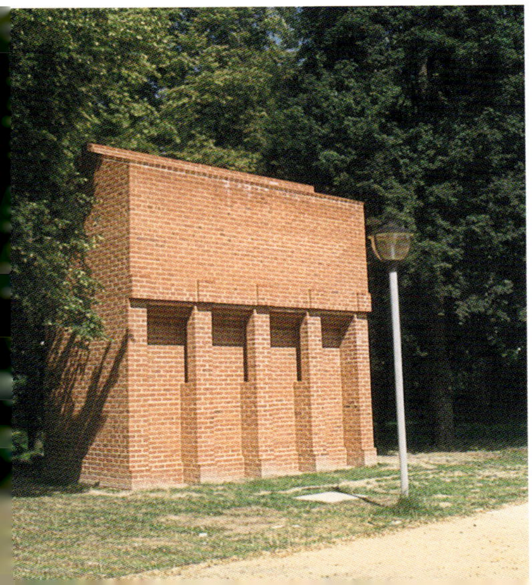
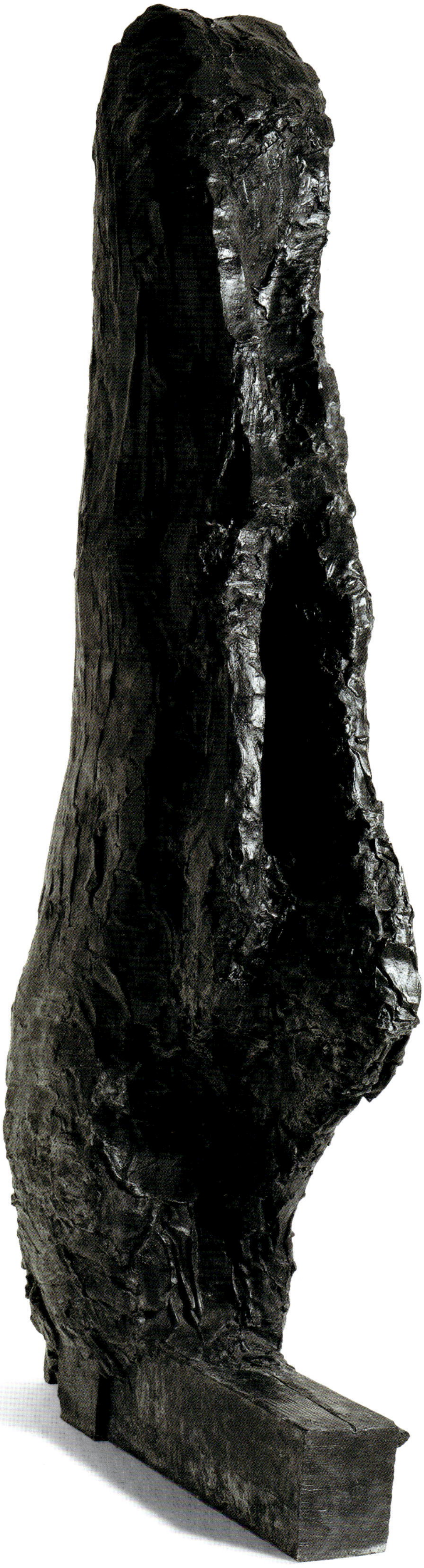

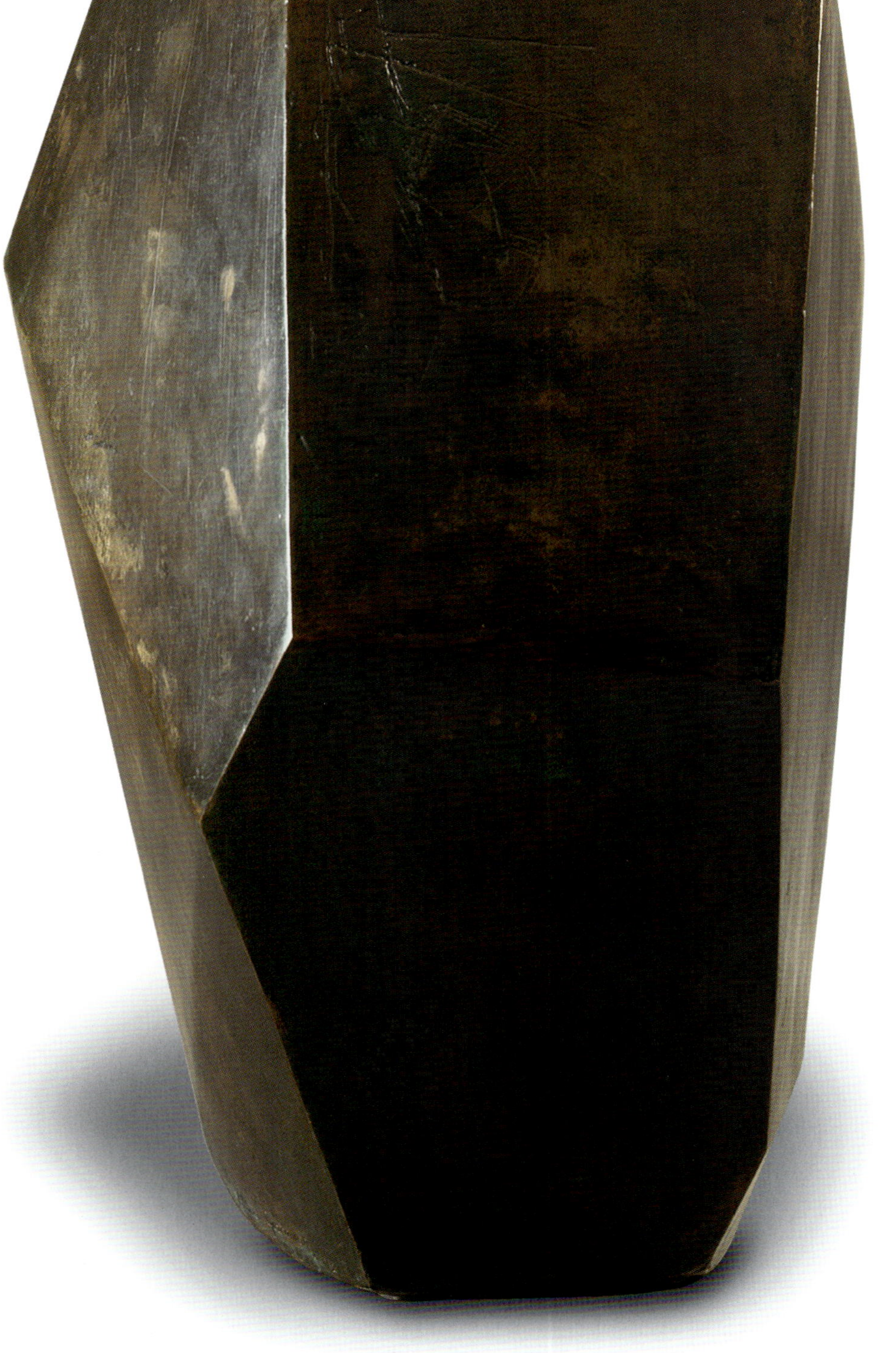

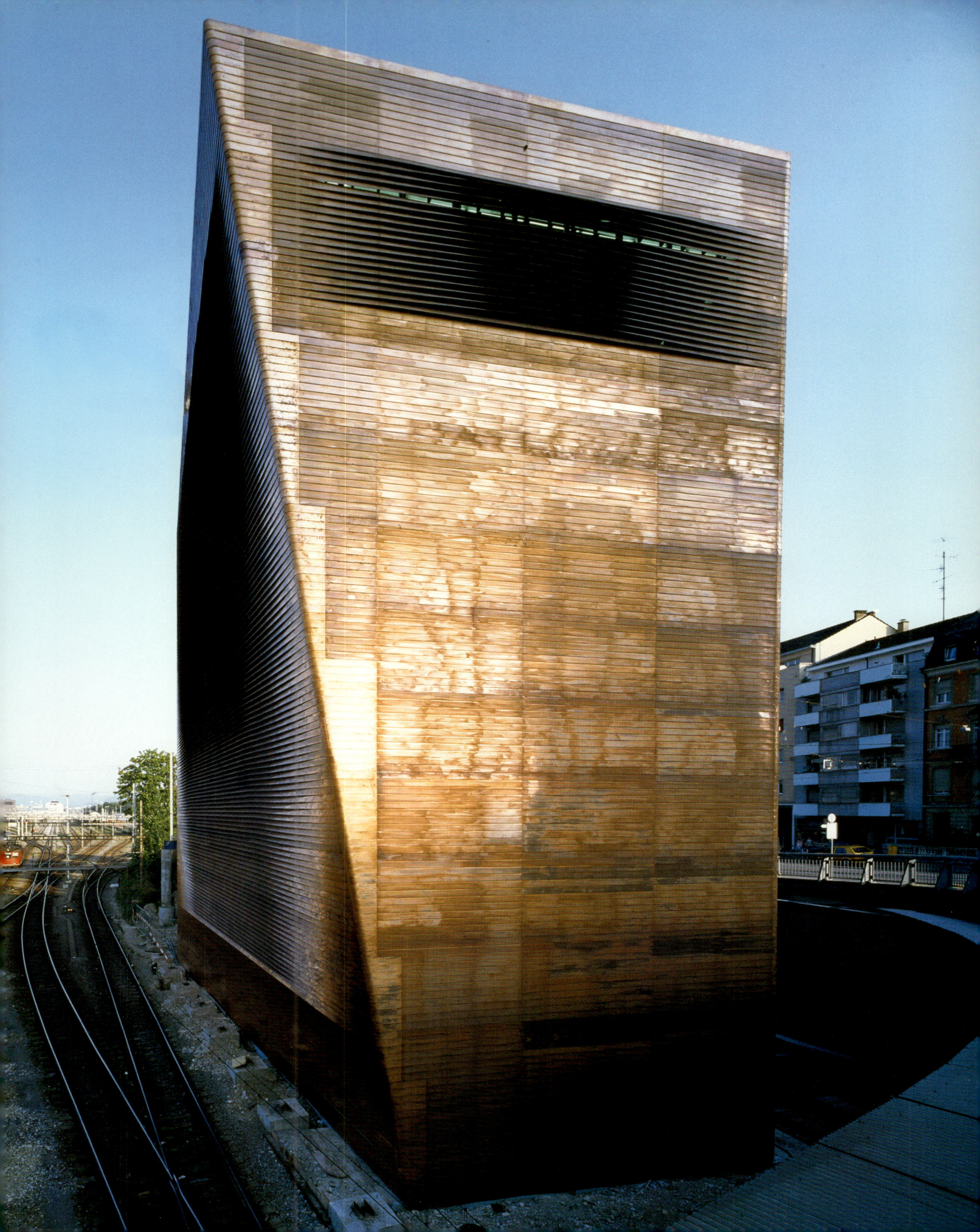

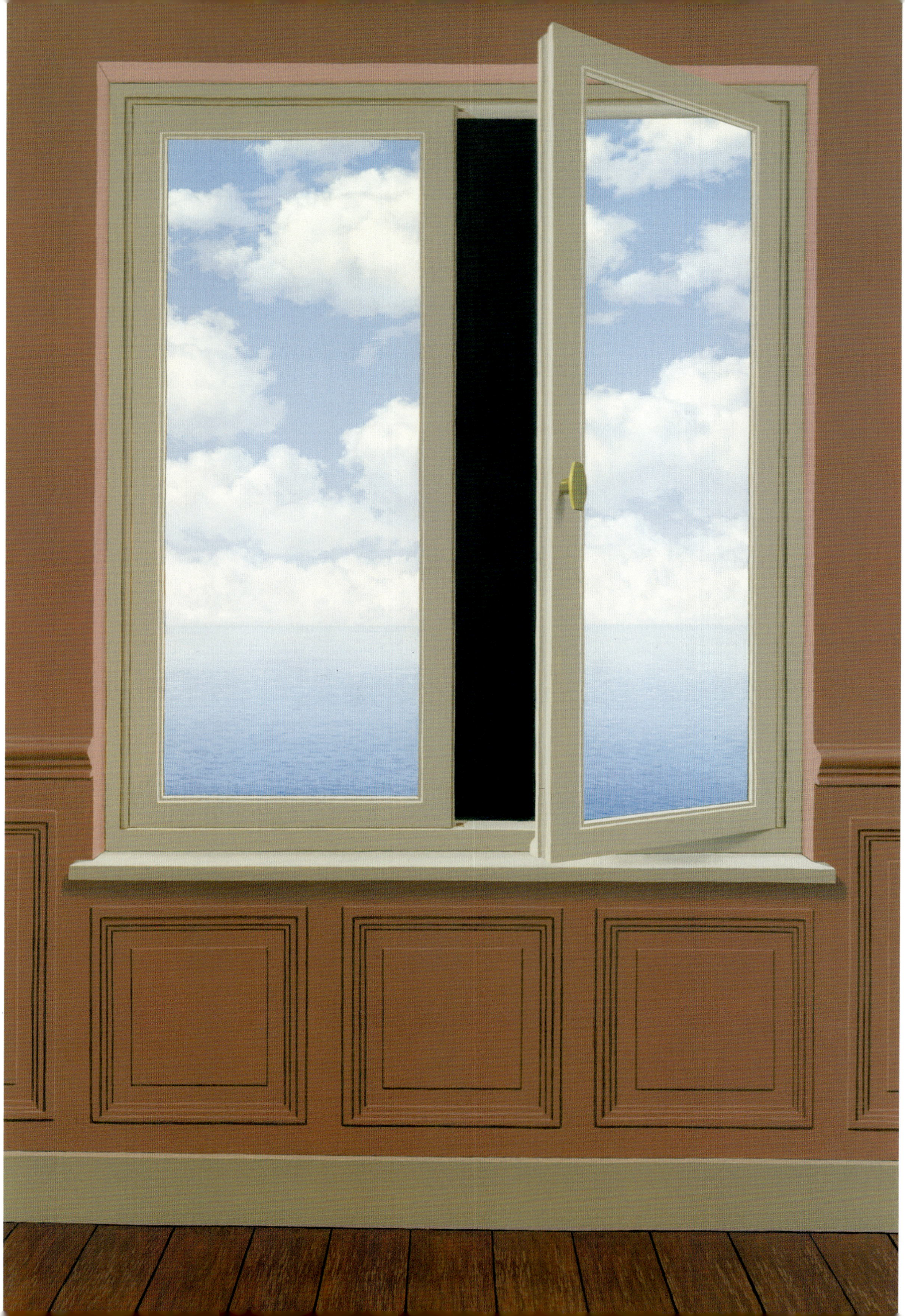

‹ Kat. 124 René Magritte, *La lunette d'approche,*1963,
 Öl auf Leinwand, 176 x 114,9 cm, The Menil Collection, Houston

∧ Donald Judd, Installation von 100 Aluminiumarbeiten,
 Artilleriehalle, Chinati Foundation, Marfa, Texas

⌐ Kat. 86 Donald Judd, *Ohne Titel,* 1989, Sperrholz, 4-teilig,
 je 50 x 100 x 50 cm, Sammlung Froehlich, Stuttgart

⌄ Herzog & de Meuron, Sammlung Goetz, München, 1989–1992,
 Ausstellungsräume

Kat. 89 Zoltan Kemeny, *Ailes,* 1964, Metallplastik, H: 65 cm, Privatsammlung, Zug

9. Die Stadt will Skulptur werden 1960–1970
Urbane Utopien und informelle Megaplastik Marie Theres Stauffer

Ab Mitte der fünfziger Jahre entstanden zunehmend Stadtentwürfe, die als skulpturale Grossformen gestaltet sind. Diese Tendenz intensivierte sich in den sechziger Jahren, um bis in die frühen siebziger Jahre anzuhalten. Fragt man nach den Entstehungsvoraussetzungen für diese »Stadtplastiken«, so sind diese im zeitgenössischen Kontext, zu einem gewichtigen Teil aber auch in der unmittelbaren baugeschichtlichen Vergangenheit zu suchen. Zentrale Referenzmomente bildeten die Entwürfe und Bauten der Architekturavantgarde in den zwanziger und dreissiger Jahren. Sieht man von den expressionistischen Architekturen ab, so zeichnen sich diese durch eine helle Farbgebung und schlichte Formen aus: Elementare Kuben und ebene Flächen sind spannungsvoll zueinander in Beziehung gesetzt, was anhand von Le Corbusiers (1887–1965) Villa Savoye (1929–1931) exemplarisch belegt werden kann (Abb. S. 140 o.).

In den zeitgleich entstandenen Stadtentwürfen ist das plastische Moment meist weniger ausgeprägt. Aufgrund des damaligen Mangels an zweckdienlichen und wirtschaftlichen Bauten befassten sich die progressiven Architekten insbesondere mit Fragen der Standardisierung und Rationalisierung von Entwurfs- und Bauprozessen. Das komplexe Verhalten des Menschen in der Stadt suchte man auf wenige essenzielle Aspekte zu reduzieren; das Ästhetische blieb dezidiert ausgeklammert. So steht im 1928 verfassten Gründungsdokument des Congrès

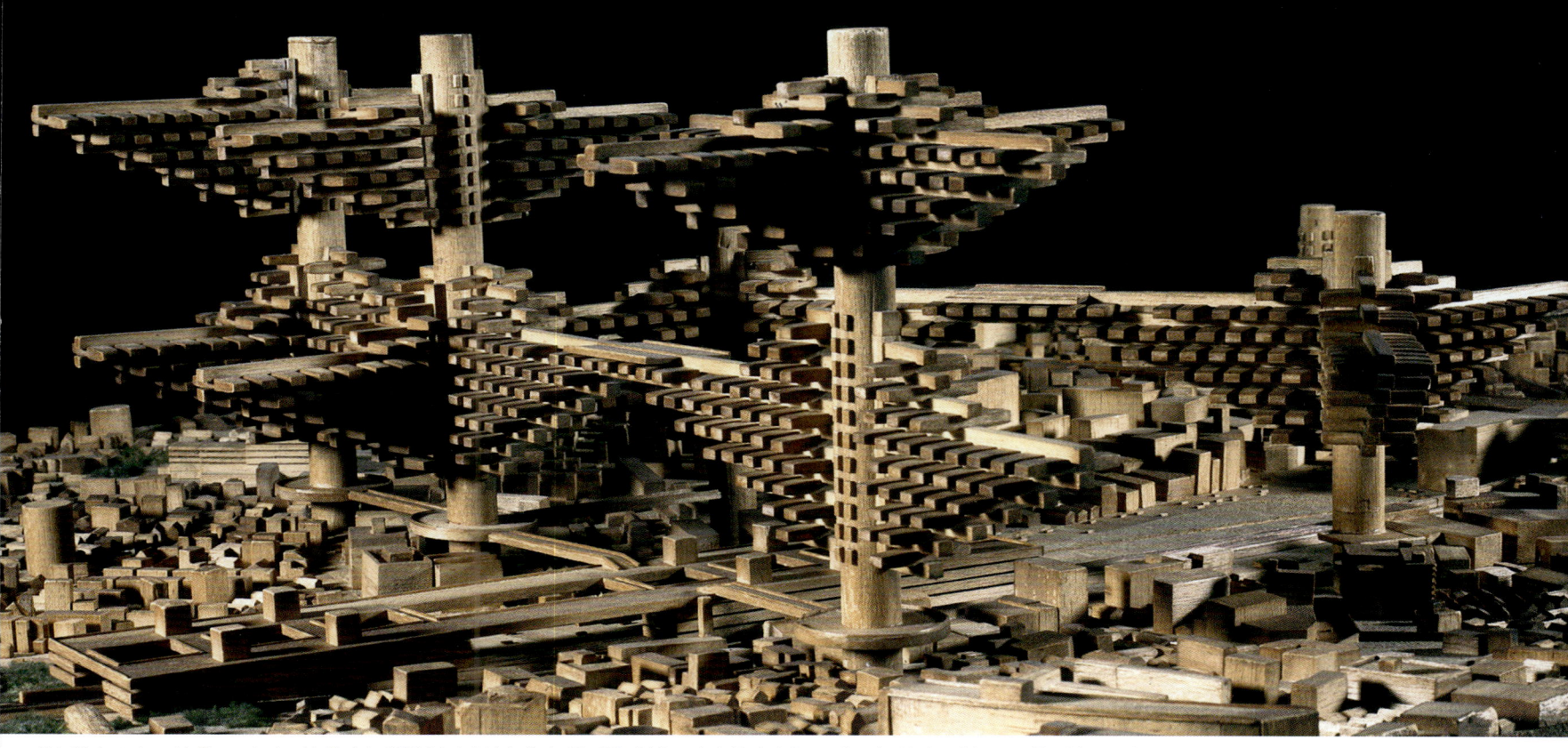

Kat. 84 Arata Isozaki, Cluster in the Air, Projekt, 1962, Modell, Holz, Kork, 42 × 125 × 94,5 cm (mit Haube), Deutsches Architektur Museum, Frankfurt am Main

Internationaux d'Architecture Moderne (CIAM), des internationalen Diskussionsforums der Avantgarde: »Stadtbau kann niemals durch ästhetische Überlegungen bestimmt werden, sondern ausschliesslich durch funktionelle Forderungen.« (zit. nach Steinmann 1979, S. 28) Grundbedingungen wie Standardisierung und Flexibilität führten in vielen Fällen zu urbanen Projekten, die im historischen Vergleich eine radikale Schlichtheit und Funktionalität aufwiesen. Als problematisch erwiesen sich jedoch der Mangel an Spielraum für variierende menschliche Lebensformen, die Monotonie der repetierten Häuserzeilen und die bloss einfache, aber kaum mehr ausdrucksvolle Gestaltung der Baukörper.

Eine veränderte Haltung zeichnete sich in den vierziger Jahren ab: Die CIAM-Mitglieder Sigfried Giedion (1888–1968) und Josep Lluís Sert (1902–1983) verfassten 1943 gemeinsam mit dem Maler Fernand Léger (1881–1955) die *Neun Punkte über Monumentalität,* in denen sie die Akzentuierung von Stadtzentren thematisieren. Anlässlich des CIAM 1947 wurde erstmals die »Beziehung zur Ästhetik« diskutiert, wobei einige Mitglieder für die Zusammenarbeit von Architekten und Künstlern plädierten (Giedion 1989, S. 422). Dieses Thema sollte bei den folgenden CIAM-Kongressen bis 1959 weiterhin präsent bleiben.

Das Postulat des Ästhetischen, das sich mit dem Humanen verknüpft verstand, schlug sich in den fünfziger Jahren in Bauten nieder, bei denen die reduzierten, abstrakt anmutenden Baukörper der zwanziger Jahre in eine komplexe Plastizität überführt wurden: Rechtwinkligkeit wurde durch polygonale oder amorphe Volumen ergänzt, zuweilen auch überwunden. Anstelle der hellen, homogenen Flächen wurde die ästhetische Qualität sichtbar belassener Baumaterialien wie Holz, Stahl, Backstein und Beton bevorzugt. Diese Tendenz wurde mit dem Begriff »Brutalismus« bezeichnet. Dabei bezieht sich der Name einerseits auf die Verwendung von »béton brut«, also Sichtbeton. Anderseits liegen Ursprünge dieser Tendenz auch in einer Malerei, die die Ausdruckskraft und Unvermitteltheit des Gestus sowie die ästhetische Präsenz und

Qualität des Arbeitsmaterials zum zentralen Thema erhoben hatte, so die Art-brut-Malerei von Jean Dubuffet (1901–1985), das europäische Informel und der Abstrakte Expressionismus eines Jackson Pollock (1912–1956).

Von zentraler Bedeutung für die Architekturdebatten der fünfziger und sechziger Jahre ist die Realisierung der Stadtprojekte Chandigarh, das von 1951 bis 1965 von Le Corbusier geplant und zum Teil gebaut wurde, und Brasilia, wo Oscar Niemeyer (geb. 1907) von 1957 bis 1964 Regierungs-, Verwaltungs- und Wohngebäude errichtet hatte. Die skulpturale Dimension ist hier auf einzelne Bauten vorzugsweise in den Regierungs- und Verwaltungsvierteln beschränkt, während sie dem »Stadtkörper« fehlt. Chandigarh und Brasilia sind als urbane Landschaften gestaltet, die in einzelne spezialisierte Zonen zerfallen; sie weisen weder bauliche Dichte noch Stadtkerne im Sinne von signifikant artikulierten und damit identitätsstiftenden Zentren auf. Dadurch widersprechen sie den ästhetisch-bildhaften Konventionen, aber auch den etablierten Gebrauchszusammenhängen von Menschen in Städten.

Entsprechend wird in vielen Architekturutopien der späten fünfziger und der sechziger Jahre die formale Überhöhung von spezifischen Orten der Stadt thematisiert. Eine dezidiert abstrakte, geometrisierte Form der Ortsbezeichnung legte Arata Isozaki (geb. 1931) mit seinem Cluster in the Air von 1960 bis 1962 (Kat. 84, S. 179) vor. Diese Stadt aus horizontal gestaffelten Quadern, die gigantischen Rundpfeilern entwachsen, befindet sich hoch über einer bestehenden Siedlung. Nach einem vergleichbaren Prinzip, aber in anderer Formensprache entwarf der österreichische Architekt Hans Hollein (geb. 1934) Ende der fünfziger und Anfang der sechziger Jahre monumentale Bauplastiken, die Stadtbereiche verdichten und bezeichnen sollen (Abb. S. 183 o.). 1960 schlug er vor, mächtige Gesteinsmassen über dem Wiener Stadtzentrum zu einer »archaisch-rohen Stadtkrone« aufzutürmen. Zugleich operiert Hollein an der Grenze zur bildenden Kunst. Die oft kubische Gestaltung seiner Stadtmodelle weist auf konstruktivistische Werke zurück, man denke an Kasimir Malewitschs (1878–1935) Architektona. In ihrem additiven Charakter klingt aber auch das Assemblage-Verfahren an, nur dass Hollein nicht wie etwa Zoltan Kemeny (1907–1965) Metallstreifen oder -stücke, sondern Grundformen der Architektur zusammenstellt: geometrisierte Volumen, Pfeiler und Röhren, so etwa 1958 in einigen Wolkenkratzer-Skizzen für Chicago oder 1964 in Stadtmodellen für New York.

Ein weiteres Thema der späten fünfziger und sechziger Jahre stellt die Stadt als ausdrucksvolle Grossform dar. Es entstanden einerseits einprägsame »urbane Objekte« wie beispielsweise 1960 bis 1965 die Trichterstadt (Kat. 85, S. 185) von Walter Jonas (1910–1979) oder 1964 die Walking City (Abb. S. 188 o.) von Ron Herron (Archigram, gegr. 1960) und andererseits dichte und komplexe Strukturen, die unendlich ausgebaut werden können. Einzelne Architekten wie etwa Yona Friedman (geb. 1923), Chanéac (1931–1993), Constant (Nieuwenhuys, geb. 1920) oder Kenzo Tange (geb. 1913) und Architektengruppen wie Achigram, Superstudio (gegr. 1966), Archizoom (gegr. 1966) oder Günther Domenig & Eilfried Huth (geb. 1934 und 1930) machen das Bevölkerungs-, Produktions- und Konsumwachstum sowie den technischen Fortschritt zu Ausgangsthemen ihrer Stadtentwürfe. Diese bestehen in flexiblen Systemen, die in ihren einzelnen Abschnitten unterschiedlich gestaltbar sind. Entsprechend können »moderne Stadtnomaden« Orte der kontinuierlichen »Megastruktur« nach ihren jeweiligen Bedürfnissen individuell und temporär nutzen (Abb. S. 182 u.; Kat. 26, S. 188 u. l.; Kat. 34, S. 190 u.; Kat. 35, S. 187 m. und Kat. 44, S. 181 o. r.).

Das skulpturale Moment dieser Städte kommt in komplexen Raumsystemen zum Ausdruck, die durch Gitter- oder Zellstrukturen, Flächen oder Lamellensysteme gebildet sind. In solcher Form gleichen sie etwa den Raumschichtungen und -knoten (1958, 1959) eines Otto Herbert Hajek (geb. 1927; Abb. S. 181 o. l.); in ihrem progredierenden Charakter etwa Kemenys *Mouvement s'arrêtant devant l'infini* von 1954.

Pascal Häusermann (geb. 1936), Archigram und andere nahmen das Thema der »modernen Nomaden« zum Anlass, dem Individuum kugel- oder ellipsenförmige Kapseln als persönlichen Lebensraum anzubieten, der mit seinem Bewohner reist, um nach Bedarf mit anderen Einheiten gekoppelt oder in feste Stadtgerüste integriert zu werden. Sieht man in diesen Rundformen den Aspekt des Selbstgenügsamen, der Primärform, in der sich das Abstrakte und das Organische verschränken, so ergeben sich Parallelen zu Lucio Fontanas (1899–1968) *Concetto spaziale, natura* von 1959/60 (Abb. S. 184 o.) und zu Constantin Brancusis (1876–1957) *Muse endormie* (Abb. S. 190/191 m.).

Solche Projekte nutzten damals neue Werkstoffe und Konstruktionsverfahren, insbesondere Kunststoffe. Die fantastische Komponente wurde nicht zuletzt durch die Vor-

Struktur

Zelle

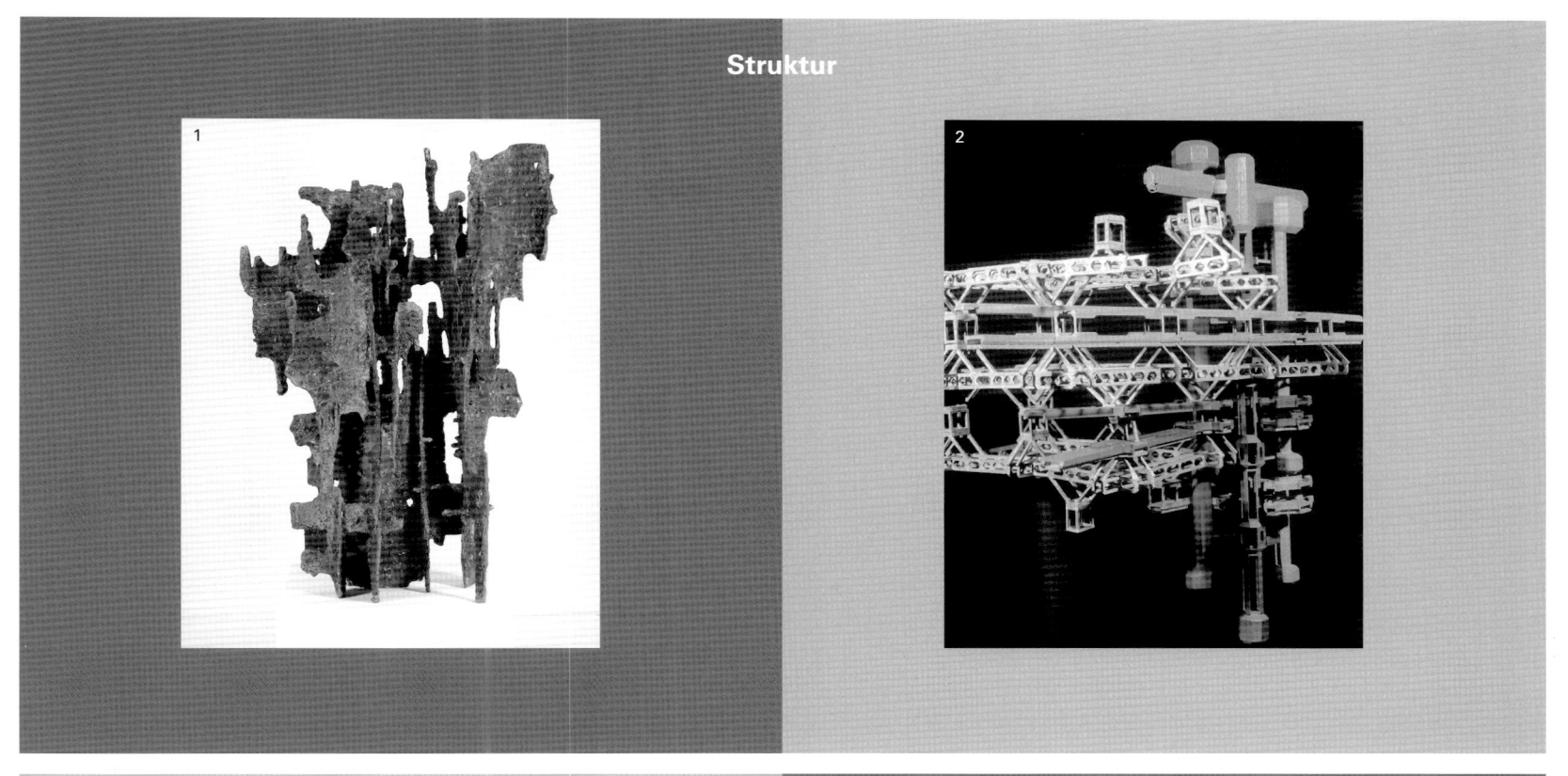

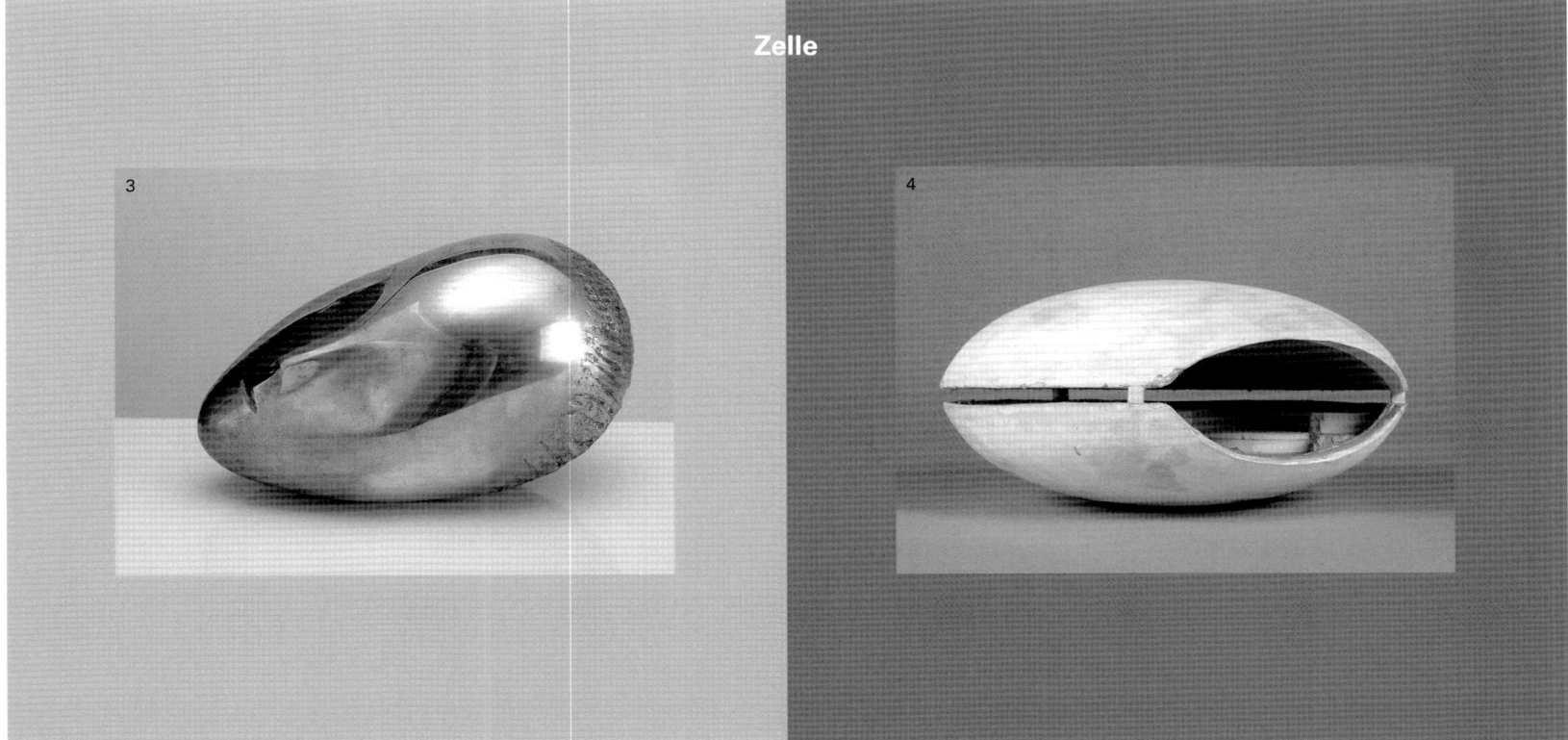

bereitung und Durchführung der Mondlandung genährt; (fast) alles schien künftig machbar. Zugleich ist der utopischen Architektur der sechziger und frühen siebziger Jahre eine rhetorische Komponente eigen; sie ist also auch ein – ironischer – Kommentar zu naivem Fortschrittsglauben und technizistischem Überschwang.

1 Otto Herbert Hajek, *Raumschichtung 108*, 1959, Sammlung Sparkasse Essen
2 Kat. 44 Günther Domenig & Eilfried Huth, Wohnüberbauung »Stadt Ragnitz«, Graz, Projekt, 1963–1969, Fragment des historischen Modells, Holz, Kunststoff, Farbe, 72 x 63 x 45 cm, Collection du Fonds Régional d'Art Contemporain du Centre, Orléans, France
3 Constantin Brancusi, *Muse endormie II*, 1926
4 Pascal Häusermann, Cellule, 1960

Endlich können wir unsere elenden Hütten und Erdlöcher verlassen und in die Städte ziehen, die stark und gewaltig über dem Lande schweben und die sich konzentriert und kompakt an einigen Punkten in die Erde graben. *Hans Hollein*

∧ Le Corbusier, Ville contemporaine pour trois millions d'habitants, 1922

< Yona Friedman, *Ville spatiale,* 1959/60, Collection du Fonds Régional d'Art Contemporain du Centre, Orléans, France

∨ Yona Friedman, Ville spatiale, 1959/60, Modell, Collection du Fonds Régional d'Art Contemporain du Centre, Orléans, France

¬ Hans Hollein, Überbauung Wien, 1960

> Kat. 81 Hans Hollein, Tonmodell No. 1, eine skulpturale Architektur/Stadt, Skyscraper, 1960, Ton, gebrannt, aus drei Einzelteilen zusammengesetzt, 40 x 50 x 80 cm, Prof. Hans Hollein, Wien

Zitat: Hans Hollein, zit. nach Hollein 2002, S. 37

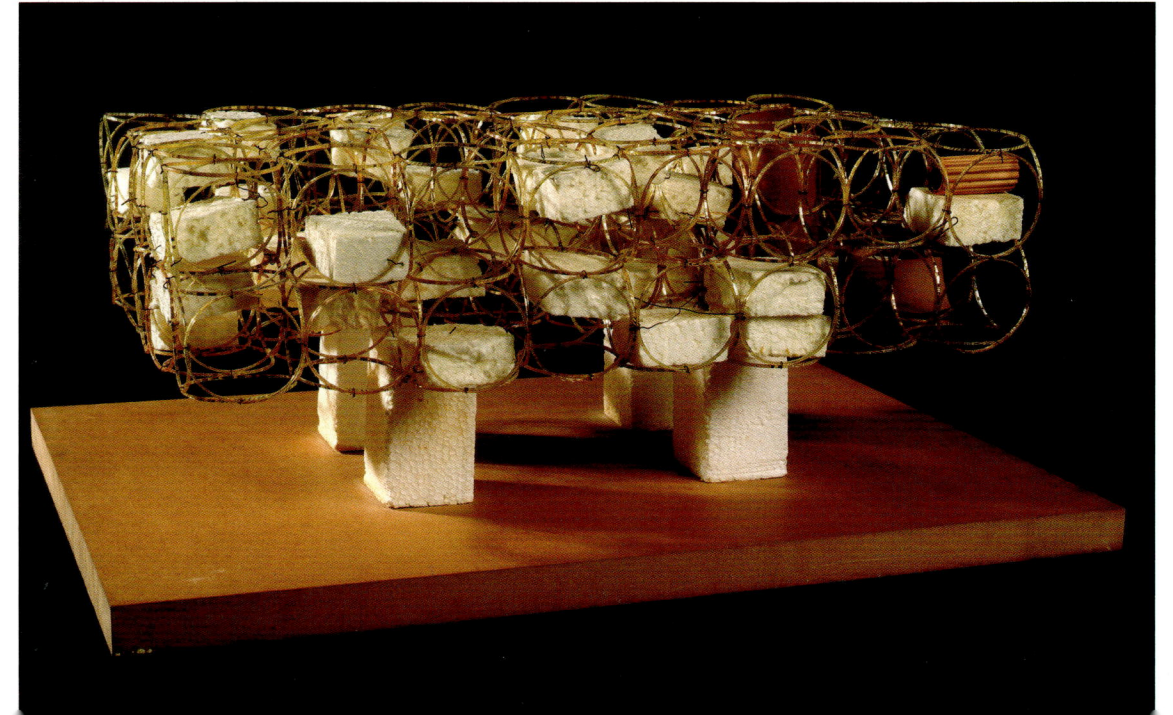

Auf die Zersiedelung der Städte und den Verlust der Zentren antwortet die Spätmoderne unter anderem mit visionären skulpturalen Grossformen. Zu den wichtigsten Vordenkern der urbanen Megaplastik gehören der Österreicher Hans Hollein und der Ungaro-Franzose Yona Friedman. Während der Gründer der Groupe d'Etude d'Architecture Mobile von der Soziologie ausging, schulte Hollein sein architektonisches Denken an der Kunst. Beide entwickelten ganz unterschiedliche Formkonzepte für die »Lebensform Stadt«. Friedman konzentrierte sich bei seiner Ville spatiale (1958–1962) auf die infrastrukturellen Funktionen und gelangte zu einem neutralen Gerüst aus Raumfachwerken. Das Gitter legt sich wie eine zweite Schicht auf Stützen über die bestehende Struktur, um so dem Konflikt mit dem Bodenrecht aus dem Weg zu gehen.

Auch Hollein eroberte den Luftraum. Bei ihm fallen die Formballungen auf, die sich wie amorphe Plastiken über Siedlungsräumen – beispielsweise dem »Korallenriff« Wien – erheben. Die Sprache des Informel ist für ihn Ausdruck der »sinnlichen Schönheit der elementaren Gewalt«. Obwohl er in den sechziger Jahren technoide Stadtskulpturen entwickelte, lassen die anthropomorphen Plastiken eine Verbindung zum Informel erkennen. *MB*

↲ Lucio Fontana, *Concetto spaziale, natura,* 1959/60, Galerie Karsten Greve AG St. Moritz

↙ Kat. 131 Gordon Matta-Clark, *Conical Intersect,* 1975, zwei Filmstills aus dem gleichnamigen Film, 16 mm, Farbe, ohne Ton, 18 Min. 40 Sek.

› Kat. 85 Walter Jonas, Intrapolis, Trichterstadt, Projekt, 1960/1965, Modell, Holz, Kunststoff, Papier, H: 71 cm, Ø 141,5 cm, Deutsches Architektur Museum, Frankfurt am Main

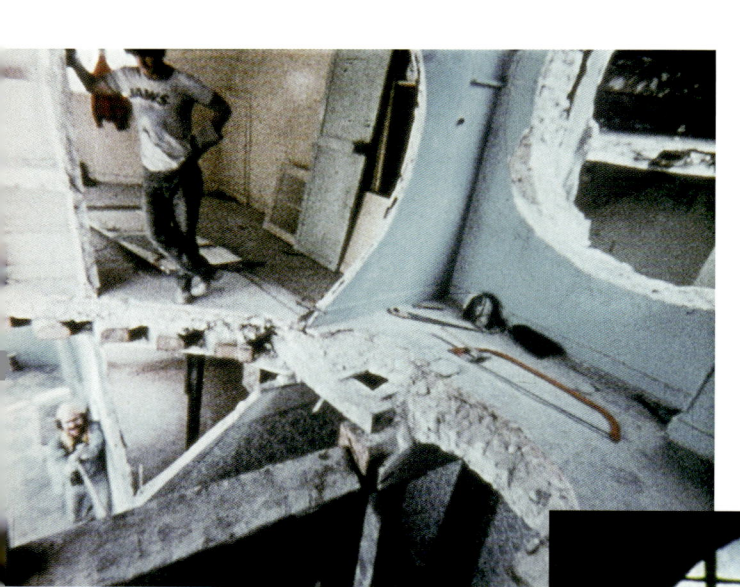

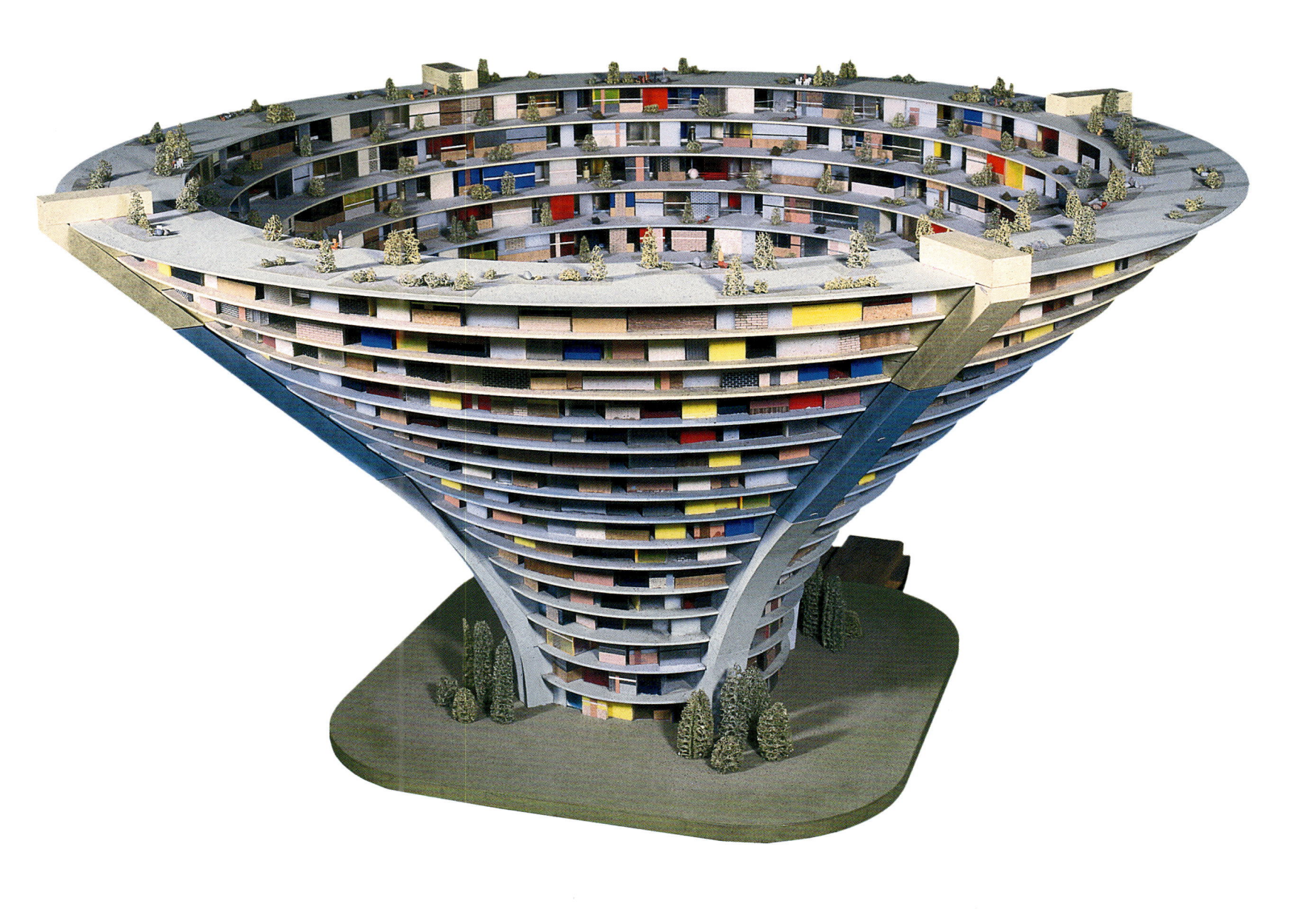

Aus dem Wunsch, dem formlosen Wuchern der Städte ein neues Konzept entgegenzusetzen und angesichts der Bevölkerungsexplosion übersichtliche Siedlungsstrukturen zu schaffen, entwarf der Maler und Architekt Walter Jonas seit 1960 seine Trichterstadt, in der 6000 Personen eine menschenwürdige Unterkunft finden sollten. Ringe mit Wohneinheiten sollten von 120 Meter am Boden auf 230 Meter Durchmesser in der Höhe anwachsen. Paolo Soleri entwickelte aus einer hexagonförmigen Superstruktur baumartige Turmhäuser für 170 000 Bewohner. Sie sollten auf Stelzen gebaut werden, um die darunter liegende Stadtlandschaft zu schonen. Diese gestalterische Absicht, komplexe Raumstrukturen in einem Raumkörper zusammenzufassen, erinnert an Lucio Fontanas Werkgruppe *Concetto spaziale, natura* (1959/60), mit der er eine Synthese von Geometrie und Naturform anstrebte. Anfang der siebziger Jahre wurde der optimistische Konstruktivismus der Stadtutopien durch kritische Interventionen abgelöst, die soziale und gesellschaftliche Realitäten des Urbanen »dekonstruierten«. 1971 begann der Architekt und Künstler Gordon Matta-Clark, Häuser zu zerschneiden. 1975 legte er durch komplizierte kreisförmige Schnitte in ein Pariser Abbruchhaus dessen innere Struktur frei. Der *Conical Intersect* genannte Eingriff glich einer plastischen Aktion und verwandelte die Architektur in eine »kritische Skulptur«. *MB*

»New Babylon – The Hyperarchitecture of Desire« – so nannte der Bildhauer Constant sein 1960 bis 1964 entwickeltes, visionäres Gegenmodell zum rigiden Utilitarismus der traditionellen Stadtplanung. New Babylon ist eine sich ständig verändernde, urbane Struktur, die dem Spiel- und Freiheitstrieb des Menschen entsprechen soll. Der Mitbegründer der Situationistischen Internationale vergegenständlichte seine Utopie in Modellen, die für verschiedene Lebensaktivitäten stehen und mobile Wohneinheiten darstellen. Eines davon ist das *Ladderlabyrinth,* das von Alberto Giacomettis hausartiger Konstruktion *Le palais à quatre heures du matin* inspiriert wurde. New Babylon ist eine »flexible Umwelt«, die sich über die ganze Welt ausbreiten kann.

Visionär war Constants New Babylon insofern, als das Labyrinthische durch die Unregierbarkeit und Unübersichtlichkeit der Städte heute zunehmend Realität wird. Rem Koolhaas beschreibt die Generic City als ein neuartiges, zerfliessendes und auseinander driftendes urbanes Territorium, das der Logik der formlosen Expansion gehorcht. Motor für diese Entwicklung sind der globale Kapitalismus mit seiner Suche nach immer neuen Absatzmärkten, aber auch die Pluralisierung der Kulturen, die auf einem bestimmten Territorium zusammenleben. Vielleicht wird Constants Utopie einmal in asiatischen Städten Wirklichkeit – Städten, deren Namen wir noch nicht kennen, die im Vergleich zu den europäischen Metropolen aber bereits jetzt ein Vielfaches an Einwohnern zählen. Der Fotokünstler Thomas Struth hat sich die Aufgabe gestellt, die Gesichter dieser komplexen Megastädte festzuhalten. *MB*

‹ Kat. 170 Thomas Struth, *Hilo Street, Jiyu Gaoka/Tokyo*, 2003, Edition 8/10, Fotografie, 178 × 218,6 cm, im Besitz des Künstlers

› Kat 46 Jean Dubuffet, *Vertu virtuelle*, 1963, Öl auf Leinwand, 98 × 131 cm, Fondation Beyeler, Riehen/Basel

⌐ Kat. 35 Constant (Nieuwenhuys), *Ladderlabyrinth* (New Babylon), 1967, Messing, Acrylglas, Holz, 71,5 × 86 × 96,5 cm, Stiftung Wilhelm Lehmbruck Museum – Zentrum Internationaler Skulptur, Duisburg

⌄ Constant (Nieuwenhuys), *New Babylon/Amsterdam*, 1963

»Das Urhaus war das Ei.« Das sagte Friedrich Kiesler, dessen Modelle für sein Endless House (ab 1950) einem Boom an ellipsenförmigen Kapselhäusern Ende der sechziger Jahre vorausgingen. Die neuen Möglichkeiten der Kunststofftechnologie und die weiche Ästhetik der Pop-Kultur förderten die Wohnform der Zelle, die sich im Inneren ganz den Bedürfnissen des Individuums anpasst. Jean-Louis Chanéacs Modules Amphores könnten sogar zu ganzen Städten gestapelt werden, während man Pascal Häusermanns Cellules auf den Anhänger laden und anderswo in eine andere Tragstruktur einclippen könnte (Abb. S. 190 m. l.; Kat. 73, S. 191 o.). Die Villa Rosa (um 1968) der Wiener Gruppe Coop Himmelb(l)au würde sich als pneumatische Wohneinheit noch einfacher transportieren lassen. Ron Herron von Archigram wollte gar eine ganze Stadt auf Wanderschaft schicken: Walking City (1964).

Die eiförmige, intime Wohnzelle nimmt das psychosoziale Lebensgefühl des Cocooning der neunziger Jahre vorweg. Mit der Zunahme der Singlehaushalte und mit dem Verschwinden des Begriffs »Gesellschaft«, prophezeit der Philosoph Peter Sloterdijk, zeige das Bild des »Schaumes«, der formlosen Anhäufung von Existenzblasen die Siedlungsform der Zukunft. Einen Vorgeschmack liefert die Bubble-Architektur der Blobmeister, allen voran die Embryological Houses von Greg Lynn, die auch aussen völlig individuell formbar sind (siehe Kapitel 10). *MB*

‹ Ron Herron, Treffen der *Walking Cities* in der Wüste, Projekt, 1964 (Detail)

ᴸ Kat. 26 Jean-Louis Chanéac, Cellules polyvalentes, 1960, Modell, Farbe, Kunstharz, 12 Elemente, davon eins gekappt, 15 x 22,5 x 22,5 cm, Collection du Fonds Régional d'Art Contemporain du Centre, Orléans, France

ᵛ Jean-Louis Chanéac, Cellules polyvalentes à coques plastiques, 1961, Collection du Fonds Régional d'Art Contemporain du Centre, Orléans, France

› Kat. 36 Coop Himmelb(l)au, Villa Rosa, Projekt, 1968, Modell vom Prototyp, 1967, Holz, Kunststoff, Kunststoffpaste, Metall, weisse Farbe, 42,5 x 68 x 68 cm, Collection du Fonds Régional d'Art Contemporain du Centre, Orléans, France

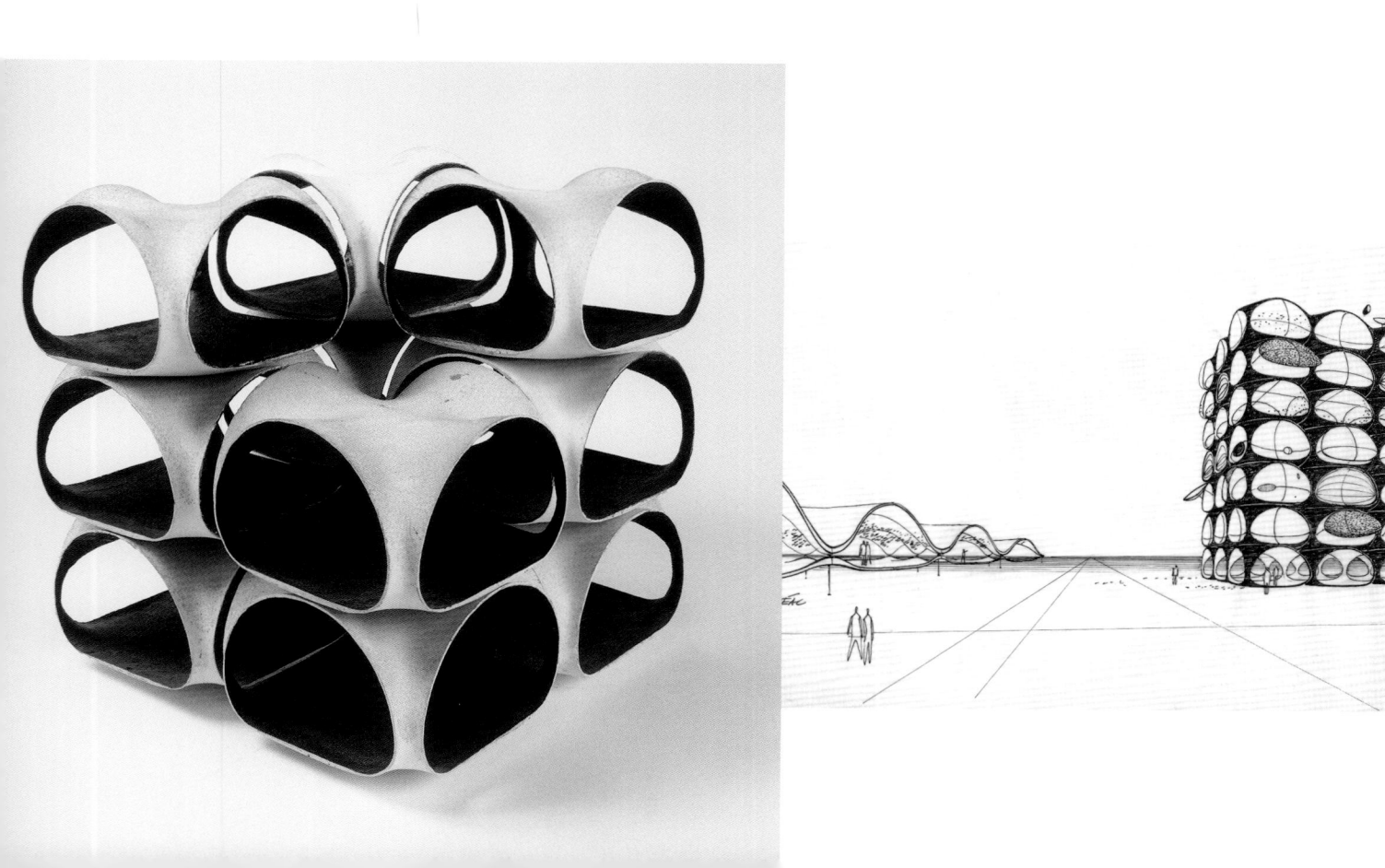

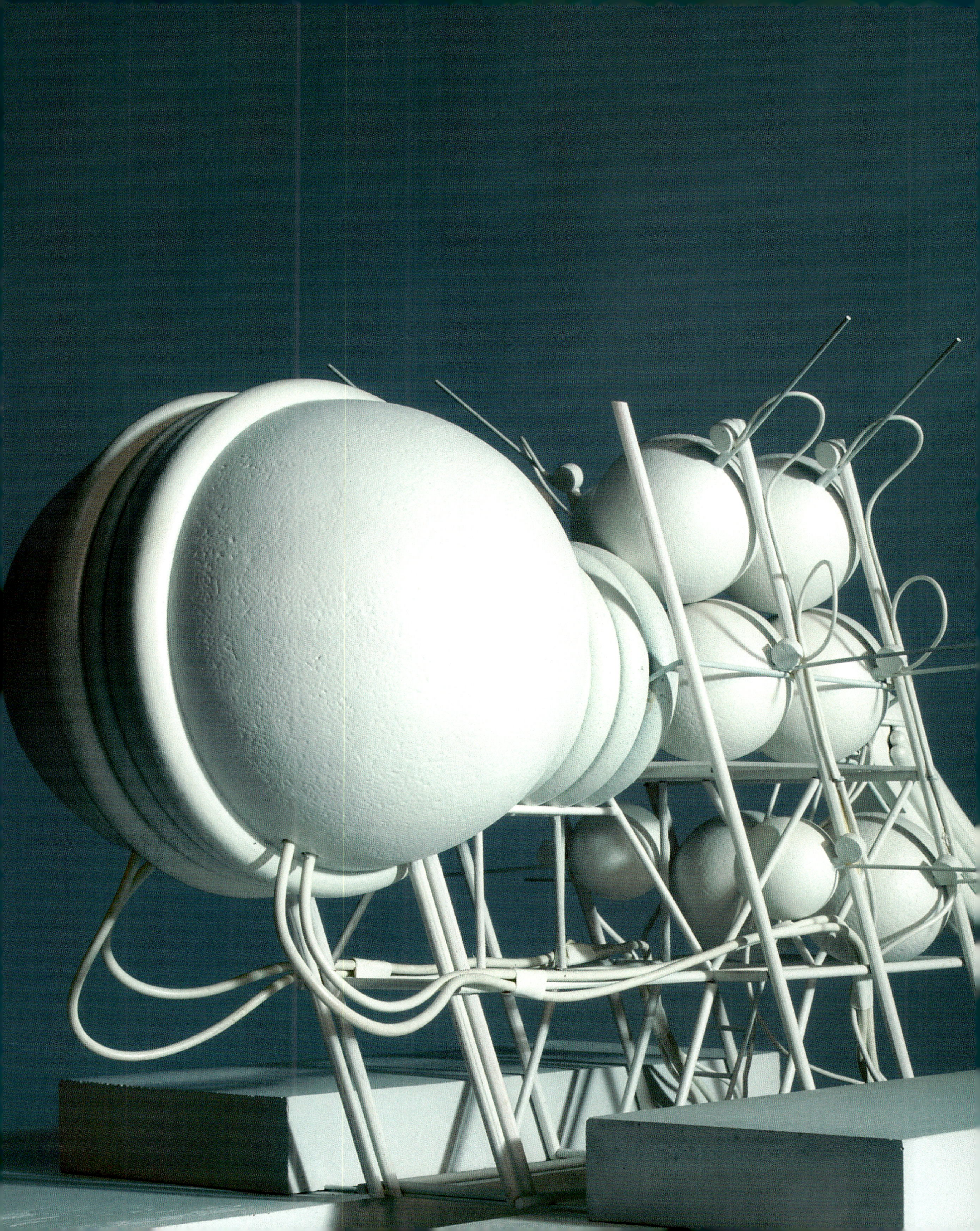

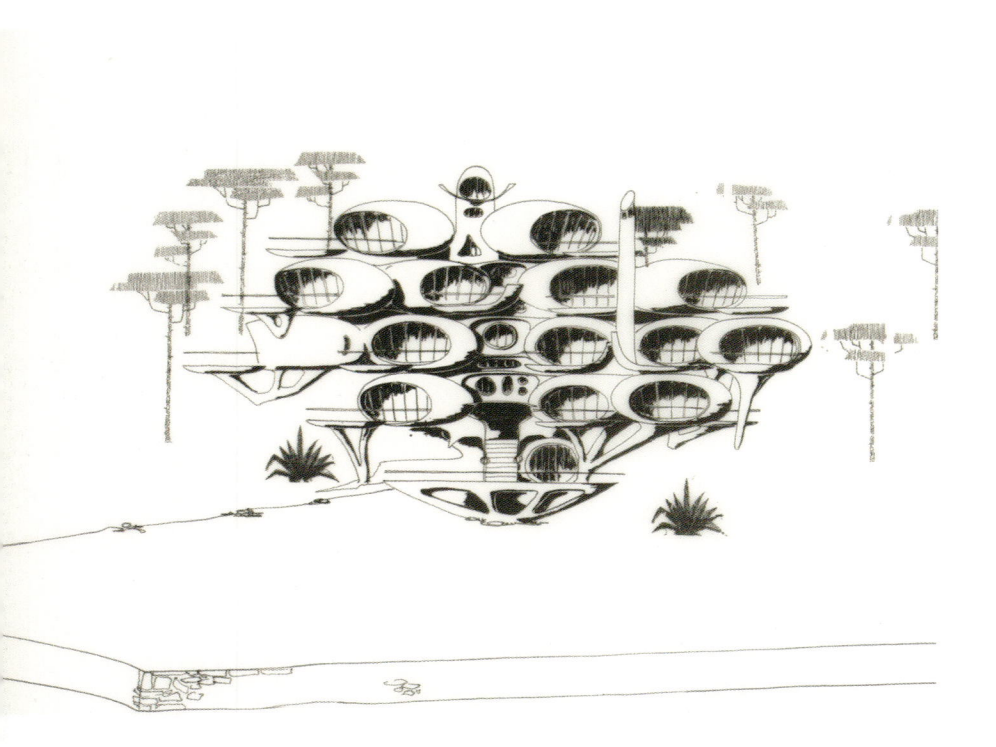

⌃ Kat. 74 Pascal Häusermann, Domobiles, 1971, Modell, Mischtechnik, Kunstharzpolyester, 7 Teile, 35 x 30 x 20 cm und 20 x 24 x 16 cm, Ø 15 cm, Collection du Fonds Régional d'Art Contemporain du Centre, Orléans, France

⌐ Pascal Häusermann, *Résidence de M. Ginet*, 1968, Collection du Fonds Régional d'Art Contemporain du Centre, Orléans, France

⌃ Constantin Brancusi, *Muse endormie II,* 1926, Kunsthaus Zürich (vgl. Kat. 18)

⌐ Kat. 34 Constant (Nieuwenhuys), *Spatiovore,* 1959, Stahl, Holz, Acrylglas, 52,2 x 130,5 x 68,2 cm, Leihgabe des Netherlands Institute for Cultural Heritage (ICN), Rijswijk/Amsterdam, Dauerleihgabe an das Kröller-Müller Museum, Otterlo, The Netherlands

⌃ Kat. 73 Pascal Häusermann, Cellule, 1960, Modell, Mischtechnik, Kunstharzpolyester, H: 18 cm, Ø 35 cm, Collection du Fonds Régional d'Art Contemporain du Centre, Orléans, France

⌃ Kat. 91 Friedrich Kiesler, Endless Theatre, Projekt, 1924/25, Strukturmodell, Holz, Metall, Grundplatte: 80 x 80 cm, Lehrstuhl für Raumkunst und Lichtgestaltung der TU München, Professor Hannelore Deubzer

‹ Pascal Häusermann, Cellules, Ets Cadilon, Bourget, 1969, Collection du Fonds Régional d'Art Contemporain du Centre, Orléans, France

Greg Lynn FORM, Embryological House, ABS Egg – Size C Pocket and MDF Formwork – Size C Panel, 1999–2001, Collection Centre Canadien d'Architecture, Montreal

10. Blob und Box und der programmierte Raum
Das 21. Jahrhundert Markus Brüderlin und Viola Weigel

»Binary Large Objects«: die Initialen dieser technologisch klingenden Bezeichnung ergeben den poppigen Begriff »BLOB«. Der amerikanische Architekt Wes Jones (geb.1958) hat ihn Mitte der neunziger Jahre in den Begriff »›Blobmeister‹ Architecture« eingebaut, mit dem seither das neueste Phänomen am Architekturmarkt identifiziert wird: biomorphe, amöbische, das heisst unförmige Masse, die sich dank der elektronischen Superrechner und der neuen CAD-Programme (Computer Aided Design) nicht nur problemlos rechnen lässt, sondern an der 3D-Fräse oder auf der Baustelle durch elektronisch gesteuerte Roboter auch direkt Realität werden kann. Was früher die Zeichner an runden Formen noch mit Lineal und Zirkel mühsam am Reissbrett konstruieren mussten, kann heute jeder User am Bildschirm per Cursor und Mausklick elektronisch kneten und verformen. Kein Wunder, dass die Propheten einer neuen Moderne eine Revolutionierung der gesamten Gestaltungssphäre wittern, die uns dank der Überwindung des rechten Winkels eine neue Ära der skulpturalen Architektur bescheren wird. Mittlerweile gibt es eine ganze Reihe von Projekten, die realisiert und zur »Bewährung« freigegeben wurden, wie etwa das neue Kunsthaus Graz, das von der Bevölkerung »Friendly Alien« getauft wurde und in dem die Museumsleute gerade versuchen, sich zurechtzufinden. Schöpfer sind Peter Cook (geb.1936) und Colin Fournier (geb. 1944), Ersterer der Mitbegründer der berühmten Gruppe Archigram (siehe Kapitel 9), die in den sechziger Jahren mit ihren

Jean Nouvel, Monolith, Murten, Expo.02, 2002

science-fictionartigen Visonen bekannt wurde, die jetzt – befreit von gesellschaftsverändernder Utopistik – als skulpturale Solitäre realisiert werden. Im Mai 2004 wurde in London das 180 Meter hohe Swiss Re Building von Norman Foster (geb. 1935) eingeweiht, dessen gurkenförmige Konstruktion von Roman Hollenstein als geometrische Zähmung der »modischen Blob-Architektur« gefeiert wurde *(Neue Zürcher Zeitung,* 7. Mai 2004).

Tatsächlich mögen diese Realisierungen von der visionären Herausforderung ablenken, die von den neuen Möglichkeiten ausgeht und die die Debatte im 21. Jahrhundert mitbestimmen wird. Wir haben aus diesem Grunde einen der Väter, der entscheidend zu den theoretischen Grundlagen und zur Ästhetik der Blobmeister-Architektur beigetragen hat, eingeladen, eines seiner zentralen Projekte in einer speziell konzipierten Installation vorzustellen: den Amerikaner Greg Lynn (geb. 1964) und sein Embryological House. Es geht dabei um die Realisierung der uralten Utopie der wandelbaren, blasenartigen Behausung, die sich dem individuellen Benutzer wie ein massgeschneiderter Anzug anpasst und ihm unabhängig von Ort und Status pränatale Geborgenheit zurückgibt (Kat. 120, S. 196 u.). Globale Mobilität verbindet sich mit dem individuellen Bedürfnis nach Cocooning, die Zerstreuung im Netz mit dem Gefühl des Einsseins im Uterus. Wir sind schon in den sechziger Jahren auf ähnliche Versöhnungsversuche gestossen, doch vermag die neue Technologie heute den Widerspruch von Serienproduktion und Unikat zu überwinden. Ein mathematisches System ist verantwortlich für die Hervorbringung von unendlichen nichtidentischen Variationen von zellenartigen Gebäuden. Häuser werden im Zeitalter der Gentechnologie nicht mehr von Architekten entworfen, sondern von Computern gezüchtet.

In der Ausstellung möchten wir angesichts des neuen expressiv-digitalen Biomorphismus die sich aufdrängende Frage aufwerfen, inwiefern die Blobmeister die alte Beziehung von Architektur und Skulptur auf eine neue Ebene bringen. Die Behauptung von Entwerfern wie Steven Holl (geb. 1947), dass durch das computergestützte Generieren von Objekten die Beziehung zwischen Körper und dreidimensionalem Raum eine neue Dimension erreiche, kann man unter anderem an den Körper-Raum-Konzepten traditioneller Bildhauer messen. »Arp contra Blob«, das wäre der Dialog, der interessante Verwandtschaften wie auch Gegensätze zutage fördert. Der Urform-Idee, die Hans Arp (1886–1966) bei Goethe entlehnt hat, steht der digitale Biomorphismus entgegen, der sich ganz aus der rationalen Geometrie der Algorithmen und aus der apparativen Logik des Computers ableitet. Da kommen sich der Blobmeister Greg Lynn und der Gegenwartsplastiker Tony Cragg (geb. 1949), der amorphe Gebilde zwischen Natur und funktionaler Technik fabriziert, schon viel näher (Kat. 37, S. 201). Die weichen, wandelbaren Formen der Blob-Architektur erinnern, vor allem bevor sie den Bildschirm verlassen und noch in ihrem digitalen Realismus strahlen, an den Surrealismus. Hier findet sich eine Scharnierstelle zum Bildhauer Henry Moore (1898–1986), der mit seinen archetypischen Gestaltbildungen nach einer verborgenen Naturgeschichte forschte. Seine berühmte Skulptur *Large Upright Internal-External Form* realisiert durch Aufwölbung und Einstülpung den Traum, Raum und Körper ineinander zu verschränken, ohne die geschlossene Form aufzugeben (Abb. S. 197).

Sie gibt ein topologisches Modell für jene architektonischen Konzeptionen ab, die versuchen, die Bindung an die funktionale Trennung von innen und aussen, wie sie die moderne Box idealtypisch darstellt, zu überwinden. Das Möbiusband, bei dem die Innenseite bruchlos in die Aussenseite übergeht, liefert der Architektur ein räumliches Muster, das Raumbildung in diesem Sinne ermöglicht. Die Holländer Ben van Berkel und Caroline Bos (UN Studio, gegr. 1998) haben dies in ihrem Möbius Haus in Holland 1993 bis 1998 real umgesetzt und damit eine Raumtopologie geschaffen, die der neuartigen sozialen Lebensorganisation entspricht, bei der Wohnen und Arbeiten sich in einem Gebäude vereinen (Kat. 174, S. 198 o.). Allgemein verbindet man mit der Blobmeister-Architektur auch die Anforderung, dem sozialen Wandel von der Kleinfamilie zu Single-Haushalten und zu temporären Lebensgemeinschaften eine architektonische Form zu geben.

From Blob to Box, and Back Again ist der Titel einer Zeichnung des UN Studios, und 1999 hat die Zeitschrift *Arch+* dieses Motto zum Anlass ihrer Herbstnummer genommen, um dem aktuellen formalen Richtungsstreit zwischen »Box und Blob« nachzugehen – einer Kontroverse, die an die erbitterte Debatte der sechziger Jahre zwischen den Vertretern der so genannten »abstrakt geometrischen Form« und der intuitiven »freien Form« erinnert (Kuhnert/Schnell 1999, S. 20). Als Ahnherrn des hartkantigen »Behältnisraumes« werden Adolf Loos (1870–1933) und seine nach innen geöffnete Box (Raumplan) und Ludwig Mies van der Rohe (1886–1969) genannt, der mit dem Farnsworth House die Ikone für die transparente »Kiste« lieferte. In der Ausstellung haben wir diese aktuelle Dialektik durch die Gegenüberstellung von Greg Lynns weichem, dynamischem Embryological House mit einem würfelförmigen Gebilde dokumentiert, das die Idee der »Box« durch völlige Abgeschlossenheit und hieratische Monumentalität radikalisiert: mit Jean Nouvels (geb. 1945) Monolithen, den der Franzose als Ausstellungspavillon für die Expo.02 im Schweizer Murtensee schwimmen liess.

Der Architekt, der eigentlich durch seine geschichteten Transparenzen bekannt wurde, schuf einen 34 Meter grossen platonischen Körper, der aussen bis auf einen perforierten Sehschlitz völlig mit Stahlplatten verkleidet war und innen die Besucher mit zwei Zeitaltern der Bildtechnologie konfrontierte: mit einem 100 Meter langen und im Durchmesser etwa 30 Meter grossen gemalten Rundpanorama aus dem 19. Jahrhundert und mit einer Videoprojektion aus der Gegenwart mit einem Durchmesser von etwa 23 Metern. An dem Projekt, das Nouvel im Renzo-Piano-Bau in Riehen in einer Reinterpretation wieder auferstehen lässt (Kat. 149, S. 205 u.; S. 206 o.), fasziniert die Verschmelzung des Realen der festen, geometrischen Box mit dem Virtuellen der immateriellen Bilderwelt – Archaik aussen und Hightech innen – eine scheinbar unvereinbare Polarität. Der Einbruch der elektronischen Medien in den Innenraum, die Durchlöcherung der Wände durch Datennetze und die Verwandlung der Mauern in flimmernde Bildschirme, die die Stadt zu einem immateriellen Ensemble von Displays machen, drohen allgemein das architektonische Gefüge aufzulösen. Der Philosoph und Architekt Paul Virilio (geb. 1932) hat eben diese Kombination des realen mit dem virtuellen Raum, der latent und potenziell anwesend ist, als Grundaufgabe der Architektur des Telekommunikationszeitalters bezeichnet: »Diese Verdoppelung des Raumes, die im Spiegelsaal durch Reflexion hergestellt wird, muss auf der Ebene der Telekommunikation und der Information angegangen werden; das heisst, dass man zugleich mit dem bestehenden Raum und mit Immaterialität arbeiten muss.« (Virilio 1999, S. 62)

Zeugnis für diese neue »elektronische Gotik«, diesen neuen »elektronischen Barock« sind die computeranimierten und interaktiven Videoinstallationen von Peter Kogler

Box und Blob

(geb. 1959). In *Cave* von 1999 kann der Betrachter sich durch ein surreales Gebilde, das aus höhlenartigen Blobs und boxenartigen Gängen besteht, hindurchnavigieren und dabei zugleich Greg Lynn und Jean Nouvel ansteuern (Kat. 189, S. 202/203).

1 Thomas Schütte, *Tanke Deutschland*, 2002
2 Jean Nouvel, Monolith, 2002, Tragstruktur
3 Peter Kogler, *Cave*, 1999
4 Greg Lynn FORM, Embryological House, 2000, Mock up
5 Tony Cragg, *Pod*, 1998

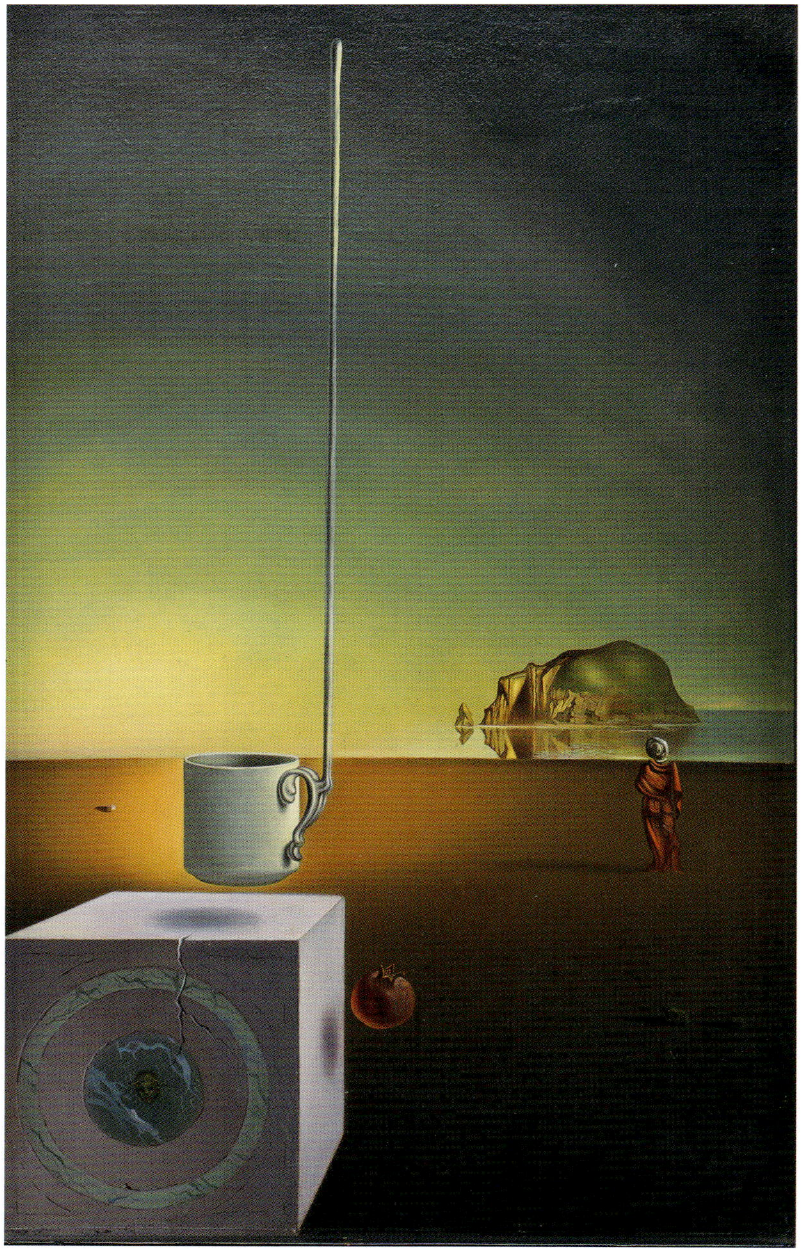

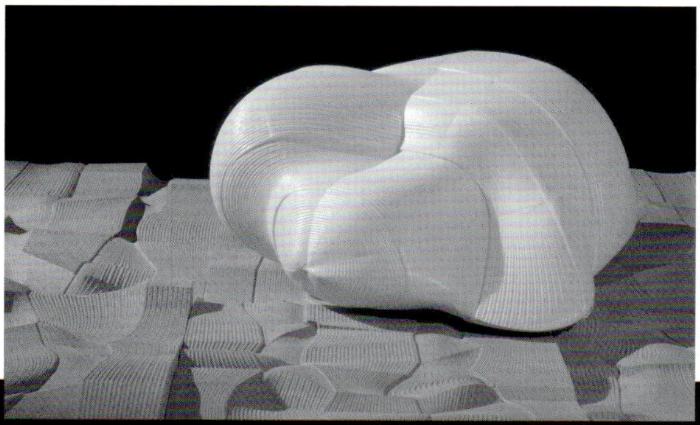

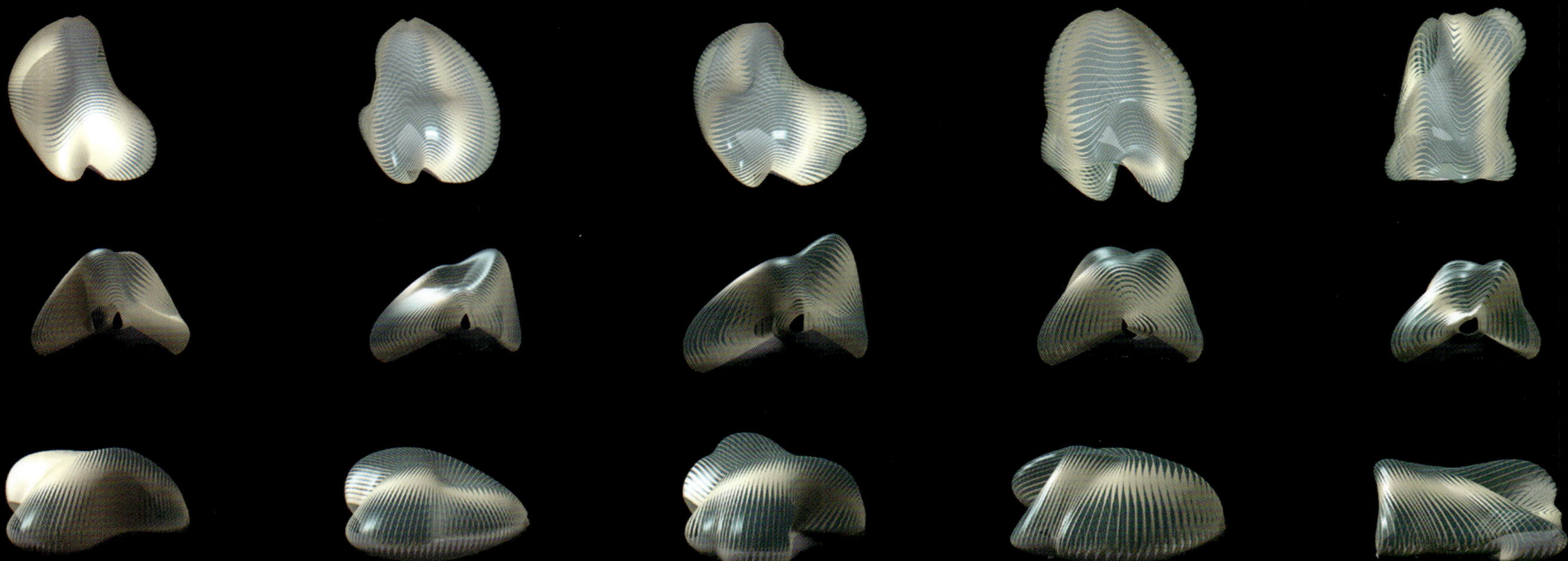

»Learning from Moore« könnte ein Lehrbuch heissen, das in die Bibliothek jedes Blobmeister-Architekten gehört. Doch im Falle von Greg Lynn, dem jungen Cheftheoretiker dieser Richtung, ist die Gegenüberstellung seines Konzeptes des Embryological House mit der Skulptur von Henry Moore dazu geeignet, die Unterschiede hervorzuheben. Während der britische Bildhauer die Hohlfigur mit der Hand modelliert, steckt hinter den bisher als Animation und Modell entwickelten Einfamilienhäusern des Kaliforniers ein Cocktail von Softwareprogrammen aus der Schiffs- und Raumfahrtindustrie sowie aus den Special-Effect-Studios Hollywoods. »Die häusliche Hülle eines jeden Embryological House besteht aus 2048 Platten, 9 Stahlrahmen und 72 Aluminiumstreben, die miteinander zu einer Außenschale verbunden sind; jede Komponente ist in Form und Grösse ein Unikat.« (Lynn/Rashid 2002, S. 12) Seine Studenten entwickeln die Rohlinge anhand von acht Parametern zu bewohnbaren Zellen, wie beispielsweise »Blasen«, »Zähnen«, »komplexen Oberflächenstrukturen«, »Biegungen und Einstülpungen«, damit diese in der Fabrik aus Fiberglas, gehämmertem Aluminium oder tief gezogenem Plastik gefertigt werden können. Dennoch drängt sich die Frage auf, ob diese Art der Generierung von organischer Architektur nicht auch als Fortsetzung der biomorphen Plastik mit neuen Mitteln, mit Hightechmitteln, gesehen werden kann. *MB*

⌐ Kat. 38 Salvador Dalí, *Demi-tasse géante, volante avec annexe inexplicable de cinq mètres de longueur*, 1944/45, Öl auf Leinwand, 49 x 31 cm, Privatsammlung, Schweiz

‹ Kat. 120 Greg Lynn FORM, Embryological House, Konzept, 1998–2000, Animation, Loop, Sammlung des Künstlers

« Greg Lynn FORM, Embryological House, 1999–2001, Modell und Form, Collection Centre Canadien d'Architecture, Montreal

› Henry Moore, *Large Upright Internal-External Form*, 1953/54, The Henry Moore Foundation

∧ Kat. 174 UN Studio (Ben van Berkel und Caroline Bos), Möbius Haus in Het Gooi, Niederlande, 1993–1998, Modell im Massstab 1:33⅓, 2003, Lindenholz, massiv, 45 × 180 × 90 cm, Modellbau: Thomas Brandt, Henner Tronka, Torsten Zern, Bauhaus Universität Weimar – Lehrstuhl Entwerfen und Innenraumgestaltung, Prof. Dr. Ing. habil. Egon Schirmbeck, Dipl. Ing. Arch. Kerstin Hohm

⌐ UN Studio (Ben van Berkel und Caroline Bos), Möbius Haus in Het Gooi, Niederlande, 1993–1998

∟ Diagramm zu den täglichen Abläufen und Bewegungen der Bewohner des Möbius Hauses

∨ Das Möbiusband als Grundlage für den Entwurf des Möbius Hauses

> NOX, Wasserpavillon (FreshH2O eXPO) für Waterland, Neeltje Jans, Zeeland, 1997

¬ Max Bill, *unendliche schleife* (Version V), 1935–1995, Sammlung Hilti Art Foundation

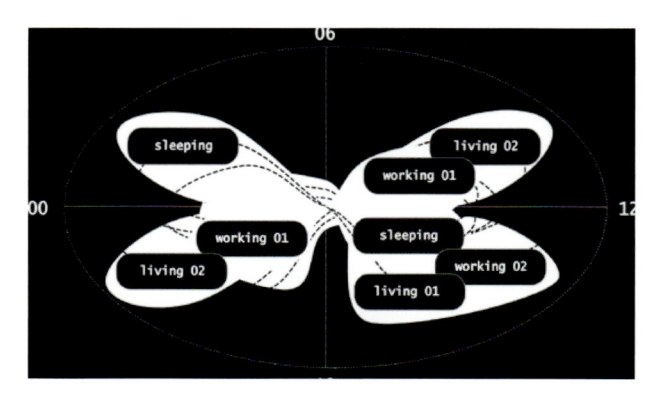

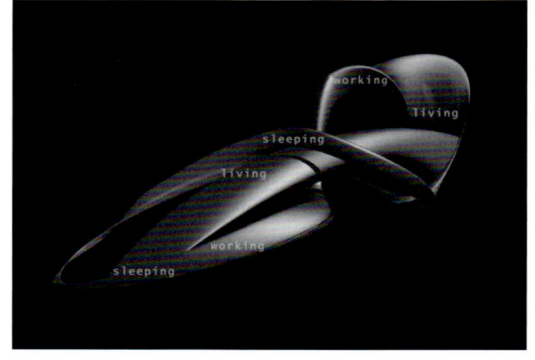

»Ben van Berkels Möbius Haus symbolisiert auf stärker skulpturalem Wege den nahtlosen Übergang von Leben und Arbeiten, durch den heute so viele Lebensformen bestimmt sind. Auftraggeber war ein Ehepaar, die beide zuhause arbeiten. Ihre getrennten Arbeitsbereiche sind in die übrigen Räume für das tägliche Leben hineingefaltet. Im Unterschied zu den scharf voneinander abgetrennten funktionalen und sozialen Aufteilungen des herkömmlichen Einfamilienhauses sind die Bereiche des Möbius Hauses wie Abschnitte einer Stoffbahn ohne Anfang und Ende ineinandergeschlungen.« (Riley 1999, S. 101)

Max Bill, der als Architekt die geradlinige Schachtelarchitektur verfocht, hat sich als Bildhauer wiederholt mit der unendlichen Bewegung des Möbiusbandes auseinander gesetzt. August Möbius hat diese Figur 1858 publiziert. Sie gilt seither nicht nur als Grundlage der topologischen Mathematik, sondern auch als Grundmodell der Blob-Architektur. Der Blick auf die Plastik kann freilich nicht die soziologischen Konsequenzen reflektieren, die durch die Verschmelzung von Arbeit und Leben aufgrund der Kommunikationsmedien und der neuen Raumkonzeptionen entstehen. Die endlose, in sich gefangene Bewegung der Möbiusschleife erinnert Terence Riley an Martin Heideggers Kritik an der Präsenz der Medien, die im Turbokapitalismus ein »Leben ununterbrochener Arbeit« bedeutet. *MB*

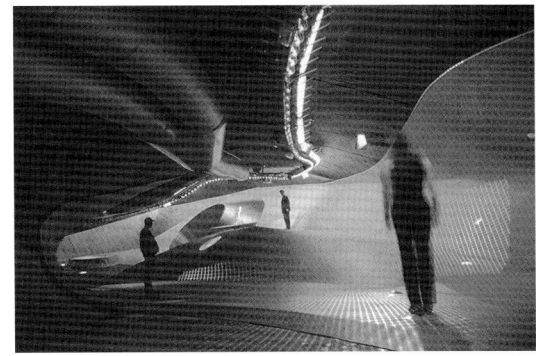

∧ Kat. 165 Thomas Schütte, *Tanke Deutschland,* 2002, Acrylglas, Holz, Metall, 172 × 170 × 220 cm, im Besitz des Künstlers

< Kat. 41 Thomas Demand, *Modell,* 2000, C-Print Diasec, 164,5 × 210 cm, Courtesy the Artist and Victoria Miro Gallery, London

¬ Kat. 37 Tony Cragg, *Pod,* 1998, Ex. 5/5, Bronze, 120 × 140 × 120 cm, Courtesy Konrad Fischer Galerie, Düsseldorf

Die abgebildeten Objekte von Thomas Schütte und Tony Cragg sind beide Skulpturen, was überrascht, denn man könnte meinen, zwei Architekturmodelle im Sinne von »Box und Blob« vor sich zu haben. Tatsächlich sollen die Kunstobjekte hier als eine Art Kritik an der Praxis der Architektur, die sich seit der Postmoderne zunehmend der Kunst bedient, verstanden werden. Cragg kreuzt seine raumhaltigen Gebilde meist aus technischen und amorphen Naturformen und verleiht diesen Hybriden Gestaltqualitäten, die am Computer nur schwer zu erreichen sind.

Thomas Schütte operiert seit den achtziger Jahren mit der Irritation, die durch die Verwischung der Gattungsgrenzen – sind es Modelle, sind es Skulpturen? – und durch den Transfer des Massstabs ausgelöst wird. Seine Werke sind insofern ironische Architekturkritik, als der Künstler das tut, was Architekten oft unterlassen, nämlich darüber nachzudenken, was Architektur zu leisten hat und das auch im politischen Sinne. Neben der Plexiglasskulptur *Tanke Deutschland* konstruierte er 2002 auch Ferienhäuser für Terroristen. Der Modellteil, den wir auf Thomas Demands Grossfoto sehen, stammt aus dem Entwurf des gigantischen Reichstagsgebäudes von Hitlers Hofarchitekten Albert Speer, das aber nie gebaut wurde. Demand hat diesen Ausschnitt in seinem Atelier 1:1 aus Karton nachgebaut, um danach das Foto zu machen. *MB*

Architekten können es sich heute kaum mehr leisten, ein neues Projekt ohne eine 4D-Animation zu präsentieren, mit der der Kunde wie in einer Raumsonde durch sein künftiges Gebäude fliegt. Diese digitale Darstellung birgt nun eine überraschende Affinität zur analogen Skulptur: Das zeitlich stark komprimierte Navigieren durch den Raum gleicht in seiner Wahrnehmungsdynamik dem Abtasten der gewellten Oberfläche einer Arp- oder Moore-Plastik mit dem Auge. Die Beobachtung ist frappierend, doch sie beinhaltet theoretische Gemeinsamkeiten, die sich die Blob-Designer heute bei der Verzeitlichung von Raum durch tastbare Oberflächenbewegungen zu Nutze machen.

Peter Kogler hat all diese Erfahrungen des futuristischen Raum-Zeit-Kontinuums, die die Utopien der Moderne seit dem Konstruktivismus (El Lissitzky) und der fliessenden Raumkonzeption der dreissiger Jahre (Ludwig Mies van der Rohe) über das Stromliniendesign der fünfziger und die Science-Fiction-Euphorie der sechziger Jahre bis zum postindustriellen Zeitalter des Cyberspace beflügeln, in einer interaktiven Installation zusammengefasst: In *Cave* (1999), das im Rahmen der Ars Electronica in Linz uraufgeführt wurde, navigiert sich der Besucher durch eine Raumstation, die aus Röhren, blobartigen Sälen und boxförmigen Gitterstrukturen besteht. *Cave* versinnbildlicht auch die Synthese der beiden mathematischen Familien, die hinter Box und Blob stehen und die die Struktur der technologisierten Welt beherrschen: die fraktale Geometrie der selbstähnlichen Formen von Benoît Mandelbrot, die den Mikro- mit dem Makrokosmos verbindet und die topologischen Kurven der Neuen Geometrien, die die Welt als ein organisch fliessendes Kontinuum generieren. *MB*

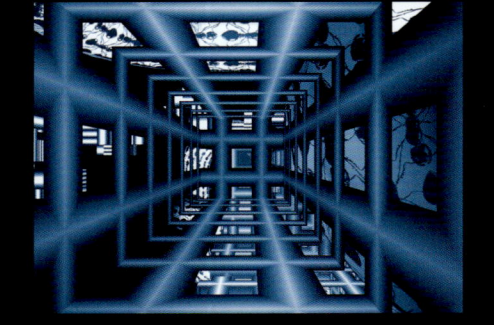

> Kat. 189 Peter Kogler, *Cave*, Projekt: Peter Kogler, Sound Concept: Franz Pomassl – Auftragsarbeit des Ars Electronica Center Linz, realisiert im Ars Electronica Futurelab, 1999, Virtueller Kunstraum als begehbares 3D Virtual Reality Modell, Projektionskubus: ca. 300 x 300 x 300 cm, Ars Electronica Center Linz

> Kat. 4 Hans (Jean) Arp, *Torso – Garbe/Torse – gerbe*, 1958, Marmor, 79,5 x 37 x 28,5 cm, Privatsammlung, Paris

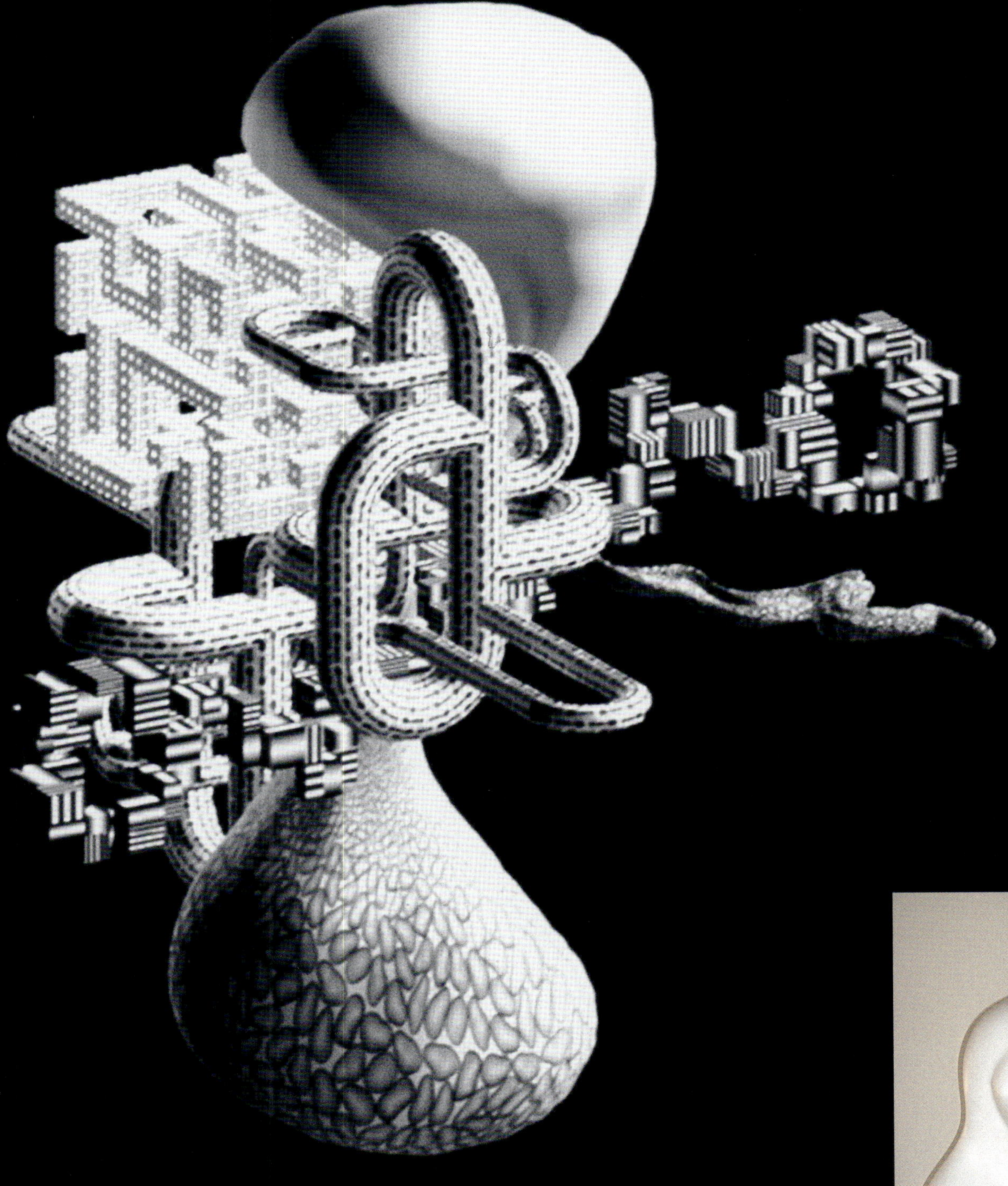

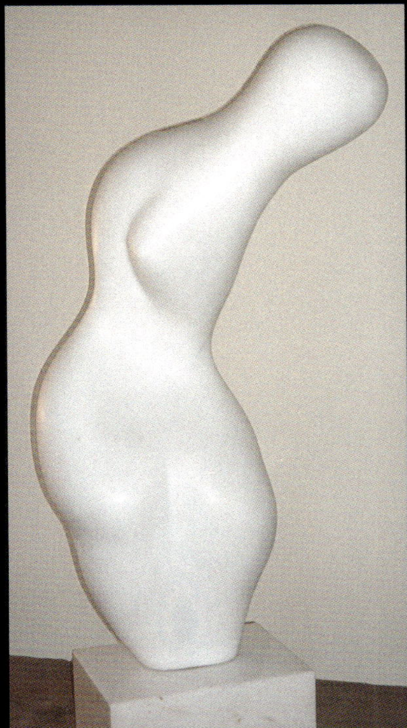

Der von Jean Nouvel für die Expo.02 entworfene Monolith findet im raumzeitlich angelegten Rundgang der Ausstellung *ArchiSkulptur* seinen Platz im Bereich »Virtueller Raum – Realer Raum«, einem grossen Saal, in dem sich ein Dialog zwischen der sowohl minimalen als auch monumentalen Architektur des Monolithen und den digitalen und makroorganischen Schöpfungen von Greg Lynn entspannt. Die Inszenierung einer Konfrontation von »Box und Blob« hinterfragt diese grundlegenden Typologien der Architektur, die von den bildhauerischen Konzepten der modernen Kunst genährt werden. Als Zeugen der Debatte über den virtuellen Raum treten zwei Hauptwerke von Alberto Giacometti in der Szenerie auf.

Konzept
Der Monolith will vor allem als Architektur in Verbindung mit seiner Umgebung, und nicht als Kunstwerk verstanden werden. Es geht darum, eine Szenerie vorzulegen, die die untrennbare Verbindung zwischen dem Werk und seinem Ort, dem Genius loci, unterstreicht. Der trübe Spiegel des Sees gibt das Bild von Kubus, Himmel und Erde wieder.
Der Zusammenhang ist es, der dem Projekt von Beginn an seinen Sinn gegeben hat.
An einem Ende des Saals ist eine grosse Wand aufgebaut, die gleichsam ein Ausschnitt des Werkes im Massstab eins zu eins ist. Sie weist eine merkliche Struktur auf und besteht aus aufs Einfachste reduzierten Materialien. Ein Monolith im Ausstellungsmassstab.
Vor dieser Oberflächenstruktur findet der Besucher zu seinen Füssen einen Plan des Ortes Murten, der auf eine dünne Metallplatte aufgedruckt ist. Auf dieser hellen, aber abgenutzten Fläche steht der Monolith, ein bescheidener Würfel aus verrostetem Stahl, der so die Grössenverhältnisse am ursprünglichen Ort des Projektes wieder herstellt.
Hebt der Besucher seinen Blick, erkennt er die traumhafte Landschaft um den Murtener See, die durch die Wand eingerahmt wird und durch ihre »Haut« gefiltert erscheint. Ein grosses, fixiertes, aber dennoch bewegtes Bild. Das Panorama lebt im Rhythmus der Ewigkeit; es geht langsam vom gestochen Scharfen über ins Verschwommene, von der Helligkeit zur Dunkelheit, von der Ferne zum Nahen und lässt ab und zu den Monolithen selbst im Blickfeld erscheinen. Es ist eine verwirrende Reise von innen nach aussen, bei der sich Kontemplation und Hinterfragung vermischen.
Die Mehrdeutigkeit der Vision, die Virtualität, die mit Licht und Zeit ihr Spiel

treibt, mit dem Innen und dem Aussen, lassen den Besucher in das Grundthema eintauchen, aus dem das Gebäude hervorgegangen ist: Augenblick und Ewigkeit. Die Szenerie stellt den Sinn der realen Architektur wieder her: das Erleben einer mysteriösen Raumerfahrung, in einer vergänglichen Arbeit, im Herzen einer einmaligen Landschaft.
Jean Nouvel

∧ Jean Nouvel, Monolith, Murten, Expo.02, 2002

∟ Kat. 59 Alberto Giacometti, *Petit buste de Silvio sur double socle*, 1942/43, Ex. 3/8, Bronze, 18,4 × 12,1 × 12,2 cm, Privatbesitz

› Jean Nouvel, Ducks Sceno, Entwurfsskizze zur Neuinterpretation des Monolithen der Expo.02 (Kat. 149) anlässlich der Ausstellung *ArchiSkulptur*

» Kat. 64 Alberto Giacometti, *Grande femme IV*, 1960, Ex. 3/6, bez. »Susse Fondeur Paris, Cire perdue«, Bronze, 270 × 33 × 58 cm, Fondation Beyeler, Riehen/Basel

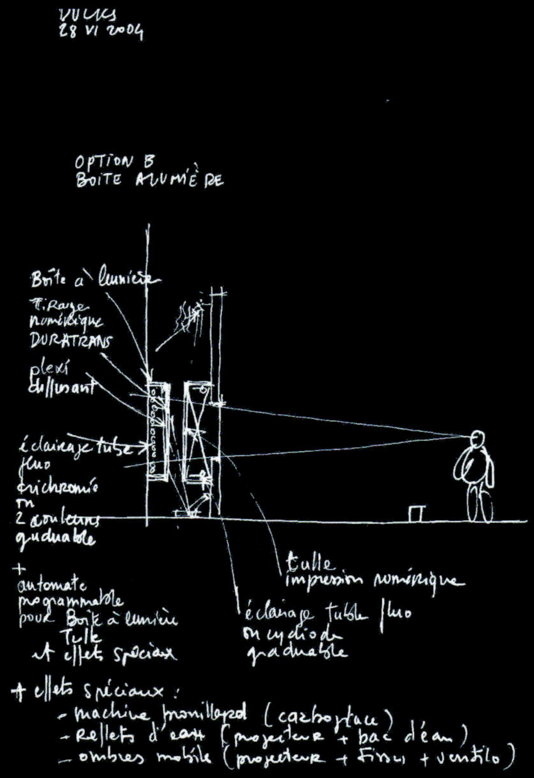

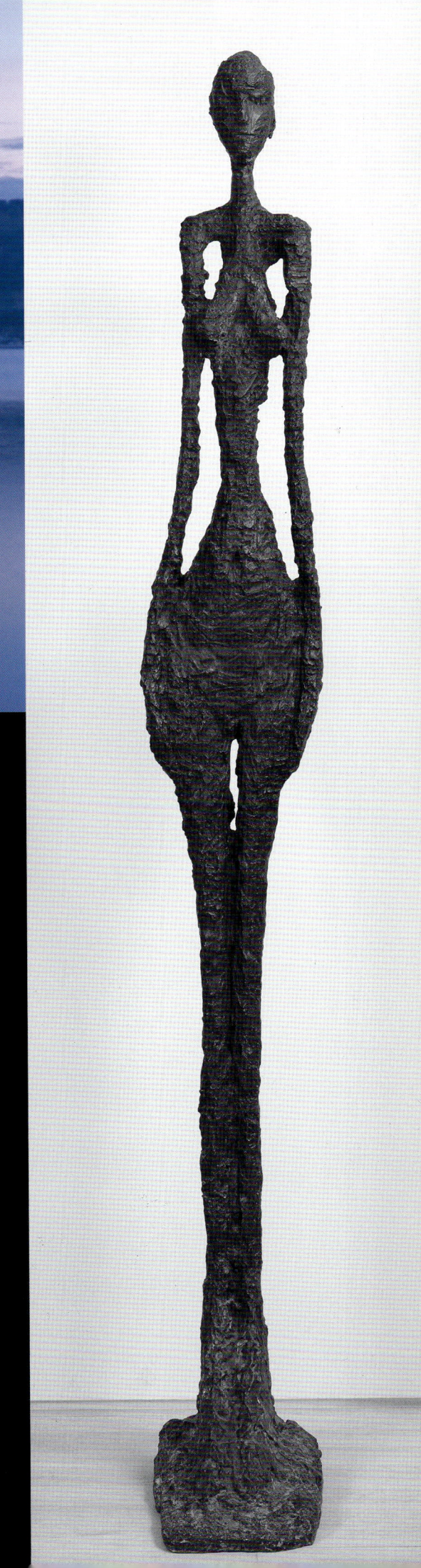

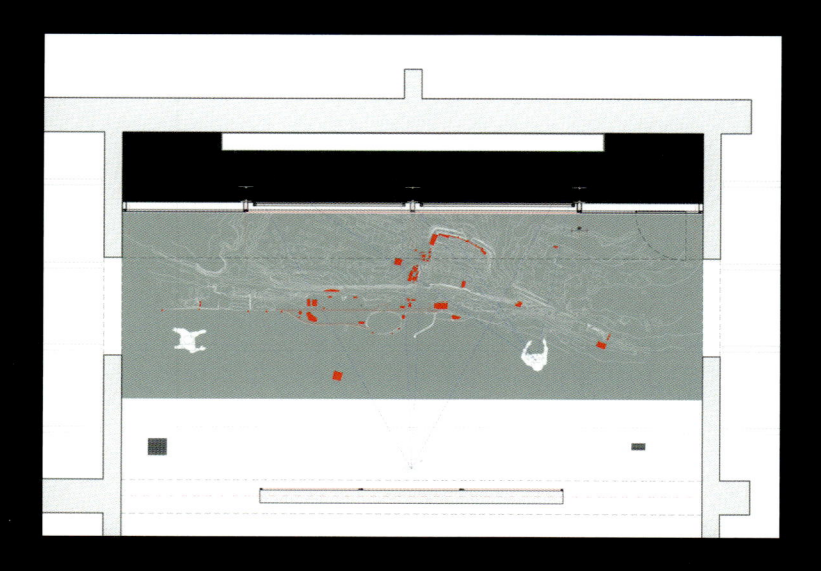

Die Installation von Jean Nouvel setzt sich aus folgenden Komponenten zusammen: Wandkonstruktion aus korrodierten 1,5 mm dicken Stahlplatten, 5 x 11,5 m; horizontaler Sehschlitz, zu 80 Prozent perforiert; Boden: stahlgraue Metallplatte mit Aufdruck der Umgebung der Stadt Murten; Modell des Monolithen aus korrodiertem Stahl, 17 cm hoch; durch die perforierte Wand sichtbares Panorama: horizontaler Lichtkasten, 1,75 x 7,6 m, 20 verschiedenfarbige Leuchtstoffröhren, transparenter Bildträger mit aufgedrucktem Landschaftsbild von Murten und Umgebung, eingebaut zwischen der Mauer des Museums und der Stahlwand des Monolithen. Das Bild des Monolithen wird über einen halbtransparenten Spiegel eingeblendet. Das Licht verändert sich je nach Tag- oder Nachtsituation.

┌ Jean Nouvel, Installationsplan für die Neuinterpretation des Monolithen der Expo.02 (Kat. 149) anlässlich der Ausstellung *ArchiSkulptur*

∨ Jean Nouvel, Wettbewerbsentwurf für den Monolithen von Murten

› zu Kat. 77 Herzog & de Meuron, *Jinhua Structure II – Vertical* (For Berower Park, Riehen/Basel), 2004, computergeneriertes Bild

"everything figures"

"~) Bergler"
meeting point on the trees
viewing or speaker's platform

"Baumhütte"

"Herz"
viewing platform

k
Heandehütte

paule bunch

^ Herzog & de Meuron, Jinhua, Commercial Cultural and Entertainment Centre, Masterplan, 2003/04
v Herzog & de Meuron, Jinhua, Commercial Cultural and Entertainment Centre, Mock up, Ziegelsteinwände
v Herzog & de Meuron, *Jinhua Structure II – Vertical* (For Berower Park, Riehen/Basel), Mock up im Berower-Park, 2004

Der Jinhua-Pavillon

In Jinhua entsteht ein Architekturpark mit Pavillons unterschiedlichster Form, Grösse und Funktion. Die Thematik jedes Pavillons wurde vom chinesischen Künstler Ai Wei Wei festgelegt. Er hat uns gebeten, selbst einen dieser Pavillons zu entwickeln und ihn bei der Auswahl der Architekten für die übrigen Pavillons zu beraten. Die im Sommer 2004 vorgestellten Projekte von jungen Architekten aus aller Welt sollen bis 2005 fertig gestellt werden. Das Resultat ist eine Ansammlung von Follies, wie sie zuvor kaum jemals irgendwo realisiert wurden.

Da wir seit mehr als einem Jahr am Masterplan für ein neues Stadtzentrum für das Jindong-Quartier von Jinhua arbeiten und davon deshalb schon sehr konkrete bauliche Vorstellungen auf unseren Tischen liegen haben, war für uns der Einstieg in dieses kleine Architekturprojekt ganz anders als sonst. Es schien alles ganz einfach und nahe liegend: Unser Jinhua-Pavillon sollte zunächst nur eine Hülle aus jenem geometrischen Muster sein, das wir für die Gebäude des Jindong-Quartiers entwickelt hatten. Das Muster überzieht wie ein Ordnungsprinzip Fenster, Türöffnungen und ganze Fassadenflächen und steht als ein spielerisches, ornamentales Element im Kontrast zu den Ziegelsteinkörpern der Gebäude.

Für den Pavillon schien es logisch und nahe liegend, dieses geometrische Muster – das als Ordnungsprinzip für alle Gebäude des Masterplans so gut funktioniert hatte – nun losgelöst von funktionalen Aufgaben gleichsam wie einen Schleier als reine Hülle einzusetzen. Doch das Resultat war langweilig – räumlich, konstruktiv und konzeptionell völlig uninteressant.

Das geometrische Muster sollte mehr als blosser Schleier sein. Es sollte Tiefe erhalten, in den Raum gestülpt werden und selbst zum Raum werden. Das Muster sollte seine oberflächliche Zweidimensionalität überwinden und wie eine molekulare Struktur oder ein genetischer Code ein Potenzial aufbauen, aus dem sich eine ganze Welt imaginieren und bauen lassen würde. Dazu musste dieses Muster, das selbst bloss eine Ansammlung von sich kreuzenden Linien ist, auf einen fiktiven geometrischen Körper (der Einfachheit halber wählten wir zunächst einen Kubus) projiziert werden, von dem aus es wiederum von allen Seiten her ins Innere projiziert wurde. Bei dieser Projektion von allen Seiten entstand im Inneren des geometrischen Körpers ein fiktives Raumgitter mit einer unendlich grossen Menge von Schnittlinien und Kreuzungspunkten. Dieses fiktive Raumgitter barg das Potenzial und das virtuelle Material, aus dem wir – dank der Rechenkapazitäten des Computers – die undenkbaren und nicht vorstellbaren Formen und Räume des Pavillons herauskristallisierten.

Allerdings entwickelte sich dieses Muster bei seiner Transformation in den Raum für uns zunächst zu einem wahren Monster. Es wurde unheimlich. Es schien plötzlich eine wuchernde, nicht kontrollierbare Sprache zu sprechen, die uns zwar faszinierte, die wir aber nicht verstanden. Wie sollten wir die durch den Computer generierten, zufälligen Formen, Figuren und Räume für uns umformen und nutzbar machen? Wir mussten lernen, die Rechenprozesse entsprechend unseren Wünschen und Anforderungen an das entstehende Ding zu manipulieren. Wir begannen, die räumlichen und topografischen Merkmale, die wir entdeckten und die uns interessierten, zu verstärken und andere, allzu dumme Formen zu unterdrücken. Dabei erwiesen sich nun plötzlich die dem Muster inhärenten anthropometrischen Qualitäten als wesentliche Prämisse, die das Herausbilden von brauchbaren und benutzbaren Orten begünstigte. Die anthropometrische Vorprogrammierung des Musters betrifft vor allem die Neigungswinkel und die Massstäblichkeit, die wir bereits an unseren Gebäuden des Masterplans testen konnten.

Unsere Arbeit konzentrierte sich deshalb, nachdem wir die allzu absurden Formen ausgeschieden hatten, vor allem auf ein Betrachten und Auswählen der vom Computer vorgeschlagenen Schnittmengen und weniger auf ein Nachbearbeiten der Form wie bei einer konventionellen architektonischen oder plastischen Arbeit. Ähnlich wie beim Betrachten eines Felsens in der Natur ergaben sich hier beim längeren Betrachten der vom Computer produzierten, zunächst manchmal idiotisch bizarr scheinenden Formen, plötzlich interessante Anhaltspunkte, die gleichsam zu topografischen Orten mit spezifischen Eigenschaften mutierten: eine Bank, eine Plattform, eine Höhle, ein Dachvorsprung oder eine Baumhütte. All diese topografischen Orte kann man als solche ansehen, benutzen und auch wirklich gebrauchen. Gleichzeitig sind diese Orte aber immer auch irgendwie unsichtbar, unbestimmt und nicht figürlich oder funktionell im herkömmlichen Sinne.

Die Resultate dieser beobachtenden und abtastenden Arbeit waren so überraschend und ergiebig, dass uns gleich mehrere ganz unterschiedliche Pavillons möglich schienen. Wir entschieden uns deshalb, drei Projekte für ganz unterschiedliche Orte weiterzuentwickeln: *Jinhua Structure I – Cube,* eine Art virtuelle Bibliothek für den Architekturpark in Jinhua, *Jinhua Structure II – Vertical,* ein in die Bäume ragender Pavillon für den Berower-Park der Fondation Beyeler in Riehen/Basel und *Jinhua Structure III – Horizontal,* eine begehbare Pergola für einen Innenhof im Zentrum von Genua.

Wie nun werden die Pavillons gebaut?
Jinhua Structure I – Cube
Der Kubus für Jinhua wird mit traditionellen Baumethoden aus eingefärbtem Ortbeton hergestellt. Dazu mussten die digitalen Daten in konventionelle Informationen für die Schalung der Betonierformen auf dem Bauplatz übersetzt werden.

Jinhua Structure II – Vertical
Der Baumpavillon für den Berower-Park wird auf einer computergesteuerten Werkbank aus massivem, verleimtem Holz ausgefräst. Damit bleibt der Basler Pavillon im Gegensatz zu *Jinhua I* während seiner gesamten Entstehungsgeschichte bis zum Abschluss seiner physischen Herstellung für uns ein rein digitales Wesen.
Jinhua Structure III – Horizontal
Der Pavillon für Genua ist noch in Planung. Im Gegensatz zu den beiden anderen Pavillons ist hier auch eine temporäre Struktur denkbar.
Herzog & de Meuron

zu Kat. 77 Herzog & de Meuron, *Jinhua Structure II – Vertical* (For Berower Park, Riehen/Basel), Muster, Skizze und computergeneriertes Bild, 2004

Seite 210: Renzo Piano, Fondation Beyeler, Riehen/Basel, 1997, Blick in den Giacometti-Raum

Seite 211: Jean Nouvel, Monolith, Murten, Expo.02, 2002

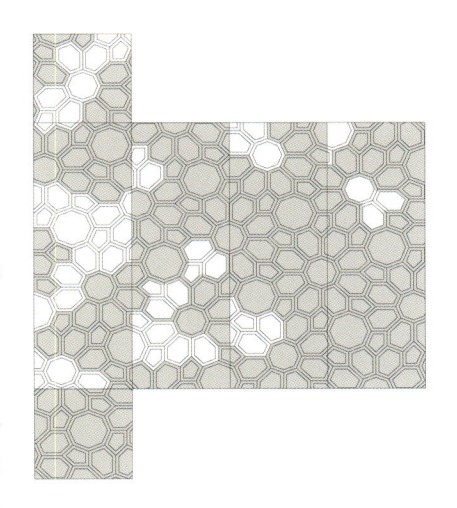

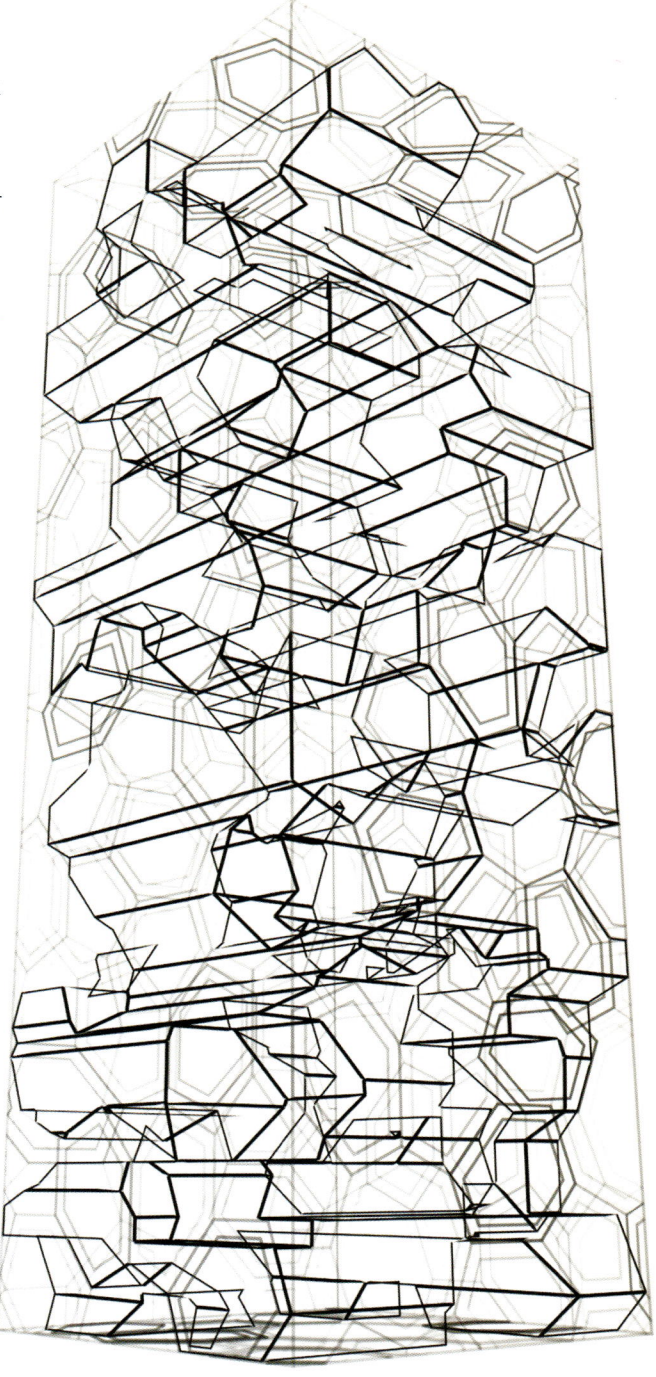

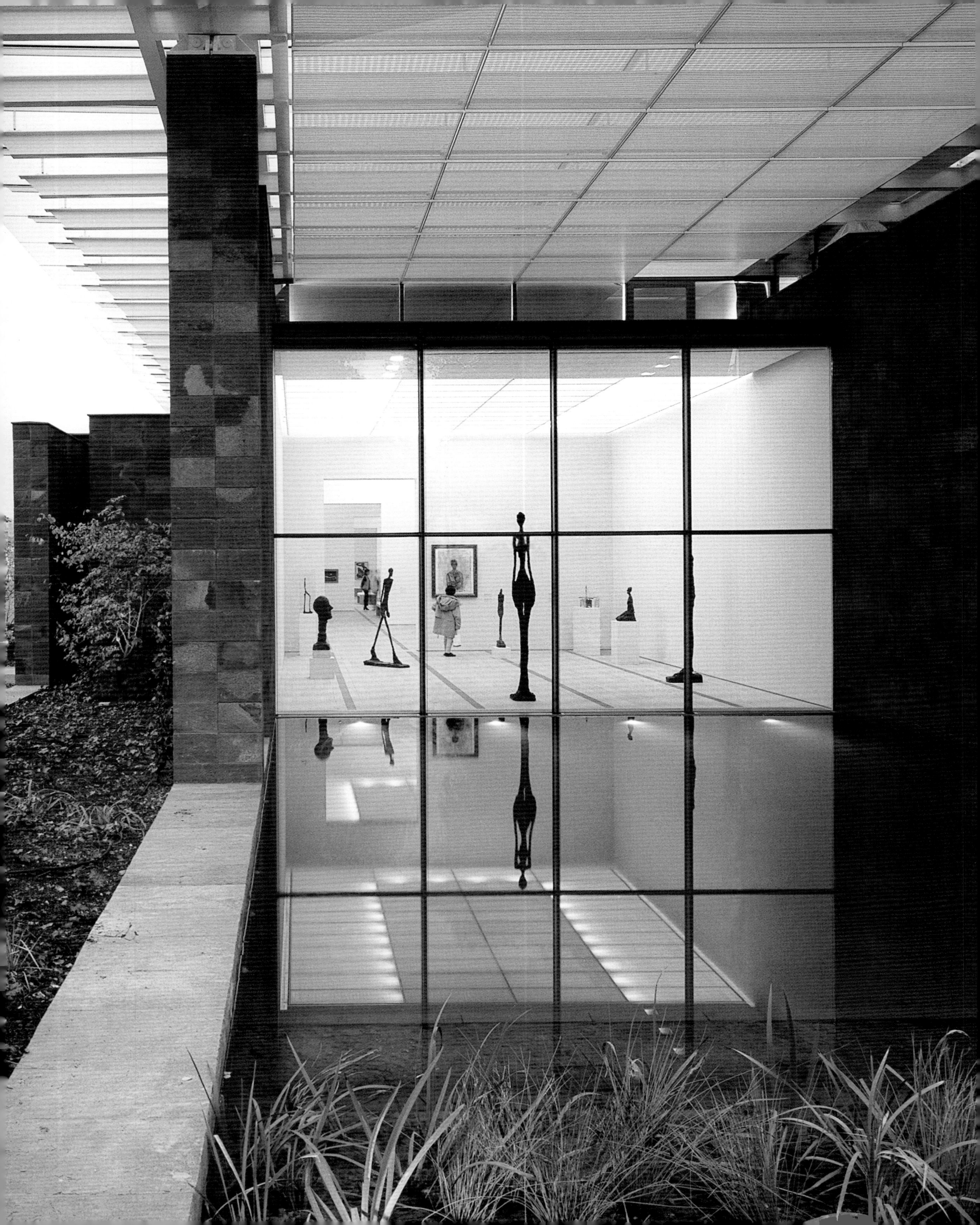

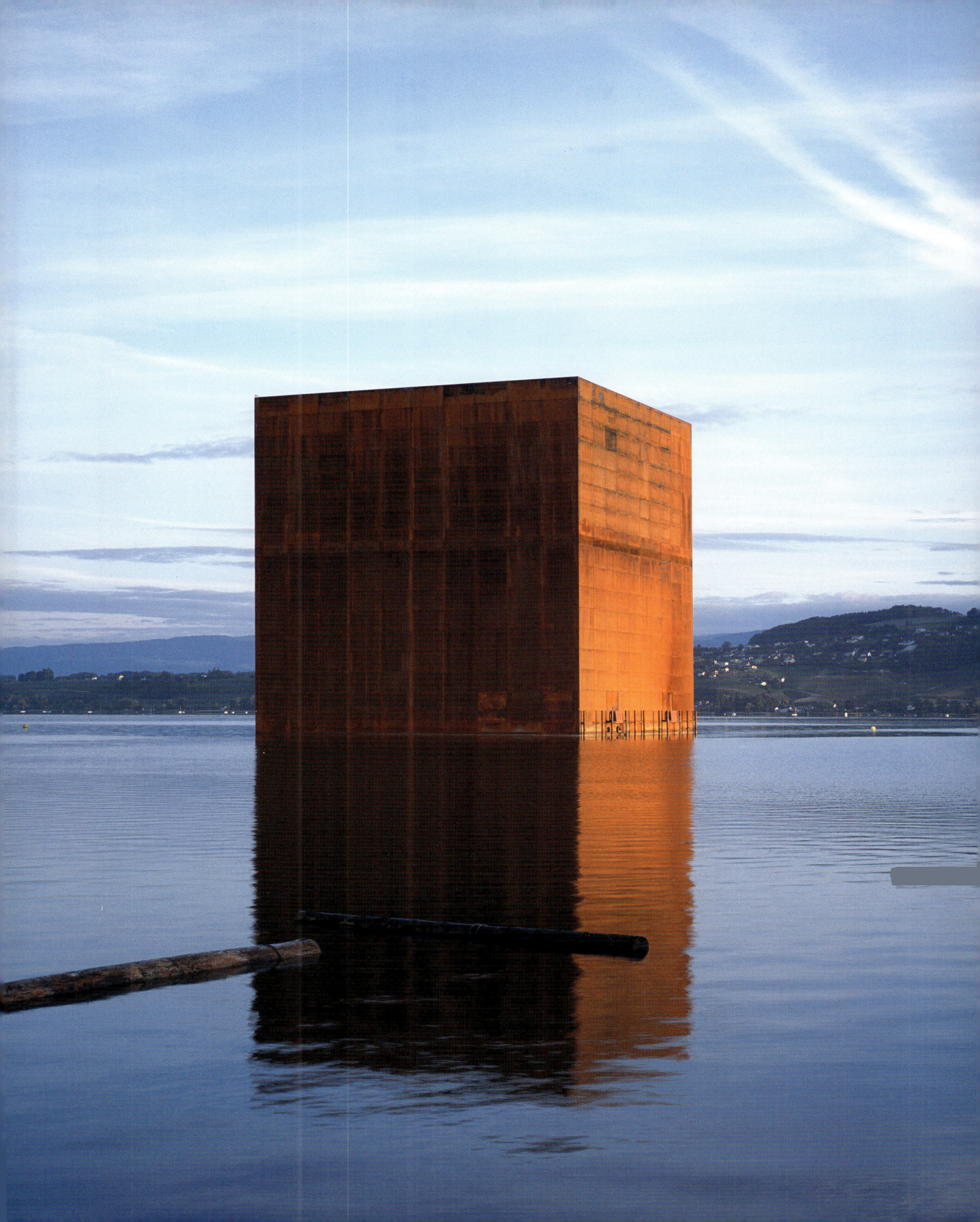

Verzeichnis der ausgestellten Werke

1. **Josef Albers** (1888–1976)
   Homage to the Square: Greek Island, 1967
   Huldigung an das Quadrat: Griechische Insel
   Öl auf Hartfaserplatte, 60,5 x 60,5 cm
   Fondation Beyeler, Riehen/Basel

2. **Carl Andre** (geb. 1935)
   Armadillo, Düsseldorf 1998 (Abb. S. 165 o.)
   Western Red Cedar, 23 Balken, je 90 x 30 x 30 cm,
   H: 90 cm, Ø 305 cm
   Courtesy Konrad Fischer Galerie, Düsseldorf

3. **Alexander Archipenko** (1887–1964)
   Femme qui marche, 1912
   (Abb. S. 99 u. l., 139 o., 2. v. l.)
   Schreitende
   Bronze, 67 x 24 x 20,5 cm
   Saarlandmuseum, Saarbrücken
   Stiftung Saarländischer Kulturbesitz

4. **Hans (Jean) Arp** (1886–1966)
   Torso – Garbe/Torse – gerbe, 1958 (Abb. S. 203 u.)
   Marmor, 79,5 x 37 x 28,5 cm
   Privatsammlung, Paris

5. **Hans (Jean) Arp**
   Schalenbaum/Coupes superposées, 1960
   (Abb. S. 139 u. l.)
   Bronze, 196 x 99 x 105,5 cm
   Fondation Beyeler, Riehen/Basel

6. **Reinhold Begas** (1831–1911)
   Modell des *Nationaldenkmals für Kaiser Wilhelm I.*,
   1893–1896 (Abb. S. 160/161)
   Bronze, grünlich patiniert, 35 x 145 x 70 cm
   Staatliche Kunsthalle Karlsruhe

7. **Rudolf Belling** (1886–1972)
   Der Dreiklang, 1919, eigenhändige Zweitfassung,
   1958/59 (Abb. S. 119)
   Hartholz (Rüster), 91 x 73 x 80 cm
   Stiftung Wilhelm Lehmbruck Museum – Zentrum
   Internationaler Skulptur, Duisburg

8. **Joseph Beuys** (1921–1986)
   plastisch/thermisches Urmeter, 1984
   (vgl. Abb. S. 132 u.)
   Installation, vier Teile (durch Muffen verbunden),
   Kupferbehälter: 17 x 38 x 83 cm, Kupferrohr, mit
   Eisen: 157 x 2 cm, Vitrine: 90 x 180 x 78 cm,
   Tisch: 78,5 x 199,5 x 97,5 cm, Dokumentationsvideo
   auf DVD, schwarz-weiss, Loop
   Hamburger Kunsthalle

9. **Max Bill** (1908–1994)
   denkmal des unbekannten politischen gefangenen,
   Wettbewerbsentwurf 1952 für das Institute of
   Contemporary Art, London (3. Preis), 1952
   (Abb. S. 154 u.)
   3 Kuben, 1 Säule, Holz, grau und weiss lackiert,
   Chromnickelstahl, Acrylglas, 21 x 110 x 110 cm
   dr. angela thomas schmid

10. **Max Bill**
    *horizontal-diagonal-quadrat mit verwanderten
    komplementärecken*, 1960–1974 (Abb. S. 154 o.)
    Öl auf Leinwand, Ø 170 cm
    jakob bill

11. **Max Bill**
    unendliche schleife für drei positionen, 1974/75
    Chromnickelstahl, 36,5 x 18 x 14 cm
    dr. angela thomas schmid

12. **Max Bill**
    konstruktion aus drei gleichen kreisscheiben
    (Version III), 1994 (Abb. S. 155)
    Chromnickelstahl, 300 x 300 x 300 cm
    jakob bill

13. **André Bloc** (1896–1966)
    Habitation, Carboneras, Espagne, 1964–1966
    (Abb. S. 146 o.)
    Behausung, Carboneras, Spanien
    Modellstudie, Gips, 32 x 65 x 57 cm
    Centre Georges Pompidou, Paris
    Musée national d'art moderne/Centre de création
    industrielle, öffentlicher Ankauf 1996

14. **Umberto Boccioni** (1882–1916)
    Sviluppo di una bottiglia nello spazio, 1912
    (Abb. S. 124 o.)
    Entwicklung einer Flasche im Raum
    Bronze, 30 x 60 x 39 cm
    Kunsthaus Zürich

15. **Francesco Borromini** (1599–1667)
    Sant' Ivo della Sapienza, Rom, 1642–1660
    (Abb. S. 80 m.)
    Modell der Kuppellaterne im Massstab 1:5, 1999,
    Holz, weiss gefasst, H: 537 cm, Ø 152 cm,
    Modellbau: Mario Sabatini
    Albertina, Wien

16. **Mario Botta** (geb. 1943)
    Bankgebäude in Basel, 1988–1995
    Modell im Massstab 1:200, 1990/91, Birnholz,
    ca. 35 x 70 x 60 cm, Modellbau: Roberto Vismara,
    Simone Salvadé
    Mario Botta, Lugano

17. **Etienne-Louis Boullée** (1728–1799)
    Kenotaph Isaac Newtons, 1784 (Abb. S. 62 o.)
    Modell im Massstab 1:400 auf der Basis von Zeichnungen hergestellt, 2002, Alabastergips,
    H: 42 cm, Ø 84 cm, Modellbau: Werkstatt Prof.
    O. M. Ungers
    Privatsammlung, Köln

18. **Constantin Brancusi** (1876–1957)
    Muse endormie, 1910
    Schlummernde Muse
    Bronze, 16,5 x 26 x 18 cm
    Centre Georges Pompidou, Paris
    Musée national d'art moderne/Centre de création
    industrielle, 1947 vom Künstler erworben

19. **Constantin Brancusi**
    Danaïde, 1913 (Abb. S. 149)
    Danaide
    Bronzeguss auf Kalksteinsockel, H: 47,2 cm
    Kunstmuseum Winterthur, Ankauf 1951

20. **Constantin Brancusi**
    Le baiser, 1923–1925 (Abb. S. 89)
    Der Kuss
    Brauner Kalkstein, 36,5 x 25,5 x 24 cm
    Centre Georges Pompidou, Paris
    Musée national d'art moderne/Centre de création
    industrielle, Vermächtnis des Künstlers 1957

21. **Constantin Brancusi**
    L'oiseau, 1923/1947 (Abb. S. 95)
    Der Vogel
    Blaugrauer Marmor, H: 90 cm, Sockel, H: 26,7 cm
    Fondation Beyeler, Riehen/Basel

22. **Constantin Brancusi**
    Tabouret, 1928 (Abb. S. 38)
    Hocker
    Teakholz, 45 x 41 x 41 cm
    Centre Georges Pompidou, Paris
    Musée national d'art moderne/Centre de création
    industrielle, Vermächtnis des Künstlers 1957

23. **Georges Braque** (1882–1963)
    Maisons et arbre, 1907/08 (Abb. S. 111 l.)
    Häuser und Baum
    Öl auf Leinwand, 40,5 x 32,5 cm
    Musée d'Art Moderne, Villeneuve-d'Ascq,
    Schenkung Geneviève et Jean Masurel 1979

24. **Georges Braque**
    Femme lisant, 1911
    Lesende Frau
    Öl auf Leinwand, 130 x 81 cm
    Fondation Beyeler, Riehen/Basel

25. **Paul Cézanne** (1839–1906)
    Pigeonnier de Bellevue, 1888/1892 (Abb. S. 100 o.)
    Der Taubenschlag von Bellevue
    Öl auf Leinwand, 54,5 x 81,5 cm
    Öffentliche Kunstsammlung Basel, Kunstmuseum,
    Schenkung Martha und Robert von Hirsch,
    Basel 1977

26. **Jean-Louis Chanéac** (1931–1993)
    Cellules polyvalentes, 1960 (Abb. S. 188 u. l.)
    Polyvalente Zellen
    Modell, Farbe, Kunstharz, 12 Elemente, davon eins
    gekappt, 15 x 22,5 x 22,5 cm
    Collection du Fonds Régional d'Art Contemporain
    du Centre, Orléans, France

27. **Eduardo Chillida** (1924–2002)
    La casa del poeta I, 1980 (Abb. S. 145 u. l.)
    Das Haus des Dichters I
    Schamottierte Terrakotta, 57,5 x 99,5 x 56,5 cm
    Chillida-Leku Museum, Hernani

28 **Eduardo Chillida**
Lo profundo es el aire, estela XII, 1990 (Abb. S. 144)
Die Tiefe ist die Luft, Stele XII
Granit, 212 x 97 x 103 cm
Chillida-Leku Museum, Hernani

29 **Eduardo Chillida**
Homenaje a Pili, 2000 (Abb. S. 153)
Hommage an Pili
Alabaster, 72 x 130 x 138 cm
Chillida-Leku Museum, Hernani

30 **Giorgio de Chirico** (1888–1978)
Piazza d'Italia, 1956 (Abb. S. 162 u.)
Öl auf Leinwand, 55 x 70 cm
Museum Ludwig, Köln

31 **Christo** (geb. 1935)
Wrapped Trees, 1998
Verhüllte Bäume
Projekt für die Fondation Beyeler und den
Berower-Park, Riehen/Basel (realisiert)
Zeichnung in zwei Teilen, 38 x 165 cm
und 106,5 x 165 cm
Fondation Beyeler, Riehen/Basel

32 **Christo**
Wrapped Trees, 1998
Verhüllte Bäume
Projekt für die Fondation Beyeler und den
Berower-Park, Riehen/Basel (realisiert)
Collage in zwei Teilen, 66,5 x 77,5 cm
und 66,5 x 30,5 cm
Fondation Beyeler, Riehen/Basel

33 **Hendrik van Cleve III** (1525–1590/1595)
Turmbau zu Babel, Mitte 16. Jh. (Abb. S. 74 o.)
Öl auf Holz, 51 x 67 cm
Privatsammlung, Köln

34 **Constant (Nieuwenhuys)** (geb. 1920)
Spatiovore, 1959 (Abb. S. 190 u.)
Raumfresser
Stahl, Holz, Acrylglas, 52,2 x 130,5 x 68,2 cm
Leihgabe des Netherlands Institute for Cultural
Heritage (ICN), Rijswijk/Amsterdam,
Dauerleihgabe an das Kröller-Müller Museum,
Otterlo, The Netherlands

35 **Constant (Nieuwenhuys)**
Ladderlabyrinth (New Babylon), 1967 (Abb. S. 187 m.)
Leiterlabyrinth
Messing, Acrylglas, Holz, 71,5 x 86 x 96,5 cm
Stiftung Wilhelm Lehmbruck Museum – Zentrum
Internationaler Skulptur, Duisburg

36 **Coop Himmelb(l)au,** (gegr. 1968)
Villa Rosa, Projekt, 1968 (Abb. S. 189)
Modell vom Prototyp, 1967, Holz, Kunststoff, Kunst-
stoffpaste, Metall, weisse Farbe, 42,5 x 68 x 68 cm
Collection du Fonds Régional d'Art Contemporain
du Centre, Orléans, France

37 **Tony Cragg** (geb. 1949)
Pod, 1998 (Abb. S. 201)
Gehäuse
Ex. 5/5, Bronze, 120 x 140 x 120 cm
Courtesy Konrad Fischer Galerie, Düsseldorf

38 **Salvador Dalí** (1904–1989)
*Demi-tasse géante, volante avec annexe in-
explicable de cinq mètres de longueur,* 1944/45
(Abb. S. 196 o. r.)
*Riesige Mokkatasse, fliegend mit unerklärlicher
Fortsetzung von fünf Metern Länge*
Öl auf Leinwand, 49 x 31 cm
Privatsammlung, Schweiz

39 **Walter De Maria** (geb. 1935)
4-6-8 Series, 1966/1991 (Abb. S. 170 m.)
Massiver Edelstahl, verchromt, 18 Teile,
Einzelelement: 41 x 50,8 x 11,15 cm
(Gesamtmasse variabel)
Museum für Moderne Kunst, Frankfurt am Main
Ehemalige Sammlung Karl Ströher, Darmstadt

40 **Robert Delaunay** (1885–1941)
Saint-Séverin Nr. 1, 1909 (Abb. S. 73)
Öl auf Leinwand, 116 x 81 cm
Privatbesitz

41 **Thomas Demand** (geb. 1964)
Modell, 2000 (Abb. S. 200 u.)
C-Print Diasec, 164,5 x 210 cm
Courtesy the Artist and Victoria Miro Gallery,
London

42 **Diener & Diener Architekten** (gegr. 1976)
Schweizerische Botschaft, Berlin, 1995–2000
(Abb. S. 169 u., 2. v. l.)
Modell im Massstab 1:100, 1999, Sperrholz,
Sperrholzfurnier, 24 x 96 x 55,5 cm
Deutsches Architektur Museum, Frankfurt am Main

43 **Theo van Doesburg, Cornelis van Eesteren**
(1883–1931 und 1897–1988)
Maison particulière, Projekt, 1923 (Abb. S. 102 u.)
Rekonstruktion des verlorenen Originalmodells,
1983, Karton, 65 x 70 x 45 cm, Modellbau: Tj. Mees
Collection Gemeentemuseum Den Haag,
The Hague, The Netherlands

44 **Günther Domenig & Eilfried Huth**
(geb. 1934 und 1930)
Wohnüberbauung »Stadt Ragnitz«, Graz, Projekt,
1963–1969 (Abb. S. 181 o. r.)
Fragment des historischen Modells, Holz,
Kunststoff, Farbe, 72 x 63 x 45 cm
Collection du Fonds Régional d'Art Contemporain
du Centre, Orléans, France

45 **Wolfgang Döring** (geb. 1934; Büro gegr. 1964)
Kapselstruktur, 1964
Modell, Kunststoff, 52 x 48 x 48 cm
Deutsches Architektur Museum, Frankfurt am Main

46 **Jean Dubuffet** (1901–1985)
Vertu virtuelle, 1963 (Abb. S. 187 o.)
Virtuelle Tugend
Öl auf Leinwand, 98 x 131 cm
Fondation Beyeler, Riehen/Basel

47 **Raymond Duchamp-Villon** (1876–1918)
Portrait du Professeur Gosset, 1917 (Abb. S. 135)
Bildnis Professor Gosset
Bronze, 29 x 23,7 x 25,6 cm
Museum moderner Kunst Stiftung Ludwig Wien

48 **Gustave Eiffel** (1832–1923)
Tour Eiffel, 1889
Eiffelturm
Nachbildung im Massstab 1:200, Ende 19. Jh.,
Alabaster und Email auf Kupfer, 153 x 62 x 58 cm
Ville de Levallois (Paris) – France

49 **Max Ernst** (1891–1976)
Naissance d'une galaxie, 1969
Geburt eines Spiralnebels
Öl auf Leinwand, 92 x 73 cm
Fondation Beyeler, Riehen/Basel

50 **Hermann Finsterlin** (1887–1973)
Knochenmodell, o. J.
Knochen, bemalt, 9,5 x 11 x 5 cm
Staatsgalerie Stuttgart – Graphische Sammlung

51 **Hermann Finsterlin**
Villayette – Modell einer Villa, 1952 (Abb. S. 123)
Gips, bemalt, 29,5 x 39 x 24 cm
Staatsgalerie Stuttgart – Graphische Sammlung

52 **Foster and Partners** (geb. 1935; Büro gegr. 1967)
Swiss Re New Building Project, London, 1997–2004
Modell im Massstab 1:100, ca. 180 x 85 x 90 cm
Foster and Partners

53 **Yona Friedman** (geb. 1923)
Ville spatiale (structure), Projekt, 1958/59
Raumstadt (Struktur)
Modell, Metall auf Holzsockel, 100 x 30 x 40 cm
Im Besitz des Architekten

54 **Naum Gabo** (1890–1977)
Konstruktiver Kopf Nr. 2, 1916/1965 (Abb. S. 101 o.)
Corten-Stahl, 90 x 61 x 61 cm
Universität Oslo

55 **Antoni Gaudí** (1852–1926)
Casa Milà, La Pedrera, Barcelona, 1905–1910
(Abb. S. 82 o. r.)
Modell der Vorhangfassade im Massstab 1:33,
1996, Gips, bemaltes Messing, 60 x 85 x 55 cm,
Modellbau: Laura Baringo, Scale models workshop
of the Vallès Technical School of Architecture,
UPC, Barcelona
Fundació Caixa Catalunya, La Pedrera, Barcelona

56 **Antoni Gaudí**
Casa Milà, La Pedrera, Barcelona, 1905–1910
(Abb. S. 82 u. r.)
Modell vom Strukturprinzip des Dachbodens im
Massstab 1:33, 1996, Gips, 45 x 53 x 50 cm,
Modellbau: Laura Baringo, Scale models workshop
of the Vallès Technical School of Architecture,
UPC, Barcelona
Fundació Caixa Catalunya, La Pedrera, Barcelona

57 **Frank O. Gehry Associates**
(geb. 1929; Büro gegr. 1962)
Guggenheim Museum, Bilbao, 1993–1997
(Abb. S. 79 u.)
Arbeitsmodell im Massstab 1:50, Schaumstoff,
Holz, Papier, Acrylglas, 130 x 530 x 320 cm
Gehry Partners, LLP

213

58 **Alberto Giacometti** (1901–1966)
Le cube (Pavillon nocturne), 1933/34 (Abb. S. 174)
Der Kubus (Nächtlicher Pavillon)
Bronze, 94 × 54 × 59 cm
Kunsthaus Zürich
Alberto Giacometti-Stiftung

59 **Alberto Giacometti**
Petit buste de Silvio sur double socle, 1942/43
(Abb. S. 204 u. r.)
Kleine Büste von Silvio auf doppeltem Sockel
Ex. 3/8, Bronze, 18,4 × 12,1 × 12,2 cm
Privatbesitz

60 **Alberto Giacometti**
L'homme qui marche sous la pluie, 1948
(Abb. S. 156)
Schreitender Mann im Regen
Ex. 1/6, Alexis Rudier/Fondeur, Paris, Bronze,
47,5 × 77,5 × 15,5 cm
Fondation Beyeler, Riehen/Basel

61 **Alberto Giacometti**
La cage (erste Version), 1950 (Abb. S. 169 o. r.)
Der Käfig
Ex. »Fondation Ernst Beyeler«, bez. »Susse Fondeur,
Paris«, Bronze, 91 × 36,5 × 34 cm
Fondation Beyeler, Riehen/Basel

62 **Alberto Giacometti**
Quatre figurines sur base, 1950 (Abb. S. 159 m. r.)
Vier Figuren auf einer Basis
Ex. 1/6, Alexis Rudier/Fondeur, Paris, Bronze,
162 × 41,5 × 32 cm
Kunsthaus Zürich, Alberto Giacometti-Stiftung

63 **Alberto Giacometti**
Grande femme III, 1960 (Abb. S. 163)
Grosse Frau III
Ex. 6/6, bez. »Susse Fondeur Paris«, Bronze,
237 × 31 × 54 cm
Fondation Beyeler, Riehen/Basel

64 **Alberto Giacometti**
Grande femme IV, 1960 (Abb. S. 163, 205 r.)
Grosse Frau IV
Ex. 3/6, bez. »Susse Fondeur Paris, Cire perdue«,
Bronze, 270 × 33 × 58 cm
Fondation Beyeler, Riehen/Basel

65 **Alberto Giacometti**
Grande tête, 1960 (Abb. S. 163)
Grosser Kopf
Ex. 6/6, bez. »Susse Fondeur Paris«, Bronze,
95 × 30 × 33 cm
Fondation Beyeler, Riehen/Basel

66 **Alberto Giacometti**
L'homme qui marche II, 1960 (Abb. S. 163)
Schreitender Mann II
Ex. 4/6, bez. »Susse Fondeur Paris«, Bronze,
189 × 26 × 110 cm
Fondation Beyeler, Riehen/Basel

67 **Friedrich Gilly** (1772–1800)
Pyramidenentwurf, 1791 (Abb. S. 62 u.)
Modell im Massstab 1:50, Holz,
49,5 × 67,5 × 67,5 cm
Universität Potsdam

68 **Dan Graham** (geb. 1942)
Two Joined Cubes, 1996/97 (Abb. S. 164)
Zwei aneinander gefügte Kuben
Sonnenschutzglas, vibrierter Edelstahl,
250 × 636 × 424 cm
Friedrich Christian Flick Collection

69 **George Grosz** (1893–1959)
Konstruktion, 1920 (Abb. S. 113)
Öl auf Leinwand, 81 × 61 cm
Kunstsammlung Nordrhein-Westfalen, Düsseldorf

70 **Philipp Hackert** (1737–1807)
Antike Ruinen in weitem Flusstal, 18./19. Jh.
(Abb. S. 63 u.)
Öl auf Leinwand, 56,5 × 80,5 cm
Öffentliche Kunstsammlung Basel, Kunstmuseum,
Prof. Rud. Handmann-Horner-Stiftung 1941

71 **Zaha Hadid** (geb. 1950)
Landesgartenschau, Landscape Formation One,
Weil am Rhein, 1996–1999 (Abb. S. 77 u. l.)
Elevation 943 LGS LP01, 179 × 96 × 2,5 cm;
Site Plan 943 LGS PA02, 148 × 92 × 2,5 cm;
ISO 943 LGS PA03, 149,6 × 94 × 2,5 cm; *Fish Eye
View LGS WT P1,* 148 × 92 × 2,5 cm, alle Acrylfarbe
auf schwarzer Druckertinte
Zaha Hadid Architects

72 **Zaha Hadid**
Tee- und Kaffeeservice aus der Serie Tea and
Coffee Towers, 2003 (Abb. S. 125 o.)
Prototyp, 925/1000 Silber, 16 × 32 × 28 cm
Museo Alessi, Omegna

73 **Pascal Häusermann** (geb. 1936)
Cellule, 1960 (Abb. S. 191 o.)
Zelle
Modell, Mischtechnik, Kunstharzpolyester,
H: 18 cm, Ø 35 cm
Collection du Fonds Régional d'Art Contemporain
du Centre, Orléans, France

74 **Pascal Häusermann**
Domobiles, 1971 (Abb. S. 190 o.)
Modell, Mischtechnik, Kunstharzpolyester, 7 Teile,
35 × 30 × 20 cm und 20 × 24 × 16 cm, Ø 15 cm
Collection du Fonds Régional d'Art Contemporain
du Centre, Orléans, France

75 **Herzog & de Meuron**
(beide 1950 geb.; Büro gegr. 1978)
Sammlung Goetz, München, 1989–1992
Modell, Holz, Glas und Karton, 61,5 × 122 × 38 cm
Centre Georges Pompidou, Paris
Musée national d'art moderne/Centre de création
industrielle

76 **Herzog & de Meuron**
Zentralstellwerk SBB, Basel, 1998/99
Abgabemodell 1992–1995, Kupfer, Holz,
67 × 63 × 37 cm
Centre Georges Pompidou, Paris
Musée national d'art moderne/Centre de création
industrielle

77 **Herzog & de Meuron**
Jinhua Structure II – Vertical (For Berower Park,
Riehen/Basel), 2004 (Abb. S. 207, 209)
Holz, H: ca. 900 cm
Auftragswerk

78 **Josef Hoffmann** (1870–1956)
Sopra la porta, Relief für die 14. Ausstellung der
Secession, Wien 1902, Entwurf, 1902, Rekonstruktion von Willi Kopf, 1985 (Abb. S. 64 o. r.)
Weichholz, weiss gestrichen, 94 × 96 × 15 cm
Sammlung Hummel, Wien

79 **Josef Hoffmann**
Palais Stoclet, Brüssel, 1905–1911
Modell im Massstab 1:50, 1984, Lindenholz,
Birnenholz, finnisches Birkenfurnier,
54 × 164,4 × 130 cm, Modellbau: Institut für Modellbau, Universität für angewandte Kunst Wien,
Elfriede Huber und Franz Hnizdo
Sammlungen der Universität für angewandte
Kunst Wien

80 **Steven Holl** (geb. 1947)
Bellevue Art Museum, Bellevue, Washington,
1999/2000 (Abb. S. 145 o.)
Modell im Massstab 1:64, 1998, Gips, Metall,
Homasote, Farbe, 39 × 96 × 83 cm
Bellevue Art Museum, Bellevue, Washington

81 **Hans Hollein** (geb. 1934)
Tonmodell No. 1, eine skulpturale
Architektur/Stadt, Skyscraper, 1960 (Abb. S. 183 u.)
Ton, gebrannt, aus drei Einzelteilen zusammengesetzt, 40 × 50 × 80 cm
Prof. Hans Hollein, Wien

82 **Hans Hollein**
Tonmodell No. 2, eine skulpturale
Architektur/Stadt, Hovering Structure, 1960
Ton, gebrannt, 49,2 × 45,4 × 30 cm
Prof. Hans Hollein, Wien

83 **Iktinos** (tätig 2. Hälfte 5. Jh. v. Chr.)
Parthenon, Athen, 447–438 v. Chr. (Abb. S. 60 o.)
Modell im Massstab 1:50, 1994, Alabastergips,
45 × 68,1 × 145,5 cm, Modellbau: Werkstatt Prof.
O. M. Ungers
Privatsammlung, Köln

84 **Arata Isozaki** (geb. 1931)
Cluster in the Air, Projekt, 1962 (Abb. S. 179)
Modell, Holz, Kork, 42 × 125 × 94,5 cm (mit Haube)
Deutsches Architektur Museum, Frankfurt am Main

85 **Walter Jonas** (1910–1979)
Intrapolis, Trichterstadt, Projekt, 1960/1965
(Abb. S. 185)
Modell, Holz, Kunststoff, Papier, H: 71 cm,
Ø 141,5 cm
Deutsches Architektur Museum, Frankfurt am Main

86 **Donald Judd** (1928–1994)
Ohne Titel, 1989 (Abb. S. 166, 177 m. r.)
Sperrholz, 4-teilig, je 50 × 100 × 50 cm
Sammlung Froehlich, Stuttgart

87
Louis I. Kahn (1901–1974)
Parlamentskomplex von Bangladesch, Sher-e-Bangla Nagar, Dhaka, Bangladesch, 1962–1983
Modell, 1991, Lindenholz, Gesso, Zinn, Acryl, Sintra, 55,8 x 175,2 x 175,2 cm, Modellbau: William Christensen, Linda Brenner und Laura Kass
The Louis I. Kahn Collection, The Architectural Archives, University of Pennsylvania, Schenkung Museum of Contemporary Art, Los Angeles

88
Zoltan Kemeny (1907–1965)
Mouvement s'arrêtant devant l'infini, 1954
Bewegung vor dem Unendlichen innehaltend
Metallrelief, 104 x 73 cm
Privatsammlung, Zug

89
Zoltan Kemeny
Ailes, 1964 (Abb. S. 178)
Flügel
Metallplastik, H: 65 cm
Privatsammlung, Zug

90
Anselm Kiefer (geb. 1945)
Dein und mein Alter und das Alter der Welt, 1997
Öl, Emulsion, Schellack, Asche und Terrakottastücke auf Leinwand, 470 x 940 cm
Fondation Beyeler, Riehen/Basel

91
Friedrich Kiesler (1890–1965)
Endless Theatre, Projekt, 1924/25 (Abb. S. 191 m. r.)
Strukturmodell, Holz, Metall,
Grundplatte: 80 x 80 cm
Lehrstuhl für Raumkunst und Lichtgestaltung der TU München, Professor Hannelore Deubzer

92
Friedrich Kiesler
Endless House, Projekt, 1950–1959
Fragment des Originalmodells, Beton-/Gipsmischung auf Drahtgeflecht, 97,8 x 116,8 x 94 cm
Courtesy Jason McCoy, Inc., New York

93
Friedrich Kiesler
Universal Theatre, Projekt, 1959–1962 (Abb. S. 148)
Modell im Massstab 1:100, MDF, Kunststoff, lackiert, Grundplatte: 90 x 90 cm
Lehrstuhl für Raumkunst und Lichtgestaltung der TU München, Professor Hannelore Deubzer

94
Per Kirkeby (geb. 1938)
Modell für den documenta-Bau, 1982
(Abb. S. 173 m. l.)
Edition 12 + 0, Bronze, patiniert, 17 x 16 x 7 cm
Galerie Michael Werner, Köln und New York

95
Per Kirkeby
Der grosse Kopf mit Arm, 1983 (Abb. S. 173 r.)
Bronze, patiniert, 200 x 40 x 79 cm
Galerie Michael Werner, Köln und New York

96
Per Kirkeby
Modell, 1984
Edition 6 + 0, Bronze, patiniert, 15 x 17 x 17 cm
Galerie Michael Werner, Köln und New York

97
Per Kirkeby
Modell für Rotterdam, 1987
Edition 6 + 0, Bronze, patiniert, 14 x 28 x 25 cm
Galerie Michael Werner, Köln und New York

98
Per Kirkeby
Modell für Amsterdam, 1989
Edition 6, Bronze, patiniert, 19 x 27 x 20 cm
Galerie Michael Werner, Köln und New York

99
Per Kirkeby
Modell, 1991
Edition 6, Bronze, patiniert, 25 x 11 x 13 cm
Galerie Michael Werner, Köln und New York

100
Per Kirkeby
Modell für Nordland, 1992 (Abb. S. 173 o. l.)
Edition 6, Bronze, patiniert, 29 x 30 x 26 cm
Galerie Michael Werner, Köln und New York

101
Paul Klee (1879–1940)
Die Kapelle, 1917, 127 (Abb. S. 110 r.)
Aquarell und weisse Tempera auf Papier auf Karton, 29,5 x 15 cm
Fondation Beyeler, Riehen/Basel

102
Le Corbusier, eigentl. Charles-Edouard Jeanneret (1887–1965)
Villa Savoye, Paris-Poissy, 1929–1931
Modell im Massstab 1:33⅓, Holz, farbig, 34 x 100 x 116,5 cm, Modellbau: Michael Laibl
Architekturmuseum der Technischen Universität München

103
Le Corbusier
Trois baigneuses, 1935 (Abb. S. 141)
Drei Badende
Öl auf Leinwand, 114 x 145 cm
Aus der Heidi Weber Sammlung

104
Le Corbusier
Wallfahrtskirche Notre-Dame-du-Haut, Ronchamp, 1950–1954 (Abb. S. 137)
Modell im Massstab 1:33⅓, 2004, Lindenholz, massiv, 100 x 135 x 135, Herstellung in der Werkstatt der Fakultät für Gestaltung, Modellbau: Martin Edelmann
Bauhaus Universität Weimar – Lehrstuhl Entwerfen und Innenraumgestaltung
Prof. Dr. Ing. habil. Egon Schirmbeck
Dipl. Ing. Arch. Kerstin Hohm

105
Le Corbusier
Wandteppich *Les Mains,* 1951
Wolle, 215 x 275 cm
Privatsammlung, Zollikon

106
Le Corbusier
La main de Chandigarh, 1965 (Abb. S. 142 u. r.)
Die Hand von Chandigarh
Bronzerelief, 44 x 63 x 10 cm
Privatsammlung, Zollikon

107
Fernand Léger (1881–1955)
Les trois femmes et la nature morte, 1921
(Abb. S. 108 u.)
Drei Frauen und das Stillleben
Öl auf Leinwand, 60 x 91,5 cm
Fondation Beyeler, Riehen/Basel

108
Fernand Léger
Composition 1, 1930
Komposition 1
Öl auf Leinwand, 141 x 291 cm
Fondation Beyeler, Riehen/Basel

109
Fernand Léger
Composition architecturale »Fond bleu«, 1952
Architektonische Komposition »Blauer Grund«
Öl auf Leinwand, 146 x 89 cm
Courtesy Galerie Beyeler, Basel

110
Wilhelm Lehmbruck (1881–1919)
Gestürzter, 1915/16 (Abb. S. 96)
Bronzeguss, nach 1970, 78 x 240 x 82,5 cm
Leihgabe der Erbengemeinschaft Wilhelm Lehmbrucks

111
Bernhard Leitner (geb. 1938)
Ludwig and Margaret. A Choreography, 1998
(Abb. S. 131 u.)
Ludwig und Margaret. Eine Choreografie
Foto auf Aluminium, Auflage: 5, 9-teilig, je 80 x 80 x 4 cm
Auftragswerk

112
Sol LeWitt (geb. 1928)
Cube Structure Based on Five Modules, 1971–1974 (Abb. S. 130 o.)
Struktur aus Kuben, basierend auf fünf Modulen
Holz, bemalt, 38 x 62 x 38 cm
Louisiana Museum of Modern Art, Humlebæk, Denmark

113
Jacques Lipchitz (1891–1973)
Personnage debout, 1915/16
Stehende Person
Bronze, 105 x 27 x 20,2 cm
Sprengel Museum Hannover

114
Jacques Lipchitz
Femme debout, 1918/19 (Abb. S. 111 r.)
Stehende Frau
Kunststein, H: 97,5 cm
Öffentliche Kunstsammlung Basel, Kunstmuseum, Schenkung Dr. h. c. Raoul La Roche 1963

115
Jacques Lipchitz
Figure, 1926–1930
Figur
Ex. 7/7, bez. »Modern Art Foundry, Long Island City«, Bronze, 216 x 98 cm
Fondation Beyeler, Riehen/Basel

116
El Lissitzky (1890–1941)
Proun-Komposition, um 1919/20 (Abb. S. 76 o.)
Öl auf Karton, 59 x 49 cm
Privatbesitz, Schweiz

117
El Lissitzky
Die Lenintribüne, 1924 (Abb. S. 76 u.)
Modell auf der Basis von Zeichnungen hergestellt, 1985, Stahl, Blech, Messingprofile, Holz, 155 x 70 x 40 cm
Kragstuhlmuseum/TECTA-Archiv Lauenförde

118
Adolf Loos (1870–1933)
Villa Müller, Prag, 1928–1930 (Abb. S. 66 u.)
Modell im Massstab 1:33⅓, Holz, ca. 61,5 x 97,5 x 73,5 cm
Architekturmuseum der Technischen Universität München

119 **Adolf Loos**
Würfelhaus, Projekt, um 1929 (Abb. S. 151 m. r.)
Modell im Massstab 1:33 1/3, Holz,
29 x 64,7 x 53,5 cm
Architekturmuseum der Technischen Universität München
Sammlung Lehrstuhl Kurrent

120 **Greg Lynn FORM** (geb. 1964, Büro gegr. 1994)
Embryological House, Konzept, 1998–2000
(Abb. S. 196 u.)
Animation, Loop
Sammlung des Künstlers

121 **Greg Lynn FORM**
Embryological House: ABS Eggs – Size B Pockets and Panels, 1999–2001
Vakuumgeformter ABS-Kunststoff, 8,5 x 7,5 x 9 cm (12 Pockets), 10,6 x 20,3 x 13,8 cm (1 Panel), 12,5 x 22,2 x 15 cm (1 Panel), 12 x 15,4 x 16,4 cm (1 Panel)
Collection Centre Canadien d'Architecture/Canadian Centre for Architecture, Montreal

122 **Greg Lynn FORM**
Embryological House: MDF Formwork – Size B Pockets, 1999–2001
CNC-gefrästes MDF, 7,5 x 45 x 100 cm
Collection Centre Canadien d'Architecture/Canadian Centre for Architecture, Montreal

123 **Greg Lynn FORM**
Embryological House: Small Case Study, 1999–2001
Stereolithografie-Harz, CNC-gefrästes MDF,
15 x 20 x 20 cm (Haus), 15 x 120 x 150 cm (Basis)
Collection Centre Canadien d'Architecture/Canadian Centre for Architecture, Montreal

124 **René Magritte** (1898–1967)
La lunette d'approche, 1963 (Abb. S. 176)
Das Fernrohr
Öl auf Leinwand, 176 x 114,9 cm
The Menil Collection, Houston

125 **Aristide Maillol** (1861–1944)
La Méditerranée, um 1902–1905 (Abb. S. 61)
Bronzeguss, 1961, 110 x 77,5 x 113 cm
Museum Boijmans Van Beuningen, Rotterdam

126 **Aristide Maillol**
Femme accroupie, 1908/1930 (Abb. S. 66 o. l.)
Kauernde
Marmor, 23 x 16 x 24 cm
Hamburger Kunsthalle, Dauerleihgabe der Stiftung zur Förderung der Hamburgischen Kunstsammlungen

127 **Kasimir Malewitsch** (1878–1935)
Suprematistische Komposition, um 1915/16
(Abb. S. 65 o.)
Öl auf Leinwand, 49,5 x 44,7 cm
Wilhelm-Hack-Museum, Ludwigshafen am Rhein

128 **Kasimir Malewitsch**
Architekton Alpha, 1920, Version 1925/26
Gips, 31,5 x 80,5 x 34 cm
Staatliches Russisches Museum, Sankt Petersburg

129 **Kasimir Malewitsch**
Architekton Gota, 1923, Version 1926
(Abb. S. 63 o., 67)
Gips, 85,3 x 56 x 52,5 cm
Staatliches Russisches Museum, Sankt Petersburg

130 **Henri Matisse** (1869–1954)
La serpentine, 1909 (Abb. S. 81)
Ex. 7/10, Bronze, H: 56 cm
Statens Museum for Kunst, Kopenhagen

131 **Gordon Matta-Clark** (1943–1978)
Conical Intersect, 1975 (Abb. S. 184 m., u.)
Kegelschnitt
Film, 16 mm, Farbe, ohne Ton, 18 Min. 40 Sek.

132 **Konstantin Stepanowitsch Melnikow**
(1890–1974)
Haus des Melnikow, Moskau, 1927–1929
(Abb. S. 152 o.)
Modell, 1995, Acrylglas, 22 x 16 x 23,5 cm,
Modellbau: Jurij Awakumow
Courtesy Alex Lachmann Gallery, Köln

133 **Erich Mendelsohn** (1887–1953)
Einsteinturm, Potsdam, 1919–1921 (Abb. S. 115)
Kopie des Originalmodells (1917/1921), 1997, Gips, Holz, 36 x 60 x 25 cm
Deutsches Architektur Museum, Frankfurt am Main

134 **Gerhard Merz** (geb. 1947)
Ohne Titel (Projekt für ArchiSkulptur), 2004
Installation, Leuchtstoffröhren, verschiedene Materialien
Im Besitz des Künstlers

135 **Ludwig Mies van der Rohe** (1886–1969)
Hochhaus aus Glas, Projekt, 1922 (Abb. S. 107)
Modell im Massstab 1:100 (Rekonstruktion), 1988, Stahlblech und -stangen, Acrylglas, Sperrholz, z. T. farbig gefasst, Glasturm: H: 98 cm, Grundplatte: 51,5 x 51,5 x 112,5 cm, Modellbau: Wolfgang Schulz und Hannes Peil, Berlin
Bauhaus-Archiv Berlin

136 **Ludwig Mies van der Rohe**
Repräsentationspavillon des Deutschen Reiches auf der Internationalen Ausstellung, Barcelona, 1929
Modell (Rekonstruktion), 1980, Acrylglas, Holz, Filterschaum, alle Oberflächen in verschiedenen Techniken bearbeitet, 39,5 x 197 x 100 cm,
Modellbau: Paul Bonfilio, New York
Bauhaus-Archiv Berlin

137 **Joan Miró** (1893–1983)
Tête d'homme IV, 1931
Männerkopf IV
Öl auf Leinwand, 60 x 65 cm
Privatsammlung

138 **Piet Mondrian** (1872–1944)
Composition No. VI (Composition 9, Blue Façade), 1914
Komposition Nr. VI (Komposition 9, Blaue Fassade)
Öl auf Leinwand, 95,5 x 68 x 2,3 cm
Fondation Beyeler, Riehen/Basel

139 **Piet Mondrian**
Tableau No. I, 1921–1925
Bild Nr. I
Öl auf Leinwand, 75,5 x 65,5 cm
Fondation Beyeler, Riehen/Basel

140 **Piet Mondrian**
Komposition mit Blau und Gelb, 1932
(Abb. S. 102 o.)
Öl auf Leinwand, 55,5 x 55,5 cm
Fondation Beyeler, Riehen/Basel; erworben mit einem Beitrag von Hartmann P. und Cécile Koechlin-Tanner, Riehen

141 **Piet Mondrian**
Rautenkomposition mit acht Linien und Rot (Picture No. III), 1938
Bild Nr. III
Öl auf Leinwand, Seitenlänge: 100,5 x 100,5 cm, Achsenlänge: 141,5 x 141,5 cm
Fondation Beyeler, Riehen/Basel

142 **Henry Moore** (1898–1986)
Reclining Figure, 1945 (Abb. S. 140 u.)
Liegende Figur
Terrakotta, L: 15,2 cm
The Henry Moore Foundation
Schenkung des Künstlers 1979

143 **Henry Moore**
Internal-External Forms, 1950
Innen-Aussen-Formen
Bronze, H: 63,5 cm
Emanuel Hoffmann-Stiftung, Depositum im Kunstmuseum Basel

144 **Henry Moore**
Maquette for Girl Seated Against Square Wall, 1957
Maquette für Mädchen, vor quadratischer Wand
Bronze, H: 24 cm
The Henry Moore Foundation
Schenkung Irina Moore 1977

145 **Henry Moore**
Helmet Head No. 3, 1960 (Abb. S. 147 u. l.)
Helmkopf Nr. 3
Bronze, 33 x 33 x 27,9 cm
Arts Council Collection, Hayward Gallery, London

146 **Henry Moore**
Reclining Figure: Holes, 1976–1978 (Abb. S. 136)
Liegende Figur: Löcher
Ulmenholz, L: 222 cm
The Henry Moore Foundation
Schenkung des Künstlers 1977 (noch während des Schaffensprozesses)

147 **Bruce Nauman** (geb. 1941)
Walk with Contrapposto, 1968
Gang mit Kontrapost
Video, schwarz-weiss, Ton, 60 Min., Loop

148 **Bruce Nauman**
Truncated Pyramid Room, 1982, errichtet 1998
Pyramidenstumpf-Raum
Stahlbeton, mit schwarzem Bitumenanstrich, SON Quecksilberdampflampen, je Wand 750 x 1140 cm
Stadt Lörrach

149 **Jean Nouvel** (geb. 1945)
Neuinterpretation des Monolithen der Expo.02 (Murten), 2004 (Abb. S. 205 u. r., 206 o.)
Installation, Stahl, korrodiert, ca. 1200 x 500 cm
Auftragswerk

150 **Hermann Obrist** (1862–1927)
Entwurf zu einem Denkmal, 1898–1900
(Abb. S. 74 u. m., 80 r.)
Bronzeguss, überarbeitet, 88 x 38 x 52 cm
Museum Bellerive, Zürich

151 **Antoine Pevsner** (1886–1962)
Colonne développable de la victoire, 1946
(Abb. S. 71)
Entfaltbare Siegessäule
Erste Fassung, Messing, 104 x 79 x 67 cm
Kunsthaus Zürich

152 **Renzo Piano Building Workshop**
(geb. 1937, Büro gegr. 1993)
Office Tower, Sydney, 2000 (Abb. S. 87 l.)
Modell, Holz, 64,5 x 30 x 30 cm
Renzo Piano Building Workshop

153 **Pablo Picasso** (1881–1973)
Cruche, bol et citron, 1907
Krug, Schale und Zitrone
Öl auf Holz, 63,5 x 49,5 x 1 cm
Fondation Beyeler, Riehen/Basel

154 **Hans Poelzig** (1869–1936)
Wegkapelle in Majolika, 1921 (Abb. S. 110 l.)
Modell, Gips, 41 x 33,5 x 25 cm
Badisches Landesmuseum Karlsruhe

155 **Jackson Pollock** (1912–1956)
Ohne Titel, um 1949
Stoffcollage, Papier, Karton, Email und Aluminiumfarbe auf Hartfaserplatte, 78,5 x 57,5 cm
Fondation Beyeler, Riehen/Basel

156 **Gaucher de Reims, Jean d'Orbais, Jean Le Loup, Bernard de Soisons**
Kathedrale von Reims, 1211–1300 (Abb. S. 72 u.)
Modell, Pappmaché, 55 x 100 x 30 cm
Collection de la Société des Amis du Vieux Reims
Musée Hôtel Le Vergeur, Reims

157 **Gerrit Thomas Rietveld** (1888–1964)
Haus Schröder, Utrecht, 1924
Massstabgetreues Modell, 1981, Polystyrene, Acrylglas, 34 x 41 x 31 cm, Modellbau: Otto Lange
Collection Gemeentemuseum Den Haag,
The Hague, The Netherlands

158 **Auguste Rodin** (1840–1917)
La porte de l'enfer (dritter Entwurf), 1880
Das Höllentor
Bronze, 109,8 x 73,7 x 28,5 cm
Musée Rodin, Paris/Meudon

159 **Auguste Rodin**
Balzac, étude de nu C, réduction, um 1892/93
Balzac, Studie von Akt C
Bronze, 77 x 32 x 40 cm
Musée Rodin, Paris/Meudon

160 **Auguste Rodin**
La cathédrale, 1908
Die Kathedrale
Gips, patiniert, 64,5 x 29,3 x 33,1 cm
Musée Rodin, Paris/Meudon

161 **Oskar Schlemmer** (1888–1943)
Bauplastik R, 1919 (Abb. S. 120 r. o.)
Gips, 100 x 31,5 x 8 cm
Privatsammlung

162 **Oskar Schlemmer**
Abstrakte Figur. Freiplastik G, 1921/1923
(Abb. S. 114)
Gips, in der Ausstellung: Bronzeabguss, ab 1961, vernickelt, 105,5 x 62,5 x 21,4 cm
Privatsammlung

163 **Oskar Schlemmer**
Ruheraum, 1925 (Abb. S. 120 l.)
Öl auf Leinwand, 110 x 90 cm
Staatsgalerie Stuttgart

164 **Wladimir Grigorjewitsch Schuchow** (1853–1939)
Schabolowka – Radioturm Moskau, 1919
(Abb. S. 75 r.)
Modell im Massstab 1:75, 2002, Holz, Messing, teilweise farbig, H: 470 cm
Modellbau: Gabriel Schneck
Architekturmuseum der Technischen Universität München

165 **Thomas Schütte** (geb. 1954)
Tanke Deutschland, 2002 (Abb. S. 200 o.)
Acrylglas, Holz, Metall, 172 x 170 x 220 cm
Im Besitz des Künstlers

166 **Rudolf Steiner** (1861–1925)
Baumotiv für das Zweite Goetheanum, erbaut nach Entwürfen von Rudolf Steiner, Leitender Architekt: Ernst Aisenpreis, 1924–1928
Wandtafelzeichnung zum Vortrag
vom 1. Januar 1924 (vorm.) in Dornach
Kreide auf Papier, 104 x 154 cm
Rudolf Steiner Archiv, Dornach, Schweiz

167 **Rudolf Steiner**
In mir ist Gott. Ich bin in Gott, 1924 (Abb. S. 133 u.)
Wandtafelzeichnung zum Vortrag vom 5. Juli 1924
(Heilpädagogischer Kurs, GA 317)
Kreide auf Papier, 104 x 154 cm
Rudolf Steiner Archiv, Dornach, Schweiz

168 **Rudolf Steiner**
Zweites Goetheanum, 1924–1928
Originalmodell, März 1924, Gipsabguss,
33 x 82 x 71 cm
Rudolf Steiner Archiv, Dornach, Schweiz

169 **Frank Stella** (geb. 1936)
The Grand Armada (IRS, No. 6, 1X), 1989
Die grossartige Armada
Aluminiumrelief, bemalt, 5-teilig, 315 x 186,5 x 99 cm
Fondation Beyeler, Riehen/Basel

170 **Thomas Struth** (geb. 1954)
Hilo Street, Jiyu Gaoka/Tokyo, 2003 (Abb. S. 186)
Edition 8/10, Fotografie, 178 x 218,6 cm
Im Besitz des Künstlers

171 **Wladislaw Strzeminski**
(1893–1952)
Projekt für einen Bahnhof in Gdynia, 1923
(Abb. S. 112 o.)
Modell (Rekonstruktion), 1978, Holz, Emulsion,
60 x 60 x 65 cm
Muzeum Sztuki, Lodz

172 **Wladimir Tatlin**
(1885–1953)
Eck-Konterrelief, 1915 (Abb. S. 78)
Rekonstruktion, 1989, Eisenblech, Aluminium, Zink und Holz, 78,8 x 152,4 x 76,2 cm
Courtesy Galerie Beyeler, Basel

173 **Bruno Taut** (1880–1938)
Glashaus, Werkbund-Ausstellung 1914
(Abb. S. 118 r.)
Modell (Rekonstruktion), 1993, Acrylglas, Messing, MDF, Modell: 90 x 120 x 165 cm, Kaleidoskop:
55 x 60 x 170 cm; Umrandung A: 90 x 120 x 165 cm; Umrandung B: 160 x 280 x 40 cm, Modellbau:
Michael Kurz und David Ralston
Werkbundarchiv – Museum der Dinge, Berlin

174 **UN Studio (Ben van Berkel und Caroline Bos)**
(geb. 1957 und 1959; Büro gegr. 1998)
Möbius Haus in Het Gooi, Niederlande, 1993–1998
(Abb. S. 198 o.)
Modell im Massstab 1:33 1/3, 2003, Lindenholz, massiv, 45 x 180 x 90 cm, Modellbau: Thomas Brandt, Henner Tronka, Torsten Zern
Bauhaus Universität Weimar – Lehrstuhl
Entwerfen und Innenraumgestaltung
Prof. Dr. Ing. habil. Egon Schirmbeck,
Dipl. Ing. Arch. Kerstin Hohm

175 **Oswald Mathias Ungers** (geb. 1926)
Hochhaus am Landtag, Projekt, Düsseldorf, 1991
(Abb. S. 68 o. l.)
Modell im Massstab 1:200, Alabastergips,
H: 31,9 cm, Modellbau: Werkstatt Prof. O. M. Ungers
Privatsammlung, Köln

176 **Simon Ungers** (geb. 1957)
Synagoge, Projekt, 2003 (Abb. S. 172)
Modell im Massstab 1:66, MDF,
122,5 x 106 x 106 cm
Simon Ungers, Köln

177 **Georges Vantongerloo** (1886–1965)
Aéroport: type B, série A, Paris 1928
(Abb. S. 105 u.)
Flughafen: Typ B, Serie A
Modell, Metall, schwarz bemalt, 6,5 x 37,5 x 20 cm
dr. angela thomas schmid

178 **Georges Vantongerloo**
Construction des rapports des volumes qui émane de l'hyperbole équilatère xy=k, Paris 1929 (Abb. S. 109 u.)
Konstruktion der Beziehungen von Volumen, die aus einer equivalenten Hyperbel hervorgehen xy=k
Original: Zement, Rekonstruktion unter der Aufsicht von Max Bill, 1979, Messing, bemalt, 45 x 105 x 45 cm
dr. angela thomas schmid

179 **Georges Vantongerloo**
$3\sqrt{L}$=h $4\sqrt{L}$=b $5\sqrt{L}$=L lieu géométrique, Paris 1931 (Abb. S. 103 u.)
$3\sqrt{L}$=h $4\sqrt{L}$=b $5\sqrt{L}$=L geometrischer Ort
Holz, grau bemalt, 38 x 46,5 x 55 cm
jakob bill

180 **Jeff Wall** (geb. 1946)
Morning Cleaning, Mies van der Rohe Foundation, Barcelona, 1999 (Abb. S. 104/105)
Cibachrome in Leuchtkasten (Ausstellungskopie), 187 x 356 cm
Kunstsammlung Nordrhein-Westfalen, Düsseldorf
Die Ausstellungskopie ist eine Leihgabe des Künstlers an das Museum für Moderne Kunst, Frankfurt am Main

181 **Ludwig Wittgenstein** (1889–1951)
Haus Stonborough, Wien, 1926–1928 (Abb. S. 127)
Modell im Massstab 1:50, Plastik, Holz, Karton, bemalt, 28,5 x 49 x 42 cm
Kupferstichkabinett der Akademie der bildenden Künste, Wien

182 **Fritz Wotruba** (1907–1975)
Weibliche Kathedrale, 1946 (Abb. S. 150)
Sandstein, 183,5 x 65 x 63 cm
Kunsthaus Zug, Stiftung Sammlung Kamm

183 **Fritz Wotruba**
Grosse liegende Figur, 1960 (Abb. S. 151 u.)
Kalkstein, 58,5 x 150 x 41 cm
Kunsthaus Zug, Dauerleihgabe aus Privatbesitz, London

184 **Fritz Wotruba, Fritz Gerhard Mayr**
Kirche Zur Heiligsten Dreifaltigkeit, Wien-Mauer, 1974–1976 (Abb. S. 151 m. l.)
Modell (nach Tonmodell), 1967, Bronze, 33 x 80 x 60 cm
Privatbesitz, München

185 **Frank Lloyd Wright** (1867–1959)
Fallingwater, Edgar J. Kaufmann Haus, Mill Run, Pennsylvania, 1934–1937 (Abb. S. 109 o.)
Modell im Massstab 1:33⅓, 2002, Linde, Fichte, massiv, gesandstrahlt, 65 x 135 x 90 cm, Modellbau: Martin Riechel, Toralf Sontag
Bauhaus Universität Weimar – Lehrstuhl Entwerfen und Innenraumgestaltung
Prof. Dr. Ing. habil. Egon Schirmbeck, Dipl. Ing. Arch. Kerstin Hohm

186 **Frank Lloyd Wright, Gwathmey Siegel & Associates Architects**
Solomon R. Guggenheim Museum, New York, 1956–1959, Anbau: 1992 (Abb. S. 139 u., 2. v. l.)
Modell, 1990, Kunststoff, 36,8 x 36,8 x 36,8 cm, Modellbau: Charles Gwathmey
Gwathmey Siegel & Associates Architects, New York

187 **Minoru Yamasaki Associates** (1912–1986)
Doppeltürme des World Trade Center, New York, 1962–1976
Modell im Massstab 1:200, Foamex, Gatorboard, H: 266,5 cm, Modellbau: Foster and Partners
Royal Academy of Arts, London

188 **Peter Zumthor** (geb. 1943, Büro gegr. 1979)
Topographie des Terrors, Berlin, Projekt, 1993 (Abb. S. 170/171 o.)
Modell im Massstab 1:50, Holz, 175 x 265 x 110 cm, Modellbau: Morf Modellbau, Chur; Lukas Meier Modellbau, Valendas
Stiftung Topographie des Terrors, Berlin

Medieninstallation
189 **Peter Kogler** (geb. 1959)
Cave (Abb. S. 202/203)
Höhle
Projekt: Peter Kogler; Sound Concept: Franz Pomassl – Auftragsarbeit des Ars Electronica Center Linz, realisiert im Ars Electronica Futurelab, 1999
Virtueller Kunstraum als begehbares 3D Virtual Reality Modell, Projektionskubus: ca. 300 x 300 x 300 cm
Ars Electronica Center Linz

Kat. 148

Empfohlene und zitierte Literatur

Andreas/Flagge 2003 Paul Andreas und Ingeborg Flagge (Hrsg.), *Oscar Niemeyer. Eine Legende der Moderne,* Basel u. a. 2003

Anna 1999 Susanne Anna (Hrsg.), *Die Informellen = The Informal Artists. Von Pollock bis Schumacher,* Ostfildern-Ruit 1999

Bach 1987 Friedrich Teja Bach, »Brancusis Atelier. Drei Mahnungen an die Herren Architekten«, in: *Daidalos,* 26, 12, 1987 S. 18–29

Bach 2004 Friedrich Teja Bach, *Constantin Brancusi. Metamorphosen plastischer Form,* 3. Aufl., Köln 2004

Banham 1955 Reyner Banham, »New Brutalism«, in: *Architectural Review,* 118, 1955, S. 355–358

Banham 1966 Reyner Banham, *The New Brutalism: Ethic or Aesthetic?,* London 1966

Barattucci/Di Russo 1983 Brunilde Barattucci und Bianca Di Russo, *Arata Isozaki. Architettura 1959–1982,* Rom 1983

Barré 1995 François Barré (Hrsg.), *Constantin Brancusi 1876–1957,* Ausst.-Kat. Centre Georges Pompidou, Paris 1995

Belling 2002 Rudolf Belling, *Was ich unter Plastik verstehe* (1920), zit. nach Paul Westheim, »Rudolf Belling. Skulpturen« (1924), in: *Rudolf Belling,* Ausst.-Kat. Galerie Vömel, Düsseldorf 2002

Betsky 1997 Aaron Betsky, »Mashine Dreams«, in: *Architecture,* 6, 1997

Ben van Berkel und Caroline Bos siehe UN Studio

Blackwood 1991 Michael Blackwood, *Die Paläste des Herrn Isozaki,* Film, Saarländischer Rundfunk, Saarbrücken 1991

Blaser 2002 Werner Blaser, *Natur im Gebauten. Rudolf Steiner in Dornach,* Basel 2002

Bois 1995 Yve-Alain Bois u. a., *Piet Mondrian 1872–1944,* Ausst.-Kat. Haags Gemeentemuseum, Den Haag, Bern 1995

Boissière 1992 Olivier Boissière, *Jean Nouvel – Emmanuel Cattani und Partner. 4 Projekte in Deutschland,* Zürich und München 1992

Branzi 1992 Andrea Branzi, *Luoghi. The Complete Works,* Berlin 1992

Brock 1977 Bazon Brock, *Ästhetik als Vermittlung,* Köln 1977

Brock 1990 Bazon Brock, *Die Re-Dekade. Kunst und Kultur der 80er Jahre,* München 1990

Brock 2002 Bazon Brock, *Der Barbar als Kulturheld. Ästhetik des Unterlassens, Kritik der Wahrheit – Wie man wird, der man nicht ist,* hrsg. von Anna Zika, in Zusammenarbeit mit dem Autor, Köln 2002

Brüderlin 1985 Markus Brüderlin, »Architekturtopos Wien. Kunst als Architektur – Architektur als Kunst«, in: *Weltpunkt Wien = Un regard sur Vienne,* Wien u. a. 1985, S. 75–94, 105–124

Brüderlin 1987 Markus Brüderlin, »Die Peripherie als Zentrum. Wien, ein Ort am Rande des globalen Dorfes«, in: *Umbau,* 11, 1987, S. 17–28

Brüderlin 1988 Markus Brüderlin, »Stille Monumente zwischen Ankunft und Abfahrt«, in: *Zeitlos. Kunst von heute im Hamburger Bahnhof,* hrsg. von Harald Szeemann, Ausst.-Kat. Hamburger Bahnhof – Museum für Gegenwart, Berlin 1988

Brüderlin 2001 Markus Brüderlin (Hrsg.), *Ornament und Abstraktion. Kunst der Kulturen, Moderne und Gegenwart im Dialog,* Ausst.-Kat. Fondation Beyeler, Riehen/Basel, Köln 2001

Brüderlin 2003 Markus Brüderlin, »Architektonische Abstraktion und die Vision der Moderne«, in: Renée Price u. a. (Hrsg.), *Wiener Silber. Modernes Design 1780–1918,* Ausst.-Kat. Kunsthistorisches Museum Wien, Ostfildern-Ruit 2003

Burkhardt 1992 François Burkhardt, »Czech Cubism Today«, in: *Czech Cubism. Architecture, Furniture, and Decorative Arts 1910–1925,* hrsg. von Alexander von Vegesack, New York 1992, S. 96–108

Burkhardt 1997 François Burkhardt, *Andrea Branzi,* Paris 1997

Cachola Schmal 2001 Peter Cachola Schmal (Hrsg.), *Digital real, Blobmeister: erste gebaute Projekte,* Ausst.-Kat. Deutsches Architektur Museum, Frankfurt am Main, Basel 2001

Cézanne 1957 Paul Cézanne, *Über die Kunst. Gespräche mit Gasquet und Briefe,* hrsg. von Walter Hess, Hamburg 1957

Chave 1993 Anna C. Chave, *Constantin Brancusi. Shifting the Bases of Art,* New Haven und London 1993

Chillida 2001 Eduardo Chillida, *Elkartu,* hrsg. von der Stiftung Museum Schloss Moyland, Ausst.-Kat. Museum Schloss Moyland, Berlin 2001

Chollet 2001 Laurence B. Chollet, *The Essential Frank O. Gehry,* New York 2001

Clarenbach 1969 Dietrich Clarenbach, *Grenzfälle zwischen Architektur und Plastik im 20. Jahrhundert,* Diss. München 1969

Cook 1999 Peter Cook u. a. (Hrsg.), *Archigram,* New York 1999

Diller + Scofidio 2002 Diller + Scofidio, *Blur. The Making of Nothing,* New York 2002

Doesburg 1984 Theo van Doesburg, »Die Neue Architektur und ihre Folgen« (1925), in: *De Stijl. Schriften und Manifeste zu einem theoretischen Konzept ästhetischer Umweltgestaltung,* hrsg. von Hagen Bächler u. a., Leipzig u. a. 1984, S. 185 ff.

Doesburg 1992 Theo van Doesburg, »Farbe im Raum«, in: *Die Form. Zeitschrift für gestaltende Arbeit,* wiederabgedruckt in: *Malerei-Wand-Malerei,* Ausst.-Kat. Kunstverein Graz, Graz 1992, S. 32 ff.

Doesburg/Eesteren 1984 Theo van Doesburg und Cornelis van Eesteren, »De Stijl 1917–1922. Rechenschaftsbericht« (1923), in: *De Stijl. Schriften und Manifeste zu einem theoretischen Konzept ästhetischer Umweltgestaltung,* hrsg. von Hagen Bächler u. a., Leipzig u. a. 1984, S. 60 ff.

Döhl 1988 Reinhard Döhl, *Hermann Finsterlin. Eine Annäherung,* Ausst.-Kat. Staatsgalerie Stuttgart 1988

Domenig 1991 Günther Domenig, *Werkbuch,* hrsg. von Österreichischen Museum für Angewandte Kunst (MAK), Wien u. a. 1991

Domenig/Huth 1973 Günther Domenig und Eilfried Huth, *Neue Wohnform Ragnitz,* Graz 1973

Drathen 1997 Doris von Drathen, »Gewaltig wie die Natur, doch von Menschenhand«, in: *Kritisches Lexikon der Gegenwartskunst,* Ausgabe 38, Heft 15, 2. Quartal 1997, S. 3–11

Dudley 1927 Dorothy Dudley, »Brancusi«, in: *The Dial,* LXXXII, 1927, S. 123–130

Emmerling 2003 Leonard Emmerling, *Jackson Pollock 1912–1956,* Köln 2003

Essers 1999 Volkmar Essers, *Jackson Pollock. Werke aus dem Museum of Modern Art, New York und europäischen Sammlungen,* Ausst.-Kat. Kunstsammlung Nordrhein-Westfalen, Düsseldorf, Heidelberg 1999

Evers 2003 Bernd Evers, *Architektur-Theorie. Von der Renaissance bis zur Gegenwart. 89 Beiträge zu 117 Traktaten,* mit einem Vorwort von Bernd Evers und einer Einführung von Christof Thoenes, in Zusammenarbeit mit der Kunstbibliothek der Staatlichen Museen zu Berlin, Köln 2003

Fondation Beyeler 2001 Fondation Beyeler (Hrsg.), *Renzo Piano – Fondation Beyeler. Ein Haus für die Kunst,* 2. erw. Aufl., Basel u. a. 2001

Frampton 1996 Kenneth Frampton, *Modern Architecture. A Critical History,* 3. überarb. und erw. Aufl., London 1996

Frank 1931 Josef Frank, »Das Haus als Weg und Platz«, in: *Der Baumeister,* 28, 1931, S. 316–323

Frey 2002 Dagobert Frey, »Wesensbestimmung der Architektur« (1925), in: Fritz Neumeyer (Hrsg.), *Quellentexte zur Architekturtheorie,* München u. a. 2002

Friedman 1963 Yona Friedman, »Towards a Mobile Architecture«, in: *Architectural Digest,* 11, 1963, S. 509 ff.

Futagawa 1996 Yukio Futagawa (Hrsg.), *Arata Isozaki (GA document extra,* Bd. 5), Tokio 1996

Galerie De Pury & Luxemburg 2002 *Lucio Fontana,* Ausst.-Kat. Galerie De Pury & Luxemburg, Zürich 2002

Garrels 2000 Gary Garrels (Hrsg.), *Sol LeWitt. A Retrospective,* Ausst.-Kat. San Francisco Museum of Modern Art, New Haven u. a. 2000

Giedion 1948 Sigfried Giedion, *Mechanization Takes Command. A Contribution to Anonymous History,* New York 1948

Giedion 1951 Sigfried Giedion, *A Decade of New Architecture. CIAM. 6. International Congress for Modern Architecture,* Bridgewater, 1947, Zürich 1951

Giedion 1958 Sigfried Giedion, *Architecture, You and Me. The Diary of a Development,* Cambridge 1958

Giedion 1964/65 Sigfried Giedion, *Ewige Gegenwart. Ein Beitrag zu Konstanz und Wechsel,* 2 Bde., Zürich 1964/65

Giedion 1973 Sigfried Giedion, *Space, Time and Architecture. The Growth of a New Tradition,* 4. Aufl., Cambridge 1973

Giedion 1989 Sigfried Giedion, *Raum, Zeit, Architektur. Die Entstehung einer neuen Tradition,* 4. Aufl., Zürich und München 1989

Giedion-Welcker 1955 Carola Giedion-Welcker, *Plastik des XX. Jahrhunderts. Volumen- und Raumgestaltung,* Stuttgart 1955

Giménez 2004 Carmen Giménez und Matthew Gale, *Constantin Brancusi. The Essence of Things,* London 2004

Goulet 1994 Patrice Goulet, *Jean Nouvel,* Paris 1994

Gropius 1919 Walter Gropius, *Ausstellung für unbekannte Architekten,* Berlin 1919

Guerrero 1994 Pedro E. Guerrero, *Picturing Wright. An Album from Frank Lloyd Wright's Photographer,* San Francisco 1994

Guiheux 2000 Alain Guiheux (Hrsg.), *Architecture instantanée,* Paris 2000

Guiheux/Mazel-Roca 1994 Alain Guiheux und Marie-Thérèse Mazel-Roca, *Archigram,* Paris 1994

Heidegger 1954 Martin Heidegger, »Bauen, Denken, Wohnen«, in: *Vorträge und Aufsätze,* Pfullingen 1954

Heusser 1993 Hans-Jörg Heusser, *Zoltan Kemeny. Das Frühwerk 1943–1953. Katalog der Peintures, Sculptures und Reliefs-Collages,* hrsg. vom Schweizerischen Institut für Kunstwissenschaft, Zürich, Basel 1993

Hofmann 1958 Werner Hofmann, *Die Plastik des 20. Jahrhunderts,* Frankfurt am Main 1958

Hofmann 1959 Werner Hofmann (Hrsg.), *Henry Moore. Schriften und Skulpturen,* Frankfurt am Main 1959

Hollein 1963 Hans Hollein, »Städte – Brennpunkte des Lebens«, in: *Der Aufbau,* 3/4, 1963, S. 114–118

Hollein 1965 Hans Hollein, »Zukunft der Architektur«, in: *Bau,* 1, 1965, S. 8–11

Hollein 1981 Hans Hollein, »Absolute Architektur« (1962), in: *Programme und Manifeste zur Architektur des 20. Jahrhunderts,* hrsg. von Ulrich Conrads, Braunschweig u. a. 1981, S. 174 ff.

Hollein 2002 Hans Hollein, *Schriften & Manifeste,* hrsg. von François Burkhardt und Paulus Manker, Wien 2002

Hollenstein 2001 Roman Hollenstein, »Tempel und Pavillon. Zur Architektur der Fondation Beyeler«, in: *Renzo Piano – Fondation Beyeler. Ein Haus für die Kunst,* hrsg. von der Fondation Beyeler, Riehen/Basel, 2. erw. Aufl., Basel u. a. 2001, S. 59–103

Honnef 1986 Klaus Honnef (Hrsg.), *Constant 1945–1983,* Ausst.-Kat. Rheinisches Landesmuseum, Bonn, Köln 1986

Hüttinger 1987 Eduard Hüttinger, *Max Bill,* überarb. und erw. Aufl., Stuttgart 1987

Imperiale 2000 Alicia Imperiale, *New Flatness. Surface Tension in Digital Architecture,* Basel 2000

Inboden 1997 Gudrun Inboden, »Venedig oder das Gesetz von Form, Mass und Licht«, in: *Gerhard Merz. Biennale Venedig 1997,* Zürich 1997, S. 5–16

Internationale Kongresse für Neues Bauen 1979 Internationale Kongresse für Neues Bauen (Hrsg.), *Rationelle Bebauungsweisen. Ergebnisse des 3. Internationalen Kongresses für Neues Bauen,* Brüssel, November 1930, Frankfurt am Main 1931, Nachdruck: Nendeln 1979

Isozaki 1995 Arata Isozaki, *Projects 1983–1990,* New York 1995

Jencks 1988 Charles Jencks, *Architektur heute,* Stuttgart 1988

Kaufmann 1933 Emil Kaufmann, *Von Ledoux bis Le Corbusier. Ursprung und Entwicklung der autonomen Architektur,* Wien und Leipzig 1933

Kiesler 1984 Frederick Kiesler, »Die magische Architektur. Das Universum als Architektur«, in: *Transparent,* 15, 3/4, 1984, S. 63–66

Klotz 1986 Heinrich Klotz (Hrsg.), *Vision der Moderne. Das Prinzip Konstruktion,* Ausst.-Kat. Deutsches Architektur Museum, Frankfurt am Main, München 1986

Klotz 1989 Heinrich Klotz, *Architektur des 20. Jahrhunderts. Zeichnungen, Modelle, Möbel aus der Sammlung des Deutschen Architektur Museums Frankfurt am Main,* Ausst.-Kat. Deutsches Architektur Museum, Frankfurt am Main 1989

Klotz/Kuhnert 1986 Heinrich Klotz und Nikolas Kuhnert, »Architektur zwischen Anthropologie und Kinetik«, in: *Arch+. Zeitschrift für Architektur und Städtebau,* 8, 1986, S. 57–62

Koshalek/Stewart 1998 Richard Koshalek und David B. Stewart, *Arata Isozaki. Four Decades of Architecture,* London 1998

Kuhnert/Schnell 1999 Nikolaus Kuhnert und Angelika Schnell, »Von der Box zum Blob und wieder zurück. Zum jüngsten Architektenstreit«, in: *Arch+. Zeitschrift für Architektur und Städtebau,* 148, Oktober 1999, S. 20 ff.

Kurrent 1997 Friedrich Kurrent (Hrsg.), *Raummodelle. Wohnhäuser des 20. Jahrhunderts,* 3. Aufl., München 1997

Kurrent 1998 Friedrich Kurrent, *Adolf Loos 1870–1933. 40 Wohnhäuser, Bauten und Projekte von Adolf Loos. Studienarbeiten an der Technischen Universität München,* Salzburg 1998

Lambert 1997 Jean-Clarence Lambert (Hrsg.), *Constant, New Babylon. Art et utopie. Textes situationnistes,* Paris 1997

Le Corbusier/Jeanneret 1935–1965 Le Corbusier und Pierre Jeanneret, *Œuvres complètes,* hrsg. von Willi Boesinger u. a., 8 Bde., Zürich 1935–1965

Le Corbusier 1950 Le Corbusier, *L'unité d'habitation de Marseille,* Paris 1950

Le Corbusier 1963 Le Corbusier, »Trois rappels à MM. les architectes«, in: *L'Esprit nouveau,* 1, 1920/21, S. 91 ff.; dt. in: Le Corbusier, *1922 – Ausblick auf eine Architektur,* Berlin 1963, S. 35–40

Lefebvre 1991 Henri Lefebvre, *The Production of Space,* Oxford 1991

Leinz 1999 Gottlieb Leinz, »Architektonische Skulptur im 20. Jahrhundert«, in: *Architektonische Skulptur im 20. Jahrhundert,* hrsg. von Christoph Brockhaus, Ausst.-Kat. Wilhelm-Lehmbruck-Museum, Duisburg 1999

Leitner 1973 Bernhard Leitner, *Die Architektur von Ludwig Wittgenstein. Eine Dokumentation,* mit Auszügen aus den Familienerinnerungen von Hermine Wittgenstein, Halifax und London 1973

Leitner 2000 Bernhard Leitner, *Das Wittgenstein Haus,* Ostfildern-Ruit 2000

Lénárd 1995 Ilona Lénárd u. a. (Hrsg.), *Sculpture City. The Electronic Fusion of Art & Architecture,* Ausst.-Kat. Attila Foundation, Nederlands Architectuurinstituut, Rotterdam 1995

Lichtenstern 1994 Christa Lichtenstern, *Henry Moore. Zweiteilig Liegende I. Landschaft wird Figur. Eine Kunstmonographie (insel taschenbuch,* Bd. 1612), Frankfurt am Main 1994

Lissitzky-Küppers 1967 Sophie Lissitzky-Küppers, *El Lissitzky. Maler, Architekt, Typograf, Fotograf. Erinnerungen, Briefe, Schriften,* Dresden 1967

Loos 1982 Adolf Loos, *Trotzdem 1900–1930,* hrsg. von Adolf Opel, unveränd. Neudruck der Ausgabe von 1931, Wien 1982

Lynn 1998 Greg Lynn, »Multiplicitous and Inorganic Bodies«, in: *Assemblage,* 19, Dezember 1992, wiederabgedruckt in: ders., *Folds, Bodies and Blobs. Collected Essays,* Brüssel 1998, S. 33–61

Lynn/Rashid 2002 Greg Lynn und Hani Rashid, *Architectural Laboratories,* Rotterdam 2002

May 2003 Susan May (Hrsg.), *Olafur Eliasson. The Weather Project,* Ausst.-Kat. Tate Modern, London 2003

Merrill 1926 Flora Merrill, »Brancusi, the Sculptor of the Spirit, Would Build ›Infinite Column‹ in Park«, in: *New York World,* 3. Oktober 1926

Meyer 1989 Franz Meyer, »›Specific Objects‹, Minimal Art und Don Judd«, in: *Donald Judd,* Ausst.-Kat. Staatliche Kunsthalle Baden-Baden, Stuttgart/Bad Cannstatt 1989

Miller 1995 Sandra Miller, *Constantin Brancusi,* Oxford 1995

Mondrian 1974 Piet Mondrian, »Die Verwirklichung der neuen Gestaltung in weiter Zukunft und in der heutigen Architektur«, in: ders., *Neue Gestaltung,* Mainz u. a. 1974, S. 64

Moriyama Editors Studio 1982 Moriyama Editors Studio (Hrsg.), *Superstudio & Radicals. Japan Interior Design,* Sonderausgabe, Tokio 1982

Müller 1995 Ute Müller, *Zwischen Skulptur und Architektur. Eine Untersuchung zur architektonischen Skulptur im 20. Jahrhundert,* Diss. Aachen 1995

Natalini 1979 Adolfo Natalini (Hrsg.), *Superstudio. Storie con figure 1966–73,* Ausst.-Kat. Galleria Vera Biondi, Florenz 1979

Navone/Orlandoni 1974 Paola Navone und Bruno Orlandoni, *Architettura Radicale (Documenti di Casabella),* Mailand 1974

Nerdinger 2002 Winfried Nerdinger (Hrsg.), *Konstruktion und Raum in der Architektur des 20. Jahrhunderts. Exemplarisch. Beispiele aus der Sammlung des Architekturmuseums der Technischen Universität München,* München u. a. 2002

Neumeyer 1986 Fritz Neumeyer, *Mies van der Rohe. Das kunstlose Wort. Gedanken zur Baukunst,* Berlin 1986

Niemeyer 1998 Oscar Niemeyer, *As curvas do tempo. Memórias,* 3. Aufl., Rio de Janeiro 1998

Noever 1991 Peter Noever (Hrsg.), *Architektur im AufBruch. Neun Positionen zum Dekonstruktivismus,* München 1991

Nouvel 1991 Jean Nouvel, »Projekte, Wettbewerbe, Bauten 1980–1990«, in: Peter Noever (Hrsg.), *Architektur im AufBruch. Neun Positionen zum Dekonstruktivismus,* München 1991

Oltmann 1994 Antje Oltmann, *Der Weltstoff letztendlich ist ... neu zu bilden. Joseph Beuys für und wider die Moderne,* Ostfildern-Ruit 1994

Pehnt 1998 Wolfgang Pehnt, *Die Architektur des Expressionismus,* Ostfildern-Ruit 1998

Pettena 1996 Gianni Pettena (Hrsg.), *Radicals. Architettura e design 1960/75,* Florenz 1996

Pevsner 1996 Nikolaus Pevsner, *Wegbereiter moderner Formgebung von Morris bis Gropius* (1936), Köln 1996

Philipp 2002 Klaus Jan Philipp, *ArchitekturSkulptur. Die Geschichte einer fruchtbaren Beziehung,* Stuttgart und München 2002

Picon/Rathke 1973 Gaëtan Picon und Ewald Rathke, *Kemeny. Reliefs en métal,* Paris 1973

Puppi 1996 Lionello Puppi, *Oscar Niemeyer,* Rom 1996

Ragon 1968 Michel Ragon, *Ästhetik der zeitgenössischen Architektur,* Neuchâtel 1968

Rattizzi/Branzi 1997 Cristina Rattizzi und Andrea Branzi, *Militanza tra teoria e prassi,* Mailand 1997

Riley 1999 Terence Riley, »Das un-private Haus«, in: *Arch+. Zeitschrift für Architektur und Städtebau,* 148, Oktober 1999, S. 92–102

Rosa 1994 Joseph Rosa, *Folds, Blobs, and Boxes. Architecture in the Digital Era,* hrsg. von Jayson Hait, Ausst.-Kat. Heinz Architectural Centre, Carnegie Museum of Art, Pittsburgh 2001

Rouillard 1996 Dominique Rouillard, »Stops/No-Stop City«, in: *La place dans l'éspace urbain (Cahiers paysage et espaces urbaines,* Bd. 5), hrsg. von der Ecole Régionale des Beaux-Artes de Rennes, Ecole d'Architecture de Bretagne, Rennes 1996, S. 8–17

Ruby 2003 Ilka Ruby u. a., *Minimal Architecture,* München 2003

Satler 1999 Gail Satler, *Frank Lloyd Wright's Living Space. Architecture's Fourth Dimension,* DeKalb, Illinois, 1999

Schirmbeck 2001 Egon Schirmbeck (Hrsg.), *Raumstationen. Metamorphosen des Raumes im 20. Jahrhundert,* Internationales Symposium und Ausstellung über die Entwicklung des Raumes im 20. Jahrhundert, Bauhaus Universität Weimar, 11./12. November 1999, Ludwigsburg 2001

Schirn Kunsthalle 1996 *Lucio Fontana. Retrospektive,* Ausst.-Kat. Museum moderner Kunst Stiftung Ludwig Wien, Schirn Kunsthalle Frankfurt, Frankfurt am Main, Ostfildern 1996

Schmarsow 2002 August Schmarsow, »Das Wesen der architektonischen Schöpfung« (1893), in: Fritz Neumeyer (Hrsg.), *Quellentexte zur Architekturtheorie,* München u. a. 2002

Sewing 2004 Werner Sewing, *Architecture. Sculpture,* München 2004

Sloterdijk 1999 Peter Sloterdijk, *Sphären II – Globen,* Frankfurt am Main 1999

Smithson 1965 Alison und Peter Smithson (Hrsg.), *Team Ten Primer,* London 1965

Smithson 1966 Alison und Peter Smithson, »Banham's Bumper Book. Discussed by Alison and Peter Smithson«, in: *The Architects Journal,* 144, 1966, S. 1590 ff.

Staatsgalerie Stuttgart 1990 Staatsgalerie Stuttgart (Hrsg.), *Daniel Buren. Hier und da. Arbeiten vor Ort,* Ausst.-Kat. Staatsgalerie Stuttgart, Stuttgart 1990

Stauffer 2002 Marie Theres Stauffer, *Utopische Reflexion – Poetische Utopie. Zum Projekt- und Theoriebegriff der Florentiner »Architettura Radicale«-Gruppen Archizoom und Superstudio,* Diss. Zürich 2002

Stegmann 1995 Markus Stegmann, *Architektonische Skulptur im 20. Jahrhundert. Historische Aspekte und Werkstrukturen,* Diss. Basel 1993, Tübingen und Berlin 1995

Steiner 1980 (GA 3) Rudolf Steiner, »Wahrheit und Wissenschaft« (1892), in: *Rudolf Steiner. Gesamtausgabe,* Bd. 3, 5. Aufl., Dornach 1980

Steiner 1982a (GA 36) Rudolf Steiner, »Goethe und Goetheanum« (1923), in: *Rudolf Steiner. Gesamtausgabe,* Bd. 36: *Der Goetheanumgedanke,* 3. Aufl., Dornach 1982

Steiner 1982b (GA 286) Rudolf Steiner, »Wege zu einem neuen Baustil« (Vorträge 1911–1914), in: *Rudolf Steiner. Gesamtausgabe,* Bd. 286, 3. Aufl., Dornach 1982

Steiner 1990 (GA 275) Rudolf Steiner, Vortrag vom 4. Januar 1915, in: *Rudolf Steiner. Gesamtausgabe,* Bd. 275: *Kunst im Lichte der Mysterienweisheit,* 3. Aufl., Dornach 1990

Steiner 1995 (GA 4) Rudolf Steiner, »Die Philosophie der Freiheit« (1894), in: *Rudolf Steiner. Gesamtausgabe,* Bd. 4, 16. Aufl., Dornach 1995

Steiner 2002 (GA 276) Rudolf Steiner, Vortrag vom 18. Mai 1923, in: *Rudolf Steiner. Gesamtausgabe,* Bd. 276: *Das Künstlerische in seiner Weltmission,* 4. Aufl., Dornach 2002

Steinmann 1979 Martin Steinmann (Hrsg.), *Internationale Kongresse für Neues Bauen, Congrès internationaux d'architecture moderne. CIAM. Dokumente 1928–1939,* Basel 1979

Szeemann 1983 Harald Szeemann, *Der Hang zum Gesamtkunstwerk. Europäische Utopien seit 1800,* Ausst.-Kat. Kunsthaus Zürich, Aarau 1983

Trier 1984 Eduard Trier, *Bildhauertheorien im 20. Jahrhundert,* 3. Aufl., Berlin 1984

Underwood 1994 David Underwood, *Oscar Niemeyer and the Architecture of Brazil,* New York 1994

UN Studio 1999 UN Studio (Ben van Berkel und Caroline Bos), *Move,* 3 Bde., Amsterdam 1999

Ursprung 2002 Philip Ursprung (Hrsg.), *Herzog & de Meuron. Naturgeschichte,* Baden 2002

Varnedoe 1999 Kirk Varnedoe, *Jackson Pollock. New Approaches,* New York 1999

Virilio 1999 »Auf dem Weg zu einem Transeuklidischen Raum. Florence Michel und Nikola Jankovic im Gespräch mit Paul Virilio«, in: *Arch+. Zeitschrift für Architektur und Städtebau,* 148, Oktober 1999, S. 62/63

Vogt 1990 Adolf Max Vogt, *Russische und französische Revolutionsarchitektur 1917–1789,* Köln 1974, Nachdruck: Braunschweig 1990

Webb 1964 Michael Webb, *Architecture in Britain Today,* London 1964

Westheim 1923 Paul Westheim, *Architektonik des Plastischen,* Berlin 1923

Whitfield 1999 Sarah Whitfield, *Lucio Fontana,* Berkley, Kalifornien, 1999

Wigley 1994 Mark Wigley, *Architektur und Dekonstruktion. Derridas Phantom,* Basel 1994

Wigley 1998 Mark Wigley (Hrsg.), *Constant's New Babylon. The Hyper-Architecture of Desire,* Ausst.-Kat. Center for Contemporary Art, Rotterdam 1998

Wittgenstein 2003 (Phil U) Ludwig Wittgenstein, *Philosophische Untersuchungen* (1945), hrsg. von Joachim Schulte, Frankfurt am Main 2003

Wotruba 1992 *Fritz Wotruba. Retrospektive,* Ausst.-Kat. Kunsthaus Zug, St. Gallen 1992

Wright 1954 Frank Lloyd Wright, *The Natural House,* New York 1954

Wuchterl/Hübner 1979 Kurt Wuchterl und Adolf Hübner, *Wittgenstein,* Reinbek 1979

Zanchetti 2000 Giorgio Zanchetti (Hrsg.), *Lucio Fontana. Concetto spaziale, 1957 (Dossier Skira,* Bd. 7) Ausst.-Kat. Civiche Raccolte d'Arte, Mailand, Genf 2000

Zaugg 1996 Rémy Zaugg, *Herzog & de Meuron. Eine Ausstellung,* Ausst.-Kat. Centre Georges Pompidou, Paris, Ostfildern-Ruit 1996

Zaunschirm 1986 Thomas Zaunschirm, »Wien und die Anfänge der Abstraktion«, in: *Orient und Okzident im Spiegel der Kunst,* Ausst.-Kat. Stadtmuseum Graz, Graz 1986

Zdenek 2000 Felix Zdenek (Hrsg.), *HausSchau. Das Haus in der Kunst,* Ausst.-Kat. Deichtorhallen, Hamburg, Ostfildern-Ruit 2000

Zegher 2001 Catherine de Zegher u. a. (Hrsg.), *The Activist Drawing. Retracing Situationist Architectures from Constant's New Babylon to Beyond,* New York 2001

Zimmer 1985 Erich Zimmer, *Rudolf Steiner als Architekt von Wohn- und Zweckbauten,* 2. Aufl., Stuttgart 1985

Fotonachweis

Tobias Adam, S. 109 o.; 137; 198 o.
Giorgio von Arb, S. 77 u. r.
Architekturmuseum der Technischen Universität München, S. 66 u.; 75 r.
Badisches Landesmuseum Karlsruhe, S. 110 l.
Bauhaus-Archiv Berlin, S. 104 u.; 106 o.
Bauhaus-Archiv Berlin, Foto Markus Hawlik, S. 107; 117, Nr. 7
Christian Baur, Basel, S. 196 o.
Robert Bayer, Basel, S. 87, 4. v. l.; 95; 108 u.; 110 r.; 139, Nr. 5; 156; 163; 169, Nr. 5; 205 r.
© Achim Bednorz, Köln, S. 54 l.; 59, Nr. 4; 70 l.
Oktavian Beldiman, Badenweiler, S. 96; 117, Nr. 3
Philip Bernard, S. 111 l.
Bibliothèque nationale de France, Paris, S. 16 l.; 56; 57
Chantal Bill, S. 155
Max Bill, S. 154 u.; 169, Nr. 1
Museum Boijmans Van Beuningen, Rotterdam, S. 59, Nr. 3; 61
Dieter Möller, Brandenburgisches Landesamt für Denkmalpflege und Archäologisches Landesmuseum, S. 121
Niggi Bräuning, Basel, S. 210
Markus Brüderlin, S. 20 u.; 23; 86, 3. v. l.; 93 r.; 132 u. r.; 157; 173 u. l.; 203 u.
Rolf Brüderlin, S. 132 o.
Theres Bütler, Luzern, S. 103 u.; 154 o.
© Santiago Calatrava, S. 77 o. l., o. r.; 142 o. m.
Jesús Uriarte / Museo Chillida-Leku, Hernani, S. 20 o. m., o. r.; 143; 145 u. l.
Archiv Museo Chillida-Leku, Hernani, S. 144; 153
John Cliett, S. 170 u.
© Corbis / Bill Ross RDB, S. 14 r.; 25; 85; 86, 2. v. l.
© Thomas Demand, S. 200 u.
Michel Denancé, S. 105 m.
Deutsches Architektur Museum, Frankfurt am Main, S. 179
Diener & Diener Architekten, Basel, S. 169, Nr. 3
© FMGB Guggenheim Museum, Bilbao, S. 79 o.
© Fundació Caixa Catalunya, Pau Giralt-Miracle, S. 82 m. r.; 83
Nikolaus Fürcho, Berlin, S. 97; 117, Nr. 4; 139, Nr. 4
© Sammlung Generali Foundation, Wien / Werner Kaligofsky, S. 184 m., u.
© Pedro E. Guerrero, S. 142 o. l.
Gwathmey Siegel & Associates Architects, New York, S. 139, Nr. 6
© Herzog & de Meuron, S. 21 u. r.; 207; 208; 209
Hickey-Robertson, Houston, S. 176
Archiv Thilo Hilpert, S. 60 u.
Atelier Hofer, München, S. 170 / 171 o.; 170, 2. v. o.
Steven Holl Architects, New York, S. 142 o. r.; 145 o.
Atelier Hans Hollein, Wien, S. 50; 183
Claude Huber, S. 204 u.
Werner Kaligofsky, S. 169, Nr. 7

Jann Kern, S. 18 u.; 129, Nr. 1
Archiv der Kiesler Stiftung Wien © Österreichische Friedrich und Lillian Kiesler-Privatstiftung, S. 147 o., m.
Bernd Kirtz, Duisburg, S. 99, Nr. 6; 117, Nr. 2; 119; 187 m.
© Walter Klein, Düsseldorf, S. 113
Reto Klink, Zürich, S. 73
Hans-Peter Klut, Dresden, S. 106 u. r.
OMA / Rem Koolhaas, S. 92
Courtesy KPF, S. 86, 4. v. l.; 93 l.
Foto Kraege, Köln, S. 59, Nr. 1 und 13; 60 o.; 62 o.
Fotoatelier Kräftner, Wien, S. 18 o.; 80 m.
Waltraud Krase, S. 26
© Stichting Kröller-Müller Museum, Otterlo, S. 190 u.
© 2004 Kunsthaus Zürich, S. 87, 2. v. l.; 124 o.
Kunstmuseum Basel, Martin Bühler, S. 17 r.; 63 u.; 99, Nr. 1; 100 o.; 111 r.; 129, Nr. 4; 159, Nr. 2; 162 o.
Françoise Lauginie, S. 182 m.; 190 m. l.
Fondation Le Corbusier, S. 139, Nr. 7; 140 o., m. l., m. r.
Bernhard Leitner, S. 131 u.
Courtesy Greg Lynn FORM, S. 122 u.; 195, Nr. 4; 196 u.
Philippe Magnon, S. 181, Nr. 2 und 4; 182 u.; 188 u. r., u. l.; 189; 190 o.; 191 o., u.
Fotostudio Meinberg, Ludwigshafen, S. 65 o.
Foto © Mumok, Museum moderner Kunst Stiftung Ludwig Wien, S. 135
David Murray, Dornbirn, S. 199 o.
Pino Musi, S. 152 m.
© 2004 New York Public Library, S. 90 m.
Ateliers Jean Nouvel, S. 205 u.; 206
NOX Architects, S. 43 r.; 199 u.
Frank den Oudsten, S. 103 m.
Hans Petersen, S. 59, Nr. 9; 81; 99, Nr. 5
© Renzo Piano Building Workshop, S. 87 l.
Martin Rand, Venice, CA, S. 17 l.; 192; 196 m.
O. J. Erwin Reichmann, S. 151 o.
© Rheinisches Bildarchiv, Köln, S. 162 u.
© Christian Richters, 198 m.
O. Rietmann 1926, S. 126
© CNAC / MNAM Dist. RMN, Foto Bertrand Prévost, S. 59, Nr. 12; 89; 146 o.
Paul Rocheleau, Richmond, MA, S. 108 o.; 117, Nr. 9; 142 u. r.
© musée Rodin, Foto Olivier Brunet, S. 70 r.
© musée Rodin, Foto Jean de Calan, S. 59, Nr. 6; 72 o. r.
© musée Rodin, Foto Adam Rzepka, S. 72 o. l.
Phillippe Ruault, S. 16 r.; 43 m.; 193; 204 o.; 211
Photo Archiv C. Raman Schlemmer, IT-28824 Oggebbio (VB), S. 19 l.; 99, Nr. 3; 114; 117, Nr. 6; 120 o. l. und r.
Peter Schibli, Basel, S. 100 u.; 102 o.; 187 o.

Galerie Schlichtenmaier, Schloss Dätzingen, Grafenau, S. 181, Nr. 1
© angela thomas schmid, S. 105 u.; 109 u.
© Philipp Schönborn, S. 68 u.; 69
Société des Amis du Vieux Reims, Musée Hôtel Le Vergeur, Reims, S. 72 u.
© Margherita Spiluttini, Wien, S. 167; 175; 177 u. l. und r.
© 2004, Staatliches Russisches Museum, Sankt Petersburg, S. 59, Nr. 2; 63 o.; 67
Staatsgalerie Stuttgart, S. 117, Nr. 8; 122 o.; 123
Rudolf Steiner Archiv, Dornach, S. 133; 134
© Thomas Struth, S. 186
© Hisao Suzuki, S. 169, Nr. 2
© Nic Tenwiggenhorn, S. 195, Nr. 1, 200 o.
© UN Studio, S. 189 u. l. und r.
Hans Joachim Heyer & Boris Miklautsch, Universität Stuttgart, Institut für Darstellen und Gestalten Lehrstuhl 1, Professor Wolfgang Knoll, S. 37 u. l.; 65 u.
Tom Vinetz, S. 171 u.
© Paul Warchol, S. 145 m.
© Stadt Weil am Rhein, Foto Bruno Rabus, S. 125 u.
Courtesy Galerie Michael Werner, Köln und New York, S. 173 o. und m. l., r.
Franz Wimmer, S. 148; 151 m. r.; 191 m.
Kurt Wyss, S. 132 u. l.
Nigel Young, Foster and Partners, S. 87, 3. v. l.; 94

The works illustrated on pages 136; 140 u. and 197 have been reproduced by permission of the Henry Moore Foundation

Ein Grossteil der verwendeten Skizzen, Grundrisse sowie Modell- und Architekturansichten wurde uns grosszügigerweise von den jeweiligen Architekturbüros zur Verfügung gestellt. Die Vorlagen zu allen anderen, nicht bezeichneten Abbildungen wurden freundlicherweise von den ausgewiesenen Sammlungen und Privatbesitzern zur Verfügung gestellt oder stammen aus Privatarchiven.

Die Fondation Beyeler hat sich entsprechend den gesetzlichen Bestimmungen des Urheberrechtes intensiv bemüht, das Copyright für die abgebildeten Werke bei den Künstlern, Erben oder Rechtsnachfolgern und den Urhebern der fotografischen Aufnahmen einzuholen und abzugelten. Dies war trotz intensiver Recherchen nicht in allen Fällen möglich. Sollten deshalb noch Ansprüche bestehen, so werden deren Rechtsinhaber gebeten, sich an die Fondation Beyeler zu wenden.

Impressum

Ausstellung
Markus Brüderlin

Wissenschaftliche Betreuung und Koordination
Viola Weigel

Assistenz und Betreuung Sonderprojekte (Herzog & de Meuron, Nouvel)
Jann Kern

Ausstellungsgestaltung
Dieter Thiel

Ausstellungstechnik
Ben Ludwig (Leitung)
Ahmed Habbech
Manuel Strässle
David Vogt

Leihgaben
Nicole Rüegsegger (Leitung)
Tanja Narr

Restauratorische Betreuung
Markus Gross
Friederike Steckling

Versicherungen
Alex C. Pfenniger

Öffentlichkeitsarbeit
Catherine Schott

Corporate Communication
Claudia Carrara

Das Sonderprojekt *Jinhua Structure II – Vertical (For Berower Park Riehen/Basel)* von Herzog & de Meuron wurde möglich dank der grosszügigen Unterstützung durch:

Hilti AG, Schaan
Sika AG
HIAG Handel Schweiz AG/Finnforest KERTO
Glanzmann AG Basel

Diese Publikation erscheint anlässlich der Ausstellung »ArchiSkulptur. Dialoge zwischen Architektur und Plastik vom 18. Jahrhundert bis heute« in der Fondation Beyeler, Riehen/Basel, vom 3. Oktober 2004 bis 30. Januar 2005

Herausgeber
Markus Brüderlin/Fondation Beyeler

Redaktion
Delia Ciuha (Leitung)
Renate Heidt Heller

Bildredaktionsteam
Bettina Back, Jann Kern, Olivia Strasser, Nicolas Vionnet

Übersetzungen
Stefan Barmann, Hubertus von Gemmingen, Caroline Gutberlet, Hans-Joachim Neumann

Grafische Gestaltung
Heinz Hiltbrunner, München

Verlagslektorat
Anja Breloh, Regina Dorneich

Herstellung
Christine Müller

Satz
Heinz Hiltbrunner, München

Schrift
Univers

Reproduktion
Pallino Media Integration, Ostfildern-Ruit

Papier
170 g/m² BVS matt

Gesamtherstellung
Dr. Cantz'sche Druckerei, Ostfildern-Ruit

Buchbinderei
Kunst- und Verlagsbuchbinderei GmbH, Leipzig

© 2004 Fondation Beyeler, Riehen/Basel, Hatje Cantz Verlag, Ostfildern-Ruit, und Autoren

© 2004 für die abgebildeten Werke von Carl Andre, Alexander Archipenko, Hans Arp, Rudolf Belling, Joseph Beuys, Constantin Brancusi, Georges Braque, Eduardo Chillida, Giorgio de Chirico, Constant (Nieuwenhuys), Thomas Demand, Jean Dubuffet, Hermann Finsterlin, Alberto Giacometti, Walter Gropius, George Grosz, Donald Judd, Paul Klee, Henri Laurens, Fernand Léger, Sol LeWitt, El Lissitzky, René Magritte, Aristide Maillol, Piero Manzoni, Gordon Matta-Clark, Gerhard Merz, Ludwig Mies van der Rohe, Bruce Nauman, Jean Nouvel, Antoine Pevsner, Gerrit Thomas Rietveld, Thomas Schütte, Wladimir Tatlin, Nic Tenwiggenhorn, Georges Vantongerloo, Frank Lloyd Wright, Kurt Wyss bei ProLitteris, Zürich, und VG Bild-Kunst, Bonn; für Max Bill bei ProLitteris, Zürich, VG Bild-Kunst, Bonn, und max, binia + jakob bill stiftung; für Salvador Dalí bei Foundation Gala-Salvador Dalí, ProLitteris, Zürich, und VG Bild-Kunst, Bonn; für Robert Delaunay bei L & M Services (B.V.) Amsterdam 2004 08 04; für Lucio Fontana bei Fondazione Lucio Fontana, Mailand; für Naum Gabo bei Nina Williams; für Ron Herron bei Ron Herron Archives, Essex; für Walter Jonas bei Stiftung Walter und R. M. Jonas; für Louis I. Kahn bei The Architectural Archives of the University of Pennsylvania, Philadelphia; für Zoltan Kemeny bei Nachlass Zoltan und Madeleine Kemeny, Kunstmuseum, St. Gallen; für Friedrich Kiesler bei Österreichische Friedrich und Lillian Kiesler-Privatstiftung; für Per Kirkeby beim Künstler, Courtesy Galerie Michael Werner, Köln und New York; für Le Corbusier bei FLC, ProLitteris, Zürich, und VG Bild-Kunst, Bonn; für Jacques Lipchitz bei Estate of Jacques Lipchitz; für Henri Matisse bei Succession H. Matisse, Pro-Litteris, Zürich, und VG Bild-Kunst, Bonn; für Erich Mendelsohn bei Stiftung Preussischer Kulturbesitz, Berlin; für Piet Mondrian bei Mondrian/Holtzman Trust c/o hcr@hcrinternational.com; für Henry Moore bei The Henry Moore Foundation; für Pablo Picasso bei Succession Picasso, ProLitteris, Zürich, und VG Bild-Kunst, Bonn; für Hans Scharoun bei Stiftung Archiv der Akademie der Künste, Berlin; für Oskar Schlemmer bei Sekretariat, Archiv und Bühnen Archiv Oskar Schlemmer, IT-28824 Oggebbio (VB); für Ludwig Wittgenstein bei Wittgenstein Archives, Cambridge; für Fritz Wotruba bei Fritz-Wotruba-Verein, Kunsthistorisches Museum, Wien, sowie bei den Künstlern, Architekten oder ihren Rechtsnachfolgern

Erschienen im
Hatje Cantz Verlag
Senefelderstrasse 12
73760 Ostfildern-Ruit
Tel. 07 11 / 4 40 50
Fax 07 11 / 4 40 52 20
www.hatjecantz.de

ISBN 3-7757-1490-1 (Buchhandelsausgabe, Hardcover mit Schutzumschlag)

ISBN 3-905632-34-9 (Katalog, nur im Museum erhältlich, Softcover)

Printed in Germany